CHUZHONG WULI XIN SHIJIE

初中物理新视界

跨学科实践教学的设计与实施

付国富　吴卫锋　门康康　著

山东科学技术出版社
·济南·

图书在版编目（CIP）数据

初中物理新视界 ： 跨学科实践教学的设计与实施 / 付国富，吴卫锋，门康康著. -- 济南 ： 山东科学技术出版社，2025. 5. -- ISBN 978-7-5723-2724-7

Ⅰ. G633.72

中国国家版本馆 CIP 数据核字第 2025J561U7 号

初中物理新视界：
跨学科实践教学的设计与实施

CHUZHONG WULI XIN SHIJIE:
KUAXUEKE SHIJIAN JIAOXUE DE SHEJI YU SHISHI

责任编辑：杨文静　翟羽佳　宋　丹

封面设计：孙小杰

主管单位：山东出版传媒股份有限公司

出 版 者：山东科学技术出版社

地址：济南市市中区舜耕路 517 号
邮编：250003　电话：（0531）82098030
网址：www.lkj.com.cn
电子邮件：jiaoyu@sdkjs.com.cn

发 行 者：山东科学技术出版社

地址：济南市市中区舜耕路 517 号
邮编：250003　电话：（0531）82098078

印 刷 者：东营华泰印务有限公司

地址：山东省东营市华泰工业园
邮编：257335　电话：（0546）6441693

规格： 16 开（184 mm × 260 mm）

印张： 28.5　　**字数：** 540 千

版次： 2025 年 5 月第 1 版　**印次：** 2025 年 5 月第 1 次印刷

定价： 88.00 元

本书编委会

序一

在当今快速迭代的教育图景中，跨学科教学正以破界之势重构全球教育生态。当量子计算遇见哲学思辨，当人工智能碰撞伦理抉择，传统学科藩篱已难以应对未来人才的素养诉求。《初中物理新视界——跨学科实践教学的设计与实施》恰似应时而生的引路人，为穿越教育改革迷雾的探索者指明方向。这部凝聚时代洞察的著作，不仅精准锚定核心素养培育的痛点，更以工程化思维构建起连通科学理性与社会实践的跨学科桥梁。

我与国富老师共事多年，对他严谨治学、深耕教学的治学态度深感钦佩。在多年的教育研究和教学实践中，他始终秉持科学精神，扎根一线需求，不断探索和创新物理教学方法。这本书凝聚了他多年的研究成果和实践心得，展现了他对教育事业的执着追求，也体现了他对初中物理教学改革的深刻理解。作为他的同仁，我深知这本书对于当前物理教育的价值与意义，也希望它能够早日出版，服务于广大一线教育工作者。

本书系统探讨了跨学科实践教学在初中物理课程中的应用，涵盖教学理念、课程整合、教学策略、教师专业发展、评价体系及具体教学案例等多个方面。书中介绍了跨学科实践教学的理论基础和发展背景，阐述其在当前教育体系中的必要性，同时深入分析了跨学科实践的目标、价值及实施原则，明确其对学生核心素养培养的作用。此外，本书还提供了丰富的实践案例，为一线教师提供可操作的教学指引。

本书的价值主要体现在突破学科界限，使学生能够在真实情境中应用所学知识，培养综合分析能力和问题解决能力。跨学科实践教学不仅提升了学生对物理概念的理解，还帮助他们建立起科学、技术与社会之间的联系，增强他们的创新能力和实践能力。同时，本书也强调教师的专业成长，提供了关于如何提升自身跨学科教学能力、如何设计跨学科课程、如何优化教学策略等方面的具体建议。

《初中物理新视界——跨学科实践教学的设计与实施》是一本极具价值的教育专著，它不仅为教育研究者提供了深入的理论探讨，也为一线教师提供了可借鉴的实践指导。当前，教育改革正处于深化阶段，跨学科实践教学已成为培养未来创新人才的重要途径。本书的出版不仅为物理教育的发展提供了新的思考维度，也为基础教育的跨学科教学提供了可操作的范例。希望本书能够帮助广大教师更好地理解和应用跨学科教学理念，为我国基础教育的发展贡献智慧和力量。

愿本书的思想和方法在更多的课堂中得以实践，为培养具有综合素养的未来人才奠定坚实基础。

山东省教育科学研究院

2025 年 4 月 6 日

序二

为了更好地落实立德树人根本任务，促进义务教育高质量发展，中华人民共和国教育部（以下简称“教育部”）对义务教育课程方案和各学科义务教育课程标准进行了修订。这次修订的亮点之一，就是弥补分科教学的不足，提出跨学科实践教学问题，并明确要求跨学科主题学习的课时至少要占总课时的 10%。跨学科实践教学强调“跨学科性”和“实践性”，旨在提升学生应对和解决复杂问题的综合能力和创新能力，其价值追求与素养导向下的物理教学改革目标是高度契合的。

《义务教育课程方案（2022 年版）》（以下简称“新课程方案”）和《义务教育物理课程标准（2022 年版）》（以下简称“新课标”）颁布实施以来，“跨学科实践”迅速成为各学科高度关注和积极探索的问题，从课程开发实施、课堂教学、教学评价、考试命题等各个方面，都广泛渗透，多有创新，成绩斐然。初中物理作为一门以实验为基础的自然科学课程，其教学内容与日常生活、工程技术、信息技术等领域有着天然的联系。这种学科特性决定了物理教学不应局限于单一学科的知识传授，而应该走向更广阔的跨学科实践领域。但不容讳言的是，在跨学科实践教学推进过程中，也出现了一些令人困惑甚至备受诟病的问题。这些问题主要体现在两个方面：一是理念偏颇，对“跨学科实践”的理解不全面、不深刻、不到位，有时候“为跨而跨”，存在“浅层次”“不专业”“随意性”“虚假性”等问题，一定程度上违反了学科本身的教学规律和逻辑；二是行动偏弱，对“跨学科实践”在学科教学实践中如何具体设计实施还缺乏普适性、操作性强的探索和设计，仅仅理念式响应、应景式点缀、功利性标榜，提炼不出蕴含其中的规律、方法和经验，可资借鉴的意义不大。在这种情况下，如果能够结合真实发生的、可感可及的区域教学实践，进一步澄明“跨学科实践”的理念误区，提升“跨学科实践”的行动力，就具有十分重要的理论价值和实践意义。

《初中物理新视界——跨学科实践教学的设计与实施》一书正是基于对一个地市的初中物理跨学科实践教学的总结与反思，对理念误区进行了澄清，对教学实践进行了反思，对教学规律进行了提炼，为新形势下初中物理跨学科实践教学提供了一个极具参考和借鉴价值的样本。略览全书，个人认为本书的样本价值主要体现在以下“三个坚持”：

一是坚持素养导向。北京师范大学褚宏启教授认为，核心素养是跨学科的，高于学科知识；核心素养是综合性的，是对知识、能力、态度的综合与超越。核心素养的本质与跨学科实践的内涵是趋同的、一致的，跨学科实践教学的根本目的和出发点就是通过解决分科与综合、知识与能力之间的矛盾，不断发展学生的核心素养，提升学生解决真实问题的综合能力。可以说，坚持素养导向，这是跨学科实践教学的价值指向，在任何形式的跨学科实践教学中，都应牢记住这一点。

二是坚持学科立场。杨振宁先生曾经在一篇演讲中提到，“数学跟物理、哲学，尤其是现在有交叉学科的发展，将来是否会融化为一？不会的。相互影响是事实，数学和物理这些年来有很多交叉的地方”。可以说，跨学科是在尊重各学科的特殊性和独立性的基础上而“跨”，从事任何一门学科的教师都应该持续发展本学科能力和专业素养，如果本学科能力和专业素养都不行，是无法进行更高水平的跨学科教学的。可以预见，跨学科学习是不能取代学科课程的，学科课程仍然是未来学校的主导形式。

三是坚持实践标准。跨学科实践教学之所以应注重实践标准，是为了让学生在真实情境中综合运用多学科知识，提升解决复杂问题的能力。学生在“做中学”，才能够在实际操作中理解理论知识的应用场景，增强学习的深度和广度。另外，实践标准还强调成果的可评估性，通过设定明确的目标和评价标准，确保学习效果的可测量性和可持续性。因此，坚持实践标准不仅是跨学科教学的重要维度，也是培养创新型、复合型人才的关键路径。

本书在坚持素养导向、学科立场和实践标准的前提下，比较系统地阐述了初中物理跨学科实践教学的理论基础、设计原则和实施策略。特别值得一提的是，本书牵头人员付国富同志作为东营市教育科学研究院初中物理学科教研员，从指导全市物理教学的上位视角，集合了一批来自基层的优秀物理教师，对物理跨学科教学进行了研究和实践，经历和体验是真实的，碰到和解决的问题是现实的，总结和提炼的措施办法是有效的。正是基于此，本书所精选的物理跨学科实践教学案例均来自一线教师的真实教学实践，这些案例展示了如何将物理知识与数学、化学、生物、地理等学科有机结合，如何运用项目式学习、问题导向学习等教学方法，如何设计有效的评价体系等关键性问题。案例生动鲜活，经过反复的验证和优化，具有很高的实用价值和借鉴意义。

展望未来，跨学科实践教学将成为初中物理教学改革的重要方向，期待本书的出版能够为全国初中物理教师提供有益参考，推动物理教学改革向纵深发展，为培养具有创新精神和实践能力的新时代人才贡献应有的力量。

东营市教育科学研究院

2025 年 4 月 8 日

目录

第一章

绪　论

当今社会，信息技术飞速发展、人工智能广泛应用、学科之间深度融合、知识爆炸式增长，这些都深刻地影响着人们的生活、学习和工作。信息技术的迅猛发展使得知识的传播和获取变得前所未有的便捷。互联网将全球的信息紧密连接，人们可以通过各种终端设备随时随地获取来自世界各地的知识，新的研究成果、创新理念和实践经验等各方面，极大地丰富了人们的知识视野。以人工智能为代表的科技广泛应用不仅推动学科知识深入研究和拓展，也对学科融合发展提出更高要求。在现实生活中，许多问题往往不是单一学科能够解决的，而是需要多学科的综合知识和方法。通过整合不同学科的优势，为复杂问题提供更全面、更深入的解决方案。学科融合满足了多方面的时代需求，有助于解决复杂的现实问题。学科融合有利于培养创新型人才，具备跨学科知识和能力的人才能够从不同的角度思考问题，提出独特的解决方案，具有更强的创新能力。学科融合推动了学科的发展和进步。不同学科之间的交流与碰撞，能够激发新的思想并开辟新的研究方向，促进学科的创新和突破。

在知识爆炸式增长与学科融合的背景下，跨学科融合发展是当今教育的大趋势，同样实施跨学科实践教学成为本轮课程改革的关键点。跨学科实践教学倡导不同学科间的交流与融合，旨在提升学生的创新能力和解决实际问题的能力。跨学科实践正是在这样的背景下应运而生，它不仅要求学生掌握各自专业的知识，还要求他们能够将这些知识应用到其他学科领域中，从而实现知识的综合运用和创新思维的培养。通过这种方式，学生能够更深入地理解不同学科之间的联系，学会从多角度分析问题，并在实践中不断探索和创新。

社会发展的现实需求对跨学科实践教学产生了深远影响。传统学科教学往往局限于特定学科领域的知识和解决问题的方法，无法应对复杂问题的挑战。随着社会结构、经济环境和科技进步的变化，社会对高素质人才的需求也在不断演变。在当今社会，复杂问题日益凸显，需要跨学科的视野和能力来加以解决，社会对于能够进行跨界创新和解决复杂问题的人才需求日益增加。传统学科之间的划分已经无法满足当今社会的需求，而跨学科实践教学正是应对这一挑战的重要手段之一。跨学科实践教学通过项目式学习、团队合作等方式，培养学生的综合思维能力、解决问题的能力和创新意识，以满足社会对于这方面人才的需求。习近平总书记在2024年全国教育大会上指出，要统筹实施科教兴国战略、人才强国战略、创新驱动发展战略，一体推进教育发展、科技创新、人才培养。当今社会，科技创新成为推动经济发展和社会进步的重要力量。科技创新需要跨学科的知识和方法，需要具备创新精神和实践能力的人才。初中物理教学作为基础教育的重要组成部分，应肩负起培养科技创新人才的重任，但是通过什么方式去培养创新型人才，是需要长期思考和改进的。通过开展跨学科实践活动，可以让学生了解不同学科之间的联系和融合，培养学生的创新思维和实践能力，为培养创新型人才奠定基础。

在现实生活中，人们面临着各种各样的实际问题，如环境污染、能源短缺、交通安全等。这些问题往往需要综合运用多个学科的知识和方法才能得到有效的解决。初中物理教学应紧密联系实际生活，开展跨学科实践活动，让学生学会运用物理知识解决实际问题，提高学生的社会责任感和实践能力。在全球化的背景下，国际竞争日益激烈。各国都在积极培养具有跨学科思维和实践能力的人才，以提高国家的核心竞争力。我国也不例外，需要加强基础教育中的跨学科实践教学，培养具有国际视野和创新能力的人才。跨学科实践活动正是培养这类人才的有效途径之一。

2017 年，教育部正式颁布《中小学综合实践活动课程指导纲要》。该纲要明确指出，教育的核心目标之一在于培养学生跨学科知识综合运用的能力。此类能力对于学生而言至关重要，它不仅有助于他们深入理解世界、分析问题，还能有效应对实际生活中遇到的各类问题。通过实施该教育过程，学生的综合素质将得到显著提升。此外，该纲要还特别强调了培养学生核心素养的重要性，尤其是社会责任感的培育，以期使学生成为对社会有贡献的公民。2024 年 7 月，党的二十届三中全会通过《中共中央关于进一步全面深化改革、推进中国式现代化的决定》。该决定明确提出了“教育、科技、人才是中国式现代化的基础性、战略性支撑”的重要论断。党和国家对教育领域提出了新的要求和期望，要积极探索和实施基于学科的综合化教学实践。此类教学实践旨在适应快速变化的时代背景，并满足国家对教育改革的深切期待，以培养出更多能够适应未来社会发展需求的高素质人才。

2022 年 4 月，教育部颁布新课程方案及 16 个学科的课程标准，标志着我国的基础教育课程改革发展进入新阶段。新一轮课程改革以习近平新时代中国特色社会主义思想为指导，从“有理想、有本领、有担当”三个方面明确义务教育阶段培养目标，体现党和国家对创新人才培养的要求。新一轮课程改革最鲜明的导向是培育学生核心素养，落实立德树人根本任务。在新课程方案的基本原则中提出加强课程综合、注重关联，加强课程内容与学生经验、社会生活的联系，统筹设计综合课程和跨学科主题学习。新课程方案首次提出“各门课程用不少于 10% 的课时设计跨学科主题学习”，用跨学科的思维培养学生整体认知世界的能力。在课堂教学中加强与生产劳动、社会实践的结合，充分发挥实践的独特育人功能，加强知行合一、学思结合，倡导“做中学”“用中学”“创中学”，优化实践活动方式和路径，推进工程与技术实践。

新课标坚持创新导向，强化课程综合性和实践性，从物理观念、科学思维、科学探究、科学态度与责任四个方面提出课程目标。物理学科核心素养的培育，是物理课程实施的重点，需要通过科学的教学方法和跨学科实践活动来实现。核心素养是跨学科素养、综合性素养，高于学科知识，是对知识和能力、过程与方法、情感态度价值观的综合与超越，核心素养的本质与跨学科实践的内涵是趋同的。跨学科实践是义务教育物理课程内容的重要组成部分，新课标新增“跨学科实践”一级主题，下设“物理学与日常生活”“物理学与工程实践”“物理学与社会发展”三个二级主题，并就跨学科实践做出具体的学业要求。

新课标强调物理教学要与其他学科相互渗透，培养学生的综合运用能力，这为跨学科实践提供了政策依据和方向指引。新课程不再局限于单一学科的知识目标，而是更加注重学生综合素养的培育，促使教师在教学中打破学科界限，探索跨学科的教学内容和方法。教育改革促使教师树立以学生为中心的教学理念。在这种理念下，教学不再是单纯的知识传授，而是要关注学生的全面发展和个性化需求。跨学科实践正好符合这一要求，它能够为学生提供更加丰富多样的学习体验，满足不同学生的兴趣爱好和特长发展。教师可以通过设计跨学科的教学活动，激发学生的学习兴趣和积极性，让学生在主动探索中提升综合能力。

从学生发展需求来看，学生的发展受到内在需求和外在环境的共同影响，而这些需求也在很大程度上推动着跨学科实践的发展。从学生发展的内在需求来看，首先，好奇心和求知欲是学生探索世界的重要动力。初中阶段的学生对周围的事物充满好奇，单一学科的知识往往难以满足他们对各种现象的探究欲望。跨学科实践正好可以满足学生这种广泛的好奇心，通过动手实践，为学生提供更全面、深入的学习体验，让他们能够更系统地认识和理解各种自然现象和社会问题。学生的兴趣爱好具有多样性，不同的学生可能对不同的学科领域或活动有着浓厚的兴趣。有的学生热爱音乐，有的学生喜欢绘画，还有的学生痴迷于科技创新。跨学科实践可以将学生的兴趣爱好与学科学习相结合，为他们提供更多发挥特长的机会。从学生发展的外在需求方面来说，社会的快速发展对人才提出了更高的要求。当今社会，科技进步日新月异，各种复杂问题层出不穷，需要具备跨学科知识和能力的复合型人才来解决。例如，在新能源开发、人工智能、大数据等领域，既需要深厚的专业知识，又需要广泛的跨学科背景。为了适应社会的发展需求，学生必须在学习过程中积极参与跨学科实践，培养自己的综合素养和跨学科能力。这样才能在未来的职业生涯中具备更强的竞争力。

从教育评价改革来看，新课程要求深化新时代教育评价改革，构建多元主体参与、符合中国实际、具有世界水平的教育评价体系。高质量基础教育评价体系是衡量和促进学生全面发展的重要工具，它关注的不仅仅是学术成就，更包括学生的个人品质、社会技能、创造力和批判性思维等多方面能力。在设计和实施高质量基础教育评价体系时，需要遵循全面性和发展性的基本原则。全面性意味着评价体系需要覆盖学生发展的各个方面，而不是只关注某一领域，应当能够对学生在认知、情感和心理、运动等多个维度上的成长作出多维度评价。传统的评价方式往往侧重于学生对单一学科知识的掌握程度，而新的评价体系更加注重学生的综合素养和创新能力。对跨学科实践教学实施，可以重构教育评价。跨学科实践教学评价包括学生在学习过程中的参与度、合作能力、问题解决能力、创新思维等多个方面。这种评价方式的变革促使教师更加积极地开展跨学科实践活动，培养学生的综合能力，以适应新的评价要求。教育改革鼓励教师采用多样化的教学方法。跨学科实践活动可以采用项目式学习、问题解决式学习、探究式学习等新型教学方法。这些方法强调学生的主体地位，让学生在真实的问题情境中，综合运用不同学科的知识和方法来解决问题，提高综合实践能力。

初中物理，作为一门基础自然科学课程，对于培养学生的科学素养和创新能力具有极其重要的意义。自从新课标颁布之后，笔者团队积极参与了山东科学技术出版社初中物理教材的编写工作，在这个过程中，我们对跨学科实践教学有了更加深入的理解和体会。无论是从当今知识融合、学科交叉的时代背景出发，还是从解决我们教育立德树人的根本任务的角度来看，深度开展初中物理跨学科实践教学已经成为一种必然的趋势。

本书深入探讨了跨学科教学的实施背景、意义、目的，并且详细梳理了跨学科实践教学的实施策略。此外，本书还为大家提供了 20 个可供操作实施的跨学科实践案例，这些案例经过精心挑选和设计，旨在帮助教师和学生更好地理解和掌握跨学科教学的理念和方法。通过这些案例，教师可以引导学生将物理知识与其他学科知识相结合，从而培养学生的综合运用能力，提高他们的创新思维和问题解决能力。为教师提供实际操作的参考和借鉴，帮助他们在教学实践中更好地融合跨学科的理念及策略。

在当前教育改革的大背景下，跨学科实践教学不仅能够促进学生对知识的全面理解，还能够激发学生的学习兴趣，培养他们的批判性思维和创造性思维。通过跨学科的实践活动，学生能够将抽象的物理概念与现实世界联系起来，从而加深对物理知识的理解和应用。本书的编写团队由经验丰富的教育专家和一线教师组成，他们在编写过程中不断交流和探讨，力求将最新的教育理念和教学方法融入教学中。本书不仅为教师提供了丰富的教学资源，还为学生提供了广阔的学习平台。通过本书的学习，学生不仅能够掌握物理知识，还能够学会如何将这些知识应用到实际问题的解决中，从而在学习过程中体验到科学探究的乐趣和成就感。

第二章

初中物理跨学科实践的阐述

第一节　特点与内涵

物理学作为一种重要的理论，对生物学、化学等学科产生重要影响，同时，这些学科的发展推动了物理学的发展。

一、跨学科的特点

自古以来，学术界长期处于混沌状态，直到亚里士多德建立起相对完善的古代学术理论框架。亚里士多德打破了学科界限，广泛研究天地间的各种知识，涵盖伦理学、心理学、物理学、修辞学、教育学等多个领域。他将知识分为理论知识、实践知识和创制知识三大类，并在理论知识中进一步划分为数学、伦理学等分支。16 世纪以后，物理学、地理学、天文学等学科逐渐走向独立。培根根据人类的理解能力，将知识划分为历史、诗歌和哲学三大类，并细分为自然史、学术史、语言、艺术、自然哲学和人文学科等分支。此后，新兴学科不断涌现，跨学科思想也逐渐兴起。

赫尔巴特是推动跨学科教育发展的重要先驱。他主张以文学和历史作为课程的核心，通过相关学科的协同配合来组织教学，旨在培养具有道德素养的公民。赫尔巴特学派的学者进一步提出以“文化阶段”为纽带，将独立的学科联系起来，使学校教育内容与人类文明发展的进程相呼应。麦克默里兄弟则提出了以“地理”为中心的课程整合理论，强调课程整合的关键在于选择并确立合适的组织中心，依据学科的内在逻辑结构组织知识，形成系统的学习项目。这一时期的课程整合注重学科知识之间的联系，试图通过整合形成独立的综合性课程，为20世纪教育改革中出现的相关课程、广域课程、核心课程等新模式奠定了理论基础。总体而言，科学课程在经历分化后逐渐走向综合，学科知识从分散走向聚合。现代意义上的学科体系在19世纪逐渐成形。从认知角度来看，各学科拥有独特的研究领域，其专业知识是逐步积累的；每个学科都形成了独特的概念和理论体系；研究对象各不相同；同时，各学科也发展出与其特殊需求相适应的研究方法和手段。

“跨学科”这一概念最早由心理学家伍德沃斯于1926年提出，指的是不同学科之间的交叉与融合，旨在通过多学科的视角获得更深入的认识和更全面的理解。1937年，霍普金斯从儿童中心论出发，将课程统整分为相关课程、广域课程、核心课程和经验课程四类，并将广域课程纳入跨学科统整的范畴。这种课程统整方式在一定程度上体现了跨学科思想，推动了学校跨学科课程的设计与实施。

20世纪70年代，跨学科研究在各领域逐渐常态化，促进了跨学科实践与理论的进一步发展。心理学家皮亚杰对跨学科认识论问题进行了系统分析，主张以结构主义的视角研究学科问题，认为学科发展经历了从混乱到清晰、从独立到综合的过程，最终形成学科总体发展的环形螺旋结构。他将学科间的相互关系划分为多学科、跨学科和超学科三个层次。

随着跨学科科学发展的内在需求和社会进步的迫切需要，各国开始重视培养跨学科人才。20世纪70年代，美国、日本、西班牙、意大利和加拿大等国家在基础教育领域积极开展教育改革实验，推动跨学科教育的实施。我国的跨学科教育起步于20世纪80—90年代，最初在高校中开展跨学科研究并尝试跨学科教学。随后，跨学科教育逐渐向中小学延伸，许多学校通过综合课程的形式进行教学实践，如STEM教育和研究性学习等微型课程。

20世纪末至21世纪初，全球基础教育改革强调培养学生的创新精神和实践能力，催生了多种新的学习方式，如STEM学习、项目化学习、主题学习等。这些学习方式既具有学科性，又具有跨学科性，甚至跨学科成为其主要特征，成为弥补传统中小学学科教学割裂问题的重要途径。跨学科是学科发展与科技革命、产业变革的必然结果，而跨学科教育则是跨学科研究在学校教育中的具体体现。

跨学科的影响深远而广泛。它打破了传统学科之间的壁垒，将不同学科的知识、理论和价值观有机地融合在一起，形成了一种全新的研究或教育活动形式。通过将不同学科的知识交叉融合，跨学科不仅能够探索新的研究方向和学术生长点，还能够整合各学科的知识资源，从而培养学生的综合素质和创新能力。跨学科并非局限于某一门学科的跨越，而是所有具有跨学科特征的学科的总称。它为学生提供了更广阔的视野、更丰富的资源以及更深入的研究方向，创造了多元化的学习机会和发展空间。

跨学科的研究范围广泛，涉及多个学科领域，要求研究者具备跨学科的思维方式和研究方法，以应对复杂问题和未来挑战。这种思维方式强调从多角度、多层次分析问题，推动学科间的协同创新。总之，跨学科作为一种重要的教学模式，不仅促进了不同学科之间的交流与合作，还为学生创新能力的培养和综合素质的提升提供了有力支持。同时，跨学科也为学术研究和社会发展开辟了新的思路和方向，成为应对全球化与科技变革的重要途径。

当下日趋激烈的国际竞争，就是人才的竞争，跨学科教育势不可挡。2018 年，习近平总书记在北京大学考察时强调“要下大气力组建交叉学科群”。2021 年，教育部成立了“交叉学科”门类，“跨学科素养”成为综合型人才的必备素质。在“五育融合”的教育背景下，国家出台的新课程方案正切合了百年未有之大变局对时代新人的迫切需求，在此方案中将“跨学科主题学习”作为国家课程改革力推的重要学习方式，强调“义务教育课程必须与时俱进”，不断“优化学校育人蓝图”，解决好“培养什么人、怎样培养人、为谁培养人”三大问题。新课标进一步明确了培养目标、优化了课程设置和内容结构、改进了评价方式、加强了学段衔接等，进一步关注到物理学与其他学科的关联，在课程内容中专门设置了“跨学科实践”一级主题，对学科之间关联性的重视程度可见一斑。

“跨学科实践”包含“物理学与日常生活”“物理学与工程实践”“物理学与社会发展”三个二级主题，每个二级主题包含若干三级主题，对学生的综合实践能力提出明确要求。“跨学科实践”主题与社会热点、低碳生活、健康生活、动手实践等密切相关，加强了物理学与能源、环境、信息技术等的联系，关注了人类面临的健康、能源、环境、材料、信息等重大问题，具有明显的跨学科性和实践性特点。同时，结合物理课程内容的特点，利用科学、技术、工程等发展学生跨学科应用知识的能力、分析和解决问题的综合能力、动手操作的实践能力，培养学生积极认真的学习态度和乐于实践、敢于创新的精神。

二、初中物理跨学科实践的内涵

初中物理跨学科实践旨在培养学生的跨学科素养，以物理学科为载体，围绕特定主题整合其他学科知识，形成跨学科实践学习单元。这种学习活动以任务为核心，以合作实践为主要形式，是一种引领学生学习框架、带动学习活动的新型学习方式。通过跨学科实践，学生能够凝练物理学科的知识、概念、原理和方法，深化对物理学科内容的理解，促进知识的迁移与应用，拓展看待问题的视角，激发创造性思维。在学习过程中，学生在真实情境的驱动下，通过团队合作有序组织不同学科的概念，运用跨学科知识与方法发现问题、理解问题，并通过实践解决问题。这种学习方式不仅激发了跨学科思维，还帮助学生构建系统化的知识网络和认知框架，在学科间、活动间、单元间、主题间以及学习小组间形成整体意识，从而获得在主题任务完成过程中的跨学科学习体验。

1. 以物理学科视角为起点

跨学科实践需要以物理学科视角为起点，再“跨”出本学科的视野。物理学科的知识是跨学科实践的融合点与生长点，将学习内容拓展到日常生活、工程实践和社会发展中，本质上要求用物理学科独特的方式来学习本学科知识。基于物理学科的知识、技能和方法，结合日常生活、工程实践和社会发展等社会热点，创设真实、综合的情境作为任务驱动，使学生在实践中发现问题、提出假设、寻找证据并解决问题。尊重并彰显物理学科的独特性，体现物理学科的精髓，是物理跨学科实践的核心要义。跨学科实践在立足物理学科的同时，又超越学科边界，引导学生通过运用跨学科知识解决简单问题，最终回归物理学科的范畴去审视问题。

2. 以发展核心素养为导向

新课标明确指出，学生核心素养的培养应贯穿物理教学的全过程。“跨学科实践”作为一级主题，旨在促进学生学以致用，发展跨学科运用知识的能力，培养积极的学习态度和实践创新精神。核心素养的形成本质上是一种跨领域实践的过程，仅凭记忆、刷题和背诵无法真正形成核心素养，必须通过行动、体悟和反思来实现。跨学科实践为物理教科书上的静态知识与学生的身心有机融合搭建了桥梁，为外在知识转化为学生内在的关键能力和必备品格提供了坚实保障。

3. 以任务为主线

真实环境中遇到的问题往往是复杂且综合的，涉及多个学科的知识。初中物理跨学科实践涵盖物理学科与其他学科的知识、技能和方法的融合，其丰富的情境素材来源于物理学与日常生活、物理学与工程实践、物理学与社会发展等时代热点。围绕新课标，聚合多学科资源，基于学生的认知特点，选定任务或议题作为主线，为跨学科实践学习创设载体。实践成果可以是物化的装置、模型、方案或调查报告等，体现了学习的实际应用价值。

4. 以“跨学科性”和“实践性”为基本属性

跨学科实践兼具跨学科性和实践性两大特点。在跨学科实践中，所应用的知识和方法不仅限于物理学科，也不同于一般意义上的实践活动。跨学科性体现在物理知识、技能和方法的学习，不拘泥于课堂公式和试卷分数，而是通过实践形式贯穿不同学科的知识应用，体现物理知识与现实世界的连接。实践过程中遇到的真实问题往往是复杂且综合的，这需要对物理学科知识体系进行再建构，同时也需要超越学科边界，对多学科知识进行迁移与整合。实践性则体现在跨学科实践方案的确定、合理分组、共同参与完成既定议题或任务的过程中，需要学生的实际行动、真实体悟和用心操作。在初中物理跨学科实践中，应遵循学生的认知发展规律，重视学生自身发展需求，以学生发展为中心，强调学生作为学习主体进行主动建构，而非依赖外界信息的单向灌输。

总之，初中物理跨学科实践通过整合多学科知识与方法，创设真实情境和任务驱动，不仅促进了学生对物理学科的深入理解，还培养了他们的跨学科思维、实践能力和创新精神，为学生的全面发展提供了重要支持。这种学习方式顺应了新时代教育改革的趋势，为培养具有综合素质和创新能力的未来人才奠定了坚实基础。

第二节 目标与价值

初中物理跨学科实践是一种将物理学知识与现实世界问题相结合的教学方法。它超越了传统物理课堂的界限，将物理学的理论和概念与现实世界中的问题紧密联系起来。这种方法不仅涵盖了物理学的基础知识，还融入了数学、化学、生物学等其他学科的元素，形成了一个多学科交叉的学习环境，旨在提高学生的核心素养，培养他们的创新思维和实践能力。

一、初中物理跨学科实践的目标

初中物理跨学科实践旨在打破物理学科与其他学科之间的界限，整合不同学科的知识、方法和视角，帮助学生更好地理解物理概念，培养解决实际问题的能力，并激发对科学探究的兴趣。其核心目标可概括为以下三个方面：

1. 深化物理概念理解

多角度理解物理现象：通过与其他学科的结合，引导学生从不同角度观察、分析和解释物理现象，加深对物理概念的理解。

例如，在学习“光的折射”时，可以结合生物学科，探讨眼睛成像的原理；结合地理学科，解释海市蜃楼的形成原因。

建立知识之间的联系：帮助学生建立物理知识与其他学科知识之间的联系，形成更加完整、系统的知识体系。

例如，在学习“能量”时，可以结合化学学科，探讨化学反应中的能量变化；结合生物学科，了解生物体中的能量转化过程。

培养科学思维方法：通过跨学科实践，引导学生运用科学探究的方法，提出问题、分析问题、解决问题，培养科学思维能力和创新精神。

例如，在学习“浮力”时，可以结合历史学科，了解阿基米德的故事并设计实验进行研究，为跨学科实践“制作简易密度计”做好准备。

2. 提升问题解决能力

解决实际生活中的问题：引导学生运用物理知识和其他学科知识，解决实际生活中的问题，提高问题解决能力。

例如，在学习“简单机械”时，可以结合劳动技术学科，设计制作简易机械装置，解决生活中的实际问题。

培养团队合作能力：通过小组合作完成跨学科实践项目，培养学生的团队合作能力、沟通表达能力和领导力。

例如，在学习“电路”时，可以结合信息技术学科，设计制作简单的电子作品，并进行小组展示和评比。

增强实践动手能力：通过动手实验、制作模型等活动，增强学生的实践动手能力，激发学习兴趣。

例如，在学习“声音”时，可以结合音乐学科，制作简易乐器，并探究声音的产生和传播规律。

3. 激发科学探究兴趣

体验科学探究的乐趣：通过有趣的跨学科实践活动，让学生体验科学探究的乐趣，激发对科学探究的兴趣。

例如，在学习“电与磁”时，可以结合科技活动，设计制作电磁铁、电动机等，并进行趣味实验。

培养科学探究精神：引导学生像科学家一样思考问题，培养科学探究精神，为未来的学习和工作奠定基础。

例如，在学习“力与运动”时，可以结合体育学科，探究不同运动项目中力的作用效果，并设计实验进行验证。

拓展科学视野：通过跨学科实践，拓展学生的科学视野，了解科学技术在社会发展中的应用，增强社会责任感。

例如，在学习“能源”时，可以结合地理学科，了解不同能源的分布和利用情况，探讨能源问题对社会发展的影响。

二、初中物理跨学科实践的价值

初中物理跨学科实践的价值主要体现在学生个体、物理学科和社会发展三个层面。

（一）对学生个体：培养学生核心素养

1. 有助于筑牢全面发展的基础

核心素养是学生在学习和生活中必须具备的基本能力和素质，它们构成了学生全面发展的基石。这些素养不仅关系到学生的学业成就，更关系到他们未来在社会中的适应能力和竞争力。在当今这个快速变化的世界中，核心素养的培养显得尤为重要。

有助于培养批判性思维：通过跨学科实践，学生被鼓励去质疑、分析和评估信息，而不是被动接受。这种批判性思维能力使学生能够识别问题、提出解决方案，并对不同观点进行评估。这对于他们成为独立思考者和负责任的决策者至关重要。

有助于培养创造性思维：在解决跨学科问题时，学生需要运用创造性思维来探索新的可能性和创新的解决方案。这种思维能力鼓励学生跳出传统思维模式，尝试不同的方法，并从失败中学习，这对于培养他们的创新精神和适应未来社会的需求至关重要。

有助于提升沟通能力：在跨学科实践中，学生经常需要与来自不同背景和学科的同学合作。这要求他们具备有效的沟通能力，能够清晰地表达自己的想法，同时也能够倾听和理解他人的观点。良好的沟通能力对于建立团队合作和促进知识共享至关重要。

有助于提升团队合作能力：跨学科实践往往需要团队合作来完成。学生需要学会如何在团队中发挥作用，与他人协作，共同解决问题。这种团队合作能力不仅有助于他们在学术上取得成功，也为他们未来的职业生涯和社会生活打下了坚实的基础。

有助于增强自我管理能力：在跨学科实践中，学生需要自我管理，包括时间管理、情绪管理和自我激励。这些能力使他们能够独立完成任务，同时也能够适应不断变化的环境和挑战。

有助于提高自身信息素养：在信息爆炸的时代，学生需要具备信息素养，能够识别、获取、评估和使用信息。这种能力对于他们成为终身学习者和有效解决问题至关重要。

有助于拓展全球视野：跨学科实践还鼓励学生发展全球视野，理解不同文化和社会的多样性。这种视野使他们能够在全球范围内思考问题，为解决全球性问题作出贡献。

通过跨学科实践，学生能够在解决实际问题的过程中，培养这些核心素养。这种教学方法不仅提高了学生的学术素养，还为他们的未来学习和生活打下了坚实的基础。通过培养这些核心素养，学生将更有信心和能力去面向未来的挑战，成为社会的有用之才。

2. 有助于适应未来挑战

随着社会的快速发展，未来社会对人才的要求越来越高。核心素养的培养有助于学生适应未来社会的需求，而跨学科实践是培养学生核心素养的一个非常重要的途径，使他们能够在多变的环境中灵活应对各种挑战。

在 21 世纪的知识经济时代，人们面临的现实世界日益复杂，社会竞争也日趋激烈。在这种背景下，拥有解决真实问题的能力变得比掌握事实性知识更有价值，也更能应对日常生活和未来社会的各种挑战。

跨学科实践通过整合不同学科的知识和技能，为学生提供了一个新的认知方式，使他们能够从多角度分析和解决问题。现在许多学校通过跨学科项目化学习，鼓励学生在真实情境中学习和应用知识，培养了学生的创新思维和实践能力。

在实践中，跨学科学习项目能够显著提升学生的批判性思维、创新能力和协作能力等核心素养。例如，依托当地博物馆，开发 AI+ 跨学科实践的课程，融合历史、人工智能、美育、文学等多门学科，旨在培养学生的时空观念、家国情怀、信息技术编程能力、审美鉴赏与创造等综合学科素养。

此外，跨学科实践还能够帮助学生建立起对文化传统的理解和尊重，提升学生的文化自信心，加强民族文化的传承力。例如，依托赵州桥、港珠澳跨海大桥等我国从古至今的著名桥梁建筑，开展跨学科实践的系列课程，学生不仅能学习桥梁发展历史和桥梁结构知识，还通过 3D 建模设计和制作桥梁模型让学生在动手实践中深化了对桥梁工程学的理解，并培养文化自信和民族自豪感。总之，跨学科实践通过将学生置于真实世界的情境中，鼓励他们运用多学科知识解决实际问题，不仅提升了他们的知识应用能力，也锻炼了他们的创新思维和团队协作能力，这些都是未来社会中不可或缺的核心素养。通过这样的教育方式，学生将更有信心和能力去面向未来的挑战，成为能够适应并塑造未来社会的人才。

3. 有助于提升学习兴趣

跨学科实践通过将物理知识与现实世界问题相结合，使学习变得更加生动和有趣。这种教学方法能够激发学生的学习兴趣，提高他们的学习动力。例如，依托当地资源学生们通过实地考察、绘制地图、测量河宽等活动，将地理、历史、数学、语文等多学科知识融汇在一起，这种实践活动让知识在情境中活起来，极大地提升了学生的学习兴趣。

通过跨学科实践将抽象的物理概念具体化，让学生在参与和体验中学习，从而提高他们的学习动力。通过这种方式，学生不仅能够更好地理解物理概念，还能够看到这些概念如何在现实世界中应用，这种联系增强了学生的学习兴趣和参与度。学生们通过跨学科实践，能够更好地理解科学的本质，掌握更多的知识和技能，并能够运用这些知识和技能来解决实际问题，从而激发他们对科学的兴趣和热情。

跨学科实践强调的是知识的整合和应用，它鼓励学生跳出单一学科的框架，从多个角度审视问题。例如，学生在研究太阳能热水器的效率时，不仅需要运用物理中的热力学和光学知识，还需要考虑材料科学、环境科学甚至经济学的因素。这种多维度的探索过程，不仅能够增强学生对物理知识的理解，还能够培养他们的综合分析能力和创新思维。

此外，跨学科实践还能够帮助学生建立起学习与现实生活的联系。当学生发现他们所学的物理知识能够解释日常生活中的现象，或者解决实际问题时，他们对学习的热情自然会被点燃。例如，通过研究不同材料的隔热性能，学生不仅能够理解热传导的物理原理，还能够意识到能源效率在建筑设计中的重要性。

跨学科实践还促进了学生的主动学习和自我驱动。在这种学习环境中，学生需要自己提出问题、设计方案、进行实验，并最终得出结论。这种自主探索的过程，不仅能够提高学生解决问题的能力，还能够增强他们的自信心和自我效能感。当学生看到自己的创意和努力能够转化为具体的成果时，他们的学习动力自然会得到提升。

最后，跨学科实践还为学生提供了合作学习的机会。在团队合作中，学生需要相互沟通、协作和支持，共同完成项目任务。这种合作过程不仅能够培养学生的社交技能和团队精神，还能够增强他们的学习动机。当学生在团队中取得成功时，他们会更加珍视学习的过程，并愿意为之付出更多的努力。

4. 有助于培养终身学习习惯

核心素养的培养不仅仅是为了应对当前的学习任务，更是为了培养学生成为终身学习者。在快速变化的现代社会，知识和技能的更新速度前所未有，因此拥有持续学习和自我提升的能力变得至关重要。跨学科实践鼓励学生持续探索、不断学习，为他们未来的学习和生活奠定基础。

这种教学方法强调的不是短期的考试成绩，而是长期的个人发展和成长。通过跨学科实践，学生被鼓励去主动寻求知识，而不是等待知识的灌输。他们学会了如何提出问题、如何寻找答案、如何评估信息的可靠性，以及如何将新知识与已有知识整合。这些技能对于他们成为终身学习者至关重要。

跨学科实践还培养学生的适应性和灵活性。在面对新的挑战和未知的领域时，学生需要运用他们的核心素养来适应新环境、学习新技能。这种适应性不仅在学术领域有用，在职业发展和个人生活中也同样重要。例如，一个在物理学中培养了批判性思维的学生，在未来的工作中，无论是在金融分析、市场营销还是艺术创作领域，都能够运用这种思维来分析问题和作出决策。

此外，跨学科实践还培养学生的创新精神。在跨学科项目中，学生经常被鼓励去尝试新的方法、探索新的思路，并创造出独特的解决方案。这种创新精神不仅能够激发学生的学习兴趣，还能够为他们未来的职业生涯和社会生活带来新的可能性。

跨学科实践还培养学生的自我反思能力。在项目结束后，学生被鼓励去反思他们的学习过程、评估他们的成果，并思考他们可以如何改进。这种自我反思的能力对于学生成为终身学习者至关重要，因为它使他们能够持续地评估自己的学习策略，调整学习路径，并最终实现自我提升。

5. 有助于进行职业探索

跨学科实践在教育领域的重要性日益凸显，它不仅能够促进学生全面发展，更是培养学生核心素养的关键途径。在这一过程中，职业探索作为跨学科实践的重要组成部分，起着至关重要的作用。通过让学生了解物理学在不同职业领域的广泛应用，能够激发他们对未来职业的兴趣，从而帮助他们更好地规划自己的职业道路。

首先，物理学作为一门基础科学，其原理和方法在众多职业领域中都发挥着重要作用。例如，在工程领域，物理学的原理被用来设计和优化各种结构和机械系统；在医学领域，物理学的知识对于理解人体结构和功能至关重要；而在信息技术领域，物理学的概念则被用于开发新型的电子设备和通信技术。通过跨学科实践，学生能够直观地看到物理学在这些领域的实际应用，从而认识到物理学知识的实际价值。

其次，跨学科实践能够帮助学生建立起不同学科之间的联系。在职业探索的过程中，学生不仅学习物理学的理论知识，还能通过实践活动，如实验、项目研究等，将物理学与其他学科如数学、化学、生物学等结合起来，形成一个综合的知识体系。这种跨学科的学习方式能够培养学生的创新思维和问题解决能力，为他们未来的职业生涯打下坚实的基础。

再者，职业探索能够激发学生的兴趣和热情。当学生通过跨学科实践了解到物理学在各种职业中的应用时，他们可能会发现自己对某个领域特别感兴趣。这种兴趣可以转化为学习的动力，促使学生在相关领域进行更深入的学习和研究。同时，这种兴趣也有助于学生在职业选择时作出更明智的决策。

最后，跨学科实践和职业探索还能够培养学生的团队合作能力和沟通技巧。在进行职业探索的过程中，学生往往需要与其他同学合作，共同完成项目。这种合作不仅能够提高学生的团队协作能力，还能锻炼他们的沟通和协调技巧，这些技能在未来的职业生涯中都是非常宝贵的资产。

6. 有助于提高环境意识和社会责任

提高环境意识和社会责任是核心素养的重要目标，尤其是在面对全球环境变化和社会责任日益增长的今天。通过跨学科实践活动，能够显著增强学生对环境保护和可持续发展的认识，同时通过解决实际问题，有效培养学生的社会责任感和公民意识。

例如，组织学生参与到当地的河流清理项目中。在这个过程中，学生不仅要学习河流生态系统的相关知识，还要了解污染对河流生态的影响。通过亲自动手清理河流中的垃圾，学生能够直观地感受到环境保护的紧迫性。这样的实践活动不仅让学生了解到保护环境的重要性，还能够让他们意识到每个人的行为都对环境有着直接或间接的影响。

还可以组织学生参与到社区的节能减排活动中。学生可以结合所学物理知识和其他学科知识思考如何通过改变日常行为来减少能源消耗，如关闭不必要的电器、使用节能灯泡、绿色出行等。通过这些简单的行为改变，学生能够看到自己的行动对减少碳足迹的积极影响，从而增强他们的环保意识。

在解决实际问题的过程中，学生的责任感和公民意识也得到了培养。例如，学生可以参与到学校的废品回收计划中，通过分类回收纸张、塑料和金属等材料，他们不仅学会了资源的循环利用，还了解到资源的有限性。这种实践活动能够让学生认识到，作为公民，他们有责任通过自己的行动来保护环境，为社会的可持续发展作出贡献。

此外，跨学科实践活动还可以包括与当地社区合作，解决社区面临的环境问题。例如，学生可以与社区合作，开展城市绿化项目，种植树木和花草，以改善城市空气质量和居民的生活质量。在这个过程中，学生不仅学习到了植物学和生态学的知识，还学会了如何与社区成员合作，共同为改善生活环境而努力。

通过这些跨学科实践活动，学生不仅能够获得宝贵的实践经验，还能够培养他们的创新思维和社会责任感。例如，学生可能会在实践中发现新的问题，并需要创造性地提出解决方案。这种经历能够让学生学会如何面对挑战，如何通过团队合作来解决问题。

7. 有助于增强文化理解

跨学科实践活动是一种创新的教育方式，它不仅能够提高学生的核心素养，还能特别增强学生的文化理解能力。这种活动通过让学生探索物理学在不同文化和历史背景下的发展，使他们能够更深刻地理解科学知识是如何跨越时间和空间，成为全人类共同的财富。

例如，教师可以设计一个项目，让学生研究中国古代的物理学应用，如古代天文学中的日晷和水钟，这些工具展示了古人如何利用物理原理来测量时间和季节变化。通过这样的研究，学生不仅能够学习到物理学的基础知识，还能了解到中国古代文明的智慧和对科学的贡献。

（二）对物理学科：深化物理教学改革

1. 有助于深化理解物理知识

跨学科实践是一种将物理知识应用于解决实际问题的教学方法，它极大地促进了学生对物理概念和原理的理解。通过将抽象的物理理论融入具体的情境中，学生能够在实际操作和体验中学习，这种学习方式比传统的课堂讲授更有效，因为它能够激发学生的好奇心和探究欲，使他们更加积极地参与到学习过程中。

例如，可以设计一个关于力学的跨学科项目，让学生参与制作一个简易的过山车模型。在这个项目中，学生需要应用牛顿运动定律来设计轨道，使其能够支持小车的运动。通过实际操作，学生能够直观地看到力和运动之间的关系，理解势能和动能的转化，以及摩擦力对运动的影响。这种实践活动不仅帮助学生深化了对物理概念的理解，还提高了他们解决实际问题的能力。

2. 有助于提高实践能力

物理学科的教学不应仅仅停留在理论知识的传授上，其核心价值在于将这些知识应用于实际问题的解决中。实践能力的培养能够帮助学生将抽象的物理概念转化为具体的操作技能，从而更好地理解和掌握物理知识。跨学科实践提供了丰富的实践机会，使学生能够在实际操作中学习，提高他们使用实验工具和设备的技能，以及数据处理和分析的能力。

例如，可以设计一个关于简单机械的跨学科项目，让学生亲手制作一个滑轮系统。在这个项目中，学生需要使用锯子、锤子、钉子、绳子和滑轮等工具和材料来构建一个能够提升重物的装置。通过这个动手操作的过程，学生能够直观地理解力的分解、杠杆原理和机械效率等物理概念。这种实践活动不仅提高了学生使用工具的技能，还增强了他们解决实际问题的能力。

3. 有助于促进科学思维

跨学科实践在物理教学中扮演着至关重要的角色，尤其是在培养学生的科学思维方面。科学思维不仅包括对物理知识的掌握，更重要的是能够运用这些知识去观察现象、提出假设、设计实验和进行推理。这种思维方式能够使学生在面对新问题时，能够系统地分析问题、提出解决方案，并验证这些方案的有效性。

例如，组织学生进行一个关于热传导的实验，探究不同材料的导热性能。学生需要观察不同材料（如金属、木头、塑料等）在受热时的温度变化情况。他们可以提出假设，比如金属可能比塑料导热更快。然后，学生设计实验，比如使用热源对不同材料进行加热，并测量它们的温度变化速率。通过这些实验，学生可以收集数据并进行推理，从而得出哪种材料具有更好的导热性能。

初中物理跨学科实践对物理学科教学的促进作用是多方面的，尤其是在促进科学思维方面。通过跨学科实践，学生能够在解决实际问题的过程中，运用物理知识进行观察、假设、实验和推理，从而培养他们的科学思维。这种学习方式不仅能够提高学生的问题解决能力，还能够激发他们的创新思维和对物理学科的兴趣，为他们的终身学习和未来的科学研究奠定坚实的基础。因此，教育者应当重视跨学科实践在物理教学中的应用，为学生提供更多的实践机会，以促进他们的全面发展。

4. 有助于增强学科间的联系

跨学科实践突破了传统学科间的界限，鼓励学生探索物理学原理在化学、生物学、数学等其他学科中的体现和应用。通过这种方式，学生不仅能够更深入地理解物理学的基本概念和原理，还能够认识到这些概念在现实世界中的广泛应用，从而激发他们对学习物理的兴趣和热情。

例如，在化学课上，学生会学习到原子和分子的结构，而在物理课上，他们可以进一步探讨这些结构背后的力和能量转化。通过跨学科实践，学生能够将化学中的微观粒子行为与物理中的宏观现象联系起来，从而更全面地理解物质的性质和变化规律。这种整合不仅加深了学生对物理知识的理解，也帮助他们建立起一个更加立体和动态的知识体系。

此外，跨学科实践还鼓励学生发展批判性思维和解决问题的能力。在面对复杂问题时，学生需要调动不同学科的知识来寻找解决方案，这要求他们不仅要掌握物理知识，还要能够灵活运用其他学科的理论和方法。这种跨学科的思维方式能够培养学生的创新能力和适应能力，使他们在未来的学习、工作和生活中更加游刃有余。

在教学实践中，教师可以通过设计跨学科的项目和活动来促进学科间的联系。例如，可以让学生参与到一个涉及物理和工程学的桥梁设计项目中，让他们运用物理学中的力学原理来解决实际的工程问题。这样的实践活动不仅能够增强学生对物理知识的实际应用能力，还能够提高他们对其他学科知识的兴趣和理解。

跨学科实践对物理学科教学的促进作用是多方面的，它不仅增强了学科间的联系，还促进了学生综合能力的培养。通过这种教学方法，学生能够更好地理解物理知识在其他学科中的应用，建立起跨学科的思维方式，并为未来的学术和职业生涯打下坚实的基础。

5. 有助于提升教学质量

跨学科实践要求教师具备跨学科的教学能力，这有助于教师专业素养的提升、教学方法的创新、教学评价体系的完善，同时，这种教学方法也能够激发教师的教学热情，促进教师间协作与共同体的发展，提高教学质量。

（三）对社会发展：推动社会发展

1. 培养未来科技创新人才

在当今快速发展的时代，科技创新成为推动社会进步的核心动力，而跨学科实践所培养的人才正是未来科技创新的重要力量。这些人才具备跨学科背景，能够打破学科界限，融合不同领域的知识与方法，从而为科技创新注入强大的活力。他们不仅拥有扎实的专业基础，更具备敏锐的创新精神和出色的实践能力，能够在复杂的科技环境中探索未知、开拓创新。

例如，许多科技创新成果，如人工智能、量子计算等，都离不开跨学科人才的贡献。人工智能的发展融合了计算机科学、数学、神经科学、心理学等多个学科的知识，研究人员通过跨学科合作，模拟人脑的神经网络结构，开发出强大的机器学习算法，推动了人工智能在图像识别、自然语言处理等领域的广泛应用。量子计算则涉及物理学、计算机科学、数学等多学科的交叉，科学家们通过深入研究量子力学原理，结合计算机科学的算法设计和数学的理论支持，不断突破传统计算的极限，为未来的高性能计算开辟了新的道路。这些跨学科人才凭借其独特的优势，为科技创新开辟了新的路径，成为推动科技前沿发展的关键力量。

2. 推动科学技术进步

跨学科实践在推动科学技术进步方面发挥着至关重要的作用。它打破了传统学科之间的壁垒，促进了不同学科之间的交流与合作，使得各学科能够相互借鉴、相互补充，从而加速科学技术的发展。这种跨学科的交流与合作不仅能够激发新的研究思路和方法，还能够为解决复杂的科学问题提供更全面、更有效的解决方案，进而推动科学技术的不断进步，为应对社会发展面临的各种挑战提供有力支持。

例如，应对气候变化、能源危机等全球性问题，需要物理、化学、生物、地理等多学科的共同努力。在气候变化研究中，物理学家通过研究大气环流和气候模型，揭示气候变化的机制；化学家专注于温室气体的排放、大气化学反应以及碳捕获与封存技术的研究；生物学家研究生态系统对气候变化的响应以及生物多样性保护；地理学家则分析气候变化对地理环境的影响，如海平面上升、冰川融化等。只有通过多学科的协同合作，才能全面、系统地理解和应对气候变化这一复杂的全球性挑战。同样，在能源危机的应对中，跨学科研究也发挥着关键作用。物理学家研究新能源的开发与利用，如太阳能、风能等可再生能源的高效转化；化学家致力于开发高性能的储能材料和电池技术；生物学家探索生物能源的生产与利用；而地理学家则分析能源资源的分布和开发对环境的影响。通过跨学科的共同努力，人类有望找到可持续的能源解决方案，缓解能源危机，推动科学技术的进步，为社会的可持续发展提供坚实的保障。

3. 提升公民科学素养

跨学科实践不仅在专业领域发挥着重要作用，还对提升公民科学素养具有深远意义。在现代社会，科学知识的普及和公民科学素养的提升对于社会的和谐发展至关重要。通过参与跨学科实践活动，公民能够更好地理解科学的本质和价值，增强对科学的兴趣和热情，从而积极参与科学决策，为社会的发展贡献自己的力量。

例如，通过参与科普活动、科学实验等跨学科实践活动，公众可以了解科学知识，提高科学素养，更好地参与社会生活。在科普活动中，公众可以接触到不同学科的知识，如物理学中的光学原理、化学中的化学反应、生物学中的生态系统等，这些知识通过生动有趣的形式呈现，使公众更容易理解和接受。同时，跨学科的科学实验活动也为公众提供了亲身体验科学的机会。例如，在一些环保主题的跨学科实践中，公众可以学习到化学知识，了解污染物的检测方法；运用生物学知识，研究生态系统的修复；结合地理学知识，分析环境问题的分布和影响。通过这些实践活动，公众不仅能够掌握科学知识，还能培养科学思维和科学方法，学会用科学的眼光看待问题，用科学的方法解决问题。这种跨学科实践活动的开展，有助于提升公民的科学素养，促进公众对科学的理解和参与，使科学真正融入社会生活的方方面面，为社会的科学决策和可持续发展奠定坚实的群众基础。

总而言之，初中物理跨学科实践是深化物理教学改革、培养学生核心素养、推动社会发展的重要途径。在未来的教育实践中，我们应该积极探索初中物理跨学科实践的新模式、新方法，为学生创造更多跨学科学习的机会，培养更多具有创新精神和实践能力的未来人才。

第三节 内容与原则

初中物理跨学科实践的内容涉及物理学与日常生活、物理学与工程实践、物理学与社会发展等，对学生跨学科实践能力提出明确要求。跨学科实践主题与社会热点、低碳环保、健康生活、动手实践等紧密相连，促进了物理学与能源、环境、信息技术等的联系，涉及人类面临的健康、能源、环境、材料、信息等重大问题，有明显的跨学科性和实践性特点。跨学科实践结合物理课程内容，通过科学、技术、工程相关内容的融入，发展学生跨学科应用知识的能力、分析和解决问题的综合能力、动手操作的实践能力，培养学生积极认真的学习态度和乐于实践、敢于创新的精神。

一、初中物理跨学科实践的内容

初中物理跨学科实践的内容与其他学科密切关联，内容丰富。如语文的诗词歌赋等传统文化；数学的函数、计算能力等；化学的物质组成、物态变化、仪器使用等；生物学中的人体结构、能量转化等；地理学中地球自转和公转、气候特点等；利用信息技术进行数字化实验等。生活中常用的物品，如厨房用具、交通工具、体育器材、学习用品等；身边存在的安全隐患，如家庭用电、外出旅行、游泳等；能源和环境问题，如机动车效率、家庭燃气消耗、碳排放问题等；我国历史上对人类文明发展作出的巨大贡献；新材料研发及其应用、能源与可持续发展等内容。

1. 物理学科与语文学科的关联

（1）借助语文知识进行全面细致的阅读和描述

在知识表述上，物理需要借助语文来恰当的描述概念、结论、实验现象等。在学习牛顿第一定律时，对“一切物体总保持匀速直线运动状态或静止状态，除非作用在它上面的力迫使它改变这种状态”这段话的准确描述，就涉及语文语法和词汇的运用，尤其是 “或” 字的使用。物理的许多科普文章也是语文阅读的素材。通过阅读这类文章，学生在提升语文阅读理解能力的同时，又学到宝贵的物理知识。例如，探索宇宙的科普文章中就会涉及机械能转化、万有引力等物理知识。在撰写实验报告时，对学生的语文功底更是一种考验。能清晰地记录实验目的、描述实验步骤、准确地总结现象和结论，更好地体现了两门学科的关联。

（2）语文中的诗词歌赋等传统文化知识蕴含物理知识

在诗词歌赋方面，许多诗句蕴含物理知识。如 “潭清疑水浅”是光的折射现象，“绿树浓荫夏日长”涉及光沿直线传播，“两岸青山相对出，孤帆一片日边来”体现了运动和静止是相对的。古代的一些发明创造也体现着物理知识。如司南的发明、造船、古建筑的建造等。

2. 物理学科与数学学科的关联

（1）数学方法在解决物理问题中的应用

在描述物理量之间的关系时借助数学的函数知识，得出正确的结论，如在探究物体的匀速直线运动时，利用路程与时间的关系公式 $s=vt$（s 表示路程，v 表示速度，t 表示时间）来直观地看出路程随时间的变化关系；探究电流与电压、电阻的关系，得到电流与电压成正比等；结合几何图形分析物理问题，如学习光的反射、折射现象时，通过画图，利用几何知识找出入射角、反射角、折射角之间的关系等；在对实验数据进行分析和处理时，需要对得到的数据进行计算、画坐标轴、作图像等，从而得出实验结论。

（2）数学思维在物理学科中的应用

逻辑推理能力。在解决物理问题时，从已知条件出发，逐步推导出结论，要用到逻辑推理。如检测电路故障问题时，根据电路的连接情况和描述的现象，根据相互关联运用逻辑推理确定故障的原因和具体位置等。

抽象思维能力。物理学中很多概念和规律比较抽象，需要借助抽象思维来帮助学生理解。如磁场概念的建立，需要根据磁场的基本性质确定磁场是真实存在的，再运用抽象思维将其形象化，借助磁感线模型将其直观化，以便更好地学习研究、利用。

3. 物理学科与化学学科的关联

（1）实验操作、仪器使用等相互借鉴

物理和化学实验的方法及实验中仪器的使用可相互借鉴。如量筒、天平、温度计等仪器在物理和化学实验中都经常使用；化学实验中测量液体的体积时用胶头滴管的滴定法，化学中粗盐提纯实验与物理中水沸腾实验的操作也可相互借鉴等。

（2）物质的物理性质和化学性质

分子间的作用力决定了物质呈固体、液体、气体的各种形状及体积差，同时决定了物质的熔点、沸点、密度等物理性质以及化学性质，而这也都与物质的化学结构相关。研究化学反应中的能量变化与物理过程的吸热和放热现象，涉及能量的转化、转移，与物理中的热学知识相关。

4. 物理学科与生物学科的关联

（1）生物体中的物理现象

人的骨、关节、骨骼肌等的原理诠释涉及物理力学知识，如杠杆原理等。视觉的形成过程及近视和远视的形成原理都涉及物理学科中凸透镜成像的知识。生物学中神经冲动的传递传导涉及物理中电学相关知识。

（2）生态环境中的物理问题

生态系统中的能量流动、细胞的生活需要物质和能量与物理中能量的转化有密切联系。如能量的源头是太阳能，能量流动的起点是生产者固定的太阳能，能量的输入、传递、散失等都与物理中的能量守恒定律相关联。声音信息传递中的作用与物理中的声学知识关联。

5. 物理学科与地理学科的关联

（1）自然地理中的物理现象

地球的运动与物理中力学原理联系紧密。地球的自转与公转等知识的诠释过程中涉及动量守恒、万有引力定律等物理知识，这其中的物理知识对诠释地球自转与公转运动对地球气候和季节变化产生也有重要意义。诠释大气环流和洋流现象，则需要运用流体力学的理论。分析地震和火山等地质活动的成因时，需要借助力学和能量转化等物理知识。

（2）地理环境对物理实验的影响

地理中的气候条件、海拔高度等环境因素会影响物理实验。地理环境中讲到海拔高的地方，大气压强低。这一地理知识对特定压强条件下进行的物理实验有一定影响。物理实验材料的选择与利用会受到地理环境中的资源分布的影响。

6. 物理学科与信息技术的关联

（1）利用信息技术进行物理学科实验模拟

物理学科中的相关实验因有了信息技术中虚拟现实（VR）和增强现实（AR）技术的加持而简洁明了。电学和光学中的知识难度通过电路模拟软件、光学模拟软件等，使学生更加直观地看到物理实验现象，助力学生理解物理原理，提高了学生学习物理学科知识的兴趣和学习积极性。

（2）数据分析与处理

实验数据分析与处理是物理实验中必须面对的问题，受课堂时间有限等因素的限制，传统数据分析和处理存在诸多不足。课堂教学中有了数据分析软件的助力，不仅使实验结果得出更迅速，信息技术软件还可以对实验结果进行图形化展示等的处理，实验结果更加一目了然。水沸腾实验中采用传感器和网络技术实现了实验数据的实时简洁采集。

（3）在线学习与交流

利用互联网中的物理在线课程、科普视频、学术论文等学习资源可以拓宽学生学习眼界。利用在线交流平台等可以加强学生与不同地区学生、教师交流协作，生生分享学习方法、师生交换学习思维等都有助于学生的协作能力和创新能力的提升。

7. 以项目学习为载体的跨学科实践

（1）设计制作类项目

制作调光台灯。以欧姆定律等电学基础知识为载体，结合物理中的光学、热学知识，工程学的设计与制作技能，以及美术学科的装饰方法对作品进行适当的装饰，以“调光台灯”引入，围绕台灯的工作原理、设计电路图、设计产品模型，让小组合作设计、制作一个亮度可调、同时兼有一定的实用性和观赏性的台灯。

制作简易电动机。以电磁学、电学、能量转化等基础知识为载体，策划并开展实践活动，统整物理、电气工程、技术科学等多学科课程资源，以生活中的电动机引入课题，通过拆分微型电动机，观察电动机的构造，小组合作设计、制作一个简易电动机，并探究如何改变电动机转速等问题，通过制作过程，学生深入理解电磁学原理、电路知识，锻炼手工制作技能，提升综合素养。

（2）问题解决类项目

问题解决类项目瞄准生活中急需解决的真问题，开展基于物理学科为主的跨学科实践项目。例如，在“调查当地燃料结构及空气质量”跨学科实践过程中。学生综合运用物理、化学、地理、生物、数学等学科知识，更深入理解燃料的热值、炉子、热机工作原理、能量利用效率，理解燃烧反应原理，如不同燃料（煤、天然气、生物质等）燃烧产生的各种污染物（二氧化硫、氮氧化物、颗粒物等）的化学反应机制。明白当地地形地貌、气象条件（风向、风速、降水等）如何影响污染物的扩散和沉降，从而更好地掌握大气环境的地理过程。用地理知识解释污染物在空间上的分布差异，结合生物学、环境科学知识评估对生态系统和人类健康的影响，用数学的知识进行数据分析等，从而为当地政府制定能源政策和环境规划提供科学依据。如果发现当地空气质量因某种燃料的大量使用而受到严重影响，政府可以据此调整燃料结构，如推广清洁能源的使用，改善空气质量。提高公众对燃料结构和空气质量关系的认识，让居民了解自己的日常能源消费选择（如取暖、烹饪等）对环境的直接影响，从而促使他们积极参与环保行动，选择更清洁的能源。

在“制作旅客呼叫电路模型”跨学科实践中，以初中物理串、并联电路等基础知识为载体，统整物理、生物学和工程技术等多学科课程资源，培养学生的实践动手能力和问题解决能力。学会使用简单的工具进行模型制作、提高动手能力，能够运用数学知识进行模型尺寸的计算和比例的确定。最终制作一个旅客呼叫电路模型，能够模拟旅客在列车上呼叫乘务员的场景。

（3）社会实践类项目

进行能源调查、开展环保行动等是社会实践类项目。学生进行能源调查，了解不同能源的物理特性、开发利用情况、对环境影响情况等，将垃圾分类、节能减排等落实到生活实践中。社会实践类项目的开展将物理、地理、化学、生物学等学科进行链接，将学习知识与发展素养有机融合在一起。

二、初中物理跨学科实践的原则

初中物理跨学科实践在实施过程中需遵循以下原则：综合性原则、实践性原则、主体性原则、开放性原则、适度性原则。

1. 综合性原则

初中物理跨学科实践的综合性原则是指知识的综合性，即破除传统学科界限，使不同学科的知识、方法和发展素养有机融合，引导学生解决真实情境中的问题。

（1）学科融合的必要性

“物理来源于生活更指导着我们的生活”。初中物理作为一门基础自然科学学科，与其他科目如语文、数学、化学、生物、地理、信息技术等都有着千丝万缕的联系。现实生活中存在的许多问题都需要综合运用多学科知识才能得以解决。在学习物理中的力学知识时需要运用到数学中的几何图形与代数方程式进行分析与计算；在研究物理中的电磁现象时需与化学中的原子结构相联系；在探究物理中的能量转化时又会涉及生物学科中的生态系统与生物体的能量代谢。开展物理跨学科实践，使学生学习真实融合的知识，同时最终瞄准的是学生物理素养的跨越式提升。

（2）教师的引导作用

新时代教育改革背景下教师任务不能仅仅停留在“传道授业解惑”上，更应该对各类学科核心知识有较为深入的了解，兼备开展跨学科教学的视野和能力。教师要善于依据物理学科核心知识开展跨学科教学活动的设计。在备课时，教师不仅要深入研究物理教材和其他学科教材内容，找到学科之间的交叉点和融合点，更需要研读物理课程标准和其他学科课程标准，找准学科核心知识间的契合点，为设计好的教学活动做好铺垫。有了上述铺垫，更有助于教师从多学科角度引导学生开展问题分析和问题解决。在学习物理中的浮力知识时，教师结合数学中的比例关系、化学中的物质密度等学科知识，引导学生分析不同的物质浮在液体中的浮力大小；在学习物理中的光学知识时，教师结合美术学科中的色彩、绘画等知识，引导学生通过绘画等方式展开对光的反射、折射、色散等知识的理解性学习。

综合思维能力是跨学科实践活动中学生必须要发展或形成的一种能力。综合思维能力是指学生能够运用多学科知识和方法，对问题进行全面、系统地分析和解决的能力。培养综合思维能力的路径就是将知识学习置于跨学科实践中。例如，在进行“设计与制作节能小屋”跨学科实践学习时，教师引导学生从物理学科的角度考虑房屋的保温隔热、采光通风等问题，从化学学科的角度考虑建筑材料的环保性和可持续性，从地理学科的角度考虑房屋的地理位置和气候条件对能源消耗的影响，从美术学科的角度考虑房屋的外观设计和色彩搭配等问题。项目推进过程中教师可以采取提出开放性的问题、组织小组讨论、开展项目学习等方式，激发学生的思维活力和思维张力，引导学生从不同学科的角度思考问题，最终实现学生在实践中锻炼自己的综合思维能力，提高解决实际问题的能力。

（3）综合思维能力的培养方法

学生综合思维能力培养的方法有很多，实际教学活动中常采用的方法有三种。一是可以采用问题驱动教学法。即通过教师提出一些综合性的问题引导学生利用多学科的知识加以分析和解决。例如，如何利用太阳能和风能为家庭提供能源呢？这是一个涉及物理学科中的太阳能和风能转化、数学学科中能量的计算、地理学科中气候与资源分布等多学科知识的问题，通过解决这个问题促使学生在实践中通过多学科知识进行综合运用，提高综合思维能力。二是可以采用小组合作学习法。教师将学生分成小组，让学生在小组内开展合作学习。在小组内，通过组内同质和组内异质等，学生可以充分发挥自己的优势与特长，在相互交流、相互启发中共同解决问题。在进行“制作简易电动机”的跨学科实践时，教师将学生分成八个小组，学生在小组中分工合作，有的学生负责准备实验材料，有的学生负责制作电动机线圈，有的学生负责连接电路，有的学生负责观察实验现象和记录数据。通过小组合作学习提高学生的合作能力与综合思维能力。三是可以采用项目学习法。教师组织学生开展项目学习，在项目实施过程中综合运用多学科知识和技能。在开展“设计与制作节能小屋”跨学科实践学习时，学生综合运用物理学科中力学、电学知识，数学学科中数据分析建模知识以及信息技术学科中编程、传感器技术知识等，在项目学习的实践中提高综合思维能力和创新能力。

2. 实践性原则

实践性原则是指跨学科实践要坚持以实践活动为基础、让学生亲身实践体验知识的应用和价值，坚持实验探究、项目学习、社会实践等一体化的实践活动形式，提高学生的实践能力和创新精神。

（1）实践活动的重要性

实践是检验真理的唯一标准，是学习知识的重要途径，物理跨学科实践中的实践活动有不可替代的作用。实践活动可以让学生更加直观地了解物理知识的应用和价值。物理知识来源于生活，又服务于生活，实践可以将所学的物理知识和生活联系起来，使学生更加深刻地了解物理知识内涵和意义。在学习物理中的电路知识时，学生可以制作简单的电路实验，如手电筒、门铃等，体会电路的组成和电路的工作原理，感受物理知识的实际应用价值。该方法的运用能够培养学生的创新精神。在实践活动中，学生在动手操作、观察思考、分析问题、解决问题中提高了自己的实践能力和创新精神。在“制作水火箭”的跨学科实践中，学生自主进行水火箭的结构设计和制作方法设计，使用材料、工具的选择，制作以及调试。制作和调试的过程中，学生通过不断地尝试与改进实现了产品的迭代升级。学生的实践能力得以提升创新精神得以发展。

（2）实验探究

实验探究是初中物理跨学科实践的重要形式之一。通过实验探究，学生可以亲身体验物理现象的发生和发展过程，掌握物理实验的方法和技能，培养科学探究的能力提升学科核心素养。学生亲历提出问题、作出假设、设计实验、进行实验、分析数据、得出结论等科学探究的基本步骤，掌握了科学探究的方法，提升了科学探究技能。例如，在学习光学知识时，教师引导学生以“眼睛与眼镜”为跨学科实践的主题，将跨学科实践的内容分为几个子任务，其中探究凸透镜成像的规律就是其中非常重要的一项实践活动，通过实验探究的方式，引导学生提出问题，获取证据，作出解释，互相交流反思，在解决问题的过程中提升能力，在获取证据的过程中发展思维，在解释和交流的过程中培养科学态度和责任。

如前所言实验探究往往需要学生分组合作进行，学生在小组内分工合作，共同完成实验任务。在这个过程中，学生学会与他人合作、交流和分享，提高自己的合作能力。教学活动中教师鼓励学生尝试用不同的实验方法开展设计实施，培养学生的创新精神，学生在实践中探索不同方法的优缺点，提高自己的创新能力。

（3）项目学习

项目学习是初中物理跨学科实践的另一种重要形式，是学生在真实的基于问题情境下综合应用多学科知识和技能解决实际问题的过程，能提高学生的实践能力、创新精神。在项目学习中，教师引导学生明确项目目标、制订项目计划、实施项目方案、评估项目成果等项目学习基本步骤，在实践中掌握项目学习方法和技能。在“设计一个太阳能热水器”项目学习中，学生明确项目目标：设计一个高效、环保、节能的太阳能热水器，制订项目计划：确定太阳能热水器结构、材料，选择合适的太阳能集热器，设计热水循环系统等，实施项目方案：按设计好的项目计划进行制作、调试，评估项目成果：进行实验测试太阳能热水器的性能和效果，评估项目成果优劣。以上种种都需要学生以团队合理分工团队合作的形式来完成。在进行“制作一个智能机器人”项目学习时，学生遇到了机器人的运动控制、传感器的选择和安装、程序的编写等问题后学生通过组内分工与合作开展了查阅资料、请教专家、小组讨论等学习活动，最终寻找出了最佳问题解决方案，且通过不断尝试和改进实现了产品的迭代升级，最终完美完成了项目任务。

（4）社会实践

社会实践是初中物理跨学科实践的重要组成部分。社会实践是指学生运用所学的物理知识和技能，了解社会对知识技能的需求，了解科技发展动态，增强社会责任感和创新意识。在社会实践中，教师要引导学生关注社会热点问题，进行社会实践活动，撰写社会实践报告等，在实践过程中提高自己的社会实践能力，培养创新精神。例如，在“能源与环境”社会实践活动中，了解能源短缺、环境污染等社会热点问题，在能源调查、环保宣传等社会活动中，了解能源的开发利用情况和环境保护现状以及存在的问题，给出自己的解决办法和建议，撰写社会实践报告。

3. 主体性原则

学生是跨学科实践的主体，教师要充分调动学生的主观能动性，激发学生的学习兴趣和学习积极性，让学生有机会自主学习、合作学习，让学生在实践中发挥优势、发挥特长。

（1）学生的主体地位

学生是学习的主体，也是跨学科实践的主体。在初中物理跨学科实践中，教师要充分尊重学生主体地位，把学生当成学习的主人，了解学生的兴趣和需求，根据学生实际情况设计教学活动。每个学生都有自己的兴趣爱好和特长，教师要了解学生这些特点，设计符合学生兴趣和需求的教学活动，让学生在学习中感受到乐趣和成就感。比如，对于喜欢动手制作的学生，教师可以设计一些实验制作类教学活动，如制作简易电动机、水火箭；对于喜欢科技创新的学生，教师可以设计一些科技创新类教学活动，比如设计智能机器人、太阳能热水器等。在进行项目学习时，教师可以尝试发挥学生的主动性。学生自主选择项目主题、制订项目计划、实施项目方案、评估项目成果，学生在项目学习中充分发挥自己的主观能动性。项目推进过程中教师要抓住机会适时鼓励学生在学习中提出自己的问题和见解，与教师和同学进行交流和讨论，共同解决问题。

（2）激发学生的学习兴趣和积极性

我们常说“兴趣是最好的老师”，这道出了激发学生学习兴趣的重要性。学习兴趣和积极性是学生学习的动力源泉。进行初中物理跨学科实践中，教师可以通过各种手段激发学生的学习兴趣和积极性：一是创设情境，激发兴趣。教师能够通过创设生动有趣的教学情境，采用讲故事、做实验、播放视频、举例子等，激发学生的学习兴趣，例如在讲解物理中的浮力知识时，对于喜欢科技创新的学生的故事，激发学生的学习兴趣；在学习物理中的光学知识时，教师通过演示光的折射、光的反射等实验，激发学生的学习兴趣等。二是联系生活，激发兴趣。教师要将物理知识与学生生活相联系，使学生在生活中感受到物理知识的实用性和趣味性，例如在讲解物理中的力学知识时，教师可以通过对汽车的刹车、电梯的运行等实际生活中的现象进行分析，让学生感受到力学知识的重要性和趣味性；学习物理中的电学知识时，教师可以通过提供电暖器、电风扇等家用电器的使用等方面的相关知识，让学生感受到电学知识的实用性和趣味性等。三是开展竞赛，激发兴趣。在初中物理跨学科实践中，教师采用组织学生竞赛的形式，开展诸如实验竞赛、科技创新竞赛等多种竞赛，激发学生的学习兴趣和竞争意识，例如在实验探究时，教师组织学生开展实验竞赛，评选最佳实验设计奖、最佳实验操作奖等，激发学生的学习兴趣和竞争意识等。

（3）提供自主学习和合作学习的机会

自主学习和合作学习有利于培养学生创新精神和团队合作精神，初中物理跨学科实践是培养学生自主学习和合作学习的重要途径。教师要引导学生在初中物理跨学科实践中学会自主学习和合作学习、发挥和展示自己的优势。教师可以为学生提供一些阅读材料、实验材料、网络资源等让学生自主学习，并将学生分成若干小组进行合作学习。在自主学习中，学生可以更好地了解跨学科实践的一些技能和方法，对知识进行迁移，在合作学习中，学生可以将跨学科实践的学习困惑进行交流、反思，相互启发，共同解决问题，并对跨学科实践的结论进行深入诠释和拓展。在这些过程中需要教师引导学生学会聆听建议和意见，尊重别人的看法，培养学生的团队合作精神和沟通交往能力。

4. 开放性原则

开放性原则就是要求跨学科实践具有开放性特征，在教学内容、教学方法、教学评价等方面适应人的发展的多样化需求和社会发展的变化需要。回应为党育人、为国育才和使人成人的教育的最终目的。

（1）教学内容的开放性

教学内容开放性是指教学内容能够结合社会热点、科技前沿等不断更新、拓展。初中物理跨学科实践教学内容不应该局限于教材知识，结合社会热点、科技前沿为学生提供更多、更丰富的学习内容。例如，在学习物理中的能源知识时，可结合当今能源危机、新能源开发等社会热点问题，引导学生了解太阳能、风能、水能等新能源开发和利用；在学习物理中的信息技术知识时，结合人工智能、大数据、物联网等科技前沿领域，引导学生了解信息技术在物理学科中的应用。

开放性还表现在教学内容可以突破学科的界限，引入其他的学科知识和案例。教学中，可在物理中的力学的知识点介绍时，引入生物学中的人在运动时的骨相当于杠杆，骨骼肌是动力器官，关节起到连接作用等跨学科的知识，让学生了解力学知识在不同领域的应用；教学中可在物理中的光学知识介绍时，引入美术学中的色彩理论、摄影学中的光影技巧等跨学科的知识，让学生了解光学知识在艺术领域的应用。通过引入跨学科的知识和案例，拓宽学生视野，激发学生学习兴趣，提高学生综合素养。

（2）教学方法的开放性

教学方法开放性，是指教学方法可多可少，可实与虚，可讲授与非讲授，如自主探究、合作学习、小群体自主讨论学习方式等。初中物理跨学科实践的教学方法不能局限于简单讲授式教学，应根据教学内容和学生特点采取灵活多样的教学方法，如进行实验探究可采用问题驱动教学法、小组合作学习法等教学方法，在探究中掌握知识和技能；进行项目学习可采用项目教学法、案例教学法等教学方法，在实践中提高综合素养。

教学方法的开放性还体现在现代教育技术的引入上。例如，将多媒体教学、虚拟实验室、在线学习平台等现代教育技术引入物理跨学科实践教学，不仅能为学生提供更加丰富、多样的学习资源和学习方式，更有助于教学效率提高，以及学生学习兴趣的激发和创新能力的培养。

（3）教学评价的开放性

教学评价的开放性是指教学评价多元，强调过程性评价和发展性评价，对学生的综合素质予以全面评价。初中物理跨学科实践教学评价不应局限于考试评价，应采用多元评价的方式对学生学习成果及综合素质进行全面评价。比如，对学生学习成果的评价可采用作品展示、实验报告、项目汇报等，让学生展示学习成果和实践能力；对学生综合素质的评价可采用自我评价、小组评价、教师评价等方式，对学生学习态度、合作能力、创新精神等综合素质进行全面评价。在开展项目学习为主的跨学科实践时，可以邀请家长、专家、企业代表等社会人士加入项目评价，让学生了解社会对自己的学习成果的评价和需求，通过加入社会评价，提高学生的社会责任感和创新意识，促进学生的全面发展。

5. 适度性原则

适度性原则主要是指跨学科实践要把握适度，不要过分追求学科的融合而背离了物理学科本身的教学目的和内容，也不要过分强调物理学科的独立性而忽视了跨学科实践的意义和价值。学科融合是初中物理跨学科实践的重要特点之一，但学科融合要把握好度。学科融合不能一味追求形式上的学科融合，更应注重内容上的学科融合。学科融合不是不同学科知识的简单拼凑，要找寻不同学科衔接点，根据学生实际情况和教学要求，合理选择跨学科内容和方式，让跨学科实践与物理学科教学相互促进、相得益彰。

第三章

初中物理跨学科实践的教学实施

第一节　课程设计与整合

一、跨学科实践课程的主题设计途径

跨学科实践是落实立德树人根本任务的客观要求，也是深化课程改革的机遇所在。基于新课标背景下的跨学科实践，要贯彻素养导向，发挥教学评协同作用；基于学科逻辑，坚持学科立场，同时兼具跨学科特征；基于内容承载与学习路径，坚持推进主题内容与教学方式的同步变革。同时跨学科实践需要“以学生的自主性、合作性、探究性学习为主，促使学生将学科知识与社会问题的解决联系起来”，这就决定了它必然要与本地、本校、本班的实际情况密切关联。跨学科课程规划设计时，可遵循以下原则：

1. 从学科课程间的关联设置跨学科实践主题

随着科学研究的深入，研究领域的划分越来越细、界限越来越明显，作为主要承接与吸纳各科研领域间接知识的学科课程的种类也日渐增多，各学科知识间的联系日渐减少，加之课程实施环节未充分增强学科知识间的联系，导致学科课程内容存在割裂。要优化课程内容结构，通过设置跨学科实践主题来增强各学科间的关联。因此，从学科课程间的关联视角设置跨学科实践主题的目标指向是构建学生的学科知识图谱，帮助学生认识世界的完整图景，培养学生综合运用知识解决问题的能力，以及在此基础上实现学生综合素质的全面提升。

在充分理解了“为何设置”跨学科实践主题的基础上，还需要充分了解如何设置及设置什么跨学科实践主题，即还需要回答“怎样设置”和“设置什么”的问题。“怎样设置”和“设置什么”是紧密联系在一起的，若缺乏对“怎样设置”的科学思考与实施，必然导致设置的主题或内容的随意化、浅表化。应该进行基于核心素养的跨学科实践主题开发的顶层规划与系统设计，对各学科核心素养进行充分解读，以此为依据确立各学科育人目标上的相同、相近或相似之处，为跨学科实践主题的设置提供导航。继而，对各学科教材中落实相同、相近或相似核心素养的内容进行深度解读与剖析，找准内容间的耦合点。耦合点的确立方式可以是多样的，既可以是由两门或多门课程内容的交叉部分确定的，也可以将某门或某几门课程的相关内容作为更深入与便捷地学习一门学科或多个学科内容的途径。跨学科实践主题的实施应多采用实践或活动的方式，让学生“做中学”，在真实或接近真实的情况下，通过将所学理论知识运用于解决真实问题来进行知识的整合。学校应该基于跨学科实践主题的实施效果不断调整其整合内容、方式与实施等，以形成动态调整的改进机制，不断完善跨学科实践主题的设计与实施。

2. 从活动课程间的关联设置跨学科实践主题

与学科课程以获取间接经验为主不同，活动课程则主要以获取直接经验为主。直接经验是伴随行为主体的参与而获得的知识积累，即学习者直面现实问题或情境，通过亲身探索、发现、实验、操作等形式，在改造、运用、体验真实事物的过程中所形成的知识。学生主动参与和积极改造事物，并根据实际情况调整并进行实践中的反思，以指导后续实践向着更合理的方向发展，通过深入思考形成了深度经验。在该过程中，学生以解决具体情境中的问题为中心，综合调动和运用各科目知识，实现了基于问题解决的各科目知识的深度整合，有效促进了“五育”的融合，并充分调动了认知、价值、情感、意志等各系统的全面参与，实现了认知、情感、意志等的深度交融，促进了学生身心的协调、全面、可持续发展。而当学生在实践活动中未能积极动脑参与活动，掌握的往往只是一些浅表化的知识碎片或零碎的感悟。因此，跨学科实践主题设置的主要目标和依据是促进学生经验的拓展与深化。

深度学习要以“深度”和“广度”为核心特征，“深度”要求整合主题必须具有显著的示范价值，即整合主题不是孤立的知识体系，而是代表着一类相关的主题，通过深度学习，学生能够将学习结果和能力迁移到该类主题的学习中；“广度”要求找到能够串联起各主题的主题线，从而将所有主题连接在一起，形成一个完整的统一整体。

3. 从学科课程与活动课程间的关联设置跨学科实践主题

跨学科实践主题的设置要注重增强直接经验间以及间接经验间的整合。直接经验可以发挥“活化”间接经验、与学生生活联系的功能，间接经验可以起到为直接经验的发展提供方向，指引直接经验向着更系统化、科学化方向发展的作用。因此，跨越学科课程与活动课程主题的开发就需要同时兼顾直接经验与间接经验的特点，并保证主题活动能实现二者的相互交融。在内容的选择上，学校和教师应该基于新课程方案、新课标及教材、教案等寻找学科课程与活动课程的交叠点。在主题形式的确定上，要根据整合内容的性质、学生学习进度及效果等来决定。固定模式既违背了跨学科实践主题的生成本性，也剥夺了师生参与跨学科实践主题开发的权利，造成跨学科实践主题设计的机械化。但是，无论采取什么模式，均应保障主题的活动性、综合性特征。在主题的实施方面，让学生经历尽量完整的探究问题的过程，即经历发现疑难、凝练问题、寻找方法、试验尝试、反复验证、得出结论、结论发布等环节。当然每个主题实施的起始环节可以有别，甚至可以跳过某些环节。比如，有的主题本身就是一个问题，学生只需要从寻找解决问题的方法开始，而无需再去重新发现问题，而有的主题则可能先有正反甚至多重争议，学生开展研究的起点是先分析各方争议的论据，再去证实或证伪其结论，等等。此外，随着课程综合化、生活化等理念的推进，各学科课程从组织形式到实施方式都已发生了诸多变化。比如，作为课程内容主要载体的教材在编写中已经越来越重视增加内容的整合性，一些教材在单元后设置了活动板块或综合性学习板块等，不断增加学科课程与活动课程的交叉点或结合点，为寻找跨越学科课程与活动课程的主题提供了更有利的条件。

二、跨学科实践课程的实施原则

为了提升跨学科实践主题的实施效果，增强课程的综合育人效力，学校应该进行跨学科实践主题的顶层规划与系统设计。在大方向上，可以从学科课程间的关联、活动课程间的关联、学科课程与活动课程间的关联确立跨学科实践主题，整体把握三者之间的关联，以实现学校所有课程间跨学科实践主题的整体建设，全面落实“五育融合”，深度推进学生的全面发展。结合新课标的要求，跨学科实践的落实与细化，应坚持如下原则：

1. 路径建构上应有章可循、有法可依

对学生而言，跨学科实践主题学习的综合性和探究性较强，在知识和方法上难度都很大。如果在没有充分训练和铺垫的情况下直接开展，效果必然大打折扣。跨学科实践主题学习活动的主要内容以初中物理力、热、光、电的学习为基础，在知识与思维上进行综合、拓展、提升、深化。因此，在教学中，教师应有意识地开展小规模、小范围的跨学科学习运用，规模上由小至大，范围上由跨少数学科到跨多数学科，方法引领上注意教师示范和学生模仿，难度上由浅及深、由表及里，从而建构起清晰、有梯度的跨学科学习路径，引导学生在方法和思维上熟悉如何运用多学科知识解决问题，从而为后期开展跨学科实践主题学习打下良好的基础。

2. 主题设计上应尽可能聚焦

活动主题的设计应聚焦新课标的物理学科核心素养。考虑到跨学科实践的特殊属性，应以实现物理课标要求与核心素养、其他学科课标要求与核心素养两个角度作为设计主题的依据，并尽量围绕课程主干知识或学科交叉知识设计主题，以最大程度地发挥跨学科实践主题学习的效用。

3. 素材选取上应优先用好用足各学科课内知识，以此为基础拓展延伸

跨学科实践主题学习的目标不应是解决某一个问题，而是通过发现问题和解决问题，培育学生的正确价值观、必备品格和关键能力。在“双减”背景下，跨学科实践主题学习不应在素材的选取上给学生增加不必要的负担，而应适配学生的知识储备和认知水平，起到提升课堂效率的作用。从课堂教学的实效性来说，如选取过多课外素材，则花在素材解读上的时间就太多，不仅课时不够，在课程目标上也难免本末倒置，从新课标的要求来看，跨学科实践主题学习的评价聚焦两个主要方向，一是对学生在相关课程的学习过程中表现出来的学科核心素养进行评价；二是对学生在跨学科实践学习过程中表现出来的具有各学科共同特征、共通性素养进行评价。而作为承载新课标理念的教材知识，无疑最适合作为跨学科实践主题学习的素材。所以跨学科实践主题学习素材的选取，如无特殊需要，应优先选取各学科课内知识并将其用好，从而减少素材解读的时间，增加学生自主探究的时间。在此基础上，如果学生的知识储备和认知水平足够，再适当增加课外素材以进行拓展延伸。

4. 课程实施上应追求与相关课程教师的合作共赢

不仅对学生的“学”，跨学科实践主题学习对教师的“教”也提出了很高的要求。跨学科实践主题学习的实施，需要多个学科围绕特定主题形成真实情境，学生

在该情境中发现和解决问题，教师则承担起说明和引导的任务。想要顺利地完成该任务，除了对本学科知识要有较深的理解和认知外，教师还需要了解其他学科的课程标准与核心素养，并充分储备其他学科的相关基础知识与思维路径。很显然，这在短时间内是较难实现的。因此，跨学科实践主题学习的教、学、评等环节，均需要各学科教师的充分交流与有机配合。在主题的定位、素材的择用、评价的开展、时间的分配、课程的实施等方面，教师应在学科本位的基础上，通过共同教研等方式，与其他学科教师结成教学共同体，分工解决问题，实现合作共赢。

5. 教学评价上应更综合、多元，更具操作性

跨学科实践主题学习板块作为历史课程的重要组成部分，需要展开学习评价。从教学实际看，跨学科实践主题学习活动具有形式多样性的特点，在教学过程中，评价的方式不应局限于单一的纸笔测试。需要根据新课标设定具体的学习目标，形成结果评价、过程评价、综合评价的有机结合。明确具体的学习目标，可以把控教学的尺度和深度，避免无序操作出现教学偏差。基于教学评一致性原则，学习评价应引领和规范教与学的始终。根据新课标规定，跨学科实践主题学习的教学，需要秉持综合性、实践性、多样性、探究性和可操作性五项原则。

从强化课程的综合性和实践性角度、从解决现实问题的需要来看，各个学科之间不应是割裂的关系。在条件成熟的情况下，不妨让多学科教师共上、共指导一些跨学科实践主题学习活动，不必过分纠结哪个学科为主体，而是打破学科界限的桎梏，回归真实生活的视角，着眼学生核心素养的提升，也能够为学生的自主探究提供更充分的条件。

总之，开展跨学科实践主题学习的教学活动，需要教师确立新的认知观、教学观和评价观，从知识本位转变为素养本位，要始终以新课标为准则，以核心素养的培育为导向，以真实问题为主轴，以实践能力为取向，服务立德树人这一根本任务。

三、跨学科实践与其他学科的融合角度

物理是一门以实验为基础的自然科学课程，与化学、生物学等课程相关联，有基础性、实践性等特点。通过引领学生认识科学、技术、社会、环境之间的关系，形成科学态度和正确价值观，为培养德智体美劳全面发展的社会主义建设者和接班人奠定基础。这就要求学生在学习物理知识的基础之上，关注科技前沿，融合其他学科知识，更好地促进物理学科与其他学科间的相互渗透和联系，使思维能力、审

美情趣、艺术观念，协作和创新精神等综合素质得到发展。

1. 开展项目式学习，促进合作探究

专题研究是进行跨学科实践教学活动的一种常见方法。在课题式教学中，学生往往要在老师的指导下，对一些有难度的、探究的课题进行设计、实施和评估，例如，做一个产品，解决一个问题。通过与同伴的合作、交流、分享经验，持续地探索与解决问题，进而加深对知识与技巧的认识与运用。以“自制乐器”作为课题，让教师在物理知识的基础上，利用物理、数学、化学、机械等多个学科的知识，指导学生开展跨学科实践的设计，提高学生的科学试验技巧和科研能力。在物理课上，学生首先要学会一些基本的原理和概念，如音乐物理和声学，要掌握乐器的结构和工作原理。然后，按照自己的兴趣和需要，运用多个领域的知识，对乐器进行设计和制作，然后对乐器的音色、质量等方面的情况进行测试，同时对不同乐器之间的差别进行对比。经过学习与研究，学生能够在实际中运用各种乐器。经过观察与分析，提升学生的思维品质。在交叉学科的教学实践活动中，学生能够通过主动发现、实际实验、观察分析等方法，在实际操作中学会物理知识，并在实践中发展自己的创造性思维能力和综合素质。

2. 利用思维导图创设知识框架

在明确了跨学科实践教学的目标之后，教师可以利用思维导图进行教学架构的设计，这样既能开阔学生的思路，又能让他们更加直观地完成学习。比如，在学习《能源利用与社会发展》这一课时，可以以“能源应用”为主线，设计实施方案：一是明确活动目标，确立整体的实施目标，主要有：第一，物理学概念，在查阅相关文献的基础上，了解人类对能源的运用情况，寻找各种能源的利用方式对人们的生产和生活产生的影响；第二，结合所学内容开展实践性活动，以提高学生的综合素质；第三，采用分组研讨的方式，探讨可再生能源的优点，并运用网络等方式，查找相应的数据信息，为同学们提供精确的数据支撑，最终请同学们表达自己的观点；第四，探讨了能源利用与生态环境的联系，引起学生对生态环境的重视，进而培养学生的可持续发展意识。在明确了学习目的之后，教师可以运用思维导图为学生建立知识架构，明确交叉学科实习的具体内容，为学生进行知识储备。例如，为了节约课上时间，让学生课下自己去探索课程以外的东西。另外，在制订实践计划的内容时，要根据学生的不同特点，对他们的人格发展需要给予充分的尊重，从而保证他们正确的价值观。

3. 借助数学思维理解物理概念

电学中也有一些模式与数学的运算紧密相关，如分式运算模式，以电功率计算

公式 $P=\frac{W}{t}=UI$ 为例，可以将抽象的电学概念转换成较为熟悉的分数概念，便于学生的理解记忆，再回归到物理原理再次加强记忆。例如，研究滑动摩擦力与哪些因素有关；研究液体内部的压强；研究琴弦发声的音调与弦粗细、松紧、长短的关系；研究影响液体蒸发快慢的因素；研究物体吸热与物质种类、质量、温度的关系；研究影响电阻大小的因素；研究电流与电压、电阻的关系；研究电功或电热与哪些因素有关；研究通电导体在磁场中的受力方向（大小）与哪些因素有关；研究影响感应电流的方向因素；研究动能（或重力势能）与哪些因素有关等，就需要利用数学思维建立模型法，用理想化的方法将实际中的事物进行简化，得到一系列的物理模型。

4. 信息技术手段激发学生兴趣

学生是课堂教学活动的主体，新课标明确提出“激发学生学习兴趣”的教学要求。只有当学生有浓厚的学习兴趣时，他们才会积极主动地走进物理知识中，对物理知识展开探究。从当前的初中物理教学实施情况来看，大部分学生比较被动，主动学习、独立学习的意识不强，课堂过多依赖老师的讲解，思维不够活跃，获取信息、处理信息的能力不足，探究能力不强，面对抽象复杂的物理知识及规律，毫无兴趣可言。因此，在实施初中物理教学的时候，教师要探寻适合的方式，创设教学情境，将物理现象展现给学生们，为学生迁移知识打下基础。信息技术就是一种有效的教学手段。在物理教学活动的实施过程中，有效地应用信息技术，可以化抽象为直观，将物理现象直接展现在学生们面前，驱动学生通过切身的体验，建构物理认知。

5. 伴随着经济发展水平的显著提升，我国的教育模式发生了一定的变化，其中“五育并举”向“五育融合”方向发展，旨在促进学生更好地发展进步。在“五育”的教育背景下，素质教育与新课程教育形成了联合趋势，重点关注学生能力以及素养的培育，使得学生在知识的学习中能够由浅层转向深层，对学科知识、内涵等进行深度的剖析，确保学生的发展能够符合素质教育标准。并且在五育融合的背景下，能够促使我国的教育实现智力教育和德育教育、劳动教育的融合，学生的发展更具全面性、系统性。另外在五育融合的视角下，能够引导学生在学习中积极融入探究，对学生的探究意识和实践能力进行强化不但可以满足素质教育下的需要，还可以为学生后期的发展进步夯实基础，教育效用显著。因此，在实际的教育发展中，教师应当注重教学革新，立足五育融合视角，注重和加强教育融合创新，由此助推学生更好地发展进步，实现新时代的教育目标。

第二节　教学方法与策略

一、项目式学习在初中物理跨学科实践中的应用

纵观全球科学教育改革进程，变革教学方式，促进核心素养发展，已经成为科学教育领域的共识。项目式学习已逐渐走入科学教育课堂，成为21世纪培养科学核心素养的重要教学方式。项目式学习（Project-Based Learning，简称“PBL”）是一种从真实世界的问题出发，通过组织学习小组，让学生借助信息技术以及多种资源开展探究活动，在一定的时间内解决一系列相互关联的问题，并将研究结果以一定的形式发布的学习方式。在初中物理跨学科实践中，进行项目式学习是一种有效的教学策略，它有助于打破学科之间的界限，融合多学科的知识，在问题情境中以主题的方式导入，有效拓展和延伸课堂，使学科知识与实际生活有机结合。有助于学生获得对意义世界的整体性认识，促进学生复杂问题解决能力、综合素质和创新能力，促进学生整体人格的健全发展。以下是项目式学习在初中物理跨学科实践中的具体应用：

1. 明确跨学科项目主题与目标

主题的选择旨在将物理学知识与其他学科领域相结合，通过解决实际问题来提升学生的综合能力和跨学科素养，建议选择与初中物理紧密相关且能融入其他学科知识的主题。如“声音与振动”，

可以探索声音的产生、传播与接收机制，设计并制作简易乐器或声音探测装置等，结合了物理学、音乐、电子工程等学科知识；“制作水火箭”，通过制作水火箭的实践活动，使学生掌握基本的物理原理，如物体间力的作用是相互的、气压与体积的关系等，其制作与发射过程涉及物理学、数学、工程学等多个学科的知识；“制作简易杆秤”，杆秤作为一种古老的测量工具，蕴含着丰富的物理原理，特别是杠杆原理的应用，通过制作简易杆秤，学生可以亲身体验到物理原理在实际操作中的应用，同时结合数学、艺术、社会实践等多学科知识，实现跨学科学习；“家庭用电安全与节能”，可以让学生分析家庭用电需求，设计并实施节电方案，探讨用电安全知识，结合了物理学、数学、工程学、社会学等学科知识。这些主题应既具有教育意义，又能激发学生的兴趣和探索欲。

设计教学目标是教学的关键环节，它决定了学生的学习方向和评价标准教学。目标的设定应围绕培养学生的核心素养展开，根据新课标的要求，核心素养主要包括物理观念、科学思维、科学探究、科学态度与责任等四个方面的内容。以下是笔者以“制作简易杆秤”为例，设计的核心素养目标，以明确在实践中应采用哪些方法，选择哪些材料或开展哪些活动等，做到有章可循。

物理观念：

能够准确描述杠杆的基本组成（支点、动力、阻力、动力臂、阻力臂），并能解释杠杆在不同情况下的平衡状态；

能够理解杆秤的工作原理，即利用杠杆原理来测量物体的质量；

引导学生探索杠杆原理在日常生活中的应用，如天平、剪刀、撬棍等，并分析这些工具的设计原理和工作方式；

分析杆秤在古代贸易和日常生活中的重要性，以及现代测量工具（如电子秤）的发展对杆秤的替代和影响。

科学思维：

通过制作简易杆秤的过程，学生能够理解并应用杠杆原理来解决实际问题，如调整支点位置、动力臂和阻力臂的长度来确保杆秤的准确测量；

能够分析影响杆秤测量准确性的因素（如材料选择、刻度划分、环境因素等），并提出改进方案；

鼓励学生质疑现有的杆秤设计，提出创新的设计思路，如改进刻度划分、增加测量范围或精度等；

引导学生思考如何将现代技术（如传感器、数字化显示）融入传统杆秤设计中，以提高其测量效率和准确性。

科学探究：

能够独立设计实验来验证杠杆原理在杆秤制作中的应用，包括选择合适的材料（如木材、金属）、设计合理的杠杆比例和刻度划分；

学习如何使用测量工具（如尺子、游标卡尺）来精确测量和划分刻度；

能够对制作的简易杆秤进行测试，包括测量不同物体的质量、比较测量结果与标准值的差异等；

根据测试结果，能够对杆秤进行必要的调整和优化，以提高其测量准确性。

科学态度与责任：

激发学生对杠杆原理和杆秤制作的好奇心，鼓励他们主动探索未知领域，通过实践来验证物理原理；

培养学生尊重实验证据的科学态度，不盲目接受他人观点，而是通过实验和测试来验证自己的想法；

在项目式学习过程中，鼓励学生与团队成员合作，共同完成任务，培养他们的团队合作精神和沟通能力；

引导学生学会倾听他人的意见，尊重不同的观点，并在讨论中寻求共识，共同优化杆秤设计；

分析杆秤作为传统测量工具的文化价值，引导学生了解并尊重传统文化遗产，鼓励学生思考如何将传统工具与现代技术相结合，以促进文化的传承和创新，引导学生思考如何合理使用测量工具，避免浪费和破坏资源，培养他们的环保意识和责任感 。

通过设计这些教学目标，我们旨在帮助学生全面发展，不仅掌握物理基础知识，还培养他们的科学思维、科学探究能力和科学态度与责任感。

2. 团队构建分工与角色分配

团队构建是项目式学习的重要环节，主要原则是根据学生的兴趣和特长进行分组，确保每个小组的成员在知识、技能和性格上能够互补。以下是一些关于团队构建的建议：

首先，明确团队构建的目的和原则，构建多元化、互补性的学习小组，使每个小组成员都能在知识、技能和性格上得到补充和提升。在团队构建时，应该遵循公平性原则、互补性原则、灵活性原则等。其次，了解和分析学生特点，通过日常教学、测试和作业情况，了解学生的物理基础知识掌握程度和学习能力；通过观察学生在实验操作、数据分析、创新思维等方面的表现，识别他们的技能特长；通过课堂互动、小组讨论和课后交流，了解学生的性格特点，如内向或外向、沉稳或活跃等。第三，采用异质分组和自愿组合的方法，将学生进行分组，将不同知识水平、技能特长和性格特点的学生混合分组，以实现互补。在尊重学生意愿的基础上，进行适当调整，确保每个小组都有不同特点的成员。根据学生特点，可以设计组长、记录员、实验员、汇报员等角色，也可以根据小组需要，设置其他辅助角色，如资料员、监督员等。同时，可以根据项目进展和成员表现，适时对小组结构和角色分配进行动态调整。鼓励学生积极尝试不同的角色，以拓宽自己的能力和视野。第四，实施团队构建计划，需要事先了解学生的知识、技能和性格特点，制订详细的团队构建计划，准备必要的实验器材和学习资源，为小组活动提供支持。向学生介绍团队构建的目标、原则和方法，激发他们的参与热情，组织学生进行分组和角色分配，确保每个小组都有明确的任务和目标。监督小组活动，确保每个成员都能积极参与并发挥自己的作用，提供必要的指导和支持，帮助学生解决遇到的问题和困难。组织学生进行成果展示和分享，评估小组活动的成效，鼓励学生进行反思和总结，提出改进意见和建议。最后，在整个过程中，要尊重学生意愿和选择，避免强制分组和角色分配，对于学习困难或性格内向的学生，要给予更多的关注和帮助，确保他们能在小组活动中得到充分的参与和锻炼，要通过团队活动和项目式学习，培养学生的团队合作精神和集体荣誉感。

通过以上策略的实施，可以构建出多元化、互补性的学习小组，促进学生在知识、技能和性格上的全面发展。

根据团队成员的特点进行角色分配，可以按以下标准进行分配，以促进团队合作和高效运作。组长需要具备出色的组织协调能力、领导能力和决策能力，能够带领小组成员共同面对挑战，解决问题。主要职责是负责统筹整个小组的学习进程，确保项目按时、高质量地完成。具体职责包括制订学习计划、分配任务、监督执行以及协调小组成员之间的关系。记录员需要具备细心、耐心和较强的文字功底，能够准确、清晰地记录并整理信息，主要职责是负责记录小组在学习过程中的重要信息，包括讨论内容、实验数据、问题解决方案等。记录员还需要负责整理学习资料，确保小组成员能够方便地查阅和使用。实验员需要具备较强的动手能力和实验技能，能够迅速掌握实验器材的使用方法，并能够在实验过程中灵活应对各种情况，主要职责是负责在实验环节中执行实验操作，确保实验顺利进行。实验员需要熟悉实验器材的使用方法和注意事项，能够安全、有效地完成实验任务。同时，实验员还需要负责实验器材的保管和维护工作。汇报员需要具备良好的沟通能力和表达能力，能够准确、生动地传达小组的学习成果和观点。主要职责是负责将小组的学习成果向全班或教师进行展示和汇报。汇报员需要整理小组的学习成果，制作演示文稿或报告，并能够清晰地阐述小组的观点和结论。为了培养小组成员的全面能力，可以定期轮换角色，让每个人都有机会体验不同的职责和挑战。虽然每个角色都有明确的职责，但小组成员之间需要相互支持、密切配合，共同面对挑战和解决问题。在任务分工和团队协作过程中，教师需要给予适当的指导和支持，帮助小组成员明确职责、理解任务要求，并提供必要的资源和帮助。

3. 制订项目计划与实施

在项目式学习中，项目计划的重要性不容忽视。它不仅是项目成功的关键，还是确保学习过程有序、高效进行的重要保障。可以将主题细分为几个时间节点，列出所需资源及风险管理，制订项目计划。以下是截取的“制作简易杆秤”的项目计划。

项目时长：5 天

项目时间节点：

第 1 天：项目启动与理论学习

项目启动会议，明确项目目标、任务分配和时间节点。理论学习，包括杠杆原理、平衡条件、杆秤的基本构造和使用方法等。小组讨论，确定杆秤的设计方案，包括秤杆的长度、秤盘的形状和大小、秤砣的重量等。

第 2 天：材料准备与秤杆制作

收集或购买所需材料，包括木棍（秤杆）、细绳、秤盘（硬纸板）、秤砣（螺母或已知质量的物体）等。制作秤杆，包括打磨、切割和标记刻度。检查秤杆制作质量，准备下一步工作。

第 3 天：秤盘与秤砣制作及初步测试

制作秤盘，包括设计形状、切割和固定。制作秤砣，选择合适的螺母或已知质量的物体，并固定在秤杆上。进行初步测试，使用已知质量的物体测试杆秤的准确性和稳定性。

第 4 天：优化调整与重复测试

根据初步测试结果，对秤杆刻度、秤盘位置、秤砣重量等进行优化调整。进行重复测试，验证优化调整后的杆秤是否更加准确和稳定。总结测试结果，准备项目展示。

第 5 天：项目展示与评价

准备项目展示材料，包括设计思路、制作过程、测试结果等，进行项目展示，包括现场演示和讲解。形式可以包括实验报告、PPT 演示、模型制作等。鼓励学生展示自己的成果和收获，分享经验和教训。采用多元评价方式对项目成果进行评价，包括自我评价、同伴评价和教师评价等。评价内容应涵盖知识掌握情况、技能提升情况、团队合作情况、创新精神等方面。邀请家长和行业专家参与评价，提供更为全面和专业的反馈。

资源需求：

人力资源：教师、学生。

物质资源：木棍（秤杆）、细绳、秤盘（硬纸板）、秤砣（螺母或已知质量的物体）、标记笔、剪刀、胶水、尺子、铅笔、教学资料等。

技术资源：计算机（用于制作演示文稿等展示材料）、投影仪（用于展示演示文稿）等。

风险管理：

风险识别：材料短缺、制作难度、测量误差、团队合作问题等。

风险应对：提前列出材料清单并提醒学生提前准备；提供详细的制作步骤和注意事项；强调测量方法和注意事项；加强团队建设，明确小组分工和职责。

4. 项目总结与反思

在项目结束后，组织学生进行项目总结与反思，包括项目过程中的收获、遇到的困难和解决方法、未来的改进方向等。同时，教师也应进行项目总结，评估项目目标的实现情况，提出改进建议，为未来的类似项目提供参考。

个人反思：引导学生对自己的学习过程和成果进行反思，总结经验和教训，明确自己的优点和不足。

集体总结：组织全班进行集体总结，分享各组的经验和成果，探讨跨学科学习的意义和价值。同时，对项目式学习过程中存在的问题进行梳理和分析，为今后的教学提供参考和改进方向。

通过以上策略的应用，项目式学习在初中物理跨学科实践中能够发挥重要作用，促进学生全面发展和创新能力的提升。

二、问题导向学习在初中物理跨学科实践中的实施要点

在当今教育环境下，初中物理教学面临诸多挑战，而问题导向学习以问题为核心，引导学生主动探究、合作学习，培养问题解决能力和创新思维，近年来受到了广泛的关注。在初中物理跨学科实践中，问题导向学习可以为学生提供一个真实的问题情境，让学生在解决问题的过程中，整合不同学科的知识和技能，提高综合应用能力。以下是问题导向学习的几个实施要点：

1. 明确问题与目标

首先，是问题的选择。以《捕捉世界的精彩瞬间》为例，这个主题可以引出一系列涉及物理、数学、信息技术等多学科的问题。比如，“如何选择合适的相机镜头来捕捉不同距离的物体”这个问题就涉及物理中的光学知识，如凸透镜成像原理；同时也需要数学中的比例关系来计算物距、像距和焦距之间的关系；还可能涉及信息技术中的图像传感器技术等。问题的选择应具有真实性、开放性和挑战性，能够激发学生的兴趣和好奇心。真实的问题可以让学生感受到物理知识在实际生活中的应用，提高学习的积极性；开放性的问题可以鼓励学生从不同角度思考，培养创新思维；挑战性的问题可以激发学生的求知欲，促使他们积极探索。

其次，是目标的设定。以“如何选择合适的相机镜头来捕捉不同距离的物体”这个问题为例，学习目标可以设定为：学生能够理解凸透镜成像原理，掌握物距、像距和焦距之间的关系；能够运用数学知识进行计算和分析；能够了解不同相机镜头的特点和适用场景；能够通过实验或实际操作验证自己的选择。目标的设定应该具体、可衡量、可达成、具有相关性和时间限制。例如，在一定的时间内，学生要能够通过小组合作完成一个关于相机镜头选择的实验报告，并在课堂上进行展示和交流。

2. 收集与整理信息

信息收集途径丰富多样。查阅文献是一种重要的方式，学生可以通过学校图书馆、在线学术数据库等渠道，查找与问题相关的物理、数学、信息技术等学科的学术论文、书籍和研究报告。例如，在研究“如何选择合适的相机镜头来捕捉不同距离的物体”问题时，学生可以查阅光学原理方面的文献，了解凸透镜成像的规律和特点。同时，网络搜索也是常用的途径之一。学生可以利用搜索引擎，查找相关的科普文章、视频教程和论坛讨论，获取更广泛的信息。例如，在网上搜索不同相机

镜头的评测和使用心得，了解各种镜头的优缺点和适用场景。此外，学生还可以采访专业摄影师、物理教师、信息技术教师等，获取他们的专业知识和经验。通过多种途径收集信息，可以让学生从不同角度了解问题，拓宽知识面，为解决问题提供更全面的支持。

收集到大量的信息后，学生需要学会分析和提取关键信息，用于问题解决。首先，学生可以对收集到的信息进行分类整理。例如，将与物理光学原理相关的信息归为一类，将与数学计算相关的信息归为一类，将与信息技术图像传感器技术相关的信息归为一类。然后，学生可以对每一类信息进行筛选，去除重复和无关的信息，保留关键信息。例如，在光学原理类信息中，筛选出凸透镜成像公式、物距、像距和焦距之间的关系等关键内容。接着，学生可以将关键信息进行归纳总结，形成清晰的逻辑框架。例如，将凸透镜成像原理、不同相机镜头的特点和适用场景、数学计算方法等信息整合起来，形成一个解决问题的思路。最后，学生可以将整理好的信息以图表、思维导图等形式呈现出来，便于直观地理解和记忆。通过科学的信息整理方法，学生可以高效地利用收集到的信息，为解决问题提供有力的支持。

3. 分析问题并制订解决方案

首先，是问题本质分析。例如，在浮力这一章的教学中，要深入分析问题本质，首先需要明确浮力的概念。浮力是指物体在流体（液体或气体）中受到的向上的力。以“为什么物体在水中有的会浮起来，有的会沉下去”这个问题为例，关键因素包括物体的密度、排开液体的体积以及液体的密度等。通过实验观察，学生可以发现密度小于水的物体通常会浮起来，而密度大于水的物体则会沉下去。例如，木头的密度小于水，所以能浮在水面上；铁块的密度大于水，就会沉入水底。此外，排开液体的体积也会影响浮力的大小。根据阿基米德原理，浮力等于排开液体的重力，即当物体排开液体的体积越大，受到的浮力也就越大。

其次，解决方案的制订。制订解决方案的步骤可以分为以下几个方面。一是明确问题的目标，即要解决物体在水中的浮沉问题。二是根据问题本质分析的结果，确定需要考虑的因素。在浮力问题中，主要考虑物体的密度、排开液体的体积和液体的密度。三是通过实验探究和理论分析相结合的方式，寻找解决问题的方法。例如，可以进行不同物体在水中的浮沉实验，观察并记录实验结果，分析物体的密度与浮沉的关系。同时，利用数学公式进行计算，如根据阿基米德原理计算浮力的大小，进一步理解排开液体的体积和液体密度对浮力的影响。

在制订解决方案时，还需要考虑以下因素。一是学生的认知水平和学习能力。对于初中学生来说，过于复杂的理论和计算可能会让他们感到困惑，因此要选择简单易懂的实验和分析方法。二是跨学科知识的整合。浮力问题不仅涉及物理知识，还可能与数学中的体积计算、密度计算等相关，甚至可以与化学中的物质性质联系起来。例如，不同物质的密度差异可以通过化学实验进行探究。三是实际应用的结合。可以引导学生思考浮力在日常生活中的应用，如潜水艇的浮沉原理、船舶的载重等，让学生感受到物理知识的实用性。

通过深入分析问题本质并制订针对性的解决方案，可以帮助学生更好地理解浮力这一物理概念，同时培养他们的跨学科思维和问题解决能力。在问题导向学习中，这种分析问题和制订解决方案的过程能够激发学生的学习兴趣和主动性，提高学习效果。

4. 实施方案及评估效果

以“设计一个小型太阳能发电系统”任务为例，方案实施步骤如下：

首先，学生根据问题导向学习确定的目标和方案进行分工。一部分学生负责研究太阳能电池板的工作原理，涉及物理中的光电效应等知识，通过查阅文献和网络搜索了解不同类型太阳能电池板的性能参数和适用场景。另一部分学生则负责计算所需的太阳能电池板数量和功率，这需要运用数学中的比例关系和电学公式进行分析。同时，还有学生负责研究如何将太阳能转化的电能进行存储和利用，这可能涉及化学中的电池原理等知识。

接着，学生们进行实际的组装和调试。在这个过程中，他们需要不断地调整和优化设计方案，以确保系统能够稳定地运行。例如，如果发现太阳能电池板的输出功率不足，学生们需要分析原因，可能是光照角度不合适，或者是电池板之间的连接方式不正确等。通过不断地尝试和改进，学生们逐渐提高了系统的性能。

最后，学生们对整个项目进行总结和反思。他们回顾整个实施过程中遇到的问题和解决方法，总结经验教训，为今后的学习和实践提供参考。

学生可以从以下几个方面对学习效果进行评估：

学习成果方面，可以通过学生提交的项目报告、设计方案、实验数据等进行评估。例如，在“设计一个小型太阳能发电系统”任务中，评估学生对太阳能发电原理的理解程度、数学计算的准确性、跨学科知识的整合能力等。如果学生能够清晰地阐述太阳能电池板的工作原理，准确地计算出所需的电池板数量和功率，并合理地运用其他学科知识进行系统设计和优化，说明他们在学习成果方面取得了较好的成绩。

学习态度方面，可以通过观察学生在项目实施过程中的参与度、积极性、团队合作精神等进行评估。例如，是否主动参与讨论和分工、是否认真完成自己的任务、是否积极与其他同学合作解决问题等。如果学生在整个过程中表现出高度的热情和积极的态度，说明他们在学习态度方面有了很大的进步。

解决问题能力方面，可以通过学生在遇到问题时的应对方式和解决效果进行评估。例如，当系统出现故障时，学生能否迅速地分析问题、提出解决方案，并有效地实施。如果学生能够独立地思考和解决问题，说明他们的解决问题能力得到了提高。

此外，还可以采用学生自评、互评和教师评价相结合的方式，全面客观地评估学生的学习效果。通过多元化的评估方法，可以更好地了解学生在初中物理跨学科实践中的学习情况，为进一步改进教学提供依据。

问题导向学习在初中物理跨学科实践中取得了显著的成果。通过明确问题与目标，学生能够在真实、开放且具有挑战性的问题情境中，确定具体的学习方向和重点。在收集与整理信息的过程中，学生学会了运用多种途径获取知识，并通过科学的方法进行分析和提取关键信息，拓宽了知识面，提高了解决问题的能力。分析问题并制订解决方案的环节，让学生深入理解了物理问题的本质，如在浮力章节的学习中，学生通过实验探究和理论分析，掌握了物体浮沉的关键因素。同时，在制订解决方案时，充分考虑了学生的认知水平、跨学科知识的整合以及实际应用，培养了学生的跨学科思维和问题解决能力。实施方案并评估效果的过程中，学生通过分工合作、实际组装和调试以及总结反思，提高了团队合作能力和解决问题的能力。效果评估方法的多元化，也为全面了解学生的学习情况提供了依据。

综上所述，问题导向学习为初中物理跨学科教学提供了创新而有效的实施路径。通过精心设计真实情境的问题，引导学生开展探究式学习，不仅能够帮助学生深入理解物理概念，更能培养其综合运用多学科知识解决实际问题的能力。实践证明，这种教学方法能够有效激发学生的学习兴趣和主动性，促进其科学思维和创新能力的全面发展。未来，随着教育改革的深入推进，问题导向学习必将在培养学生核心素养方面发挥更加重要的作用，为创新型人才的培养奠定坚实基础。教师应不断优化问题设计，完善评价体系，使问题导向学习在物理教学中发挥最大效益。

第三节　教师专业发展

一、教师跨学科教学能力的提升途径

在当今社会，科学技术的快速发展使得各学科之间的交叉与融合日益加深。初中物理作为基础教育的重要组成部分，其跨学科教学能力的提升对于培养学生的综合素养和创新能力具有重要意义。因此，探索初中物理教师跨学科教学能力的提升途径，对于推动教育改革、提高教学质量具有深远影响。

当前我国教师的跨学科教学能力普遍不高，究其原因是缺乏跨学科教学的理论指导和实践经验、缺少跨学科教学的专业培训和支持。这些问题严重影响了教师开展跨学科教学的效果和水平，制约了学生创新思维的发展和跨学科实践能力的提升。学科教师跨学科教学能力提升是一项系统工程，既需要对教师培训、专业认证、教师培养进行统筹考虑、系统建设，又需要协同教育资源与社会资源，共同构建促进教师跨学科教学能力提升的新生态。

1. 针对跨学科教学能力提供多样化的教师专业发展机会

教师专业发展作为提升教师素养和队伍建设水平的核心路径，其持续性、针对性和专业性直接决定了教师成长速度。针对教师跨学科教学能力不足的现状，需要加强教师培训机制建设，促进教师不断更新知识，掌握在课堂中有效整合不同学科内容和思想方法的策略。通过提供跨学科教学研究的交流与合作机会，搭建线上、线下结合的教师研修平台，组织校内外教师进行跨区域、跨学科、跨年级、跨主题的教学研讨和案例分享等，让教师接触不同的教学模式和方法，了解其他学校优势学科的优秀做法，同时鼓励不同学科教师互相合作，探索融入其他学科内容的方法，共同设计和实施综合性的跨学科项目，提升教师跨学科教学实践能力。

同时可以加强地方高校与中小学的联系，积极组织地方高校开设相关的培训课程，联合地方高校、政府相关部门及各中小学校成立跨学科教师培训中心，专门对教师开展培训，帮助教师掌握跨学科实践教学的原理、方法及最新的发展趋势，使其能够以独立或合作的方式进行跨学科教学设计。

2. 将跨学科教学能力列入教师专业标准的认证体系

教师专业认证是保证教师队伍素质、激励教师专业成长、确保教师教育良性发展的制度保障。教师专业认证应将跨学科教学的知识、能力考察作为重要内容有机融入教师的认证标准体系，并在考试和面试环节得以体现。此外，不同学段的跨学科教学要求存在显著差异，不同发展阶段的教师的跨学科知识储备和特征也不尽相同，因此有必要建立分级分段的跨学科教学能力测评体系，针对小学、初中、高中不同学段的教师提出不同的跨学科教学能力表现指标，为跨学科教学能力测评提供依据，明确评价内容、评价方法和评价标准，确保评价的公正性和准确性。通过制订跨学科教学评价标准和方法，对教师的跨学科教学能力进行全面客观的评价。

3. 将跨学科教学能力作为职前教师培养的重要内容

职前教师培养是教师教育体系的有机组成，是教师队伍建设的源头活水。研究表明，有跨专业求学经历的教师的跨学科教学胜任力显著高于没有跨专业求学经历的教师。因此，将跨学科教学能力全面纳入职前学科教师的培养内容当中，有助于提高教师队伍跨学科教学能力，使其能适应未来社会对学科教育的需求和挑战。

4. 利用社会资源建设丰富的跨学科教师教育资源

教师教育资源是教师专业成长和教育质量提升的重要保障，学科教师跨学科能力提升需要丰富的跨学科教师教育资源的支撑。跨学科教学具有综合性、实践性和跨学科性，其教师教育资源建设需要发挥政府部门、教育系统、研究机构、企业与场馆等多主体的协同作用。

5. 明确跨学科教学的意义与价值

强化跨学科能力在聚焦教师跨学科知识与能力提升之前，最重要的是教师应清楚何为跨学科，为何跨学科以及怎样跨学科。这就需要有专业人士、行业专家为教师进行专门的解读与宣讲，并组织学科教师参加有关跨学科教学的培训，引导教师深入了解跨学科教学的意义与价值，使教师真正认同跨学科实践活动的开展，以强烈的意愿驱动自身进行跨学科相关知识的学习。

首先，跨学科学习可促进学习者对学科知识意义与作用的理解。学科深度学习不仅要理解学科知识内在的纵向与横向关系，也要理解学科与学科之间的知识关系，才能从不同学科知识的融合应用中看到知识的功效并进行完整的知识关系建构。其次，跨学科学习可提升学习者创造性思维能力。发现规律往往就是揭示知识间的内在关系，大量发明、发现和创造与跨学科知识关系的揭示高度相关，而跨学科学习是培养学习者跨界思维意识与能力的主要时机。第三，跨学科学习是推进全学科协同育人的重要方式。跨学科学习可以促进各学科在精神与思想层面的交融互通，从而可使学习者产生知情意心理共鸣，实现全学科协同育人目标。

同时，教师应积极学习跨学科教育的相关理论，理解其核心理念和价值追求。通过阅读专业书籍、参加学术研讨会等方式，不断拓宽视野，深化对跨学科教学的认识。从传统的分科教学思维中跳脱出来，树立跨学科整合的教学理念。认识到物理学与其他学科之间的内在联系和相互渗透，注重培养学生的跨学科思维能力和综合素养。

6. 驱动教学创新保证跨学科教学的延续和发展

教师不仅需要不断进行开放式的跨学科实践主题实践活动以提高教学熟练度，还需要进行跨课题组教研以保证跨学科实践主题教学的有效性和完善性。构建相互融通的跨学科课程体系是提高教师综合素养的坚实基础。

为了教师能够愈加成熟地开展跨学科实践主题教学活动，教师需要通过不断的实践和尝试提升基于设计的行动能力。因此，教师可以在跨学科实践主题教学后向学生发布任务评价标准以及课堂表现自评表，根据学生评价内容以及观察到的学生课堂表现，综合对课堂进行评价；开放原本封闭的课堂，邀请其他教师、专家学者、各行业工作人员走进课堂，作为观察者或教授者参与教师跨学科实践主题教学，学校可以通过干预教师教学及时为教师提供辅助人员、教学设备等方面的帮助，专家学者和其他学科教师通过干预教师教学能够为教师补充教学内容，完善教学设计；由于跨学科教学是配合真实或虚拟情景进行的教学活动，缺失了情景设定，跨学科教学便失去了一层光环，学生的参与感和体验度也会随之降低，因此教师可以组织学生到访真实的场景或借助空间、设备模拟真实场景营造教学情境。

7. 建立综合学科教研组织为跨学科教研提供发展平台

“教—学—评”一致性是顺利开展跨学科教学的保证，要打破原来静态分化的教研组织，在原本单一学科教研室之外成立综合学科教研室，吸纳学校各学科中的优秀教师，通过交流研讨，各学科教师相互借鉴，激发新的想法。根据课题进行合作和研究，形成跨课题组教研，为不同学校不同学科的教师提供沟通交流的机会。

因此，基于我国实际情况，可以充分利用“区—片—校”三级教研网络，协同推进学科融合课堂教学研修。区域教研，即通过集体备课、主题培训、教学论坛等形式，以教研员为主开展学科融合教学的主题教研，如对物理学科拓展型学习任务群中“跨学科实践活动”的相关学理认知进行区域引领；区学科名师工作室教研，即以教研员为核心，以域内名优教师为工作室成员，整体规划研修计划，借助分享交流、案例研磨、课例展示等方式，在提高工作室成员学科教学能力的同时，发挥辐射、引领作用，提升工作室的指导力，形成区本课程资源；大学区教研，即以“均衡、共享、互补、共进”为主题，发挥学区高等院校专家的引领作用，共同备课，开展线上、线下教研，教研员深入指导，打磨精品课例，充实区本课程资源。区学科研修基地校，即各基层学校进行校本研修，组织教师自主研习，及时提炼总结经验。

鼓励教师在教学实践中不断形成并改进跨学科实践主题教学案例，在教师培训中明确要求参加者须携带个人实际跨学科实践主题教学案例和相关的材料，并进行逐一展示及讨论，在此过程中始终保证教学第一线教师既是参与者同时又是教学论的研究者。跨学科协同跳出单一学科专业的教学法训练模式，一方面为教师提供了有效设计和实施跨学科教学的实践机会，另一方面使教师的知识和经验在多维交互中倍增。

8. 跨学科教学中转变教师角色

在新课标的引领下，中小学教师应转型为学生学习的引导者和协作者，明确自身的角色定位，并重视“跨学科”与“主题教学”教学方法和设计的创新性。教师需要深刻理解新课标的设定理念，掌握更新的教学目标及内容，从而确保教师对新课标的要求有清晰的认识，并以此为教学活动提供准确的导向。教师应主动探索各学科的知识，洞察学科之间的交叉与联系，为教师进行跨学科教学打下坚实的基础。通过接触和学习不同学科的知识，教师能够将不同学科的知识和技能有机融合，培养学生的跨学科思维能力，为学生构建更加丰富多元的学习体验。

新课标倡导教师运用主题教学的方式组织教学活动。跨学科实践主题学习目标的价值取向在于实现跨学科实践主题学习的育人价值。具体而言，跨学科实践主题学习的目标可以通过专属目标（与主题学习相关的具体活动实施的目标）和通用目标（对应新课标中的核心素养导向，将跨学科的核心素养渗透到学习中）这两个维度来显示。主题教学能将不同学科的知识和技能有机地结合，以此培养学生的综合素质。教师可以设计跨学科的教学活动，引导学生在解决实际问题的过程中，运用不同学科的知识和技能，进而培养学生的综合思维和创新能力。

此外，教师应与其他学科的教师进行协作，共同设计和实施跨学科教学活动。通过跨学科的教师合作，教师们可以互相借鉴和学习，提升自己的跨学科教学素养。教师的合作不仅可以丰富教学资源，还可以推进教师之间的交流和协作，提高教学成效。在角色转型方面，教师需要明确自身的定位，从传统的知识传递者转变为学生学习的引导者和学习资源的提供者，专注于激发学生的学习兴趣和主动性，通过引导学生进行跨学科的学习和研究，发掘学生的创造力和创新思维能力。同时，教师还应与其他学科的教师加强协作，深化与学生和家长的沟通与合作，共同关心学生的学习和发展。

9. 充分利用数字技术为跨学科教学赋能

优化教学方法，运用数字技术优势支撑教师学科与跨学科知识与能力的发展，是实施跨学科实践主题教学的前提保障。随着科技的进步，教师队伍的数字化素养提升成为推动我国教育数字化转型发展的关键力量，教师的技术素质已经转变为推动教育改革，增强教育效果的重要元素。在此背景下，教师需要熟练运用各类数字化工具和技术，将其融入跨学科实践主题教学活动中，以优化教学成效和学生的学习体验。

首先，教师需要精通基础的计算机操作和软件应用技能，包括文字处理、幻灯片制作、数据处理等。这些技能可以协助教师在课前更有针对性地进行教学设计和准备教学材料，进一步提升教学效率和质量。尤其是在实施跨学科实践主题教学时，这些技能可以助力教师更有效地整合不同学科的教学内容，设计出有利于学生全面理解和掌握知识的教学方案。

其次，教师需要熟练运用各类数字化教学工具资源，如在线课堂、虚拟实验室、多媒体资源等。这些资源可以协助教师更有效地实现跨学科教学的目标，将不同领域的知识和技能有机地结合起来，提升学生的综合素质和创新能力。例如，有学校教师设计的“温控电风扇的制作项目”就很好地引导了学生尝试在电机上安装叶片、编写控制程序以及尝试连接温度控制器和电源开关等操作，最终实现温控电风扇的自动化运行。如通过在线课堂，教师可以邀请其他学科的专家举办讲座，丰富教学内容；通过虚拟实验室，教师可以设置跨学科的实验，让学生在实践中感受不同学科知识的相互联系和渗透。

再次，教师还需要持续关注数字化教育的最新趋势和发展，了解如何将人工智能、大数据、云计算等新兴科技融入教学活动之中。教师可以利用人工智能技术对学生的学习成果进行分析和评估，并在课后更精准地了解学生的学习程度，指导学生的学习和发展。在这个过程中，教师不仅可以根据学生的学习情况调整教学策略，提升教学效果，还可以通过数据分析对跨学科实践主题学习的效果进行评估，不断优化跨学科实践主题教学模式。

10. 鼓励教师积极开展跨学科教学实践

教师应广泛涉猎与物理学相关的其他学科知识，如数学、化学、生物学、地理学等。通过自学、参加培训课程等方式，掌握这些学科的基本概念和原理，以及它们与物理学的交叉点。关注物理学及其他相关学科的最新研究成果和发展趋势。通过查阅学术期刊、参加学术会议等方式，了解跨学科研究的新方向和新方法，不断更新自己的知识结构。

教师应该结合自己的教学实际情况，选择合适的跨学科实践主题，整合不同学科的知识，采用项目式学习、探究式学习、合作学习等多样化的教学方法和手段来开展跨学科教学，设计具有创新性和趣味性的教学活动，引导学生在学习中形成跨学科的知识结构和思维方式，并在课堂上根据学生的反应和表现，及时调整教学策略和方法。通过实践，教师逐步积累跨学科教学的经验，提高自己的教学能力。通过跨学科教学示范课、公开课等形式，展示自己的跨学科教学成果和经验，与其他教师交流分享，共同提高。

二、跨学科教学中的教师团队合作

推动跨学科教学高效、可持续发展，需要借助多学科的合力，在主学科牵引下，多学科教师可以立足主题容量、学段要求和学情，合作开发结构有机且具有良好适应性的整体性教和学的框架，形成科学的跨学科学习知识地图、学习思路以及对应的指导方案。同时，在主学科教师的主持和策划下，采用主学科教师和其他学科教师角色轮转教学的方式，可以有效解决跨学科学习的“统”和“分”的问题，将学科聚焦和学科交叉与融合结合起来，推动学生的学科综合问题解决能力的发展。此外，基于科学分工与合作模式，多学科教师还可以基于学生的分学科发展进行评价与反思，进而对整体教学案和分学科教学案进行优化升级，对指导模式和策略进行改进。

1. 跨学科学习中教师团队的专业合作与分工

物理教师应建构起基于专业合作与分工的跨学科学习指导，通过专业合作与分工实现同课共构，以培养学生物理核心素养为共同目标，展开持续深入的合作与探究，有组织地分享并改善自身的教学理念、教学知识及教学实践。

（1）分中有合：育人的整体性与课程的融合性

在专业合作中，各科教师共同实现着跨学科学习的育人整体性和课程的融合性。第一，扎根物理学科，定位于物理核心素养，实现育人的整体性。与综合性跨学科学习相比，基于专业合作与分工的物理跨学科学习指导要求跨学科教师共同体具备统一的合作愿景，即以物理学科为依托，围绕同一人文主题，基于情境任务，结合多学科知识，在一系列物理实践活动中实现学生物理核心素养的整体发展。例如，通过运用科学、生物学、化学、信息技术等相关知识和技能，引导学生自主设计并主动参与科技制作、材料研究、低碳出行等校园活动，学生在从理论知识到动手操作的实践中，实现了物理观念、科学思维、科学探究以及科学态度与责任四方面物理核心素养的全面发展。第二，将专业合作贯穿于教学的始终，打破学科边界，实现课程的融合性。从课程整合程度看，基于专业合作与分工的物理跨学科学习指导将教师的专业合作渗透至教材研读、教学目标制订、学习内容选择、教案拟定、教学过程实施及教学反思等各个方面，通过围绕某一大主题或大概念，基于真实的生活情境，设置核心任务，开展学习活动，打破原有的学科边界，实现了学科间的深度融合，达成你中有我，我中有你的境界。

（2）合中有分：专家的专业性与知识的生成性

基于可分解的任务分工，各科教师在物理跨学科学习实践中彰显着专家的专业性以及知识的生成性。第一，兼顾专业深度及专业广度，以专业性引领物理跨学科学习的实施。通过基于专业合作与分工的物理跨学科学习指导，各科教师组建起教师共同体，围绕情境任务展开专业分工，从而更全面、更有效地进行跨学科学习的教学设计。第二，以核心素养为导向，实现知识层面的教学相长。一方面，基于专业合作与分工的物理跨学科学习指导坚持素养立意，尊重学生的主体地位，依托学习任务整合学习情境、学习内容、学习资源，引导学生在物理实践活动中整合多学科知识应用于物理问题，从而生成新的知识。例如，在物理课程中，学生可以整合劳动、综合实践活动、化学等学科的知识，更好地理解“真金不怕火炼”的由来与意义，从而实现从物理走向社会的课程理念。另一方面，基于专业合作与分工的物理跨学科学习指导同样可以帮助物理教师掌握跨学科知识，形成跨学科素养。首先，作为教学总设计师的物理教师需要恰当地整合各学科知识与方法，从而培育学生的物理核心素养，这就使物理教师形成了更广阔的跨学科视野。其次，在与其他学科教师进行交流与合作的过程中，物理教师也逐渐形成了更为全面、深入的思维模式与知识体系，今后面对相同内容的课程时，便能独当一面，游刃有余。最后，各科教师的专业合作与分工绝不是一帆风顺的，在质疑与挑战中，物理教师也能驱动自己不断深化对物理跨学科学习的认识与思考，从而不断提升自己的教学水平与跨学科素养。

2. 跨学科备课的团队专业合作与教学角色轮转

在新课标的引领下，跨学科教学对育人整体性、课程融合性、专家专业性及知识生成性的把握，采用教师专业合作与角色轮转模型，可以循序渐进地建构起基于专业合作与分工的物理跨学科学习指导模型。需要指出的是，此处的角色轮转具有相对独立性、重叠性以及阶段性。

第一，相对独立性。从教师共同体角度看，物理教师在跨学科学习中具有相对独立性，他们需要时刻调控其他学科教师，保证其教学路径不偏离对学生物理核心素养的培育，确保其教学目的始终围绕需要解决的物理情境问题。从教师个体角度看，每位教师在教学设计思路输出、教学实施以及多元评估时占主导地位，相对独立于作为调试者、参与者以及反思者的他科教师。第二，重叠性。所谓重叠性，指的是在同一教学阶段中，各科教师通过角色轮转兼具双重身份。例如，在合作教学阶段，当物理教师是教学者时，其他学科教师就是参与者。反之，当其他学科教师是教学者时，物理教师就是参与者，他们的角色内容存在重叠性。第三，阶段性。根据教学阶段的不同，教师角色轮换的内容也在发生着变化。在合作研发阶段，多科教师的角色轮转表现为同一大主题下设计者与调控者间的轮转；在合作教学阶段，表现为同一情境任务下教学者与参与者间的轮转；在合作评估阶段，表现为不同实践活动间评价者与反思者间的轮转。

（1）合作研发阶段：同一情境下设计者与调控者间的轮转

合作研发阶段，在物理教师的带领下，跨学科教师共同体在设计者与调控者的轮转间，展开指向专业合作、协同育人的集体备课。这一阶段，跨学科教师共同体需要共同明确学习主题并规划教学内容与责任，从而达到整体育人效果，以及相互间技术、知识、经验的共享或增值。

明确学习主题。统一的学习主题是各学科教师合作研发课程的基石，为跨学科教师共同体合作愿景的一致性奠定了坚实基础。由此，要有效实施多学科教师间专业合作与角色轮转的物理跨学科学习指导，第一步需要明确学习主题。在这一过程中，物理教师作为总设计师，对单元内容进行整体把握并提炼单元大概念，其他学科教师作为调控者给出合理建议。

划分教学内容与责任。在正式实施物理跨学科学习前，跨学科教师共同体中的每一个成员都要承担自己的教学职责。由此，合作研发阶段的第二步即划分教学内容与责任。在这过程中，各科教师都需要经历设计者与调控者间的角色轮转。例如，基于“眼睛与眼镜”这一学习主题，围绕该单元的能力取向，以及物理核心素养的全面发展，物理教师作为初始设计者，制订物理跨学科学习的初步草案，并提出自己在其他学科概念、知识、能力、经验等内容上的专业性诉求，其他学科教师则依据物理教师所提出的诉求展开专业引领与同伴互助。在这一过程中，其他学科教师也成为设计者，而物理教师作为调控者需要不断统筹、监督，确保其他共同体成员的教学不偏离学习主题与物理要素，始终围绕学生物理核心素养的培育。在吸收集体教学智慧后，物理老师再次角色轮转为设计者进行教案的二次修改，而其他教师则作为调控者确保物理老师的修改内容不会影响自身的学科专业性，始终指向物理问题的解决。设计者与调控者不断轮转，循环往复，直至最终版本的敲定。

以“眼睛与眼镜”这一跨学科实践主题为例，在引导学生感受人是如何用眼睛获取信息时，运用生物知识与方法帮助学生学习眼睛的结构与作用，效果将更直观与鲜明。由此，这一环节就需要交给生物老师主导设计，而其他教师作为调控者需要监督其设计是否符合八年级学生的学情，是否偏离“凸透镜成像规律的应用”的目的。除此以外，划分好教学内容后，跨学科教师共同体还需根据自己的教学内容准备好课堂所需的材料或资源。

（2）合作教学阶段：同一情境任务中教学者与参与者间的轮转

合作教学阶段，在物理教师适时的上场与退场中，跨学科教师共同体实现了教学者与参与者之间的角色轮转。在这一阶段中，跨学科教师共同体需要围绕教学目标，以核心素养为引领，创设真实的生活情境，设置并实施驱动性任务。

基于核心素养创设情境任务。要使学习主题落实到跨学科学习的课堂中，需要立足核心素养，围绕具体化的能力取向与教学目标，设置情境任务，进而为后续物理实践活动的展开及合作评估奠定基础。

依据教学责任展开专业合作与分工。基于合作研发阶段对教学内容与责任的细致划分，在合作教学阶段，跨学科教师共同体需要围绕各项情境子任务展开专业合作与分工。

（3）合作评估阶段：不同实践活动中评价者与反思者间的轮转

合作评估阶段，基于不同物理实践活动中产生的跨学科学习成果及过程性表现，跨学科教师共同体将对学生的跨学科学习以及教师的跨学科教学展开评价。这一过程中，教师需要作为评价者对学生成果及其过程性表现、教师及同伴教学表现展开评估，也需要作为反思者完善教学设计，优化教学实施过程，弥补学生学习成果中的不足。共同体成员在评价者与反思者的角色轮转间促进师生的共同发展。

基于学生跨学科学习评价量表展开评价与反思。从评价对象来看，学生跨学科学习评价量表聚焦学生的过程性表现及学生的跨学科学习成果；从评价主体来看，由于专业性与整合性，评价主体可以是参与教学的各科教师、所涉学科的学科组长以及物理跨学科学习领域的教育专家等；从评价标准看，学生跨学科学习评价标准的制订应立足于学习目标下学生的能力取向。例如，围绕“学生能了解眼睛看到周围事物的原理”“学生能正确认识凸透镜成像的规律”“学生能正确使用透镜来矫正近视眼与远视眼”这三大驱动性问题，教师可以开发三个物理实践活动，由此所制订的学生学习目标共同致力于学生物理观念、科学思维、科学探究、科学态度与责任。在对评价量表的结果进行数据分析后，跨学科教师由评价者轮转为反思者，依据数据结果中的薄弱点进行反思总结，重新回到合作研发环节进行教学设计的完善。

基于教师跨学科教学评价量表进行总结与提升。从评价对象来看，教师跨学科教学评价量表聚焦跨学科共同体成员在各自教育内容与责任中的表现；从评价主体来看，每一位参与教学的教师都应展开同伴互评，在相互评价与自我省思中对自己的教学进行总结反思、进阶提升，从而实现自身跨学科知识与素养的形成；从评价标准来看，我们可以制订评价量表，促进教师跨学科教学能力、跨学科素养的长效发展。基于这一评价量表，当物理教师作为评价者进行评价理由阐述时，其他共同体成员则作为反思者进行内省。其他学科教师进行评价阐述时，物理教师的角色轮转为反思者，对自身的教学进行复盘，针对不足之处展开后续完善与进阶，进而提升自己的跨学科教学素养。

3. 跨学科教学课堂上教师团队合作相辅相成

（1）双师或多位教师进课堂在跨学科学习中存在融洽性与必要性

跨学科学习的特征在于其综合性、创新性和实践性，它要求学生能够综合运用多学科的知识和方法去解决复杂且真实的问题，最终达到培养学生创新思维和实践能力的目标。在跨学科学习的过程中，不可忽略的挑战之一便是如何指导学生运用不同学科的知识或技能解决遇到的复杂问题。不同学科教师在各自的领域内有着深厚的专业知识和丰富的教学经验，但他们往往难以全面把握其他学科的知识和方法。虽然随着教育改革的逐步推进，在一定程度上倡导教师应具备跨学科意识，然而术业有专攻，即便是非常注重自身发展的教师也只能对自己教授学科之外的其他学科领域略有涉猎，但距离真正的“专而精”还存在不小的差距。

在跨学科探索过程中，学生基于不同的学科视角提出各类生成性问题是无可避免的。在这种情况下，仅仅依靠单一学科的教师可能是难以应对的。试想，如果在课堂中学生提出的问题不在某一学科教师的预设之内，与其课后再与其他学科教师沟通，不如在课堂上即由多位学科教师同时介入，及时提供必要的学科工具，提升教与学质量。

（2）跨学科教学中不同学科教师的角色定位需相辅相成

虽然在跨学科学习中双师课堂能够有效实现多学科知识、技能的互补，但每一位教师的思维方式、执教风格和课堂组织习惯都有自己的特点，存在认知冲突也在所难免。

如何权衡两位或者多位教师在课堂中的角色，并真正体现对跨学科课堂的助力作用呢？不同学科教师的角色不是并重的，而应当一主一辅，主辅相成，以确保课堂教学的有效性。当两位或多位教师同时参与跨学科教学时，应当事先确立以某一位教师的教学风格为主导，以确保课堂的连贯性和一致性。主导教师不仅需要熟悉跨学科教学的整体框架和目标，还要能够灵活调整教学策略，以适应学生需求的变化。在课堂中，由主导教师组织、串联起全程的学习活动，把控教学节奏，提供必要的学习工具和资源并及时给予学生反馈和指导。

而其他教师则主要承担起“场内援助”的角色。在跨学科学习中为了引导学生深层次理解多学科知识，一些教师可能会通过赋予学生与学习内容有关的认知性角色，即鼓励学生“像专家一样思考”。但在此学习过程中，学生并非真正的专家。他们对相关学科的知识储备尚缺乏系统性，而这就是辅助教师价值之所在。辅助教师需要根据主导教师的教学安排，提供具体的学科知识和方法支持。当学生在学习中遇到生成性问题时，该教师也可以从学科专业视角给予必要的指导，帮助学生顺利跨越学科界限。此外，辅助教师还可以根据学生的学习情况，提出针对性的建议和改进措施，以促进学生的跨学科学习。

第四章

初中物理跨学科实践的教学评价

第一节　评价理念与框架构建

初中物理跨学科实践正如一股清流，涌动在教育的田野上。在这片充满创新与活力的领域中，我们不仅要传授知识，更要关注每一位学生的成长，初中物理跨学科实践如同一把钥匙，开启学生创新思维的大门。这场以学生为中心的评价理念变革，旨在激发每位学生的潜能，引导他们在学科交融的海洋中乘风破浪。

一、评价理念的确立

在教育的广阔天地中，学生是那独一无二的星辰，而"以学生为中心"的评价理念，便是我们发现星辰光芒的指南针。它摒弃了单一的成绩衡量，关注学生的全面发展，挖掘每一个个体的潜能与特质。在当今教育改革的浪潮中，以学生为中心的评价理念逐渐成为教育评价体系的核心。以学生为中心的评价理念是指将学生作为评价活动的主体，关注学生的个性化需求、学习过程和综合能力的发展。这种评价方式不再单一地依赖于考试成绩，而是通过多元化的评价手段，全面考量学生的物理观念、科学思维、科学探究、科学态度与责任，旨在促进学生的自我认知和持续成长。

1. 确定以学生为中心的评价理念

首先，以学生为中心的评价理念的重要性。以学生为中心的评价理念，能够更准确地反映学生的实际水平和潜力，鼓励学生主动参与学习过程，激发其内在的学习动力。同时，它有助于教育者发现和培养学生的特长，促进教育公平，使每个学生都能在适合自己的路径上获得最佳发展。在以学生为中心的评价理念中，学生的主体性是评价活动的灵魂。以下是学生主体性在不同方面的具体体现：

学生参与评价的积极性。学生参与评价的积极性是主体性体现的第一步。通过鼓励学生积极参与到评价过程中，如自我评价、同伴评价和小组评价，学生能够更加主动地反思自己的学习过程和成果。这种参与不仅提高了学生对评价的认同感，而且能够激发他们改进学习的内在动力，形成积极向上的学习态度。

学生自我评价能力的培养。自我评价能力的培养是学生主体性发展的关键。教育者应当通过一系列的教育活动，如设定个人学习目标、记录学习日志、进行自我反思等，帮助学生建立自我评价的框架和标准。通过自我评价，学生能够学会如何客观地认识自己，发现自己的优势和不足，从而有效地规划自己的学习路径。

学生在评价过程中的主体地位。在评价过程中，学生的主体地位至关重要。这意味着学生不仅是评价的对象，更是评价的参与者和决策者。教师精心创造条件，让学生在评价中发表自己的意见，对评价结果进行讨论和反馈。通过这种方式，学生能够感受到自己的意见被重视，增强自我效能感，同时也能够更好地理解评价的标准和目的，从而更加积极地参与到学习活动中去。通过这些措施，学生的主体性得到了充分的尊重和发挥，为他们的全面发展奠定了坚实的基础。

其次，关注学生个体差异。在以学生为中心的评价理念中，关注学生个体差异是促进每个学生发展的关键。以下是针对学生个体差异所采取的评价策略：

个性化评价策略的制订。每个学生都是独一无二的，因此评价策略也应当是个性化的。教育者需要根据学生的兴趣、能力、学习风格和背景等因素，制订适合他们的评价策略。这可能包括为不同学生设定不同的学习目标、采用不同的评价工具或方法，以及提供个性化的反馈和指导等。个性化评价策略能够更好地激发学生的学习兴趣，促进他们的个性化发展。

评价标准的灵活性。评价标准的灵活性是指评价标准不是一成不变的，而是根据学生的实际情况进行调整。这种灵活性体现在对学生的评价不仅要有统一的标准，还要考虑到学生的个体差异。例如，对于某些具有特殊才能的学生，可以设置特定的评价标准，或者在评价时给予一定的弹性，以适应他们的特殊需求。这样的评价标准能够更公平地对待每一个学生，确保评价结果的真实性和有效性。

评价内容的多样性。评价内容的多样性是指评价不应仅限于传统的考试成绩，而应涵盖学生的多方面能力。这包括学生的知识掌握、技能运用、创新能力、团队合作能力等。通过多样化的评价内容，教师能够更全面地了解学生的综合素养，从而提供更加全面的教育支持。例如，可以通过项目作业、口头报告、实践操作、艺术作品等多种形式来评价学生的表现。

通过关注学生个体差异，并采取个性化评价策略、灵活的评价标准和多样化的评价内容，教师能够更好地满足每个学生的教育需求，促进他们的全面发展，真正实现教育的公平。

再次，评价与德育相结合。在教育的全过程中，德育是培养学生良好道德品质和行为习惯的重要环节。将评价与德育相结合，可以更有效地促进学生的全面发展。

评价在德育中的作用。评价在德育中的作用至关重要，它不仅能够反映学生道德行为和品质的发展水平，还能够通过正向激励和反馈，引导学生形成正确的价值观和行为准则。评价在德育中的运用，可以增强学生对道德规范的认识，激发他们的道德情感，促进道德行为的实践，从而实现德育目标。

德育评价的内容与方法。德育评价的内容应当涵盖学生的道德认知、情感态度、行为表现等多个方面。在方法上，可以采用观察、访谈、问卷调查、学生作品分析等多种形式。例如，通过观察学生在日常生活中的行为，可以评价他们的道德行为习惯；通过访谈了解学生的道德观念；通过问卷调查收集学生对德育活动的反馈。这些方法相结合，可以全面、客观地评价学生的德育成果。

德育评价与综合素质评价的关系。德育评价是综合素质评价的重要组成部分，它关注的是学生道德素养的发展。综合素质评价则更加全面，包括德育、智育、体育、美育等多个方面。德育评价与综合素质评价相辅相成，德育评价的结果可以作为综合素质评价的重要依据之一。同时，德育评价的实践也为综合素质评价提供了道德素养的维度，有助于更全面地反映学生的综合能力和素质。

通过将评价与德育相结合，教师能够更加全面地关注学生的道德发展，及时发现和解决德育过程中存在的问题，从而有效地提升学生的道德素养，培养他们成为具有良好道德品质的社会公民。

然后，评价与家庭教育相结合。家庭教育是学生成长的重要环境之一，与学校教育相辅相成。以下是评价与家庭教育相结合的几个关键点：

家庭教育评价的必要性。家庭教育评价的必要性体现在它能够帮助家长了解孩子在家庭环境中的学习态度、行为习惯和情感状态。这种评价有助于家长发现家庭教育中的优势和不足，从而调整教育策略，更好地支持孩子的成长。同时，家庭教育评价还能够促进家长与学校之间的沟通，形成教育合力，共同关注和支持学生的全面发展。

家庭教育评价的方法与策略。家长可以通过日常观察、家庭作业的完成情况、亲子互动等方式来评价孩子的学习态度和行为表现。可以定期进行家庭会议，让孩子分享自己的学习体验和感受，家长则可以提供反馈和建议。还可以使用问卷调查或评估表的方式来系统地收集数据，帮助家长更全面地了解孩子的家庭教育情况。这些方法和策略的结合使用，能够为家庭教育评价提供多维度的信息。

家庭教育与学校教育的互动评价。家庭教育与学校教育的互动评价是指家长和教师共同参与评价过程，分享评价信息，协同制订教育计划。这种互动可以通过家长会、家访、通信交流等方式实现。家长可以分享孩子在家庭中的表现，教师则可以提供学校中的观察和评价。双方共同讨论孩子的进步和挑战，制订个性化的教育方案。互动评价有助于形成家校共育的良好氛围，使评价结果更具参考价值，同时也能够增强家长参与孩子教育的积极性和责任感。

通过将评价与家庭教育相结合，可以加强家校之间的联系，形成更加紧密的教育网络，共同关注和支持学生的成长。这种互动评价模式有助于实现家庭与学校教育的互补，为学生提供一个更加全面和连续的教育环境。

2. 评价在跨学科实践中的作用和意义

随着教育改革的不断深入，跨学科实践已成为初中物理教学中的重要组成部分。它不仅能够帮助学生建立起不同学科之间的联系，还能够激发学生的探究兴趣和创新能力。在传统的物理教学中，知识往往是孤立的、静态的。而跨学科实践则通过将物理知识与数学、化学、生物等其他学科相结合的形式为学生提供了一个动态、立体的学习环境。这种实践方式有助于学生从多角度理解和应用物理概念，提高解决问题的能力，从而更加深刻地理解物理学的本质。

评价在跨学科实践中扮演着至关重要的角色。它能及时对学生学习成果进行反馈，激发学生潜能、创造力、学习兴趣和批判性思维，提升学生的自我反思和自我监控能力，激励学生主动探索和实践，推动学生持续进步。此外，评价还能够促进学生创新能力、合作能力和实践能力的提升，对学生的全面发展起到了积极的推动作用。评价在跨学科实践中不仅关注学生的知识掌握程度，更重视学生的思维过程、合作能力和问题解决能力。评价作为一种反馈机制，不仅能够反映学生的学习效果，还能指导教师调整教学策略。评价的诊断功能能帮助教师了解学生的学习状况，评价的导向功能则确保了教学活动与教育目标的一致性。通过评价，教师可以了解学生在跨学科实践中的表现，发现他们的强项和弱点，为学生的个性化发展提供支持。

首先，评价在跨学科实践中的几个关键功能。

导向功能。评价的导向功能体现在它能够为教学活动指明方向。通过设定明确的评价标准，教师可以引导学生关注跨学科实践中的重点和难点，如实验设计、数据分析和问题解决等关键环节。这种导向不仅帮助学生了解学习的预期目标，而且促使他们在实践中主动探索和建构知识，培养正确的学习态度和科学的学习方法。

诊断功能。评价的诊断功能在于它能够揭示学生在跨学科实践中的学习难点和弱点。教师能够准确把握学生的学习状况，了解他们在跨学科实践中的表现，包括知识掌握程度、技能运用水平以及思维过程。通过细致的评价，教师可以及时发现学生在理解物理概念、应用跨学科知识或实践操作技能方面的问题。这种诊断可以帮助教师发现学生学习的薄弱环节，有助于教师调整教学计划，为学生提供个性化的指导和支持，为后续的教学活动提供针对性的指导，从而促进学生的个性化发展。

激励功能。评价的激励功能是激发学生学习动力的重要手段。积极的评价能够增强学生的自信心，鼓励他们克服困难，持续探索。在跨学科实践中，当学生意识到自己的努力得到了认可，他们会更愿意主动参与后续的学习。展现出更高的积极性和创造性。此外，评价还能通过反馈机制，帮助学生认识到自己的进步和成就，从而形成正向的激励循环。

其次，评价对学生能力发展的影响。

学生学习兴趣和学习动力的培养。评价作为一种激励手段，能够激发学生的学习兴趣和学习动机。积极的评价可以增强学生的自信心，让他们感受到学习的成就感和乐趣。在初中物理跨学科实践中，通过肯定学生的努力和进步，教师可以激发学生的内在动力，促使他们更加主动地参与到学习过程中，探索物理世界的奥秘。

学生创新能力的培养。评价通过鼓励学生提出新颖的想法和解决方案，促进学生创新能力的培养。在跨学科实践中，学生面对的是真实而复杂的问题，评价不仅关注结果，更重视过程。这种评价方式激励学生跳出传统思维框架，运用创造性思维解决问题。教师通过评价学生的创新点，提供积极的反馈，进一步激发学生的创新热情，帮助他们形成独立思考和解决问题的能力。通过评价，教师可以引导学生对所学知识进行深入思考，鼓励他们提出问题、解决问题，并在实践中创造性地应用所学。评价过程中的反馈和讨论，能够帮助学生构建知识体系，培养批判性思维和创造性思维，从而在跨学科实践中实现思维品质的提升和创新能力的增强。通过这样的评价，学生不仅学会了知识，更重要的是学会了如何学习，如何创新。

学生合作能力的提升。跨学科实践往往需要团队合作来完成，评价在这个过程中扮演了促进合作的角色。通过评价学生在团队中的表现，如沟通能力、协作精神和共享意识，教师可以引导学生更好地理解团队合作的重要性。评价还能够揭示团队合作的成效，帮助学生学会在集体中发挥作用，提升他们的团队协作能力和社交技能。

学生实践能力的增强。评价在增强学生实践能力方面同样发挥着重要作用。通过评价学生在实际操作中的表现，教师可以指导学生如何将理论知识应用于实践，如何通过实验和操作来验证理论。评价还能够帮助学生认识到实践中的难点和挑战，鼓励他们不断尝试和改进，从而提高解决实际问题的能力。此外，评价还能够激励学生积极参与实践活动，培养他们动手操作和实际应用的兴趣。

学生学习成效的提升。评价能够帮助学生明确学习目标，通过反馈了解自己的学习进度和存在的问题，从而调整学习策略。在初中物理跨学科实践中，学生通过评价获得了对物理概念更深入的理解，实验技能和问题解决能力也得到了锻炼。数据显示，接受评价的学生在物理成绩和实验操作能力上普遍优于未接受评价的学生。

学生综合素质的发展。评价在促进学生学习成效的同时，也对学生综合素质的发展起到了促进作用。通过评价，学生的自我管理能力、团队合作精神和批判性思维得到了提升。在跨学科实践中，学生需要综合运用不同学科的知识，这种综合性的学习活动有助于培养学生的创新意识和实践能力。评价过程中的自我反思和同伴互助，也促进了学生的人际沟通和自我表达能力。

再次，评价在初中物理跨学科实践中的应用，不仅对学生能力的提升有着显著效果，也对教师的教学活动产生了深远的影响。

教师教学观念的转变。评价的实施促使教师从传统的知识传授者转变为引导者和促进者。教师开始意识到，教学不仅仅是传递知识，更重要的是激发学生的思维和潜能。评价过程中，教师需要关注学生的个性化需求和学习过程，这促使教师转变教学观念，更加注重培养学生的自主学习能力和创新思维。

教师教学方法的改进。评价结果的反馈为教师提供了调整教学方法的依据。当评价显示学生在某些方面存在问题时，教师可以及时调整教学策略，如采用更多的探究式学习、项目式学习或合作学习等方法，以适应学生的需求。此外，评价还能够帮助教师发现教学中的不足，促使教师探索新的教学手段和技术，以提高教学效果。

教师专业素养的提升。评价不仅是学生学习的手段，也是教师专业成长的重要途径。教师通过评价来反思自己的教学实践，发现教学中的不足，并据此进行教学方法的改进。同时，教师之间的评价交流也是促进专业成长的重要方式。通过观摩同行的教学评价活动，教师可以学习新的评价技巧，分享评价经验，从而提升自己的教学评价能力。为了有效地进行评价，教师需要不断更新自己的专业知识，掌握评价的理论和方法。同时，评价还要求教师具备良好的观察、分析和沟通能力，这些能力的提升有助于教师更好地理解学生，提高教学针对性。此外，教师通过参与评价活动，能够更加深入地理解新课标和教学目标，从而提升自己的专业素养和教学能力。

总之，评价在跨学科实践中的运用，不仅促进了学生的全面发展，也推动了教师教学观念的转变、教学方法的改进和专业素养的提升。评价在跨学科实践中的作用最大化利用，能够推动师生的共同成长，共同构建一个积极、高效的教学和学习环境，为提高教学质量奠定坚实的基础。

二、评价框架的构建

1. 设计多元化评价维度的框架

在探索教育改革的新时代，初中物理跨学科实践设计如同一股清新的风潮，为培养具有创新精神和实践能力的复合型人才提供了新的视角。设计多元化评价维度的跨学科实践设计框架，不仅关注学生的物理观念和科学思维，更注重激发学生的科学探究和综合素质。随着教育理念的不断更新，跨学科实践设计作为一种新型的教学模式，正日益受到教育界的广泛关注。在这一背景下，需要探讨一种新型的教学框架，以适应素质教育的要求。

在当前教育体系中，学科间的界限往往限制了学生的思维广度和深度。跨学科实践设计应运而生，它旨在打破学科壁垒，通过综合运用不同学科的知识和技能，培养学生的创新思维和实践能力。这种设计不仅能够激发学生的学习兴趣，还能促进知识与实践的紧密结合。多元化评价维度是在教学评价过程中，不仅仅关注学生的学业成绩，还关注学生的综合素质、创新能力、团队合作能力等多个方面的评价方式。这种评价方式更加全面、客观，能够真实反映学生的成长和发展水平，有助于推动学生个性化、多样化的成长。构建一个包含多元化评价维度的初中物理跨学科实践设计框架，能够提高物理教学的有效性，促进学生综合素质的提升。这不仅能够为教师提供一种新的教学思路，还能为教育管理者提供决策参考，推动教育评价体系的改革，为培养适应未来社会发展的人才奠定基础。

（1）多元化跨学科实践设计的基本原则

在设计跨学科实践课程时，必须遵循一系列基本原则，以确保实践活动的有效性和教育价值。

理论与实践相结合原则。强调在物理教学过程中，要将理论知识与实际操作紧密结合。这意味着学生在学习物理概念和原理的同时，应通过实验、观测等实践活动来验证理论，从而加深对物理现象的理解。这种结合不仅能够增强学生的学习兴趣，还能够提高他们解决实际问题的能力。

学生主体性原则。要求在教学设计中，学生应成为学习过程的中心。教师应鼓励学生主动探索、发现和建构知识，而不是被动接受。在跨学科实践中，学生通过自主设计实验、参与讨论和解决问题，能够培养独立思考的习惯和创新能力。

整合性原则。整合性原则是指跨学科实践设计应涵盖不同学科的知识点，实现学科间的相互渗透和融合。物理与其他学科（如数学、化学、生物等）的结合，可以帮助学生建立起更加全面的知识体系，促进综合思维的发展。这种整合不仅能够拓宽学生的知识视野，还能够提高他们综合应用知识的能力。

创新性原则。鼓励在实践设计中融入新颖的教学方法和思路。这意味着教师应不断探索新的教学策略，以激发学生的创造力和想象力。创新性的实践设计能够为学生提供更多展示自我、发挥潜能的机会，从而培养他们的创新精神和实践能力。

（2）多元化跨学科实践设计的具体内容

在具体实施跨学科实践设计时，我们可以从以下几个方面着手，将物理与其他学科知识融合，创造出丰富多样的实践活动。

物理与数学的融合。实践可以通过解决实际的物理问题来展开。例如，在研究物体运动时，学生可以使用数学方程来描述物体的运动轨迹，或者利用图像来分析实验数据。这种融合不仅能够加深学生对物理概念的理解，还能够提高他们运用数学工具解决物理问题的能力。

物理与化学的融合。实践可以围绕物质的性质和变化进行。例如，在探究光的折射和反射现象时，可以结合化学知识来研究不同介质（如水、酒精、盐水等）对光传播的影响。此外，通过实验来观察化学反应中的能量变化，如热效应、电效应等，可以帮助学生理解物理和化学之间的相互关系，促进学生从不同角度审视物质世界，形成更加全面的科学观念。

物理与生物的融合。实践可以在生命科学领域展开，如研究生物体内的物理过程（如血压、心跳、神经传导等）。学生可以通过实验来测量和分析生物体在不同条件下的物理反应。例如，探究温度变化对酶活性的影响，或者利用物理传感器来监测生物体的生理信号等。这种跨学科实践能够让学生认识到物理知识在生物科学中的应用，增强他们对生命现象的深入理解。

通过这些具体的跨学科实践内容，学生不仅能够在物理学习中获得更全面的知识体验，还能够培养他们的跨学科思维能力和实践操作能力，为未来的学习和生活打下坚实的基础。

（3）多元化评价维度的构建

为了全面、客观地评价学生在跨学科实践中的表现，构建一个多元化的评价体系至关重要。这一体系涵盖评价目标、评价方法和评价主体三个方面。

评价目标多元化意味着评价不再局限于学生的知识掌握程度，而是扩展到科学探究能力的提高。在物理跨学科实践中，评价目标包括学生对物理概念的理解、实验操作能力、问题解决能力、团队合作精神、创新意识以及对科学的热爱和探究欲望等。这样的评价目标能够更全面地反映学生的综合素质和发展潜力。

评价方法的多元化要求我们采用多种评价手段，以适应不同评价目标的需求。传统的笔试考试可以作为基础知识的评价手段，而观察、访谈、作品展示、项目报告、同行评价等则可以用来评价学生的实践能力、创新能力和社会交往能力。

评价主体多元化是指除了教师评价外，还应鼓励学生自我评价、同伴评价以及家长参与评价。这种多元化的评价主体能够从不同角度提供反馈，有助于学生形成更加全面和客观的自我认识。学生自我评价可以增强他们的自我监控和自我反思能力；同伴评价则可以促进学生之间的交流与合作；家长的参与则可以为学生提供更广泛的社会支持。

通过构建这样一个多元化评价维度的体系，我们能够更准确地捕捉学生在跨学科实践中的成长轨迹，有效地促进学生的全面发展，同时为教师的教学提供反馈，推动教学质量的持续提升。

（4）多元化评价维度在初中物理跨学科实践中的应用

将多元化评价维度应用于初中物理跨学科实践中，可以更全面地评估学生的学习成果，以下是在不同方面的具体应用。

首先，在评价学生的知识掌握程度时，除了传统的笔试考试外，教师可以设计一些基于问题的测试，让学生在实际情境中应用所学知识。例如，通过设计物理知识问答竞赛，让学生在解决实际问题的过程中展示他们对物理概念的理解。此外，学生可以制作物理概念图或思维导图，以展示他们如何将新知识与已有知识联系起来，这种评价方式有助于检测学生的知识整合能力。

其次，评价学生的实践操作能力时，可以通过观察学生在实验或制作过程中的表现来进行。教师可以设置一系列的操作任务，如组装电路、进行物理实验、制作物理模型等，并记录学生在完成任务时的操作技巧、问题解决策略和实验结果。同时，学生的实验报告和实验反思也可以作为评价的依据，这些报告和反思不仅反映了学生的实践操作能力，还体现了他们的分析能力和批判性思维。

再次，在评价学生的创新能力时，关注学生在面对新问题时的思维方式、解决问题的方法和创新点的提出。例如，在物理与数学融合的实践中，教师可以鼓励学生设计独特的实验方案来验证物理定律，或者使用非传统的数学方法来解决物理问题等。学生的小组讨论、项目提案、创新作品展示等都是评价创新能力的好方法。此外，教师还可以通过学生提出的问题和假设来评估他们的好奇心和探究精神。

通过这些多元化的评价方法，我们能够更加全面地了解学生在初中物理跨学科实践中的表现，从而有效地指导他们的学习，促进他们的知识、能力和素质的全面提升。

（5）多元化评价维度的实施策略

为了确保多元化评价维度在初中物理跨学科实践中的有效实施，可以参考以下策略。

制订科学合理的评价标准。制订科学合理的评价标准是实施多元化评价的基础。这些标准应当清晰、具体，并且与教学目标紧密相连。评价标准应涵盖知识掌握、实践操作、创新能力等多个方面，并考虑到不同学生的个体差异。教师团队应共同讨论并制订评价标准，确保评价的公正性和有效性。此外，标准应定期更新，以适应教育的发展和学生的需求。

实施动态评价与过程评价。动态评价与过程评价强调评价应贯穿于整个教学过程，而不仅仅是在教学结束后。这种评价方式关注学生学习的进步和成长过程，而不是仅仅关注最终结果。教师可以通过日常观察、学习日志、实验报告、口头报告等方式，记录学生在学习过程中的表现。这种连续性的评价有助于教师及时调整教学策略，同时也能激励学生持续努力。

引导学生进行自我评价与同伴评价。引导学生进行自我评价与同伴评价是提高学生自我监控能力和团队合作能力的重要途径。教师可以设计自我评价表，让学生在学习过程中反思自己的进步和需要改进的地方。同伴评价则可以通过小组讨论、同伴互评等方式进行，让学生学会从他人的角度看问题，并提供有建设性的反馈。这种评价方式不仅能促进学生之间的交流与合作，还能够帮助他们建立起积极的评价态度和自我认识。

通过上述实施策略，我们可以确保多元化评价维度在初中物理跨学科实践中的有效运用，从而促进学生的全面发展，提高教学的整体质量。

（6）多元化评价维度在初中物理跨学科实践中的效果分析

实施多元化评价维度对初中物理跨学科实践的影响是深远和多方面的。

学生学习兴趣的提升。多元化评价维度的引入，特别是跨学科实践活动的开展，为学生提供了更多探索和实践的机会，这极大地提升了学生的学习兴趣。学生不再局限于传统的课堂学习，而是能够通过动手实验、小组合作等方式，亲身体验物理学的乐趣。例如，通过物理与生物的融合实践，学生可能会对生物体内的物理现象产生浓厚兴趣，从而更加积极地参与到物理学习中。评价维度的多元化也意味着学生的努力和进步能够得到更全面的认可，这进一步增强了他们的学习动力。

学生综合素质的提高。通过多元化评价维度的实施，学生在物理观念、科学思维、科学探究、科学态度与责任等方面都得到了提升。跨学科实践不仅要求学生掌握物理知识，还要求他们运用数学、化学、生物等其他学科的知识，这有助于培养学生的问题解决能力和创新思维。同时，小组合作和项目式学习等实践活动促进了学生的沟通能力和团队合作精神。通过这些综合性的评价，学生能够更好地认识到自己的长处和不足，从而在未来的学习中不断进步。

教师教学方法的改进。多元化评价维度的实施也对教师的教学方法产生了积极影响。教师需要不断更新自己的教学理念和方法，以适应新的评价体系。他们开始更多地采用探究式教学、项目式学习等教学方法，鼓励学生主动学习和思考。同时，教师也通过观察和记录学生的表现，反思自己的教学策略，进而调整教学计划，使其更加符合学生的学习需求。这种教学方法的改进有助于提高教学的有效性，促进教师专业成长。

（7）多元化跨学科实践设计的优化建议

克服跨学科实践设计中的挑战与问题，可以从以下几方面进行优化：

加强教师培训与队伍建设。教师是跨学科实践设计成功实施的关键，因此加强教师培训是首要任务。学校和教育部门应定期组织专业培训，涵盖跨学科知识、教学策略、评价方法等方面，以提升教师的专业素养。同时，建立跨学科教学团队，鼓励教师之间的交流与合作，共同开发教学资源和课程方案，促进教学经验的共享和教学方法的创新。

完善资源配置与保障机制。为了支持跨学科实践设计，学校需要完善资源配置与保障机制，这包括投资实验室设备、信息技术资源、教学材料等硬件设施，同时也需要提供充足的人力、时间和资金支持。教育管理部门应制定相应的政策，确保资源分配的公平性和有效性，同时鼓励学校与社会各界合作，共同为跨学科实践提供资源保障。

关注学生个体差异，因材施教。每个学生都是独特的个体，因此在跨学科实践中应关注学生的个体差异，实施因材施教。教师可以通过多元化的评价方式，了解每个学生的学习需求和发展水平，然后设计个性化的学习计划和活动。例如，对于实践操作能力较强的学生，可以提供更多的实验机会；而对于理论理解能力较强的学生，则可以引导他们进行更深入的探究。此外，鼓励学生进行自我评价和同伴评价，也能帮助他们更好地认识自我，调整学习策略。

通过实施这些建议，我们可以优化跨学科实践设计，使其更加符合教育发展的需要，更有效地促进学生的全面发展，同时也能够提升教师的教学水平，为培养适应未来社会的创新型人才奠定坚实的基础。

2. 评价框架与教学目标相结合

如何巧妙地将评价标准融入教学设计中，激发学生的创新潜能，培育学生的核心素养，开启一场知识与技能、思考与创造的跨学科盛宴？在探索初中物理跨学科实践的道路上，评价框架与教学目标的紧密结合显得尤为重要，其必要性体现在多个层面。首先，明确的教学目标能够为跨学科实践指明方向，确保实践活动的设计和实施符合教学要求；其次，科学合理的评价框架能够对学生的学习过程和成果进行全面、客观的评估，帮助教师调整教学策略，促进学生全面发展。通过将评价框架与教学目标相结合，我们能够更好地监控和推动跨学科实践的发展，使之成为提升教育质量的有效手段。

（1）评价框架与教学目标概述

评价框架的定义与作用。评价框架是一种系统化的评估工具，它包含了评价的标准、方法、过程和结果等多个方面。这个框架旨在为教学活动提供一种量化和质性的评价方式，帮助教师识别学生的学习进度、理解程度和技能掌握情况。评价框架的作用不仅在于对学生的学习成果进行总结性评价，更在于对学习过程进行形成性评价，从而指导教学活动的调整和优化。教学目标是教学活动的出发点和归宿，它明确指出了学生在完成一定的学习任务后应达到的物理观念、科学思维、科学探究、科学态度与责任等方面的预期结果。

理解了评价框架与教学目标的定义和分类，我们就能更清晰地看到，一个有效的评价框架必须与教学目标相匹配，以确保评价结果能够真实反映教学目标的实现程度。这样的结合不仅有助于教师对教学效果进行准确评估，还能够促进学生的全面发展，为他们的未来学习和生活打下坚实的基础。

（2）评价框架与教学目标的融合策略

将评价框架与教学目标融合，是提升教学质量的关键环节。以下是一些融合策略，旨在确保评价与教学相互促进。

确定评价框架与教学目标的对应关系。教师首先需要明确评价框架与教学目标之间的对应关系。这意味着评价的每一个维度都应该与教学目标中的具体目标相对应。例如，如果教学目标中包含了“认识牛顿运动定律”，那么评价框架中就应包含对这一知识点的理解和应用能力的评估。通过这种对应关系的建立，教师可以确保评价活动能够准确地反映学生对于教学目标的达成情况。

制订具体的教学策略。在明确了评价框架与教学目标的对应关系后，教师需要制订具体的教学策略来支持这种融合。这些策略可能包括：①设计具有挑战性的教学活动，以促进学生对物理概念和原理的深入理解。②创造机会让学生通过实验和探究来发展他们的科学技能。③使用案例研究和实际问题来激发学生的兴趣，并帮助他们将物理知识应用到实际情境中。④提供定期的反馈和指导，帮助学生了解他们的进步并识别需要改进的领域。

实施过程中的注意事项。在实施评价框架与教学目标的融合过程中，以下事项值得注意：①确保评价工具的可靠性和有效性，以便准确反映学生的学习成果。②保持评价的连续性，通过形成性评价来跟踪学生的学习进展，并据此调整教学计划。③促进学生的参与和自我评价，鼓励他们成为学习过程的积极参与者。④避免过度评价，以免给学生带来不必要的压力和负担。⑤定期反思和评估评价框架与教学目标的融合效果，确保它们仍然符合学生的学习需求。

通过这些融合策略，教师可以更有效地实现评价框架与教学目标的结合，从而提高教学效率，促进学生的全面发展。

（3）评价工具的选择与应用

评价工具是衡量学生学习成果的重要手段，其选择和应用直接关系到评价的质量和效果。

评价工具介绍。评价工具的种类：①测试和考试。这是最传统的评价工具，用于评估学生对知识的掌握程度。②作品评价。如实验报告、设计项目等，可以评估学生的综合应用能力和创造力。③观察记录。教师可以通过课堂观察记录学生的行为、参与度和技能发展。④自我评价和同伴评价。鼓励学生自我反思和相互评价，以促进自我监控和同伴学习。⑤问卷调查和访谈。用于收集学生的态度、兴趣和价值观等方面的信息。

评价工具的选择原则。在选择评价工具时，应遵循以下原则：①目的性。评价工具应与评价的目的相匹配，确保能够有效地测量学生达到教学目标的程度。②可行性。评价工具的实施应考虑时间、资源和技术等因素，确保其可行性和实用性。③全面性。评价工具应能够全面覆盖教学目标中的各个维度。④可靠性和有效性。评价工具应具有可靠性和有效性，能够提供准确和一致的评价结果。

评价工具在教学中的应用。评价工具在教学中的应用需要精心规划和实施：①教师应根据教学目标和内容选择合适的评价工具，并设计相应的评价计划。②在教学过程中，教师应定期使用评价工具来监测学生的进步，并根据评价结果调整教学策略。③评价结果应向学生反馈，以帮助他们了解自己的学习状态，并鼓励他们设定新的学习目标。④教师应利用评价工具的数据来反思和改进教学实践，提高教学质量。

通过合理选择和应用评价工具，教师能够更好地了解学生的学习情况，从而促进教学目标的实现，同时为学生提供更具针对性的学习支持。

（4）教师专业发展

在评价框架与教学目标结合的过程中，教师扮演着至关重要的角色。因此，教师的专业发展显得尤为重要。教师是教学活动的组织者和引导者，其在评价框架与教学目标结合中的作用主要体现在：①设计与实施。教师负责设计评价框架，并确保其与教学目标相一致，同时实施评价活动，收集学生学习信息。②反馈与调整。教师根据评价结果提供反馈，帮助学生认识自我，调整教学策略以优化教学效果。③模范与引导。教师通过自身的行为和态度，为学生树立榜样，引导他们积极参与评价过程，培养自我评价能力。

为了提升教师的专业能力，以下是一些专业发展策略：①持续学习。教师应不断更新自己的学科知识和教育理念，通过参加研讨会、工作坊和继续教育课程来提升自己的专业水平。②同行交流。教师之间应进行经验分享和教学研讨，通过同行互助来提高教学实践能力。③行动研究。教师可以通过行动研究来反思自己的教学实践，以实证的方式改进教学方法。④工具与技术。掌握和使用各种评价工具和技术，如在线评价系统、数据分析软件等，以提高评价的效率和准确性。⑤研究与发表。参与评价相关的研究项目，撰写研究报告或论文，通过研究成果的发表来提升评价理论水平。⑥教学反思。教师应定期进行教学反思，分析教学效果，识别教学中的问题，并寻求解决方案。

通过上述专业发展策略和能力提升途径，教师能够更好地结合评价框架与教学目标，促进学生的全面发展，同时提升自身的教学水平和职业素养。

（5）面临的挑战与未来发展

尽管评价框架与教学目标结合带来了积极的效果，但在实践中也面临着一些挑战：①评价工具的开发和实施需要大量时间和资源，这对教师和学校来说可能是一个挑战。②评价标准的设定需要考虑到不同学生的学习背景和能力差异，以确保公平性。③在快速变化的教育环境中，评价框架和教学目标需要不断更新，以适应新的教育需求。

未来，我们期待以下发展：①利用信息技术手段，开发更多高效、智能的评价工具。②加强教师专业发展，提升教师的评价能力和教学水平。③探索更加个性化和适应性强的评价方法，以促进每个学生的全面发展。

总之，评价框架与教学目标的结合是提升初中物理教学质量的重要途径。通过总结实践经验，正视面临的挑战，并展望未来发展，我们将不断优化教学评价体系，为学生的全面发展奠定坚实的基础。

第二节　评价方法与实施策略

在初中物理跨学科实践的教学评价中，评价方法与实施策略至关重要。采用多样化的评价方法和具体的实施策略，能够全面、客观地评估学生的学习效果，促进学生的全面发展。教师应不断反思和调整评价方法，以确保评价的科学性和有效性。

一、多样化评价方法

在初中阶段的物理教学中，跨学科实践的评价是一个至关重要的环节。为了全面、准确地评估学生在跨学科实践活动中的表现和学习效果，采用多样化的评价方法显得尤为重要。多样化的评价方式不仅能够涵盖学生在知识掌握、技能运用、创新思维和团队合作等多方面的表现，还能激发学生的学习兴趣，培养综合素质。不仅能够全面反映学生的学习情况，还能促进学生在多方面能力的发展，从而更好地适应未来社会的需求。

1. 自我评价

自我评价是指活动主体对自身在学习过程中所参与的活动、身心发展状况进行的自我认识和反思。这种评价不仅回顾了个体过去的经历，更重要的是，为个体的未来发展提供了方向和指导。

跨学科实践中的自我评价可以从两个核心维度进行反馈。首先，个体需要对自己在跨学科实践活动中的收获进行深入的评价。这意味着学生需要仔细审视自己在活动过程中学到了哪些新的知识和技能，是否掌握了跨学科的思维方式，以及这些收获对自己未来的学习和工作有何种积极影响。学生应该评估自己在不同学科之间的知识整合能力是否有所提升，是否将不同学科的理论和方法应用到实际问题的解决中。此外，学生还应考虑自己在跨学科团队合作中的表现，是否有效地与其他成员进行沟通和协作。具体包括对知识目标达成情况的评估，对所学知识的体会和反思，对作品质量的自我评估，以及对整个团队工作和自己职责完成情况的认识。

其次，学生还需要对自己在跨学科实践活动中的表现进行评价。这包括对自己在团队合作中的角色、参与度、沟通能力、解决问题的能力等方面的反思。通过对自己在实践活动中的表现进行客观的评价，可以发现自己在哪些方面做得好，在哪些方面还有待提高，能否有效地与其他成员进行沟通和协作。学生还需要思考自己在跨学科项目中能否有效地完成分配的任务，能否在有限的时间内高效地完成工作，是否有在面对挑战时的应对策略和解决问题的能力，能否在遇到困难时迅速找到解决方案。不仅对自己在团队中的角色和贡献进行评估，还应涉及对自己在项目管理和时间管理方面的能力进行反思。

通过从这两个核心维度进行自我评价，学生不仅能够更全面地了解自己在跨学科实践活动中的收获和表现，还能够为自己的成长和发展提供反馈和指导。

自我评价在初中物理跨学科实践的教学评价中具有独特的适用场景。可以在以下几个场景中应用：①项目完成后的反思。在完成一个跨学科项目后，学生可以通过自我评价来反思自己在整个项目中的表现，包括对物理知识的理解和应用、与其他学科知识的结合情况以及团队合作能力等。②小组合作中的表现。在小组合作学习中，学生可以通过自我评价来评估自己在团队中的表现。可以思考自己是否积极参与讨论，能否提出有深度的问题和观点以及能否倾听和尊重他人的意见；是否有效地利用了团队成员的特长，以及能否协调团队成员之间的关系。这种自我评价有助于学生提高团队合作能力，培养良好的沟通技巧。③知识应用的自我检测。在将知识应用到实际问题解决过程中时，学生可以通过自我评价来检测自己的应用能力。可以思考自己能否灵活运用所学知识，能否提出创新的解决方案，以及能否有效地解决实际问题。通过这种自我检测，学生可以提高自己的应用能力，培养创新思维。

自我评价的优点主要体现在以下几个方面。首先，自我评价能够培养学生的自主学习能力。通过自我反思和评价，学生可以更加主动地参与到学习过程中，而不是被动地接受知识。其次，自我评价有助于提高学生的自我认知能力。学生通过对自己在学习中的表现进行分析，可以更清楚地认识到自己的优点和不足，从而有针对性地进行改进。最后，自我评价能够激发学生的学习兴趣和动力。通过自我评价，学生可以感受到自己的进步和成就，从而增强学习的积极性和主动性，增强学生的自信心。

学生自我评价也存在一些缺点。首先，由于初中生的认知水平和自我认知能力有限，他们可能无法全面、客观地评价自己在跨学科实践中的表现。其次，自我评价可能会缺乏系统性和全面性。一些学生可能只关注某些方面，而忽视了其他重要的方面，导致自我评价不够全面。最后，自我评价可能缺乏客观性。学生可能会受到主观因素的影响，主要依赖于学生的主观判断，一些学生可能会过高或过低地评价自己的表现，导致评价结果与实际情况不符，导致评价结果的不准确。

通过自我评价，学生可以更好地了解自己的学习情况，从而有针对性地进行改进和提升。然而，自我评价也存在一些缺点，需要教师的引导和帮助，以确保评价的准确性和有效性。教师可以提供一些具体的评价标准和指导，帮助学生更准确地进行自我评价，可以定期进行跟踪评价，帮助学生及时发现和解决学习中的问题。

2. 同伴评价

同伴评价是指在教学过程中，学生之间相互评估对方的学习表现和成果的一种评价方式。作为一种有效的评价方式，同伴评价能够帮助学生在相互交流和反馈中提升自己的学习效果。通过同伴评价，学生可以从不同的角度了解自己的优点和不足，从而有针对性地进行改进。通过这种评价方式，学生能够在相互学习和帮助的过程中，共同进步，共同成长。这种互动过程不仅有助于学生巩固学习的知识，还能培养他们的合作精神，提高批判性思维能力，增强沟通能力和团队精神。

实施同伴评价时应该基于以下原则：①互帮互助。通过同伴评价，学生可以在相互讨论和交流中发现自己的不足，并从同伴那里获得有益的建议和帮助，从而促进彼此的学习进步。②客观公正。同伴评价鼓励学生以客观公正的态度去评价他人的学习成果，这不仅有助于培养他们的批判性思维能力，还能增强他们的责任感和公平意识。③自我反思。在评价他人的同时，学生也会对自己的学习过程和成果进行反思，从而更好地认识到自己的优点和不足，明确今后的学习方向和改进措施。④沟通能力。同伴评价要求学生用恰当的语言表达自己的观点和建议，这有助于提高他们的沟通能力和表达能力。

同伴评价在初中物理跨学科实践教学中具有多种适用场景。首先，同伴评价可以在小组合作学习中发挥作用。在小组合作学习中，学生需要共同完成一个跨学科项目，此时同伴评价可以帮助学生了解自己在团队中的表现，包括沟通能力、合作态度和任务完成情况。其次，同伴评价可以在课堂讨论中发挥作用。通过同伴评价，学生可以了解自己在讨论中的发言质量、逻辑思维能力和知识运用能力，从而有针对性地进行改进。此外，同伴评价还可以在课堂展示中发挥作用。学生借助演示文稿、海报或其他形式展示他们的跨学科项目成果时，通过同伴评价，学生可以了解自己在展示中的表达能力、信息组织能力和视觉呈现效果，从而进一步提升自己的展示技巧。

为了更好地进行同伴评价，教师可以提供一些具体的评价标准和指导原则，并引导学生在评价时注意同伴的创新思维和问题解决能力，鼓励他们在评价过程中提出具有建设性的意见和建议。评价不仅仅是指出问题，更重要的是要提出改进的建议和方法。教师可以教授学生如何使用恰当的语言和表达方式，确保评价既能传达出真实的想法，又不会伤害到同伴的感情，从而营造一个积极、健康的评价环境。此外，教师还可以引入一些评价工具和量表，帮助学生更加系统和客观地进行评价。例如，使用评分标准表、检查清单或反思性问题清单等工具，可以帮助学生更加清晰地了解评价的具体要求和方向。这些工具不仅能够提高评价的效率，还能确保评价的全面性和准确性。

3. 教师评价

教师评价是指教师在教学过程中，对学生的学习行为、学习成果以及学习态度与效果等方面进行系统、全面的观察和分析，是对教学过程中所表现出的各个方面进行系统、全面的分析和判断的过程。通过对学生在跨学科实践中的表现进行系统而全面的评价，教师可以更加精准地掌握学生的学习状况，发现学生在学习过程中可能遇到的困难和问题，并及时给予必要的指导和帮助。教师评价的目的在于诊断、促进学习与教学，通过明确评价目标、选择评价要素，制订评价指南以设计表现性评价，引导学生的学习进程，辅助教师的教学活动，促进学生核心素养的全面发展。

教师可以从以下几个方面对学生进行评价：①学生的参与度。评价学生在跨学科实践中的积极性和主动性，观察他们能否积极地投入各项活动中，主动地探索问题并寻求解决方案。②学生的合作能力。评价学生在团队合作中的表现，考察他们能否有效地与团队成员进行沟通和协调，共同协作完成各项任务。③学生的创新思维。评价学生在跨学科实践中的创新能力和思维能力，分析他们能否灵活运用所学知识进行创新思考，并在实践中找到解决问题的新方法。④学生的实践能力。评价学生在跨学科实践中的动手操作能力，检验他们能否将理论知识有效地应用到实际操作中，完成各种实验和任务。通过综合考量以上几个方面的表现，教师可以全面而深入地了解学生在跨学科实践中的整体表现，确保评价的全面性和有效性，从而有针对性地进行教学改进，以提高教学效果。

教师评价的适用场景主要包括以下几个方面：①项目化学习。通过项目化学习，学生可以在解决实际问题的过程中，将物理知识与其他学科知识相结合，培养他们的创新思维和团队合作能力。②研究性学习。教师可以指导学生进行研究性学习，选择一些跨学科的研究课题，让学生在研究过程中主动探索、深入分析，培养他们的研究能力和解决问题的能力。③课堂互动。在课堂互动中，鼓励学生从不同学科的角度进行思考和讨论，从而提高他们的综合分析能力和表达能力。④作业与测验。在设计作业和测验时，让学生在完成任务的过程中，加深对物理知识的理解，并学会将知识应用于不同学科的情境中。⑤社会实践。教师可以安排学生进行社会实践活动，如参观科技馆、工厂等，让学生在实际环境中了解物理知识的应用，增强学习的现实意义。通过以上这些适用场景的进一步拓展，教师可以更全面地进行跨学科实践的教学评价，从而进一步提升教学成效，培养学生的综合素质。

教师评价在初中物理跨学科实践的教学评价中具有其独特的优势，能够为学生的学习和教师的教学提供重要的支持和指导。教师作为教学过程的主导者和引导者，能够更准确地评估学生在跨学科实践中的表现。教师能够从多个角度观察学生的行为和思维过程，从而给出更为客观和全面的评价。教师评价能够更有效地指导学生的学习方向。教师不仅能够指出学生在跨学科实践中的优点和长处，还能够发现学生在知识掌握和技能运用上的不足之处，并提供具体的改进建议。这种针对性的反馈有助于学生在今后的学习中更有针对性地进行改进和提升。教师评价能够更好地促进学生之间的合作与交流。教师在评价过程中，强调团队合作的重要性，鼓励学生在跨学科实践中相互支持和帮助。通过教师的引导，学生能够更好地认识到合作的价值，从而在未来的跨学科实践中更加积极地参与团队合作。教师评价还能够为教学活动的改进提供重要依据。通过对学生在跨学科实践中的表现进行评价，教师发现教学方法和内容的不足之处，从而在未来的教学设计中进行调整和优化。这种基于评价的教学改进有助于提高教学效果，更好地满足学生的学习需求。

4. 档案袋评价

档案袋评价作为一种创新的评价方式，与传统的评价方法存在显著的区别与联系。传统评价方法通常侧重于标准化测试和终结性评价，强调对知识点的掌握和记忆，而档案袋评价则更注重学生学习过程的记录和反思，强调学生能力的持续发展和自我评价。研究显示，档案袋评价能够提高学生的自我效能感。激发学习动机，通过持续的反馈和评价，每个学生都有能力达到高水平的学习成就。档案袋评价通过收集学生在跨学科学习过程中的各种作品和反思记录，为教师和学生提供了一个全面了解学习进展的窗口。与传统评价方式相比，档案袋评价能够更全面地反映学生在物理跨学科实践中的创新思维、问题解决能力以及合作交流能力，而不仅仅是对知识的记忆和再现。

档案袋评价作为一种全面、持续的评价方式，其核心要素在于记录学生在学习过程中的成长轨迹和成就。它不仅关注学生的最终成果，更重视学生在学习过程中的努力、进步和反思。通过材料的积累，教师能够更全面地了解学生的学习过程和能力发展。一项针对档案袋评价的研究表明，学生在参与档案袋评价后，其自我监控和自我评价能力显著提高，这与杜威的“学习通过做”理念相吻合，强调了学习过程中的主动参与和经验积累。

档案袋评价的核心要素还包括其个性化和灵活性的特点，它允许教师根据学生的兴趣和学习需求定制评价标准和内容。教师可以根据学生的不同背景和能力水平，设计不同难度和类型的跨学科项目，从而激发学生的主动学习和探究精神。例如，对于有艺术天赋的学生，教师可以设计物理与艺术结合的项目，如通过艺术作品来解释物理原理，从而让学生在创作过程中深化对物理概念的理解。这种评价方式不仅促进了学生对物理知识的掌握，也培养了学生的创造力和跨学科思维能力。

此外，档案袋评价的核心要素还体现在其促进学生综合素质的提升上。通过档案袋评价，学生能够学会如何设定个人目标、规划学习路径，并对自己的学习成果进行反思和评价。这种自我评价的过程有助于学生形成自我驱动的学习习惯，正如布鲁姆所言：“评价的目的在于促进学习，而不仅仅是证明学习。”

档案袋评价作为一种全面、持续的评价方式，对学生综合素质的提升具有显著的促进作用。通过收集学生在跨学科实践教学中的各类作品和反思记录，档案袋评价不仅能够记录学生的学习过程，还能反映其思维发展和问题解决能力。档案袋评价鼓励学生进行自我反思，从而培养了批判性思维和自我调节学习的习惯。正如教育家杜威所言：“教育不是为了生活做准备，而是生活本身。”档案袋评价正是通过记录和反思学习过程，使学生在真实的学习情境中不断成长，最终实现综合素质的全面提升。

档案袋评价作为一种创新的评价方式，其实施难度也是不可忽视的挑战。档案袋评价要求教师具备跨学科知识，要求教师具备跨学科知识和评价能力，这无疑增加了教师的工作量和专业要求。档案袋评价的实施需要大量的时间和精力来收集、整理和分析学生的作品。档案袋评价强调过程和成长，而非单一的分数或等级，这可能与传统的评价观念产生冲突。如何与现有的教育评价体系相融合，在多元化的评价方法中，档案袋评价需要找到自己的定位，并与其他评价方式形成互补。由于档案袋评价强调学生作品的持续收集和反思，评价过程往往涉及主观判断，这可能导致评价结果的不一致性。因此，建立一套明确的评价标准和流程是解决这一问题的关键。例如，可以采用评分量表和同行评审的方法，以减少主观偏差，提高评价的透明度和可信度。最后，档案袋评价的实施还面临着学生参与度的问题。由于评价过程较为复杂，学生可能难以理解评价的目的和意义，从而影响他们的参与热情。因此，教师需要设计一些策略来提高学生的参与度，例如，通过让学生参与到评价标准的制订过程中，或者让学生自己进行自我评价和同伴评价，从而提高他们对评价过程的认同感和参与感。

二、评价工具的开发与应用

为了科学地评价初中物理跨学科实践的教学效果，开发和应用专门的评价工具显得尤为关键。这些评价工具不仅需要涵盖物理学科的核心知识点，还应包含跨学科的综合能力评价，如创新思维、问题解决能力、团队合作精神等。通过这些评价工具，教师可以更全面地了解学生的学习情况，及时调整教学策略，提高教学效果。

1. 评价工具的设计原则

（1）目标明确：在设计过程性评价工具时，首要任务是明确评价的目标。这些目标应当与教学目标保持一致，并且能够全面地反映学生在跨学科实践中的表现。这意味着教师需要明确教学目标，并根据这些目标来确定评价量表中各个结构分量的权重。例如，如果教学目标强调创新思维和团队合作，那么评价量表中就应该给予这两项更高的权重。这样可以确保评价量表与教学目标保持一致，从而更有效地衡量学生在这些方面的能力。

（2）全面性：过程性评价工具应能够全面地反映学生的学习过程。这不仅包括学生对知识的掌握情况，还应涵盖学生的学习态度、合作能力、创新思维等方面的表现。通过这些综合性的评价，教师可以更全面地了解学生的学习情况，从而更好地指导和帮助学生在各个方面取得进步。

（3）客观性：过程性评价工具在设计和应用过程中，应确保其结果的客观性。这意味着评价标准应明确、一致，避免主观偏见影响评价结果。评价过程应透明，确保所有学生在相同的条件下接受评价，从而保证评价结果的公正性和可信度。客观性的评价不仅有助于教师准确地了解学生的学习情况，还能为学生提供一个公平的评价环境，促进他们的全面发展。

（4）可操作性：过程性评价工具应具有较强的可操作性，便于教师在实际教学中使用。设计时要考虑到评价工具的简便性、易用性以及评价结果的可量化性。例如，可以设计一些量表、观察记录表、自我评价表等，方便教师在课堂上快速记录和分析学生的表现，从而提高评价的效率和准确性。

（5）发展性：过程性评价工具的设计应确保评价结果能够为学生提供改进的方向和动力。这意味着评价不仅仅是为了判断学生的表现，更重要的是要帮助学生发现自己的不足之处，并提供具体的改进建议。通过这种方式，评价结果能够激发学生的学习兴趣，增强他们的自我提升意识，从而促进他们在学习过程中的持续进步和发展。

（6）反馈及时：过程性评价工具应能够及时反馈学生的学习情况，帮助学生及时了解自己的优点和不足，从而调整学习策略。教师在使用评价工具后，能及时将评价结果反馈给学生，并给予相应的指导和建议。这种及时的反馈机制能够激励学生更加积极地参与到学习过程中，提高学习效率。

（7）持续性：过程性评价工具应贯穿于整个跨学科实践过程，持续关注学生的学习进展。持续性的评价方式有助于教师更好地掌握学生的学习动态，从而更有效地指导学生的学习。在整个跨学科实践过程中，教师应当不断提醒学生注意评价量表中提出的要求。这样可以确保学生在整个学习过程中始终关注评价标准，从而更好地发挥评价量表对学习过程的指导作用。教师可以通过定期的讨论、反馈和指导，帮助学生理解评价标准，并根据这些标准调整自己的学习策略。

2. 评价工具的开发流程

在实施跨学科实践活动的过程中，精心设计以学生为中心的学习过程，强调学生在学习过程中的主导地位。在这种教育模式下，学习任务通常基于真实情境和实际问题来设计，采用任务驱动的方式，旨在激发学生的学习兴趣和积极性。学习结果不仅仅局限于传统的考试成绩，还包括项目作品、调研报告、观察心得等多种形式。

在这种教育模式下，若要全面评价学生的综合素养，评价工具必须在关注学习过程的同时，具备良好的操作性和准确度。评价工具的开发可以通过以下流程实现：

第一，评价工具的开发先要明确评价目标。评价目标应涵盖学生在跨学科实践中的知识掌握、技能应用、创新思维和团队合作等多个方面。具体来说，评价目标一般包括以下几个维度：①学生对物理学科知识的理解和掌握程度。②学生在实际操作中的动手能力和问题解决能力。③学生在跨学科项目中的创新思维和创新能力。④学生在团队合作中的沟通能力和协作能力。明确这些目标有助于后续评价工具的设计和实施，确保评价工具能够全面覆盖所需评估的内容。

第二，设计评价工具的具体内容和标准。这包括确定评价的维度和指标，制订评价的标准和量表。例如，在初中物理跨学科实践的教学评价中，可以设置知识掌握、技能应用、创新思维和团队合作等维度。每个维度下再细分子指标，如知识掌握可以细分为概念理解、公式应用等。评价标准则根据子指标设定具体的评分细则，量表可以采用等级制或分数制，便于量化评价结果。评价指标应具体、明确，能够量化和操作。比如，可以将学生对物理知识的理解程度分等级，如完全理解、基本理解、部分理解等；将学生的动手能力分为几个等级，如熟练操作、一般操作、操作生疏等。此外，评价指标还应包括学生的创新思维和团队合作能力的具体表现，如提出创新方案的能力、在团队中的沟通协调能力等。

第三，选择或设计评价工具。根据评价内容和标准，选择或设计适合的评价工具。常见的评价工具包括评价量表、观察记录表、检查清单等。这些工具可以单独使用，也可以综合运用，以全面评估学生在跨学科实践活动中的表现。例如，观察记录表可以用来记录学生在课堂过程中的表现，评价量表可以用来评估学生的自我反思能力和团队合作精神。

第四，评价工具的开发需要选择合适的评价方法。常见的评价方法有自我评价、同伴评价、教师评价和项目评价等。自我评价可以让学生反思自己的学习过程和成果，培养他们的自我监控能力；同伴评价可以促进学生之间的相互学习和交流，增强他们的团队合作意识；教师评价可以提供专业的反馈和指导，帮助学生改进学习方法；项目评价则可以全面考查学生在跨学科项目中的综合表现。

3. 几个关键点

在开展初中物理跨学科实践的教学评价过程中，设计和开发评价工具时，我们还需要特别关注以下几个关键方面，以确保评价工具能够全面、有效地反映学生在跨学科实践中的学习情况，促进学生的全面发展。

第一，评价工具的设计应充分考虑跨学科的特点。评价工具需要能够全面反映学生在这些学科交叉点上的理解和应用能力，设计时应注重评价内容的综合性，确保评价工具能够覆盖多个学科的知识点，而不仅仅是物理学科本身。评价工具应能够全面评估学生在这些方面的综合能力。

第二，评价工具应注重过程性评价与结果性评价的结合。在跨学科实践中，学生的学习过程同样重要，甚至比最终的学习结果更为关键。因此，评价工具应包括对学生的动手操作、问题解决、团队合作等方面的观察和记录，而不仅仅是对最终成果的评分。这样可以更全面地了解学生的学习过程和进步情况。例如，可以通过观察学生在教学过程中的表现，评估其科学探究能力和团队协作精神。

第三，评价工具的设计应注重多样性和灵活性。由于跨学科实践的形式多样，评价工具也应能够适应不同的教学情境和需求。评价工具还应具有一定的灵活性，教师可以根据具体的教学内容和学生的实际情况、学习进度进行调整和修改。例如，针对不同的跨学科项目，评价工具可以灵活调整评价标准和评分细则，以适应项目的具体要求。对量表中的评价项目进行增减或修改，以更好地适应不同学生的需求。

第四，评价工具的设计应注重科学性和客观性。评价工具应基于科学的教育理论和评价原则，确保评价结果的可靠性和有效性。设计时，应尽量避免主观因素的影响，确保评价标准的一致性和公正性。此外，评价工具应具有明确的评价标准和评分细则，使评价过程更加透明和可操作。例如，可以设定明确的评分标准和评价指标，确保每位学生在相同的评价标准下得到公正的评价。

第五，评价工具的设计应注重实用性和可操作性。评价工具应简洁明了，易于教师和学生理解和使用。设计时，应充分考虑实际教学中的时间和资源限制，确保评价工具能够在有限的时间内完成，并且不会给教师和学生带来过大的负担。例如，可以设计简洁的评价表格，方便教师快速记录和分析学生的评价结果，同时减轻教师的工作负担。评价量表中的评价准则需要用具体、可操作的描述性语言来阐述，避免使用抽象和概念性的语言。这样做的目的是确保学生能够清楚地理解评价标准，从而有针对性地进行学习。同时，不同等级之间的评价标准应当体现出等距离的差异，以便于学生能够明确自己所处的水平和需要努力的方向。这样可以避免评价标准过于模糊，导致学生无法准确把握自己的学习进度。

在设计和开发初中物理跨学科实践的教学评价工具时，应注意其跨学科性、过程性与结果性相结合、多样性和灵活性、科学性和客观性以及实用性和可操作性。只有这样，才能确保评价工具能够全面、有效地反映学生在跨学科实践中的学习情况，促进学生的全面发展。

4. 评价工具展示——评价量表

评价量表可以在跨学科实践活动前期、中期和后期进行评价，贯穿于活动全过程，关注增值性评价，丰富过程性评价，深化结果性评价。表 4-1 是跨学科实践“走进材料世界”案例中的项目评价量表，表 4-2 是跨学科实践“设计与安装模拟家庭电路”案例中的项目评价量表，用于学生自我诊断、组间评价，以及教师的评价反馈。

表 4-1　“走进材料世界”项目评价量表

评价维度	评价标准	自我评价	同伴评价	教师评价
概念理解	准确理解项目涉及的核心概念和方法			
	运用跨学科知识获取信息，解决实际问题			
实践计划	能设计分工合理、任务明确、可行的实践计划			
	能在规定时间内完成计划			
信息搜集	能有效搜索所学学习资源，注意数据的可靠性和时效性			
	能规范地标注引用数据、图片等相关信息来源			
实验探究	实验设计合理，能有效地验证猜想			
	实验操作规范，仪器使用正确			
	能够准确记录和处理实验数据			
	能够及时发现并解决实验中出现的问题			
创新能力	能提出新颖的实验思路或方法			
	能从不同角度思考问题，开拓思维			
协同合作	善于与他人沟通，分享想法和信息			
	小组成员积极协同合作完成各项任务，互相帮助，共同克服困难			
	承担自己的责任，按时完成分配的任务			
评价方法：完全符合评价标准得☆☆☆，基本符合得☆☆，少量符合得☆				

表 4-2 “设计与安装模拟家庭电路”项目评价量表

评价维度	评价标准	自我评价	同伴评价	教师评价
概念理解	设计出科学、规范、合理的模拟家庭电路图			
	准确理解如何科学安装模拟家庭电路			
	运用跨学科知识获取信息，解决实际问题			
实践计划	能制订分工合理、任务明确、进行可行的实践计划			
	能在规定时间内完成计划			
信息搜集	能有效搜索所需学习资源，注意资源的科学性和规范性			
	能将搜集到的知识转化为实际操作的技能			
实践作品	模拟家庭电路演示板安装合理，各元件能正常工作			
	模拟家庭电路演示板各元件和导线等的连接准确规范			
	电工工具使用规范，整个安装过程符合安全用电的原则			
	模拟家庭电路演示板布局美观			
协同合作	分工明确合理，能阐述每个成员的具体贡献			
	小组成员积极协同合作完成各项任务，互相帮助，共同克服困难，根据项目情况调整任务分工			
交流展示	能清晰介绍所制作的模拟家庭电路演示板及实践疑问和收获			
	汇报展示形式丰富，语言流畅			
评价方法：完全符合评价标准得☆☆☆，基本符合得☆☆，少量符合得☆				

三、教学评价的实施策略与技巧

教学评价不仅是衡量学生学习效果的重要手段，也是教师改进教学方法、提升教学质量的关键环节。因此，掌握有效的教学评价策略与技巧显得尤为重要。

1. 定性评价与定量评价的结合

在跨学科实践教学评价中，定性评价与定量评价的融合至关重要。定性评价能够捕捉学生在跨学科学习过程中的创造性思维、问题解决能力以及合作精神等不易量化的维度，而定量评价则通过数据和分数提供可量化的学习成果。例如，通过观察记录学生在实践活动中的表现，教师可以定性地评价学生的操作技能和探究能力；同时，通过学生的调查报告和测试成绩等，定量地评估学生对概念的理解和应用能力。结合这两种评价方式，教师可以更全面地了解学生的学习情况，从而提供更有针对性的指导。在实施过程中，可以采用如布鲁姆认知领域分类学这样的分析模型，将学生的学习成果从知识记忆到创造能力进行多维度的评价。通过定性与定量评价的结合，教师能够更深入地理解学生对问题的思考过程和深度，进而促进学生综合能力的全面发展。

在跨学科实践教学中，定性评价扮演着至关重要的角色，它不仅能够捕捉学生在学习过程中的细微变化，还能深入理解学生对概念的掌握程度和跨学科思维的发展。定性评价可以采用描述性记录、学生作品集等方法，记录学生在项目中的表现和进步。可以结合布鲁姆的认知领域分类，从知识、理解、应用、分析、综合到评价六个层次，对学生的思维深度进行细致的分析。通过定性评价，教师能够鼓励学生发挥想象力，培养他们将物理知识应用于解决实际问题的能力。

在跨学科实践教学中，定量评价的应用是衡量学生学习成效和教学效果的重要手段。通过设定明确的量化指标，如学生的操作准确性、问题解决速度，以及理论知识掌握程度等，教师能够更客观地评估学生在跨学科学习中的表现，量化学生的综合表现。这种评价方式不仅能够提供具体的学习成果数据，还能帮助教师识别学生在哪些具体领域需要额外的支持和指导。定量评价能够揭示学生在思考和解决问题过程中的持续进步，从而为教师提供调整教学策略的依据。

教学评价过程中，定性与定量评价的互补性分析尤为重要。定性评价能够捕捉到学生在跨学科学习过程中的创造性思维、问题解决能力以及合作精神等不易量化的软技能，而定量评价则通过具体的数据和分数，为学生的知识掌握程度和技能运用提供明确的量化指标。例如，在评价一个学生在物理实验项目中的表现时，定性评价可能会关注学生在实验设计、团队协作和创新思维方面的表现，而定量评价则可能侧重于实验结果的准确性、数据处理的正确性以及实验报告的完整性。通过将两者结合，教师可以更全面地了解学生的学习情况，从而提供更有针对性的指导和反馈。在初中跨学科实践教学中，教师要灵活运用能够综合运用定性与定量评价的评价体系，以促进学生全面而均衡的发展。

在跨学科实践教学评价中，定性评价与定量评价的结合是提升评价全面性和深度的关键。然而，这一结合过程面临诸多挑战。首先，定性评价往往依赖于教师的主观判断和描述性反馈，这可能导致评价结果的主观性和不一致性。为解决这一问题，可以引入标准化的观察记录表和反馈模板，确保每位教师在评价时都有明确的指导和标准。教师可以依据具体的行为表现来给出评价，从而减少主观偏差。其次，定量评价虽然提供了可量化的数据，但可能无法全面反映学生的综合能力和跨学科思维。为此，实施评价前，教师要明确评价目标和指标体系，确保定性评价与定量评价的有机结合；可以建立一个多元化的评价团队，包括教师、学生、家长甚至行业专家，共同参与评价过程，以确保评价的多元视角和公正性。不断完善评价体系，定期对评价工具和策略进行回顾和调整，确保评价的持续改进和适应性。通过这些措施，可以有效地结合定性评价与定量评价，提升跨学科实践教学评价的科学性和实用性。

2. 过程评价与结果评价之间的平衡

跨学科实践教学中，教师应当注重平衡过程评价与结果评价，以实现教学效果的最大化。

过程评价主要关注学生在学习过程中的各种表现，而非仅仅关注最终的学习成果。这包括他们的参与度、沟通能力、合作能力以及在面对问题时所采取的解决策略等方面。通过过程评价，教师能够深入了解学生在学习过程中的具体表现和进步情况，及时捕捉学生在学习过程中的进步与困难，从而提供个性化的指导和支持。教师可以通过观察学生在小组讨论中的表现，了解他们在团队合作中的沟通能力和协作精神；可以通过检查学生的实验报告，了解他们在实验过程中的操作技能和问题解决能力。结果评价则更多地侧重于学生最终的学习成果，为学生的学习成果提供了量化的指标，它通过一系列的评价指标体系，如标准化测试成绩、项目作业等，来衡量学生对物理概念的理解和应用能力。教师还可以通过最终的项目成果展示和相关的测试来评价学生对所学知识的掌握程度以及他们技能的应用能力。

为了实现过程评价与结果评价之间的平衡，教师可以采取以下措施：

第一，设计多元化的评价方式。结合过程评价和结果评价，采用多种评价工具，如自我评价、同伴评价、教师评价和项目评价等，全面了解学生的学习情况。自我评价则可以培养学生的自我反思能力和自我监控能力，使他们能够主动发现自己的优点和不足，并制订相应的改进措施。同伴评价可以让学生在小组合作中相互观察、相互评价，从而提高他们的批判性思维能力和公正性。教师评价则可以为学生提供专业的反馈和指导，帮助他们更好地理解学习目标和要求。

第二，强调过程的重要性。在教学过程中，教师应注重培养学生的自主学习能力和合作精神，鼓励他们在学习过程中积极思考和探索，而不仅仅是关注最终的学习成果。教师可以通过观察、记录和反馈，及时了解学生的学习进展，并给予适当的指导和支持。

第三，促进学生的自我反思。教师应及时给予学生反馈，帮助他们了解自己在学习过程中的优点和不足，从而有针对性地进行改进。鼓励学生进行自我反思，思考自己在学习过程中的表现和收获，培养他们的自我评价能力。

总之，在初中物理跨学科实践教学中，教师应当注重平衡过程评价与结果评价，通过多样化的评价工具和方法，我们能够对学生的学习过程和最终成果进行全面而深入的考量，从而更好地促进学生的全面发展。

3. 实施个性化评价

个性化评价策略要求教师根据每个学生的独特需求、兴趣和学习风格来设计评价工具和方法。例如，通过数据分析，教师可以识别学生在物理概念理解上的强项和弱项，从而为每个学生量身定制学习计划和评价标准。通过个性化评价，不仅能够更准确地反映学生的学习成果，还能促进学生在各自擅长领域的深入发展。此外，个性化评价策略还应考虑到学生的情感态度和学习动机。教师可以通过观察和交流，了解学生对物理学科的兴趣程度以及他们在学习过程中的情感变化。这样，教师可以及时调整教学方法和评价方式，以更好地激发学生的学习热情。

实施个性化评价策略需要教师深入了解每个学生的特点和需求，设计出符合学生个性的评价工具和方法。通过多元智能理论的指导，结合学生的情感态度和学习动机，以及培养学生的自我评价能力，教师可以更有效地提升初中物理跨学科实践教学的效果，帮助学生在各自擅长的领域取得更大的进步。

4. 实施多维度评价

在初中物理跨学科实践教学评价中，整合多维度信息是提升评价效度的关键，多维度评价策略的运用是确保评价全面性和公正性的前提。评价时，教师可以采用定性与定量相结合的方法综合评估学生的学习成果。学生自评与互评的实施策略能够促进学生自我反思和同伴学习，可以使用评分量表对自己的工作进行评价，并与同伴交换意见，从而获得更全面的反馈。评价工具的设计可以结合信息技术，如利用在线问卷调查反馈，以提高数据收集的效率和准确性。这种多维度评价策略不仅能够激发学生的学习动机，还能帮助教师及时调整教学策略，以更好地满足学生的个性化学习需求。

综上所述，通过对初中物理跨学科实践的教学评价进行深入分析，我们可以得出一个明确的结论：这一评价过程是一个动态且持续发展的机制。它不仅需要教师的积极参与和不断反思，还需要学生的主动配合和努力。在这个过程中，教师和学生必须携手合作，共同致力于评价方法的优化和实施策略的改进。只有这样，才能真正实现评价的科学性、合理性和有效性，从而满足新时代教育发展的需求和挑战。通过不断探索和实践，才能逐步建立起一个更加完善和高效的评价体系，为学生的全面发展和综合素质的提升提供有力支持。

第三节　评价结果的反馈与应用

一、对学生学习的促进作用

在现代教育理论中，评价不再仅仅是一种对学习结果的静态测量，而是一种动态、连续的反馈过程。这种反馈机制对学生的学习有着至关重要的促进作用。结合心理学的重要理论，我们可以更深入地理解这一过程对学生发展的多重影响。根据班杜拉的社会学习理论，学生通过观察他人的行为及其后果来学习，即时反馈能够帮助学生及时调整自己的行为，从而更有效地掌握新知识。此外，维果茨基的最近发展区理论强调了在学生现有水平之上稍加引导就能达到的潜力区，及时的反馈正好位于这一区域，能够促进学生的认知发展。从自我决定理论来看，反馈可以增强学生的内在动机，当学生感受到自主、胜任和关系支持时，他们会更加积极地投入学习中。此外，德韦克的成长心态理论指出，积极的反馈可以培养学生的成长心态，即相信通过努力可以改变智力和才能，从而激发学生面对挑战时的持久力和韧性。通过这些理论框架，我们可以看到评价结果的反馈不仅能够帮助学生认识到自己的成就和不足，还能激发他们的学习动机，促进自我调节能力和批判性思维的发展。具体而言，评价结果的反馈可以从以下几个方面促进学生的学习和发展：

1. 即时反馈与行为修正

在初中物理跨学科实践的评价过程中，即时反馈是极为关键的一环。通过实时地反馈信息，学生能够在实践活动中立即认识到自己的表现情况，从而及时调整自己的行为和策略。

假设学生正在设计一个简易的太阳能充电装置，目的是测量不同角度下太阳光照射对电池板充电效率的影响。在这个过程中，如果教师能够通过智能设备实时监测实验数据，并立即将这些数据反馈给学生，指出实验操作中的错误或不当之处，学生就可以立即纠正这些错误，继续正确地进行实验。例如，当学生将电池板的角度设置为 30° 时，如果发现充电效率低于预期，教师可以通过电脑或手机应用立即指出这一点，并提醒学生检查电池板的倾斜角度是否正确，或是环境光照强度是否符合实验要求。

通过这样的即时反馈，学生能够立即调整电池板的位置，重新测量充电效率。这种即时的指导不仅帮助学生解决了操作中的问题，还增强了他们对实验原理的理解，提高了实验的成功率。此外，即时反馈还有助于学生在实验过程中保持高度的专注和积极的态度，因为他们可以看到自己每次调整所带来的效果，从而更有动力继续探索和学习。

此外，即时反馈还可以通过同伴之间的互动来实现。在小组合作学习中，同伴之间的即时反馈可以促进成员之间的相互学习和共同进步。当一个小组成员在操作中出现问题时，其他成员可以立即提供帮助，共同探讨解决方案，从而加深对知识点的理解。

2. 自我认知与自我调节

评价结果的反馈能够帮助学生建立起对自己的学习状况的清晰认知，这是自我调节学习的前提。当学生通过各种形式的评价了解到自己的优势和不足之后，他们就能够更有针对性地规划自己的学习路径。例如，在一个具体的初中物理跨学科项目中，如果学生发现自己在某一方面的知识比较薄弱，他们就可以通过额外的学习来弥补这一短板。

自我调节的过程不仅帮助学生在当前项目中取得更好的成绩，还培养了他们面对未来学习任务时的自我管理和自主学习能力。通过不断的自我评估和调整，学生能够逐步建立起更加科学的学习方法，为长远的学习和发展打下坚实的基础。此外，自我评价也是一种重要的评价方式。学生通过自我评价来反思自己的学习过程，这有助于他们培养自我监控的能力。在跨学科实践活动中，学生不仅要学会如何完成任务，更要学会如何评估自己的表现，从而不断改进自己的学习策略。例如，学生可以在每次实践活动结束后，写下自己的感受和体会，总结成功经验和失败教训，为今后的学习提供参考。

3. 增强学习动机与自信心

评价结果的正面反馈可以显著增强学生的学习动机。当学生看到自己在某个领域的进步时，他们会感到成就感，这种积极的情感体验会转化为更强的学习动力。正面的反馈不仅能够提升学生的自信心，还能激发他们继续努力的热情。反之，如果评价结果总是消极的，学生可能会失去信心，甚至产生厌学情绪。因此，在评价过程中应该注重积极地反馈，帮助学生建立成功的体验，从而激发他们的学习兴趣。

根据心理学中的自我效能理论，当学生体验到成功时，他们的自我效能感会增强，即他们相信自己有能力完成特定任务。这种信念能够促使学生在面临挑战时更加积极主动。例如，当一名学生在一次物理实验中表现出色，教师给予积极的反馈，如表扬其操作的精确性和报告的详尽性，学生会感受到自己的努力得到了认可。这种正面的体验会让学生更加自信，愿意在未来的实验中继续努力。此外，根据马斯洛的需求层次理论，人们的基本需求得到满足后，会追求更高层次的需求，如尊重和自我实现。积极的反馈能够满足学生的心理需求，让他们感受到被尊重和认可，从而激发更高层次的学习动机。

因此，评价过程中应注重积极地反馈，帮助学生建立成功的体验。教师可以通过具体的表扬、鼓励的话语以及建设性的建议来增强学生的自信心和学习动力。具体而言，积极的反馈可以帮助学生在多个层面上受益。首先，通过具体的表扬，教师可以指出学生在哪些方面表现优秀。例如，在一次物理实验中，如果学生能够准确地记录数据并得出合理的结论，教师可以通过具体的表扬来肯定他们的努力："你的数据记录非常仔细，分析也非常到位，这正是科学家应有的严谨态度。"这样的反馈不仅能够让学生感受到自己的努力得到了认可，还能让他们明白具体哪些行为值得继续发扬。其次，鼓励的话语能够增强学生的自信心。教师可以通过积极的语言来激励学生。例如："你在这次实验中的表现非常出色，我相信你在接下来的学习中也能做到这样。"这种正面的鼓励不仅能够提升学生当前的学习状态，还能激发他们在未来的学习中保持积极的态度。

此外，建设性的建议也是非常重要的。当学生在某些方面存在不足时，教师可以通过提出具体的改进建议来帮助学生改进。例如，在一次实验报告中，如果学生在表述方面不够清晰，教师可以给出具体的建议："你可以试着用更简洁的语言来描述实验步骤，这样读者更容易理解。”这种既有表扬又有建议的反馈方式，能够让学生在肯定自己的同时，也认识到需要改进的地方。

这种正面的反馈不仅能够提升学生的学习兴趣，还能为他们的长期发展奠定坚实的心理基础。当学生意识到自己在某些方面做得很好时，他们会对自己产生更多的信任感。这种信任感不仅限于当前的学习任务，还会扩展到其他领域，促进学生的全面发展。例如，当学生在一次物理实验中表现出色时，这种成功的感觉可能会激励他们在其他学科中也付出更多的努力。他们会将这种成功的经验迁移到数学、化学甚至是文科的学习中，认为自己同样能够在这些领域取得好成绩。

总之，积极的反馈不仅是对学生当前表现的认可，更是对未来发展的激励。通过具体的表扬、鼓励的话语以及建设性的建议，教师不仅能够帮助学生建立成功的体验，还能促进他们形成积极的自我形象，从而在各个方面取得更大的进步。这种正面的循环不仅能够提升学生的学习兴趣，还能为他们的长期发展奠定坚实的心理基础，帮助他们成长为更加自信、全面的人才。

4. 培养批判性思维与问题解决能力

评价结果的反馈在学生学习过程中起着至关重要的作用，特别是对于培养学生的批判性思维与问题解决能力。在当今这个信息爆炸的时代，学生们面临的学习环境日益复杂，传统的“填鸭式”教育已无法满足现代教育的需求。评价结果的反馈作为一种有效的教学工具，不仅帮助学生了解自己的学习状态，还促进了学生自我反思、批判性思考和解决问题的能力的发展。通过详细的评价反馈，学生能够清晰地认识到自己在哪些环节出现了失误，进而进行自我反思，分析问题产生的原因，并提出具体的改进方法。这种反馈机制不仅提升了学生的学习动力，还帮助他们在学术和个人成长方面取得了显著的进步。

评价结果的反馈能够促进学生形成批判性思维。当学生收到详细的评价反馈时，他们不仅能看到自己的成绩，还能了解到具体的行为表现。例如，在一次物理实验中，如果学生在实验报告中得分较低，教师可以通过反馈指出报告中存在的问题，如数据记录不准确、分析不充分等。通过这样的反馈，学生能够清晰地认识到自己在哪些环节出现了失误。接下来，学生需要进行自我反思，分析问题的原因。在这个过程中，他们可能需要回顾实验过程，检查实验步骤，甚至重新审视相关的物理概念。例如，如果实验报告中的数据分析不够准确，学生需要思考是否因为对实验原理理解不透彻，或者是实验操作中忽视了某些细节。通过这种自我反思，学生不仅能够发现问题的根源，还能培养自己的批判性思维能力。批判性思维是一种能够帮助学生独立分析信息、辨别真伪，并作出合理判断的能力。这种能力在当今社会尤为重要，因为它要求人们在面对复杂问题时，能够从多个角度进行思考，而不是简单地接受现成的观点。因此，通过评价结果的反馈，学生能够在面对各种学术和现实问题时，更加独立地思考，提出自己的见解。

评价结果的反馈还能够促进学生的问题解决能力。当学生根据反思的结果提出具体的改进方法时，实际上就是在锻炼他们的问题解决能力。例如，如果发现数据记录不准确，学生可以设定更严格的记录标准，并在下次实验前进行预演；如果发现实验原理理解不透彻，学生可以查阅更多资料，加深对相关知识的理解。这种自我改进的过程不仅能够帮助学生在当前的学习任务中取得更好的成绩，还能培养他们面对未来挑战时解决问题的能力。当学生在未来的职业生涯中遇到难题时，他们能够运用类似的反思和改进策略来寻找解决方案。这种能力不仅在学术领域中至关重要，在未来的工作和社会生活中也同样重要。通过在学校中培养这些能力，学生能够在不断变化的社会环境中保持竞争力。

评价结果的反馈还能够在跨学科实践活动中发挥重要作用。在解决实际问题时，往往需要综合运用不同学科的知识。通过评价反馈，学生可以在解决跨学科问题的过程中不断提高自己的综合能力。

评价结果的反馈还在很大程度上提升了学生的学习动力。正面的评价可以增强学生的自信心，激发他们继续努力的动力；适当的批评与建议可以帮助学生认识到存在的问题，并引导他们朝着正确的方向前进。通过这种正向的激励机制，学生的学习积极性得到了提高，从而更加主动地参与到学习过程中。同时，反馈还能够帮助学生明确自己的长处和待改进之处，使他们能够在学习过程中更有针对性地进行自我调整。

总之，评价结果的反馈在培养学生的批判性思维与问题解决能力方面发挥着不可替代的作用。通过详细的反馈信息，学生能够进行自我反思，分析问题的原因，并提出改进的方法。这种持续的自我反思与改进不仅能够帮助学生在学术上取得成功，还能让他们在未来的生活和工作中保持竞争力。教育工作者应当认识到这一点，并致力于创造有利于学生发展这些关键技能的环境。只有这样，才能真正培养出适应未来社会发展需求的人才。

二、对教学改进的启示

通过评价结果的反馈，学生不仅能够了解到自己在哪些方面做得好，还能意识到自己在哪些方面存在问题。这种自我反思的过程本身就是一种批判性思维的训练。学生需要分析自己的表现，找出问题的原因，并提出改进的方法。通过反复的自我反思和改进，他们学会了如何面对挑战，如何解决问题，这些技能不仅在学术领域中至关重要，在未来的工作和社会生活中也同样重要。例如，当学生在未来的职业生涯中遇到难题时，他们能够运用类似的反思和改进策略来寻找解决方案。这种批判性思维和解决问题的能力是未来社会发展所需要的必备技能。评价结果的反馈能够促使学生深入分析自己的学习过程。当学生收到详细的评价反馈时，他们不仅能看到自己的成绩，还能了解到具体的行为表现。

通过评价结果的反馈，学生能够在学习过程中逐步掌握这些技能，为未来的成功奠定坚实的基础。这种持续的自我反思和改进不仅能够帮助学生在学术上取得成功，还能让他们在不断变化的社会环境中保持竞争力。

评价结果可以揭示哪些实践环节达到了预期的目标，哪些环节还需要进一步改进。基于此，教师可以在后续的教学设计中作出相应的调整，确保每一个环节都能够有效地支持学生的学习。例如，如果评价结果显示学生在某一实践任务中的表现不佳，教师可以重新审视该任务的设计，是否过于复杂或者缺乏足够的指导。

当教师通过评价结果发现学生在某个环节的表现不尽如人意时，可以采取以下几种措施来改进教学设计：

首先，教师可以检查任务的设计是否合理。例如，如果学生在一项关于电路设计的实验中普遍表现不佳，教师可以重新审视实验的设计，看是否存在不合理之处。可能是实验步骤过于复杂，超出了学生的理解范围；或者实验器材的使用说明不够清晰，导致学生无法正确操作。在这种情况下，教师可以简化实验步骤，提供更详细的指导手册，确保学生能够顺利完成实验。

教师还可以通过评价结果来确定哪些知识点或技能点是学生普遍感到困难的，然后在未来的教学计划中给予更多的关注。这种针对性的教学设计能够更好地满足学生的学习需求，提高教学的有效性。例如，在复习阶段，教师可以根据评价结果重点讲解学生普遍存在的疑惑点，帮助学生巩固基础。

如果评价结果显示学生在某个概念的理解上有较大困难，教师可以在未来的课程中安排更多的时间来讲解这个概念，并通过多种方式帮助学生加深理解。教师可以采用多媒体演示、动画模拟、实际操作等多种教学手段，确保学生能够直观地理解抽象的概念。

另外，教师还可以利用评价结果来调整教学进度。如果评价显示大部分学生在某个知识点上掌握得比较好，教师可以适当加快这部分内容的教学进度，留出更多时间来处理学生感到困难的部分。反之，如果学生普遍对某个知识点掌握不牢固，教师则需要放慢进度，确保每个学生都能跟上教学节奏。

通过这些调整，教师不仅能够提高课堂教学的针对性，还能增强学生的学习信心。例如，在复习阶段，教师可以根据评价结果，重点讲解学生普遍存在的疑惑点，帮助学生巩固基础。这样，学生在复习过程中能够更加有的放矢，提高复习的效率，同时也能够在考试中取得更好的成绩。

总之，评价结果不仅为教师提供了改进教学设计的重要依据，还能够帮助教师更好地满足学生的学习需求，提高教学的有效性。通过细致的观察和分析，教师可以及时调整教学策略，确保每个学生都能在学习过程中不断进步，为未来的学习和发展奠定坚实的基础。

三、资源利用效率

评价不仅可以揭示学生在跨学科实践中的表现，还可以帮助教师识别哪些资源在实践中发挥了最大的效用，哪些资源可能没有达到预期的效果。通过这样的分析，教师可以更加高效地分配和使用教学资源，减少浪费。具体而言，评价结果能够指导教师在资源管理和开发上作出更为合理的决策，从而提升教学效果。

首先，评价结果能够帮助教师识别哪些资源在跨学科实践中发挥了最大的效用。例如，如果一项实验器材在多次活动中都没有被充分利用，教师可以考虑是否需要更换或调整相关的实验内容，以便更好地发挥现有资源的价值。通过评价反馈，教师可以了解到哪些器材在实际操作中真正起到了辅助学习的作用，哪些器材则被闲置或利用率不高。

其次，评价结果还可以指导教师在资源开发上作出更为合理的决策。如果评价显示某一类型的资源特别受欢迎，并且能够显著提高学生的学习效果，教师就可以在未来的实践中增加这类资源的投入，以进一步提升教学效果。

此外，教师还可以根据评价结果调整资源的分配方式。如果评价显示某一类型的教学资源特别有效，教师可以优先确保这些资源的充足供应，并在课程设计中给予更多的重视。

在跨学科实践活动中教师可以优先考虑那些已经被证实能够显著提高学生学习效果的资源，并在教学设计中加以应用。这种基于评价结果的资源管理和开发策略，能够确保教学资源的有效利用，避免浪费，从而更好地支持学生的学习和发展。

总之，评价结果不仅为教师提供了改进教学设计的重要依据，还能够帮助教师更好地管理教学资源，提高资源使用的效率和效果。通过细致的观察和分析，教师可以及时调整教学策略，确保每个学生都能在学习过程中不断进步，为未来的学习和发展奠定坚实的基础。

评价过程本身就是一个不断试验和创新的机会。教师可以通过观察不同评价方法的效果，尝试新的教学策略和技术，从而不断提高教学质量，使教学更加贴近学生的需求和兴趣。

评价结果还可以启发教师进行教学方法的创新。如果评价显示学生在某项活动中表现出色，教师可以进一步探索该活动背后的成功因素，并将其推广到其他教学场景中。这种方法不仅能够提升当前课程的教学效果，还可能为其他学科的教学提供有价值的借鉴。例如，如果学生在小组讨论中表现活跃，教师可以将这种方式应用于其他课程中，促进学生的主动参与。

四、教师专业发展

评价结果在教育实践中的价值不可小觑，它不仅为学生跨学科实践的表现提供了直观反馈，更为教师在资源管理和开发方面指明了方向。这一过程如同一面镜子，清晰映照出哪些资源在教学实践中熠熠生辉，哪些则黯然失色，促使教师作出精准的调整。

在跨学科实践中，各种教学资源的效用千差万别。评价结果如同一把钥匙，帮助教师打开资源优化的宝库。面对那些利用率低下的资源，教师应勇于反思，是内容设计不够吸引人，还是操作方式过于繁琐？通过调整实验内容或引入新技术，教师可以焕发这些资源的生命力，使之更好地服务于教学。

同时，评价结果也为教师在资源开发上点亮了明灯。哪些资源备受学生喜爱，哪些能够显著提升学习效果，都将成为教师未来实践中的宝贵指南。在此基础上，教师可以有的放矢地增加投入，丰富教学资源库，为学生提供更多元、更高效的学习体验。

此外，评价结果还促使教师在资源分配上更加科学、合理。面对有限的教学资源，如何确保每一分投入都能产生最大的效益？评价结果为此提供了有力依据。

值得注意的是，评价结果同样揭示了那些未能达到预期效果的资源。面对这些“短板”，教师应勇于尝试新方法、新技术，以弥补不足，提升整体教学效果。例如，引入虚拟现实等现代技术，为传统实验注入新的活力，提高学生的学习兴趣和参与度。

综上所述，评价结果在跨学科实践中的作用至关重要。它不仅是教师改进教学设计的重要依据，更是优化资源管理、提升教学效果的有力工具。通过深入分析评价结果，教师可以更加精准地把握教学资源的脉搏，为学生创造更加优质、高效的学习环境，助力他们在知识的海洋中扬帆远航。

五、反馈机制的设计与实施

有效的反馈机制是教育过程中的重要组成部分，它不仅能够帮助学生理解自身学习状况，还能激发学生的学习动力，促进学生的发展。为了确保评价结果能够真正发挥其促进学生学习和发展的作用，我们需要精心设计和实施反馈机制。一个好的反馈机制应当具备以下几个特点：

1. 及时性

及时性是反馈机制中一个至关重要的方面。传统的教育方式往往依赖于学期末的成绩单来告知学生的学习成果，这种方式虽然有其必要性，但在日常的学习过程中却显得不够灵活。现代教育理念倡导即时反馈，这种反馈能够在学生完成任务或活动之后迅速给予，使学生能够立即了解到自己的表现并作出相应的调整。例如，在数学课上，学生解题后立刻得到老师的反馈，这样就能及时纠正错误，而不是等到几天后才知道答案是否正确。这种即刻的回应有助于建立学生的自信心，同时也提高了学习效率。此外，在小组项目中，如果成员之间能够实时分享进度和意见，那么整个团队的工作效率也会显著提高。因此，教师应该利用现代技术手段，如在线作业平台等工具，来实现即时反馈的目的。

2. 具体性

具体性的反馈能够帮助学生更清晰地认识到自己的长处与短处。相比起“好”“不错”这样的模糊评价，具体而有针对性的反馈更能引导学生如何改进。例如，在一次写作作业中，教师指出“你的论据支撑不够充分”，并建议“你可以添加更多数据或引用专家观点来加强说服力”，这样的指导显然比简单地说“你的文章很好”更有助于学生进步。具体反馈的另一个好处在于它能够减少学生对成绩的焦虑感，因为当学生清楚地知道自己哪里做得好、哪里需要改进时，他们更容易接受并从中受益。同时，教师也需要确保使用的语言是学生能够理解和接受的，避免过于专业或复杂的术语造成理解障碍。

3. 鼓励性

正面积极的反馈对于构建健康的学习心态至关重要。即使是在指出问题时，也应先肯定学生的努力和已取得的成绩。鼓励性反馈能够提升学生的自我效能感，让他们相信自己有能力克服困难，达到更高的学术成就。比如，在一次科学实验中，如果学生未能达到预期的结果，教师可以通过强调学生在整个实验过程中的认真态度以及勇于尝试的精神来鼓励他们。这样的反馈不仅能让学生感到被尊重和支持，还能激励他们在未来更加努力地探索未知领域。值得注意的是，鼓励性并不意味着忽视错误或者夸大其词，而是要在真实的基础上给予适当的肯定。

4. 互动性

互动式反馈鼓励学生参与到评价过程中来，这不仅是知识传递的方向转变，更是从单向灌输到双向交流的重要进步。在互动式反馈模式下，学生不再是被动的信息接收者，而是积极的参与者。他们有机会表达自己的想法，提出疑问，并与他人合作解决问题。例如，在讨论课上，教师可以设立“反思时间”，鼓励学生分享自己在学习中的疑惑和发现，这样不仅能够促进班级内的交流氛围，还能帮助教师更好地了解每位学生的学习状态。通过这种开放的沟通渠道，教师可以更加精准地定位教学重点，学生也能在相互讨论中加深对知识的理解。

综上所述，一个成功的反馈机制应当是综合性的，它需要结合以上提到的特点——及时性、具体性、鼓励性和互动性。只有这样，才能最大程度地发挥反馈的价值，促进学生的全面发展。在未来，随着教育技术的发展，我们有理由相信反馈机制将会变得更加高效和个性化，进一步推动教育质量的提升。

六、结论与展望

在当今社会，教育的边界正在逐渐模糊，学科之间的融合已经成为一种趋势。特别是对于初中物理这样的基础学科来说，如何将其与其他学科有机结合，以促进学生的全面发展，成为教育工作者关注的重点。在这个背景下，评价结果的反馈与应用就显得尤为重要。它不仅能够促进学生的学习和发展，还能为教师提供教学改进的启示。评价不仅仅是一次考试等级的公布或者一次作业的评分，而是一个持续的过程，贯穿于整个教学活动中。

除了即时反馈外，评价还能够促进学生的自我认知与发展。学生在学习的过程中，往往需要对自己的学习状态有一个准确的把握，而评价就是这样一个桥梁，连接了学生的表现与他们的内心世界。当学生看到自己的成绩有所提高时，他们可能会感受到成就感，这种积极的情感体验会激励他们更加积极地投入学习中去。反之，如果学生发现自己在某些方面存在不足，评价也可以引导他们进行自我反省，并在此基础上制订出改进的计划。这种自我认知与自我调节的能力，是学生成长过程中必不可少的一部分。

此外，评价还有助于增强学生的学习动机与自信心。对于许多学生来说，学习物理可能是一件充满挑战的事情，尤其是在涉及复杂的数学运算和抽象的概念理解时。但是，当学生通过努力取得了一定的成绩，并得到了正面的评价时，他们会感觉到自己的付出得到了回报，这种感觉可以极大地增强他们的自信心。与此同时，积极的评价也能够激发学生的学习兴趣，让他们在今后的学习中更加主动。

对于教师而言，评价同样有着不可忽视的价值。首先，它可以作为优化教学设计的一个重要参考。通过对学生评价结果的分析，教师可以了解到自己在教学过程中存在的问题，并据此调整教学策略。例如，如果发现大部分学生在某个知识点上出现了理解障碍，教师就可以考虑重新设计这部分的教学内容，以便更好地帮助学生掌握相关知识。

其次，评价还能够帮助教师提高资源利用效率。在一个班级里，每位学生的学习情况都不尽相同，有的学生可能在某些领域表现出色，而另一些则可能在这方面存在困难。通过细致的评价，教师可以更有针对性地安排教学活动，确保每一位学生都能够得到最适合自己的教育资源和支持。

再者，评价促进了教学方法的创新。随着科技的发展，教育领域也开始引入各种新技术，如在线学习平台、虚拟实验室等。这些技术的应用为教学提供了新的可能性，但也要求教师具备更强的适应能力和创新能力。评价可以作为一个桥梁，连接传统教学与新兴技术，帮助教师更好地利用这些工具来改善教学效果。

最后，评价对于教师的专业发展也起到了推动作用。在教学过程中，教师需要不断地反思自己的教学方法是否有效，是否能够满足学生的需求。评价结果可以为教师提供一个客观的标准，帮助他们更好地认识自己的优点与不足，从而不断提升自身的教学水平。

总之，随着教育改革的深入推进，跨学科实践已成为培养学生综合能力的重要手段之一。评价结果的反馈与应用则是这一过程中不可或缺的一部分。它不仅帮助学生提高了学习效率，增强了自信心，还促进了教师队伍的成长与发展。可以预见，在未来，随着信息技术的不断进步，评价工具和方法将变得更加多样化和智能化，这将进一步提升评价结果的应用价值，为教育事业的发展注入新的活力。

第五章

初中物理跨学科实践的案例展示

在当代教育变革的浪潮中，学科间的壁垒逐渐消融，实践能力与创新思维的培养成为核心目标。物理作为自然科学的重要基石，其原理深刻渗透于日常生活，并与化学、生物学、地理、工程、艺术等学科交织融合，为学生构建了多元化的学习场景与创造空间。本书紧扣义务教育物理课程标准，精心设计了 20 个跨学科实践案例，以趣味性活动为载体，引导学生通过“做中学、用中学、创中学”，深化对物理概念的理解，激发探索热情，培养团队协作能力与创新精神，助力学生成长为具备综合素养的未来人才。

一、跨学科实践的意义与价值

跨学科实践是突破单一学科界限、整合多领域知识与思维方式以解决实际问题的学习方式，是物理教学中非常重要的组成部分，具有以下核心价值：

1. 激发学习内驱力。通过在真实情境中的实践操作，学生得以直观感受物理知识在解决实际问题中的魅力，从而唤醒对科学探究的深层兴趣。

2. 构建系统性认知。多学科视角的交叉分析促使学生跳出传统框架，在知识整合中形成更完整的思维体系，深化对物理规律的理解。

3. 赋能创新思维。面对跨学科实践中的复杂问题，学生需灵活调用多学科工具，设计个性化解决方案，从而锤炼批判性思维与创新能力。

4. 培育社会责任意识。聚焦日常生活、工程实践、社会发展等议题，引导学生在行动中感知科学与社会的关系，树立可持续发展理念。

二、跨学科实践案例设计精要

本书案例以初中物理核心知识为锚点，融合多学科元素，构建“知识—实践—创新”三位一体的学习体系。案例概览如下：

1. 设计低碳出行方案：结合物理中机械运动以及环境科学中的碳排放知识，引导学生设计并评估不同出行方式的环保效益，倡导绿色出行。

2. 制作简易乐器：利用声学原理和振动原理，结合艺术设计，让学生动手制作简易乐器，如弦乐器、打击乐器和管乐器，体验音乐与物理的奇妙结合。

3. 眼睛与眼镜：通过凸透镜成像原理的学习，结合生物学中关于视觉系统的知识，调查近视的现状，探讨近视、远视等视力问题的成因，并进行矫正。

4. 走进材料世界：结合物理中的力学、热学、电学性质，以及化学中的材料结构，探索不同材料的特性和应用，如超导材料、纳米材料等，并利用水泥、沙子、石子制作混凝土材料。

5. 逐梦苍穹：通过学习宏观世界和微观世界的知识，结合航空航天技术的发展史，设计太空探索任务，激发学生的太空梦想。

6. 制作水火箭：通过水火箭的制作与发射，深入理解相互作用力和力的作用效果等知识，提高团队合作意识。

7. 制作简易滑翔机：利用流体压强与流速的关系，设计并制作简易滑翔机模型，探索飞行原理，提升动手能力。

8. 制作简易密度计：通过浮力和密度知识学习，制作简易密度计，测量不同液体的密度，培养工程思维和科学探究精神。

9. 桥：通过活动认识桥，结合力学原理，设计并建造一座小型桥梁模型，考虑结构的稳定性、强度和经济性，体现工程美学。

10. 制作龙骨水车：了解龙骨水车的发展历程，利用链轮传动原理，制作并测试龙骨水车模型，了解古代灌溉技术，感受科技与文明的交融。

11. 调查家乡水资源：结合地理、化学知识，对家乡的水资源进行实地调查，分析水质、水量及利用现状，培养水资源保护意识。

12. 调查当地燃料结构及空气质量：通过调查、数据分析，了解当地能源消费结构及其对空气质量的影响，探讨可持续发展的能源策略。

13. 制作“旅客呼叫电路”模型：利用电路知识，设计并实现一个简单的旅客呼叫系统，理解串并联电路的工作原理。

14. 制作水果电池：通过物理与化学、生物学的结合，将水果中的化学能转化为电能，探索可再生能源的潜力。

15. 制作调光台灯：利用欧姆定律，设计并制作可调光台灯，理解电流、电压与电阻的关系。

16. 调查家庭用电情况：通过实际测量和数据分析，了解家庭用电量和用电习惯，提出节能减排建议。

17. 设计与安装模拟家庭电路：结合安全用电知识，设计并安装一个模拟家庭电路，学习安全用电常识和电路布局。

18. 制作简易电动机：利用电磁学的知识，制作简易电动机，体验电能与机械能之间的转换，理解电动机的工作原理。

19. 制作简单收音机：结合电磁波与通信的知识，制作一台简单的收音机，接收无线电信号，探索电磁波的奥秘。

20. 设计与制作节能小屋：结合学生对能源的认识，运用物理中的热力学、光学原理，以及建筑学知识，设计并制作一个节能小屋模型，探索绿色建筑的设计理念。

本书的 20 个案例不仅是物理知识的延伸，更是核心素养与人文精神的融合实践。通过动手操作、团队协作与创新探索，学生将在实践中领悟知识的生命力，为终身学习奠定坚实基础。期待本书成为师生开启跨学科之旅的指南针，在物理世界的浩瀚星海中，点燃思维的火花，收获成长的喜悦。

跨学科实践案例 1 设计低碳出行方案

执教者：崔　波（山东省东营市垦利区第二实验中学）
点评者：郭观彬（山东省东营市垦利区教育科学研究中心教研员）

一、实践活动课程规划

1. 整合学科

物理：知道速度、路程、时间与能源消耗的关系，如不同速度下骑自行车的能耗。

数学：会计算路程、速度、时间，规划低碳出行方案中的距离和耗时等，如计算公交换乘的时间。

地理：能利用地图进行路线规划，寻找路程近或地势平坦，且距离合适的路线。

生物学：了解生物质能相关知识，如某些植物可用于制作生物燃料等，拓宽低碳能源视野。

2. 实践价值

打破传统学科界限，结合多学科知识，让学生从理论走向实践。例如，依据路程和速度计算选择合适的出行方式（步行、骑行、公交等），使学生在策划实践中深化对基础知识的理解和运用。通过总结报告，形成可靠的数据支撑，引导大家选择低碳环保的交通方式。

3. 实践任务

调查常见出行方式的碳排放情况；根据不同出行距离和需求，设计低碳出行路线；对比不同方案的低碳效益和可行性。

4. 实践目标

（1）学生能够计算不同出行方式下速度、路程与时间的关系，并据此制订合理的出行计划。

（2）了解各种出行方式的碳排放原理，选择低碳出行方案。

（3）培养学生运用跨学科知识解决实际问题的能力。

（4）增强学生低碳环保意识。

5. 重点难点

（1）重点：查阅资料，了解不同交通工具的碳排放原理和生物质能相关知识，以及地理地图阅读和路线规划方法；准确整合多学科知识制订科学的低碳出行方案，如结合地理路况和物理知识计算选择最优路线。

（2）难点：知道不同出行方式碳排放计算方法和复杂路况下的方案调整。

6. 学情分析

学生已经学习了物理、数学、地理、生物学等相关知识，在此基础上，引导学生针对提出的问题设计解决方案，可以使学生在进一步理解所学知识的基础上，增强知识与实际生产生活的联系。设计低碳出行的方案，对学生来说具有一定的挑战性。学生除了要具备相关的知识，还需要解决在实际操作中可能遇到的各种问题，教师需要加强对学生的引导，使学生初步设计出相关方案。

设计具体出行方案时，学生在上节课已经对一些问题进行了初步讨论，为结合所学知识进行能耗计算奠定了一定的基础。在实际的测量过程中，学生还会遇到一些现实的、具体的问题，这种情况下，学生除了通过查阅资料、运用已有知识、小组讨论、教师点拨等进行解决，还需要不断尝试、勇于探索，这些都需要教师进行适时的引导。对于资料查阅，学生已经有了一定的基础，重点要引导学生对资料进行归纳，并用图表等形式加以有效呈现，进一步运用所学知识对相关现象进行解释。

7. 实践准备

刻度尺，细线，导航软件，秒表，碳排放相关视频，碳排放数据，地图。

二、实践活动实施规划

1. 实践活动流程图

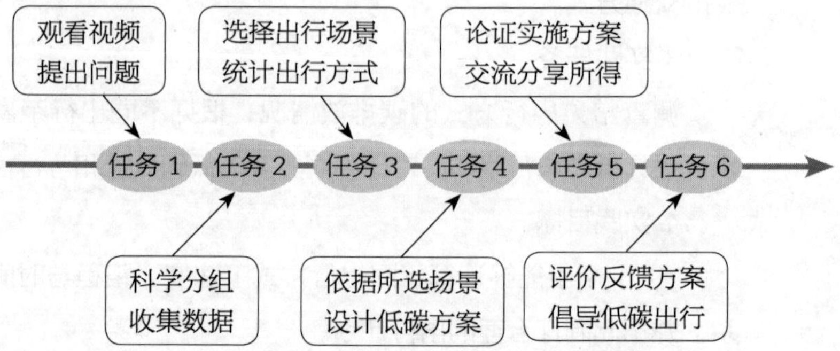

2. 实践活动规划表

实践步骤	实践任务	课时安排
问题： 创设真实情境，明确实践主题	任务 1：观看“碳排放问题”的相关视频，了解国家倡导绿色出行、低碳节能的背景和意义，联系学生已有的对低碳出行的认识，激活学生关于出行方式的生活经验，为选择不同出行方式做铺垫。	课时 1
证据： 确定任务方案，明确实践步骤	任务 2：科学分组，搜集不同交通工具的碳排放数据、模拟场景地图等信息。讨论选择不同出行方式耗能情况的具体实施方案，包括需要运用哪些学科知识和实践工具等。	
解释： 实地调研，搜集相关信息，经历实践过程	任务 3：小组成员选择不同出行场景（如上学、购物、旅行等），统计现有出行方式（如骑行、公交车、私家车等）。 任务 4：根据调研结果，运用所学知识设计低碳出行方案，标注交通工具、路线、预计时间和碳排放量。 任务 5：对比不同出行方式的速度、时间和能耗，初步得出实验结论。	课时 2
交流： 展示实践成果，总结交流评价	任务 6：成果分享，反思改进。包括组内自评和组间互评。自评：评估方案的合理性和可行性。小组间互评：互相提出改进建议。	

三、实践活动教学设计

第一课时

<table>
<tr><th colspan="4">实践任务</th></tr>
<tr><td colspan="4">任务 1：观看“碳排放问题”的相关视频，了解国家倡导绿色出行、低碳节能的背景和意义，联系学生已有的对低碳出行的认识，激活学生关于出行方式的生活经验，为选择不同出行方式做铺垫。
任务 2：科学分组，搜集不同交通工具的碳排放数据、模拟场景地图等信息。讨论选择不同出行方式耗能情况的实施方案，包括需要运用哪些学科知识和实践工具等。</td></tr>
<tr><th colspan="4">实践目标</th></tr>
<tr><td colspan="4">1. 在观看“碳排放问题”的相关视频的基础上分析和讨论，增强环境保护意识。
2. 能以物理知识为主体，结合其他学科知识，提出相关问题并设计方案，提高解决问题的能力。
3. 能设计初步的实践方案。在此过程中，能学以致用，提升设计方案的能力、交流合作的能力。
4. 在收集不同交通工具的碳排放数据、地图等时，提高收集信息、整理信息的能力。
5. 在讲解不同交通工具的碳排放原理和生物质能相关知识的过程中，了解低碳出行对可持续发展的重要性，激发好奇心和求知欲，持续关注我国低碳出行领域的发展动态。</td></tr>
<tr><th colspan="4">实践过程</th></tr>
<tr><th>实践任务</th><th>教师活动</th><th>学生活动</th><th>设计意图</th></tr>
<tr><td>任务 1：观看“碳排放问题”的相关视频，了解国家倡导绿色出行、低碳节能的背景和意义，联系学生已有的对低碳出行的认识，激活学生关于出行方式的生活经验，为选择不同出行方式做铺垫。</td><td>1. 问题引入：“碳排放问题”是一个全球性的环境问题，它涉及我们生活的方方面面，包括能源消耗、工业发展、交通运输等。车辆尾气排放是加剧碳排放的一个重要因素。请思考：影响车辆碳排放量的因素可能有哪些？我们应该怎样计算碳排放量？</td><td>1. 观看“碳排放问题”的相关视频，了解过量碳排放对环境带来的危害，认识减少碳排放的重要性。回顾视频中的相关画面结合所学知识，回答问题：
A. 相互讨论影响车辆碳排放的因素有哪些；
B. 查询碳排放量的计算方法。</td><td>1. 创设具体问题情境，引发学生思考，培养其发现问题、解决问题的能力。
2. 结合案例分析与互动讨论，进一步深化对环境保护的系统性认知，从而有效强化社会责任感与公民意识，最终形成绿色出行理念的自觉践行。</td></tr>
</table>

（续表）

实践过程			
实践任务	教师活动	学生活动	设计意图
	2. 引导学生结合所学知识进行猜想。 3. 引导学生分析讨论：你将如何解决以上问题？你的解决途径是什么？你有哪些困难？你将如何解决这些困难？	2. 猜想：A. 相同速度下，不同的出行方式产生的碳排放量是否一样多？B. 不同速度下，同一出行方式产生的碳排放量是否一样多？ 3. 交流讨论：我应该采用什么方法来验证以上的猜想？在设计方案时我需要用到哪些工具？还需要获取哪些资料？ 讨论如何解决以上问题，制订出计划与方案。	3. 根据观察到的现象，提出猜想，并尝试进行科学探究。
任务 2：科学分组，搜集不同交通工具的碳排放数据、模拟场景地图等信息。讨论选择不同出行方式耗能情况的具体实施方案，包括需要运用哪些学科知识。	引导学生查阅资料。思考并设计实施方案：如果要验证以上猜想，你有哪些问题？需要哪些知识和工具？你将如何制订计划？	在教师引导下进行资料查阅与讨论，初步制订不同出行方式的实施方案，并尝试对以下问题进行解答： 如何确定出行路线？如何测量路程和时间并计算能耗？ 各小组选择出行路线，在组内明确成员分工，例如：组织员、资料收集员、数据分析员、宣传员、记录员等。	1. 通过了解不同交通工具的碳排放数据引导学生将理论与实践有机结合。 2. 通过将抽象问题具体化、情境化，培养学生设计方案的能力。 3. 通过科学合理的组内分工策略锻炼学生的组织协调能力。

（续表）

实践过程			
实践任务	教师活动	学生活动	设计意图
	3. 引导学生分析讨论：你将如何解决以上问题？你的解决途径是什么？你有哪些困难？你将如何解决这些困难？	3. 交流讨论：我应该采用什么方法来验证以上的猜想？在设计方案时我需要用到哪些工具？还需要获取哪些资料？ 讨论如何解决以上问题，制订出计划与方案。	

第二课时

实践任务
任务 3：小组成员选择不同出行场景（如上学、购物、旅行等），记录现有出行方式。 任务 4：根据调研结果，运用所学知识设计低碳出行方案，标注交通工具、路线、预计时间和碳排放。 任务 5：对比不同出行方式的时间和能耗等，初步得出结论。 任务 6：成果分享，反思改进。包括组内自评和组间互评。自评：评估方案的合理性和可行性。小组间互评：互相提出改进建议。
实践目标
1. 能根据设计方案，小组合作进行活动。在活动中，能对相关问题进行思考与讨论。 2. 根据调研结果，能用所学知识计算耗能多少并解释碳排放量的多少与哪些因素有关。 3. 在活动过程中，培养解决实际问题的能力，能运用多学科知识解决生活方面的问题。 4. 通过查阅资料，培养自主学习、归纳总结的能力，了解物理知识与生活的联系。

（续表）

实践过程			
实践任务	教师活动	学生活动	设计意图
任务 3：小组成员选择不同出行场景（如上学、购物、旅行等），记录现有出行方式。	引导学生回顾速度计算、能量转化等知识，提出问题引发学生思考：在活动中我们应该采用哪些测量工具？为了安全以及更加符合我们的日常生活习惯，应该如何选择路线？	借助物理知识，在前期准备的基础上，设计具体方案如下： a. 以小组为单位，选择测量工具和适合的路线、适合的出行工具并说明设计的依据与理由。 b. 思考如何根据小组所讨论的出行方案，利用所选择的材料更好地测量所需的物理量。讨论测量过程分为哪些步骤，测量过程中可能会遇到的问题。 c. 思考如何使测量数据更加准确。在此过程中，讨论应该记录哪些数据，如何记录。 d. 根据所得到的数据，初步分析总结。	1. 通过具体的实践活动，激发学生的参与感，引导学生养成主动探究的意识，培养学生的实践能力。 2. 通过测量数据，培养学生正确运用测量工具和处理数据的能力。
任务 4：根据调研结果，运用所学知识设计低碳出行方案，标注交通工具、路线、预计时间和碳排放。	1. 组织学生围绕问题进行讨论。 2. 对学生的实践方案予以指导和修改。 3. 组织学生确定出行路线，并设计实践方案。	围绕问题进行讨论，设计低碳出行方案，组内、组间相互交流，并积极主动与教师交流，使方案更加合理。	1. 通过自主设计方案，学生的创新思维得到锻炼，有利于提高学生的创新思维能力。 2. 学生成功完成设计方案，会获得很大的成就感，能够提升学生的自信心和责任感。

（续表）

实践过程			
实践任务	教师活动	学生活动	设计意图
任务5：对比不同出行方式的速度和能耗，初步得出结论。	1. 梳理活动思路。引导学生采用数学和物理知识，计算不同出行方式的碳排放量。	1. 在教师指导下，使用数学和物理知识，计算每种方案的预计时间和碳排放量。各组展示自己的低碳出行方案，进行比对，分享经验和收获。	1. 运用物理知识解决生活方面的问题，培养学生科学素养。
	2. 引导学生思考，多个小组对比实践数据。	2. 根据前面的实践数据，制订符合低碳出行的计划和改善方案。包括宣传计划，制作宣传海报、举办演讲等。提出改善学校周围交通环境的意见，与学校相关部门沟通，争取改善学校周边交通环境的措施得以实施。	2. 通过对比不同出行方案，培养学生的分析论证能力。
	3. 引导学生制订宣传计划，倡导“135”绿色低碳出行方式（1 km内步行，3 km内骑行，5 km内乘坐公共交通工具）。	3. 各小组按照宣传活动计划，在校内进行广泛宣传。利用校园广播、宣传栏等渠道，提高同学们对低碳出行的认识。	3. 制订宣传计划，从理论走向实际生活。将所总结的理论落实到实践中。使更多教师、同学认识到低碳出行的重要性和必要性。

（续表）

实践过程			
实践任务	教师活动	学生活动	设计意图
任务 6：成果分享，反思改进。包括组内自评和组间互评。自评：评估方案的合理性和可行性。小组间互评：互相提出改进建议。	引导学生组内、组间进行评价，并提出相应的改进方式。 根据学生在活动中的参与度、表现和成果，对学生进行综合评价。 借助跨学科实践活动融合德育教育。	1. 虚心听取组内自评，小组互评和教师评价。 2. 统计活动实施后学校周边交通方式的使用变化情况，评估方案的实际效果。 3. 通过问卷调查、访谈等方式，了解同学们对低碳出行的认识和态度是否有改变。	1. 在交流反思过程中，学生通过对其他小组成果的分析，思考自身和他人在本次实践方案的优势与不足，培养学生的批判性思维。 2. 通过调查等方式对比方案的实际效果，培养学生将所学知识应用到实际问题的能力。

四、评价实施建议

建议师生共同制订评价量表，用于学生自我诊断、组间评价，以及教师的评价反馈。

“设计低碳出行方案”实践评价量表

评价维度	评价标准	自评	互评	师评
概念理解	知道速度、路程、时间之间的关系			
	了解各种出行方式的碳排放原理			
	运用跨学科知识获取信息，解决实际问题			
实践计划	能制订分工合理、任务明确、切实可行的实践计划			
	能在规定时间内完成计划			
信息搜集	能有效搜集所需学习资源，注意资源的科学性和规范性			
	能将搜集到的知识转化为实践所需			
实践作品	低碳出行路线真实可行，数据真实有依据			
	不同出行方案项目齐全，清晰明了，便于比较选择			
	低碳出行作品各项内容布局合理，整体美观			
协同合作	分工明确合理，能阐述每个成员的具体贡献			
	小组成员积极协同合作完成各项任务，互相帮助，根据实践推进情况及时调整任务分工			
交流展示	能清晰介绍所规划的不同出行方案和收获			
	汇报展示形式丰富，语言流畅			
评价方法：完全符合评价标准得☆☆☆，基本符合得☆☆，少量符合得☆				

五、实践活动教学反思

1. 教学目标实现情况分析

本次实践活动实现了真情境中的概念理解和应用。通过“设计低碳出行方案”这一核心任务，学生加深了对物理概念如速度、距离、时间及碳排放量、地理中的地图绘制和数学中的数据统计等的深入理解。学生组内合作调查不同出行方式的碳排放量，运用所掌握的知识对各种低碳出行方式进行分析和比较，最终制订出实际操作性强的低碳出行方案，提升了学生跨学科信息整合与规划能力。实地调研发现，尽管学生们普遍认识到低碳出行的重要性，但在将这一认识转化为日常生活中积极的行动习惯方面，仍显不足。多数学生倾向于选择更为便捷省时的出行方式，低碳出行的实践行为仍需进一步的培养和引导。

2. 学生参与表现

学生整体参与度较高，在小组讨论环节表现积极，思维活跃，能够结合地理学科中的地图、景区分布图、交通线路分布等，对低碳出行方案进行多维度探讨。例如，在分析自行车出行是否适合选择的出行线路时，学生考虑到了地形特点以及自行车存放与防盗等现实问题。但也有少数学生较为被动，参与度不够，主要原因是对跨学科知识的综合运用能力不足，在小组中缺乏自信，不敢主动表达自己的观点。

3. 教学方法与策略

采用了小组合作学习法，有效地促进了学生之间的思想碰撞与合作交流，培养了学生的团队协作能力。问题导向教学法激发了学生的探究欲望，引导学生深入思考低碳出行相关问题。多媒体资源的运用丰富了教学内容，如展示各种低碳出行工具的图片、视频等，但在资源整合上还可以更加优化，使其与教学环节衔接得更加紧密。

4. 未来改进方向

（1）在教学内容方面，进一步加强跨学科知识的深度融合，引入更多生活实际案例与前沿科技信息，如新型低碳交通工具的研发成果等，拓宽学生视野。可增加实地体验环节，让学生更真实感受不同出行方式的差异。

（2）教学方法上，增加学生自主探究的时间与空间，鼓励学生提出自己的独特见解，例如开展小型课题研究，让学生深入探究某一种低碳出行方式的优化方案。对于学生参与度不均衡的问题，在小组分组时应更加注重学生能力与性格的搭配，同时加强对个别学生的关注与引导，建立更加完善的评价激励机制，对学生在跨学科实践中的表现进行全面、客观、公正的评价，充分调动每一位学生的积极性与主动性。

六、作品展示

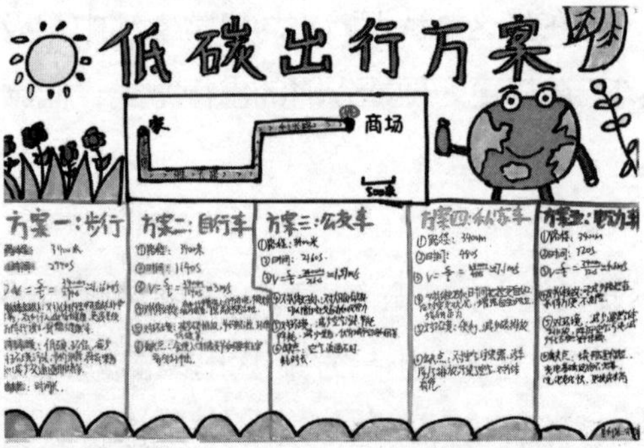

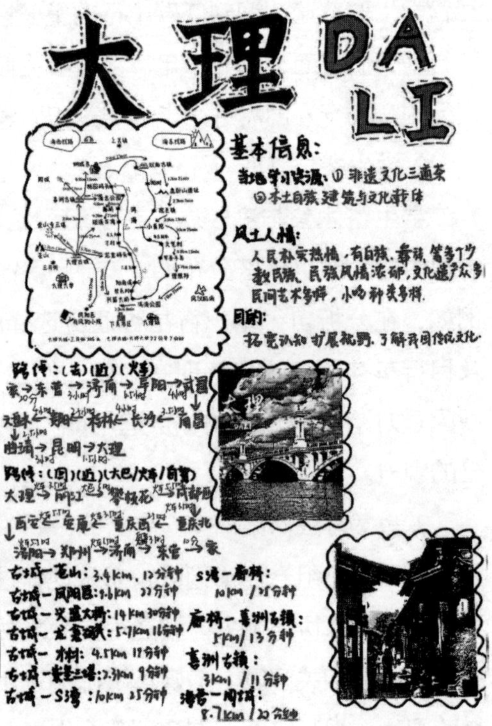

附：

“设计低碳出行方案”实践活动记录表

组别		组长		组员	
实践活动信息记录	实践活动时间				
	实践活动地点				
所需器材					
低碳出行路线					
完成实践所需信息、资源					
疑问与补充					
实践总结					
未来计划					

案例点评

“低碳出行”这一实践活动结合学生、学校及当地相关教学资源的实际情况，从学科融合、情境创设、评价育人等方面提出跨学科教学活动实施的合理化建议，以供广大一线教师在开展跨学科教学时参考。

1. 有机融入德育元素

新教材注重选择有育人价值的情境，重视中华优秀传统文化、革命文化、社会主义先进文化等德育元素与物理学习的完美融合。本节课有机融入能源节约与保护、“碳达峰”与“碳中和”等社会性议题，引导学生自主设计低碳出行方案，正确认识和处理人与自然的关系，强化科学态度与责任素养的培育，体现鲜明的育人导向，确保了跨学科实践教学内容的正确方向，有效增强了跨学科实践活动的思想性与时代性。

2. 创设真实问题情境

知识的迁移与灵活运用需要结合具体的情境，脱离具体情境容易导致学生学习的知识成为空中楼阁。没有基于情境的学习过程，学生难以深刻理解知识迁移和运用的触发条件，也容易导致在新的情境下迁移运用知识存在困难。在本跨学科实践中，学生根据自己的日常生活选择不同的出行场景（外出购物、假期旅游等），记录生活中真实的出行方式，加上提出符合学生知识基础的挑战性问题，能够有效激发学生学习的内在动力，引导学生立足物理学科，综合其他学科知识来解决生活实际问题，充分地体现了“从生活走向物理，从物理走向社会”的课程理念。

3. 注重表现评价

新课标中关于跨学科实践评价的要求如下: 应注重创设具有综合性、实践性和开放性的跨学科问题情境，收集学生在运用多学科知识和跨学科思维分析、解决问题中的行为表现和活动成果，评价学生提出问题、收集和处理信息、综合解决实际问题，以及团队合作等方面的能力。由此可见，跨学科实践评价不仅要关注实践后的物化成果，也要关注学生在跨学科实践中的过程表现。本节课教师在设计出行方案和方案优化的过程中多次组织学生进行组内评价、组间评价和班内方案展示，最终通过“评价量表”突破跨学科素养培育情况难以显性量化反映的难题。

本跨学科实践围绕真实问题情境预设一系列实践任务，将跨学科实践活动作为课堂教学的实践载体，让学生在“做中学”“做中思”，引导其站在跨学科视角看待新知、运用新知、反思新知，帮助学生通过实践活动及时巩固、深化对所学知识的理解，达成知识理解、方法迁移、态度养成等多重目标，促进物理核心素养和跨学科素养的全面发展。

跨学科实践案例 2 制作简易乐器

执教者：王文章（山东省东营市广饶县大王镇中心初中）
点评者：孙　青（山东省东营市广饶县大王镇中心初中　齐鲁名师）

一、实践活动课程规划

1. 整合学科

物理：学生需要知道声音是由物体振动产生的，并且声音的传播需要介质。在制作简易乐器时，无论是弦乐器（如用橡皮筋制作的简易吉他）、还是打击乐器（如用瓶子和水制作的水瓶琴），都是利用物体的振动来发声。对于弦乐器，弦的长度、粗细和松紧程度会影响音调；对于打击乐器，用力大小不同，乐器发声的响度也不同。不同材料制作的乐器，即使音调、响度相同，音色也会不同。

音乐：学生需要了解简单的音高概念，如音阶（如C大调的do、re、mi等）。在制作乐器过程中，能够根据想要的音高来调整乐器的结构参数。可以借助调音软件进行乐器的调音。虽然制作乐器本身不直接涉及节奏和节拍，但学生要知道乐器发出的声音在音乐作品中是要符合一定节奏和节拍的。这样在后续使用自制乐器演奏简单音乐时，才能更好地发挥乐器的作用。

工程实践：实践活动旨在通过设计、制作、调试乐器的完整流程，全方位培养学生的工程思维与实践能力。在工程设计流程上，明确制作可演奏简易乐器的需求，分析材料限制，绘制原型草图并进行迭代优化；在材料与结构实验中，对比不同材质琴弦，优化结构固定方式；在系统调试与问题解决方面，借助调音软件校准音准，验证乐器功能。在此过程中，学生将逐步建立从需求分析到成品落地的系统性工程思维，并通过使用剪刀、胶带等工具，进行结构组装与参数调试，切实提升技术实践能力。

美术：借由乐器的视觉设计与音乐会的艺术呈现，全方位提升学生的审美创造力。在乐器外观设计环节，学生可在水瓶琴中添加食用色素打造彩虹渐变，运用彩纸、贴画装饰纸盒吉他。在造型创意上，设计阶梯状弧形吸管排箫，或在纸杯鼓面绘制特色文化纹样。举办音乐会时，利用彩带、灯光和主题海报精心布置舞台，根据乐曲情绪巧妙搭配乐器颜色。学生在这一过程中，能通过色彩、形状和空间布局等来感知美，还能将科学工具转化为艺术载体，实现功能与形式的完美统一。

2. 实践价值

强化声学观念：学生在制作简易乐器过程中，能深刻理解声音是由物体振动产生并且通过介质传播这一基本声学观念。例如，当他们制作纸盒吉他时，通过拨动琴弦观察其振动引发空气振动从而产生声音，能直观地认识到声音产生和传播的过程。同时，对于音调、响度和音色这些抽象的声学概念，学生能够将其与乐器的具体结构和材料联系起来。比如，明白弦乐器弦的长度、粗细、松紧程度对音调的影响，强化了“频率决定音调”的观念；通过改变敲击力度感受响度变化，深化“振幅决定响度”的观念；对比不同材料制作的乐器所发出的声音，体会“材料和结构影响音色”的观念。

模型建构思维：学生在制作乐器时，需要将实际问题简化为物理模型。例如，在制作水瓶琴时，把管内的空气柱看作是一个一端开口（或两端开口）的振动模型。学生通过改变空气柱的长度来研究其振动频率与音调的关系，这种将复杂的乐器发声问题简化为空气柱振动模型的过程，培养了模型建构思维。

创新思维：制作简易乐器为学生提供了一个创新的平台。学生可以突破传统乐器的设计思路，尝试用新的材料和结构来制作乐器。

培养民族自豪感：我国明代乐律学家朱载堉创建了有别于五声音阶的“十二平均律”，此理论被广泛应用在世界各国的键盘乐器上，他还创作出世界上第一架定音乐器——弦准，这两大发明对世界音乐发展具有里程碑的意义。

3. 实践任务

本任务以制作简易乐器为载体，整合物理、音乐、工程与美术多学科知识：通过调整琴弦张力、水量变化探究声音的振动频率与音调响度的物理规律，结合音乐学科的音阶调式理论校准音高并设计合奏曲目；在工程实践中完成乐器结构设计与材料优化，融入美术学科的彩绘装饰与舞台视觉创意，最终通过“设计—制作—展演”的跨学科协作，在动手实践中深化科学探究、工程思维、艺术审美与团队协作能力，实现知识应用与综合素养的全面提升。

4. 实践目标

（1）利用日常材料制作两种简易乐器（纸盒吉他、水瓶琴），并能演奏简单乐曲。

（2）通过调试乐器理解音调、响度的科学原理。

（3）团队合作策划一场小型音乐会，展示成果并分享创作过程。

5. 重点难点

（1）重点：明晰音调与频率、响度与振动幅度的关系，保障乐器发出可控音阶及合理音量；确保乐器结构稳定，实现基本演奏功能，如吉他琴弦稳固、水瓶琴摆放安全且能正常演奏；提升乐器视觉吸引力，舞台布置契合乐曲风格，实现艺术表达；团队协作管理，分工明确，把控时间，高效推进制作、排练、演出等各环节。

（2）难点：不易精准控制音调，材料本身的效果存在局限性，如纸盒共鸣效果不佳、不好控制吸管排箫气流；将创意转化为实际设计需强大空间想象力；学生易混淆频率、音调、响度的关系，理解共鸣原理有难度；自制乐器合奏配合难度大，演出时还需应对各种意外状况。

6. 学情分析

八年级学生正处于抽象思维发展阶段，能初步理解声音的频率、振幅等物理概念，但需借助具象化工具（如调音软件）辅助知识迁移；他们具备声音产生与传播的基础知识，但乐器调试（如水量微调、琴弦张力控制）等实践技能较弱，需教师示范操作。

学生对动手实践与创意设计兴趣浓厚，但易因调试挫败等因素失去耐心，需通过生活实例类比、结构化任务分工及备用材料支持降低难度。兴趣点主要在于跨学科融合与个性化创作，能力提升空间主要集中于科学探究、工程思维及团队协作。教师需分层指导并强化安全保障，帮助学生在“设计—制作—展演”中突破认知瓶颈，实现知识整合与创造力提升。

7. 实践准备

抽纸盒（或硬纸盒），粗细不同的橡皮筋（或尼龙线、金属丝），铅笔（2 支），7 个相同玻璃瓶（可替换为塑料瓶），清水，筷子（或金属勺），手机调音软件，量杯（精确水量控制），直尺（标记琴弦间距），剪刀，透明胶带，直尺，记号笔，量杯，食用色素等。

二、实践活动实施规划

1. 实践活动流程图

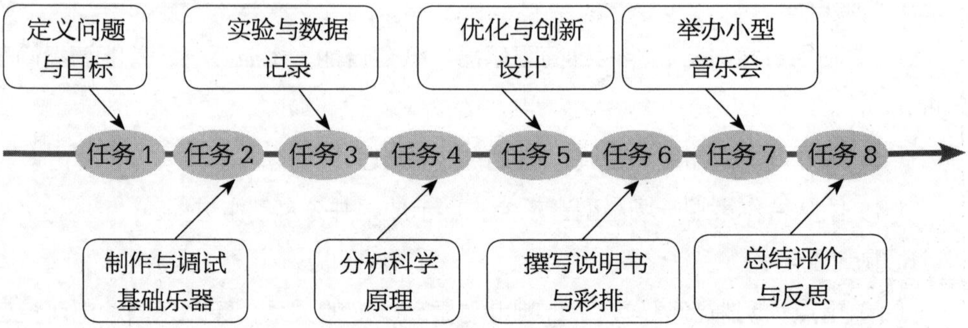

2. 实践活动规划表

实践步骤	实践任务	课时安排
问题： 提出问题，明确实践课题	任务 1：定义核心问题与目标 提出核心问题：如何用日常材料制作能演奏音阶的乐器？音调、响度与材料及结构有何关系？ 明确目标：制作纸盒吉他、水瓶琴，验证声音特性规律，策划跨学科音乐会。	课时 1
证据： 确定任务方案，明确实践步骤	任务 2：制作与调试基础乐器 纸盒吉他：安装琴弦、固定琴桥，调试琴弦张力与音调关系。 水瓶琴：按水量递减（200 mL → 20 mL）调音，用调音软件校准音阶。 工具与安全：准备材料（纸盒、瓶子、橡皮筋等），注重安全操作（如塑料瓶替代玻璃瓶）。 任务 3：实验与数据记录 音调实验：对比粗细琴弦、不同水量瓶子的音高差异，记录频率数据。 响度实验：测试拨弦力度、敲击材料改变（如木筷或金属勺）时的响度变化。 记录表格：填写《琴弦粗细—音调表》《水量—音高对照表》。	

（续表）

实践步骤	实践任务	课时安排
解释： 建构相关知识，经历实践过程	任务 4：分析科学原理 音调与频率关系：通过实验数据总结“琴弦越细 / 越紧，频率越高，音调越高”。 响度与振幅关系：验证“振动幅度越大，响度越强；材料传声效率影响音量”。 共鸣原理：解释纸盒吉他共鸣箱放大声音的原理。 任务 5：优化与创新设计 功能优化：更换金属丝琴弦提高音准，加固琴桥稳定性。 创新设计（选做）：制作吸管排箫（长度控制音调）或纸杯鼓（气球皮鼓面）。 艺术融合：用色素标记水瓶琴音阶，彩绘纸盒吉他外观。	课时 2
交流： 展示实践成果，总结交流评价	任务 6：撰写说明书与彩排 说明书：描述乐器功能（如“按压琴弦改变音高”）、使用方法、科学原理示意图。 音乐会彩排：分工演奏（吉他伴奏 + 水瓶琴主旋律），简化曲目（如《小星星》）。 任务 7：举办小型音乐会 展示环节：讲解乐器原理（1 分钟），演奏 2~3 首乐曲。 互动环节：观众体验乐器，评选“最佳创意奖”。 视觉设计：舞台布置（彩带、灯光、手绘展板等）。 任务 8：总结评价与反思 成果提交：音乐会视频、乐器实物、实验记录表。 多维评价：小组互评（协作性、创意性）、教师评分（科学性、实用性）。 反思报告：总结成功点（如“跨学科融合效果”），提出改进方案（如“引入数字调音器”）。	

三、实践活动教学设计

第一课时

实践任务			
1. 定义问题与目标 讨论并明确核心问题：如何用日常材料制作能演奏音阶的乐器？确定实践目标：制作两种乐器并探究声音规律。 2. 制作纸盒吉他 在抽纸盒两端打孔，安装 3~5 根不同粗细的橡皮筋；固定铅笔作为琴桥，调节琴弦张力。 3. 调制水瓶琴音阶 在 7 个玻璃瓶中依次装入递减水量（200 mL → 20 mL），敲击瓶口听音；用食用色素标记水位，初步记录音高差异。 4. 实验与数据记录 对比粗细琴弦的音调差异，填写《琴弦 – 音调表》；敲击不同水量瓶子，记录《水量 – 音高表》。			
实践目标			
1. 完成纸盒吉他与水瓶琴的基础制作，理解音调与材料、结构的关系。 2. 通过实验记录数据，初步验证声音的物理特性（音调、响度）。			
实践过程			
实践任务	教师活动	学生活动	设计意图
任务 1：定义核心问题与目标	1. 展示橡皮筋振动发声视频，提问：“声音的高低与什么因素有关？如何用纸盒和瓶子制作乐器？” 2. 分发任务卡，明确目标：制作两种乐器并验证声音规律。	1. 小组讨论，提出猜想（如“琴弦越细，音调越高”）。 2. 阅读任务卡，明确分工（记录员、操作员等）。	激发兴趣，关联生活经验，明确实践方向。

（续表）

实践过程			
实践任务	教师活动	学生活动	设计意图
任务 2：制作与调试基础乐器	1. 演示制作纸盒吉他（打孔固定琴弦、安装琴桥）。 2. 指导水瓶琴水量（200 mL → 20 mL），强调安全操作。 3. 巡回指导，提示“琴弦绷紧”“水量精确”。	1. 制作纸盒吉他：安装琴弦，用铅笔固定琴桥。 2. 调制水瓶琴：用量杯装水，敲击瓶口初步听音。 3. 记录问题（如琴弦松动）。	培养动手能力，理解结构与功能的关系，强化安全规范。
任务 3：实验与数据记录	1. 发放实验表格，示范数据记录方法。 2. 提问引导：“粗弦和细弦哪个音调高？水量多的瓶子声音更低沉吗？”	1. 对比粗细琴弦音调，填写《琴弦—音调表》。 2. 敲击不同水量瓶子，记录《水量—音高表》。 3. 用手机录音保存参考音高。	培养观察与记录能力，为原理分析提供实证数据。

第二课时

实践任务
1. 分析科学原理 基于实验数据，总结“琴弦越细 / 越紧，音调越高；水量越少，音调越高”；观看振动动画，理解频率与振幅的概念。 2. 优化与创新设计 更换金属丝琴弦提高音准，加固琴桥稳定性；彩绘纸盒吉他，用彩色胶带装饰水瓶琴瓶身；制作吸管排箫（剪裁不同长度吸管并固定）。 3. 彩排与音乐会展示 分组练习《小星星》合奏（吉他伴奏 + 水瓶琴主旋律）；设计 1 分钟展示词（讲解原理 + 演奏片段）。 4. 总结评价与反思 小组互评（协作性、创意性），教师点评（科学性、实用性）；评选“最佳创意奖”，布置课后反思报告。

（续表）

实践目标			
1. 分析实验数据，理解振动频率、振幅与声音特性的科学原理。 2. 优化乐器功能与美观性，合作完成音乐会展示。			
实践过程			
实践任务	教师活动	学生活动	设计意图
任务 4：分析科学原理	1. 展示学生实验数据，总结规律：振动频率决定音调，振幅决定响度。 2. 用动画演示琴弦振动与空气柱振动原理。	1. 小组汇报数据，归纳结论（如“水量越少，音调越高”）。 2. 结合物理公式（$频率=\frac{1}{周期}$），解释现象。	将现象上升为理论，强化科学思维与逻辑分析能力。
任务 5：优化与创新设计	1. 提供进阶材料（金属丝、吸管），提示优化方向： 如何让音色更清晰？如何装饰乐器？ 2. 分层指导：基础组加固琴桥，进阶组设计吸管排箫。	1. 更换金属丝琴弦，调整琴桥位置。 2. 用色素标记水瓶音阶，彩绘纸盒外观。 3. 选做：制作吸管排箫（剪裁不同长度吸管）。	培养迭代优化意识，融合功能与美学，鼓励创新。

（续表）

实践过程			
实践任务	教师活动	学生活动	设计意图
任务 6：撰写说明书与彩排	1. 提供说明书模板（功能、使用方法、原理图）。 2. 分发《小星星》简谱，指导声部分配（吉他和弦 + 水瓶琴旋律）。	1. 撰写说明书（图文结合）。 2. 分组彩排：按简谱练习合奏，调整节奏。	强化表达与协作能力，为展示环节做准备。
任务 7+8：音乐会展示与总结	1. 主持音乐会，控制时间（每组 1 分钟展示）。 2. 组织评选“最佳创意奖”，对其中科学性与协作性进行点评。 3. 布置课后任务：提交反思报告。	1. 展示乐器并讲解原理（如“纸盒共鸣放大声音”）。 2. 合奏《小星星》，邀请观众体验乐器。 3. 填写互评表（从协作、创意、科学性等方面进行）。	提升自信心与表达能力，通过反馈促进反思。

四、评价实施建议

建议师生共同制订评价量表，用于学生自我诊断、组间评价，以及教师的评价反馈。

“制作简易乐器”项目评价量表

评价维度	评价标准	自评	互评	师评
概念理解	能准确解释音调、响度与振动频率 / 振幅的关系			
	能分析材料与结构对乐器发声的影响			
	能用物理原理解释自制乐器的调试过程			
实践计划	任务步骤合理，逻辑清晰			
	时间分配科学，符合课时要求			
	团队分工明确，责任到人			
信息搜集	材料选择科学且符合安全要求			
	有效利用多种资源获取知识			
	能筛选并验证信息的准确性			
实践作品	乐器功能达标，能演奏简单音阶			
	设计美观，体现艺术创意			
	作品稳定性与创新性			
协同合作	团队角色分工明确，责任落实到位			
	积极沟通并协调组内意见，解决矛盾			
	主动帮助同伴，共同完成目标			
交流展示	展示内容逻辑清晰，重点突出			
	语言表达流畅，科学性与创意性并重			
	有效互动，回应观众提问			
评价方法：完全符合评价标准得☆☆☆，基本符合得☆☆，少量符合得☆				

五、实践活动教学反思

本次制作简易乐器的教学活动，旨在让学生通过亲自动手制作乐器，深入理解物理知识，培养实践能力和创新思维。以下是对本次实践活动的反思。

1. 激发学生兴趣

通过展示精美的简易乐器图片和有趣的乐器演奏视频作为导入，成功吸引了学生的注意力，激发了他们对活动的浓厚兴趣。这种兴趣贯穿整个教学过程，使得学生在遇到困难时依然保持较高的积极性，主动寻求解决办法。

2. 知识与实践融合

在制作过程中，学生能够将所学的物理知识、材料科学知识和音乐知识有效地运用到实际操作中。实现了跨学科知识的融合，加深了对知识的理解和记忆。每个制作环节都设计了相应的引导问题和思考点，促使学生在实践中主动思考。

3. 团队协作与沟通

分组制作乐器的形式促进了学生之间的团队协作。在小组内，学生们分工明确，有的负责设计，有的负责操作，有的负责记录。通过相互协作，他们共同完成了乐器的制作，并且在遇到问题时能够一起讨论、尝试解决方案。在这个过程中，学生的沟通能力、合作能力得到了锻炼，同时也培养了他们的集体荣誉感。

4. 未来改进方向

优化时间安排，更加合理地分配每个教学环节的时间。对于讲解和示范环节，可以精简内容，突出重点，提高效率，为学生留出更充足的制作时间。

在制作过程中，设置时间节点和阶段性检查，确保每个小组都能跟上进度。对于进度较慢的小组，可以给予适当的额外指导，帮助他们加快速度，同时避免影响整体教学进度。在调试和优化阶段，可以适当延长时间，让学生有足够的时间完善乐器的声音效果。

本次简易乐器制作的教学活动有许多值得肯定的地方，同时也暴露出一些问题。通过对教学过程的反思，不断改进和优化活动方案，更好地发挥跨学科实践活动的优势，让学生在实践中更好地学习和成长。

六、作品展示

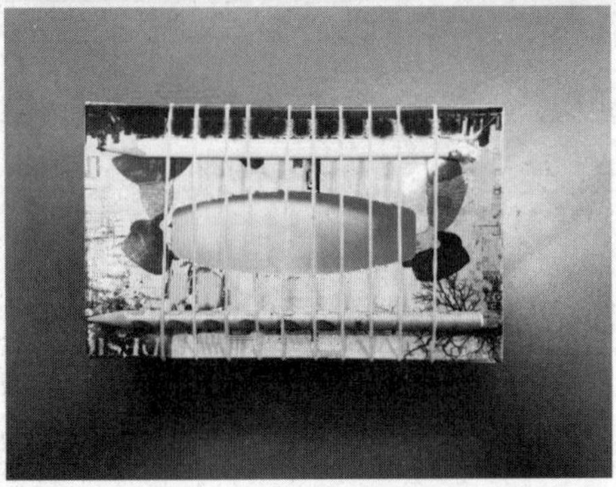

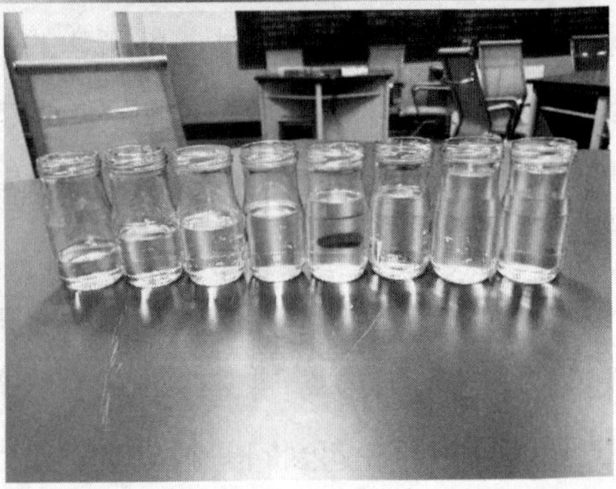

附：

“制作简易乐器”实践活动记录表

组别		组长		组员	
实践活动信息记录	实践活动时间				
	实践活动地点				
所需器材					
简易乐器设计思路					
演示项目及效果					
疑问与补充					
实践总结					

案例点评

本案例选取“物理学与日常生活”这一跨学科实践主题，在声现象这一主题下，通过利用身边的器材制作简易乐器并尝试演奏简单的乐曲，很好地体现了跨学科实践教学“跨学科性”和“实践性”的特点。通过多样化的学习方式，提升跨学科理解的能力，以评价促进素养目标的达成。本案例有以下几点值得借鉴。

1. 教学理念先进

此案例巧妙融合物理学与音乐、工程实践、美术学科。学生在物理领域探究声音的产生和传播以及声音的特性；在音乐方面，学习音高、音阶知识，了解乐器发声在音乐作品中的节奏、节拍要求。这种融合打破学科界限，培养学生综合素养与跨学科思维，让学生认识到知识的关联性。制作简易乐器时，学生从被动接受知识转变为主动探索，通过动手操作将抽象知识转化为实际作品，激发学习兴趣与内在动力。在实践中不断尝试、改进，培养坚韧精神与解决实际问题的能力，实现实践育人目标。

2. 源于学生生活的真实物理情境

案例从生活实际出发，通过制作简易乐器，激发学生学习兴趣，引导学生用跨学科视角分析问题，用科学方法解决问题，体会物理学和生活的紧密联系，践行“从生活走向物理，从物理走向社会”的课程理念。物理知识包括声音产生、传播本质及声音特性影响因素；音乐知识涉及音高、音阶等基础概念；还有材料科学知识，如不同材料对乐器音色的影响。这些知识相互交织，为学生学习提供全面支撑。制作简易乐器这一主题兼具生活实用性与趣味性。学生在日常生活中接触乐器，通过亲手制作，能深入了解乐器发声原理与构造，更好地欣赏音乐，感受知识的实际价值，提高学习积极性。

3. 重视科学探究能力的培养

案例设计了丰富多样的教学活动，包括教师讲解、学生实验、小组讨论、作品展示和评价。教师讲解提供知识基础，学生实验探究加深对知识的理解，小组讨论促进交流合作，作品展示和评价培养表达、审美和批判性思维，营造积极活跃的学习氛围。教学以问题为引领，如制作时学生思考如何调整乐器结构参数以达到理想音效。在解决问题过程中，学生进行实验、观察、分析和论证，培养自主学习与科学探究精神，学会主动思考和解决问题。

4. 实践活动实施规划合理

实践活动分为准备、制作、调试与优化、总结与展示四个阶段，每个阶段任务和目标明确。准备阶段让学生了解活动和相关知识，做好准备；制作阶段学生动手制作，深入理解知识；调试与优化阶段提升乐器质量；总结与展示阶段学生分享成果，巩固知识，使教学过程有序进行。根据各阶段任务和难度，合理安排课时。并且确保学生有充足时间实践操作，保证了教学活动的完整性。

本案例的成功实施，彰显了跨学科实践教育在提升学生核心素养中的重要作用，为学科融合教学提供了可借鉴的路径。未来，若能进一步拓展评价维度的多元性（如作品创新性评估等），并探索更多生活化主题的延伸应用，将更有利于推动素质教育向纵深发展。总体而言，本案例既是科学教育的有益尝试，也为构建“知行合一”的课堂生态提供了生动范例。

跨学科实践案例 3 眼睛与眼镜

执教者：刘莹莹（山东省东营市广饶县兴安中学）
点评者：吴卫锋（山东省东营市广饶县英才中学　齐鲁名师）

一、实践活动课程规划

1. 整合学科

物理：了解人眼成像的原理和眼睛的明视距离；了解视觉暂留现象，了解其在生产生活中的应用；明确近视的危害，增强保护视力的意识；实验探究近视眼和远视眼的成因及矫正方法；调研科学配镜的基本流程，培养用科学指导实践的行为习惯。

生物学：了解眼睛的结构及功能；知道人体对外界环境的感知是人体更好调节生命活动的前提；了解眼睛保健知识，养成健康生活的习惯。

数学：通过统计班级学生的近视情况及眼镜的度数，学会使用柱形图和饼图展示统计结果，并进行数据分析。

工程技术：制作可变焦距的眼睛模型。

2. 实践价值

本课题以眼睛的结构及功能、近视眼和远视眼的成因及矫正等基础知识为载体，策划并开展实践活动，统整物理、生物学、数学和工程技术等多学科课程资源。本节实践课是调查类和制作类相结合的一节跨学科实践课，为将调查类和制作类实践课有机地衔接，以可变焦距的眼睛模型的制作为实践任务，学习眼睛的结构及功能、人眼成像原理、视觉暂留现象、近视的危害、近视眼和远视眼的成因及矫正和了解科学配镜的流程，形成保护视力、科学用眼的好习惯，养成健康的生活方式。以小组为单位制作可变焦距的眼睛模型，有助于培养学生形成乐于思考、勤于动手动脑的科学素养。通过了解眼镜给人们生活带来的便利，激发学生对光学知识的兴趣，激发学生的社会责任感。通过可变焦距的眼睛模型的制作，培养学生的创新意识和实践能力。

3. 实践任务

通过对比眼睛和照相机结构，了解眼睛的结构及功能，为制作可变焦距的眼睛模型提供理论知识。通过人眼成像的原理和探究近视眼、远视眼的成因实验，知道晶状体是如何工作的，从而选择合适的材料来制作可变焦距的眼睛模型。通过近视情况的调查，了解近视的危害，能撰写关于青少年近视问题的调查报告，制作关于保护视力的宣传海报。能对小组可变焦距的眼睛模型进行交流与展示。

4. 实践目标

（1）了解眼睛的结构及功能，了解人眼的成像原理。知道眼睛是如何看清远近不同的物体。

（2）通过实验探究近视眼和远视眼的成因及矫正，了解光学技术的发展给生活带来的变化。

（3）通过近视情况的调查问卷，学会使用柱形图和饼图对数据进行分析，并形成青少年近视情况的调查报告，明确近视的危害，具有保护视力的意识。

（4）通过近视情况的调查问卷和可变焦距的眼睛模型的制作，培养小组合作、动手动脑、勇于尝试的意识与能力。

（5）通过了解视觉暂留现象在现代电影中的应用，激发学习热情，体会科技的进步对生活生产的影响。

5. 重点难点

（1）重点：结合所学知识提出问题，培养问题意识；了解眼睛的结构和功能，了解人眼成像的原理；能结合眼睛的结构和凸透镜成像规律，构建基本的眼睛模型；学会使用问卷的方式进行问题的调查，会利用不同的统计图对数据进行分析；语言准确、条理清晰地汇报本小组的问卷结果和调研报告，对制作的可变焦距的眼睛模型进行展示；养成科学用眼的习惯。

（2）难点：学会从多学科角度看待同一问题，增强学科之间的关联，具有跨学科学习的意识；了解不同材料的不同物理属性，选择制作可变焦距的眼睛模型的合适材料；小组合作设计、制作可变焦距的眼睛模型，并进行展示，了解物理知识向工程实践转化的难点。

6. 学情分析

知识储备：在物理课上学生学习了透镜对光线的作用、凸透镜成像的规律和照相机的工作原理，但没有从凸透镜对光的作用的角度学习眼睛成像的原理，需要在教师的引导下从物理学的角度结合凸透镜成像的规律，对比照相机的工作原理继续深入学习。在生物课上学习了眼睛的结构及功能，对于可变焦距的眼睛模型学生没有接触过，生物学上的模型和我们本节课要制作的模型，主要区别在于晶状体和睫状体，在设计方案过程中，对晶状体和睫状体的制作要有一个充分的引导。在数学课上学生已经接触并应用柱形图和饼图进行数据的收集和分析，了解了不同统计图的优点，具有了一定的知识储备。但学生缺少实际运用，所以本节课在学生的问卷调查结束后，还要对数据的分析过程及时给予指导。

能力层面：中学生已经具备了一定的逻辑思维能力，对比较直观的现象接受较快，对抽象事物的分析、理解有一定的难度，在教学过程中要结合学生的这一特点，尽可能多地将所学内容通过一定的载体，较为直观地呈现给学生。例如，晶状体是如何在睫状体的带动下变薄和变厚的，学生无法直观地看到，可以借助 VR 交互教学或者联合生物学老师，借助模型将这一过程具象化，帮助学生理解眼睛视物的过程。同时在之前的学习过程中，学生已经学习并动手制作了简易乐器，对模型制作的程序有一定的了解，对制作过程中使用的工具已经达到熟练的程度。

7. 实践准备

眼球模型，剪刀，硬纸片，画有小鸟的纸片，画有鸟笼的纸片，小木棍，橡皮筋，胶棒，透明胶带，热熔胶棒，热熔胶枪，封口夹，保鲜膜，波波球膜，止水夹，矿泉水瓶，果冻盖，注射器，橡胶管，小木棍等。

二、实践活动实施规划

1. 实践活动流程图

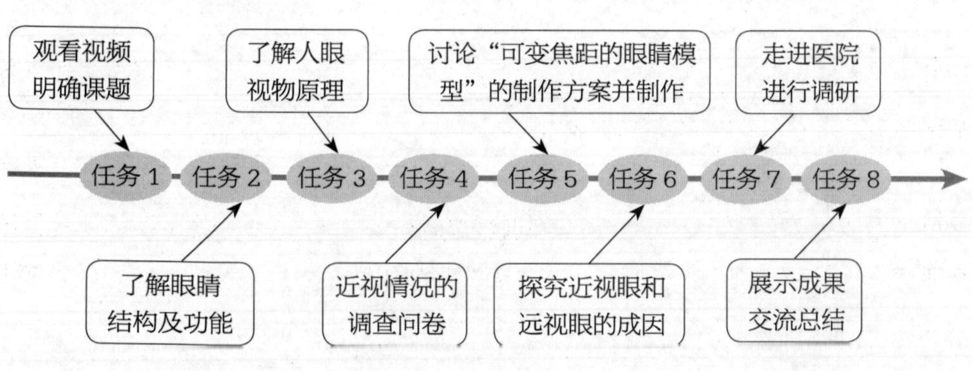

2. 实践活动规划表

实践步骤	实践任务	课时安排
问题： 提出问题，明确实践课题	任务 1：观看眼睛的科普视频，认识眼睛的重要性。明确实践课题。	课时 1
证据： 确定任务方案，明确实践步骤	任务 2：了解眼睛的结构及功能，明确可变焦距的眼睛模型的构成部分。 任务 3：了解人眼的视物原理和视觉暂留现象。 任务 4：通过问卷的形式调查本班级的近视率。	
解释： 建构相关知识，经历实践过程	任务 5：讨论可变焦距的眼睛模型的制作方案，并分组进行制作。 任务 6：使用制作的模型探究近视眼和远视眼的成因与矫正。 任务 7：走进医院调研与近视有关的问题及科学配镜流程。撰写“科学用眼，预防近视”倡议书。	课时 2
交流： 展示实践成果，总结交流评价	任务 8：展示近视率的调研报告、倡议书、宣传海报和模型制作成果，交流调研和模型制作过程中的问题。	课时 3

三、实践活动教学设计

第一课时

实践任务			
1. 观看眼睛的科普视频，认识眼睛的重要性。明确实践课题。 2. 了解眼睛的结构及功能，明确可变焦距的眼睛模型的构成部分。 3. 了解人眼的视物原理和视觉暂留现象。 4. 讨论如何通过问卷的形式调查本班级的近视率。			
实践目标			
1. 通过观看眼睛的科普视频，初步了解眼睛；能结合所学物理、生物学知识，提出视频中的相关问题，明确实践目的和任务，增强问题意识。 2. 能根据模型制作的需求，明确需要学习、调研的内容，提高项目规划的能力，提高运用跨学科知识解决问题的能力。 3. 了解眼睛的结构及功能，会构建简单的物理模型；通过对比照相机的成像原理来认识眼睛的视物原理，知道眼睛也是一种“透镜”；能月凸透镜成像的规律来分析人眼是如何看清远近不同的物体的，培养科学推理和科学论证的能力。 4. 通过讨论设计调查近视情况的调查问卷，组织学生进行小组合作，促进学生之间的交流与协作；通过对问卷形式的科普，了解科技进步给学习和生活带来的便利；在问卷调查过程中，提高学生的沟通能力。			
实践过程			
实践任务	教师活动	学生活动	设计意图
任务 1：观看眼睛的科普视频，认识眼睛的重要性。明确实践课题。	1. 展示图片，提出问题：祖国的美丽山河，生活中感动的瞬间，都是身体上哪个器官带我们去见证的？播放眼睛的科普视频。 2. 通过观看视频，说出你对眼睛的了解。	1. 与老师一起观看眼睛的科普视频。 2. 说出从科普视频中了解到的与眼睛有关的内容。（a. 眼睛的组成。b. 眼睛类似于一台照相机，它的成像过程和照相机的拍照原理类似。c. 眼睛也会生病，常见的有近视眼和远视眼。）	1. 通过观看眼睛视频，引起学生对眼睛问题的重视，培养爱眼护眼的意识。 2. 创设真实的任务情境，培养学生的问题意识。

（续表）

实践过程			
实践任务	教师活动	学生活动	设计意图
	3. 通过观看视频，明确眼睛的重要性，提出实践任务：制作一个可变焦距的眼睛模型，借助模型科普眼睛的视物原理和近视眼、远视眼的成因及矫正方法，最终来倡议大家保护眼睛。	3. 基于真实情景和数据，认识保护眼睛的重要性，明确实践任务：制作一个可变焦距的眼睛模型，借助模型科普保护眼睛的重要性。	3. 通过模型进行科普讲解，培养学生借助模型来解决问题的意识。
任务 2：了解眼睛的结构及功能，明确可变焦距的眼睛模型的构成。	1. 每个小组分发一个生物学上的眼睛模型，联系生物学知识，借助眼睛模型，以小组为单位，认识眼睛的构造、各部分的功能和位置，初步认识眼睛。 2. 请小组代表进行讲解。	1. 以小组为单位，根据老师提供的模型和教学资源，认识眼睛的结构及功能。 2. 借助模型，对眼睛的结构及功能进行讲解。 	1. 通过借助眼睛模型和生物学知识来学习眼睛的结构及功能，让学生初步形成跨学科学习的意识。 2. 小组进行学习成果展示，既培养了学生小组合作学习的能力，又增强了学生的语言表达能力。

（续表）

实践过程			
实践任务	教师活动	学生活动	设计意图
任务 3：了解人眼的视物原理和视觉暂留现象。	1. 多媒体演示人眼的视物过程，引导学生将人眼的视物过程与照相机成像的工作过程对比，找出共同之处。 2. 两人一组，尝试测量仅依靠人眼看清楚的最近物体的距离。介绍近点、远点和明视距离。 3. 多媒体播放胶片电影的工作过程，了解视觉暂留现象。引导学生讨论如何让一帧一帧的图片，形成一个连续的视觉效果，借助动画对视觉暂留现象在生活中的应用进行讲解。 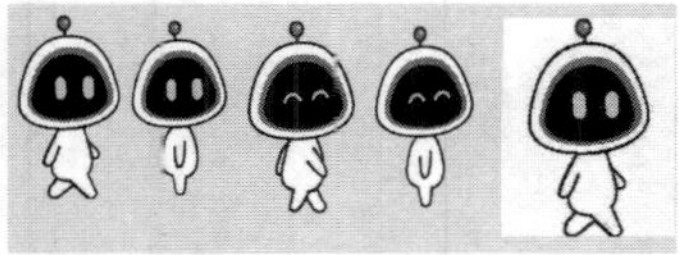 4. 应用视觉暂留现象解决问题——如何让小鸟进入鸟笼？	1. 借助多媒体的演示和老师的讲解，认识人眼的视物原理，将这一过程与照相机的工作过程进行对比，进行总结：a. 眼睛的主要结构是眼球，眼球类似于一架照相机；b. 晶状体和角膜共同作用，相当于照相机的镜头——凸透镜。c. 视网膜相当于光屏。 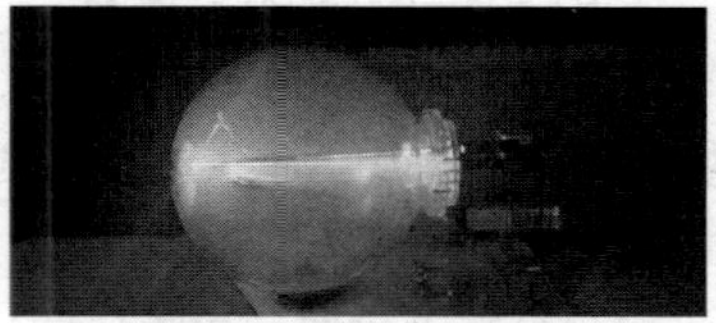 2. 分组测量，一同学将课本逐渐靠近眼睛，直到眼睛看不清楚课本上的字，另一同学测量这一段距离，得出眼睛的近点。 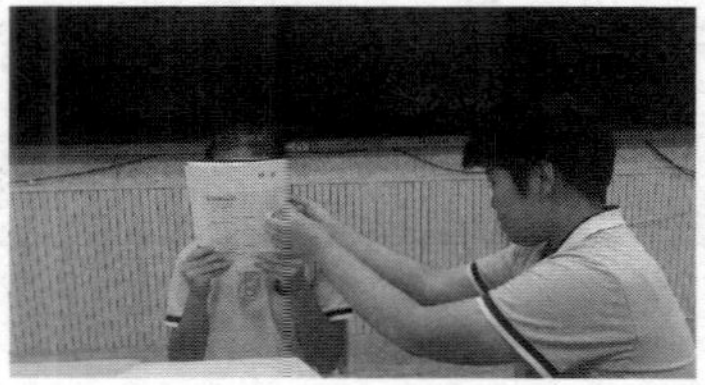	1. 通过眼睛与照相机的对比，认识眼睛的视物原理。 2. 通过实践，了解眼睛的近点，对比正常眼睛和近视眼的近点的距离，为探究近视眼的成因埋下伏笔。 3. 经历概念的学习和应用，培养学生运用所学知识解决实际问题的能力，锻炼学生的动手操作能力和工具的使用能力。 4. 鼓励学生使用多种方法完成实践任务，发散学生的思维。

（续表）

实践过程			
实践任务	教师活动	学生活动	设计意图
		3. 通过了解电影放映机的工作原理，了解视觉暂留现象。讨论如何让一帧一帧的图片，形成一个连续的视觉效果——加快播放频率，使每帧图片的播放间隔小于 0.1 s。 4. 小组合作，使用老师提供的物品，让一张纸上的小鸟进入另一张纸上的鸟笼中。方法有： a. 将小鸟和鸟笼的纸片分别贴在硬纸板的正反面上，在硬纸板下方粘上木棍，快速搓动木棍，使硬纸板转动，小鸟就“进入”鸟笼中；b. 将小鸟和鸟笼的纸片卷起来，按照小鸟在上，鸟笼在下的顺序，将两张纸片贴在硬纸板上，用木棍快速拨动两张纸片，小鸟就“进入”鸟笼中。	

（续表）

实践过程			
实践任务	教师活动	学生活动	设计意图
任务 4：讨论如何通过问卷的形式调查本班级的近视率。	1. 眼睛是心灵的窗户，通过课前科普视频我们了解到，不正确的用眼方式等，都会导致眼睛生病。对青少年来说，眼睛疾病主要是近视，我们通过什么形式了解一个班级的近视情况呢？ 2. 讲解问卷的组成部分、问题和答案的设计形式、问卷的发放途径和数据的统计方式。 3. 引导学生课后进行问卷调查，并撰写调查报告，明确近视的危害。	在教师的引导下，以小组为单位，设计调查班级近视情况的问卷。通过学习应明确以下问题： 问卷的结构包括：问卷的名称、被调查者的年级、班级和相关的问题。 可以调查的问题有：a. 是否近视；b. 近视的度数；c. 近视的年龄；d. 近视的原因；e. 用眼习惯等。 答案的形式有：填空、单项选择和多项选择等。 问卷的发放形式：纸质调查问卷、在线调查问卷、借助各种软件等。 数据的统计方式：饼图、柱形图和折线图等。	1. 通过问卷的设计，让学生学会用调查的方式研究问题。 2. 应用数学课上所学的饼图和柱形图知识对数据进行处理，将数学与物理相联系，应用跨学科的方法解决实际问题，促进学生跨学科意识的不断提升。 3. 培养学生身体力行的科学态度与责任。 4. 让学生体验新的学习方式带来的乐趣和困难。

第二课时

实践任务			
1. 讨论可变焦距的眼睛模型的制作方案，并分组进行制作。 2. 使用制作的模型探究近视眼和远视眼的成因与矫正方法。 3. 走进医院调研与近视有关的问题及科学配镜流程。撰写“科学用眼，预防近视”倡议书。			
实践目标			
1. 能初步制订方案，根据方案，以小组为单位开展可变焦距的眼睛模型的制作。 2. 在方案讨论阶段，能不断探索，养成谦虚谨慎、团结合作和修正错误的科学品质。 3. 在制作过程中，了解物理与工程实践之间的关联，养成合作探究、积极探索、主动学习、勇于克服困难和挖掘物理学科趣味性的习惯。锻炼实际动手能力，特别是在制作过程中经历困难，勇于尝试解决困难，不断改进，逐步建立直面困难和锲而不舍的科学探究精神。 4. 能用制作的可变焦距的眼睛模型，探究近视眼和远视眼的成因，并分析矫正近视眼和远视眼的方法。知道生活中处处应用物理，形成用知识来解决生活中问题的科学思维方式。 5. 通过撰写科学用眼、预防近视倡议书，了解眼睛保健知识，养成健康生活的习惯。			
实践过程			
实践任务	教师活动	学生活动	设计意图
任务 5：讨论可变焦距的眼睛模型的制作方案，并分组进行制作。	1. 引导学生回顾眼睛的结构及功能，提出问题：为什么眼睛在看近处和远处的物体时，都可以在视网膜上呈现一个清晰的像？为了能改变晶状体的厚薄程度，我们应该选择什么材料来制作晶状体？如何改变晶状体的厚度？	回顾眼睛的相关知识，讨论分析为什么眼睛在看近处和远处的物体时，都可以在视网膜上呈现一个清晰的像？ 在此基础上，设计并制作一个可变焦距的眼睛模型，具体包括以下任务。a. 以小组为单位，具体设计晶状体的形状、结构、	1. 通过制作方案的设计，将物理与工程实践相结合，具有跨学科学习的意识。 2. 在模型的制作过程中，经历困难，尝试解决困难，养成直面困难、坚持不懈的科学态度与责任。

（续表）

实践过程			
实践任务	教师活动	学生活动	设计意图
	2. 组织学生围绕上述问题进行讨论，初步形成制作方案。 3. 组织学生动手制作可变焦距的眼睛模型。	材料和通过什么方法改变它的厚薄程度等相关内容，并说明设计方案。b. 根据设计方案，对组内成员进行分工，明确每人所需要制作的结构，完成后，根据每一结构的位置进行组装、调试和优化。c. 记录制作过程中遇到的困难和解决办法。 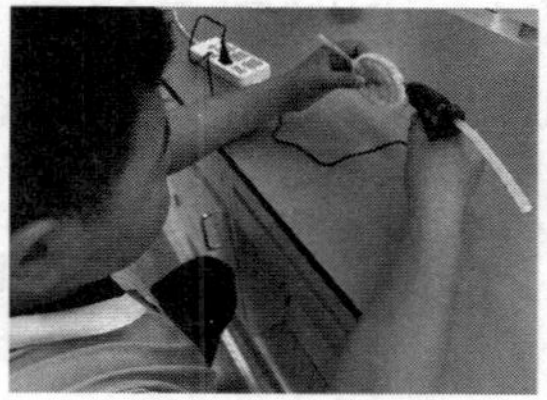	3. 体验成功的喜悦，增加物理学习的积极性。
任务 6：使用制作的模型探究近视眼和远视眼的成因与矫正方法。	1. 引导学生思考并设计探究近视眼和远视眼成因的实验方案。 2. 分组探究近视眼和远视眼的成因。 3. 理论分析：如何矫正近视眼和远视眼。	1. 以小组为单位设计探究近视眼和远视眼的实验方案、步骤、表格和分工等。 2. 根据实验方案进行小组实验，并分析实验现象，总结近视眼和远视眼的成因。近视眼的成	1. 通过实验了解近视眼和远视眼的成因，提高根据现象得出结论的逻辑分析能力，培养利用实验的方法解决日常问题的意识。

（续表）

实践过程			
实践任务	教师活动	学生活动	设计意图
		因：晶状体变厚，对光的折射能力太强，使像成在视网膜前方。远视眼的成因：晶状体变薄，对光的折射能力太弱，使像成在视网膜后方。 3. 根据近视眼和远视眼的成因，结合凸透镜和凹透镜对光线的作用，分析近视眼和远视眼的矫正方法。近视眼配戴凹透镜进行矫正，远视眼配戴凸透镜进行矫正。	2. 实验过程中如实记录实验数据，培养实事求是的科学态度和主动探究的意识。 3. 引导学生了解物理知识与生活的联系，能运用物理知识解决问题，培养学生科学素养。
任务 7：走进医院调研与近视有关的问题及科学配镜流程。撰写“科学用眼，预防近视”倡议书。	1. 青少年的眼睛疾病问题主要是近视问题，你想调研关于近视的哪些问题呢？ 2. 走进眼科医院，进行实地调研。 3. 制作一期：“科学用眼，预防近视”倡议书。	1. 根据老师的问题，思考并回答以下问题。a. 近视有哪些类型？ b. 真性近视和假性近视有什么不同？ c. 近视能否自行恢复？ d. 目前治疗近视的方法有哪些？ e. 如何有效地预防和控制近视？ f. 科学配镜包括哪些流程？ 2. 根据调研内容，制作“科学用眼，预防近视”倡议书。	通过实地调研，了解与近视有关的问题，培养学生综合分析问题和解决问题的能力，增强科学用眼的意识。

第三课时

<table>
<tr><th colspan="4">实践任务</th></tr>
<tr><td colspan="4">展示近视率的调查报告、倡议书、宣传海报和模型制作成果，交流调研和模型制作过程中的问题。</td></tr>
<tr><th colspan="4">实践目标</th></tr>
<tr><td colspan="4">1. 对近视情况的问卷调查结果和可变焦距的眼睛模型进行展示，培养将知识系统化和将实践成果物化的意识。
2. 以小组为单位对本活动进行交流、总结和反思，提高交流表达和反思的能力，在此基础上提高科学探究和开展跨学科实践的能力。</td></tr>
<tr><th colspan="4">实践过程</th></tr>
<tr><td>实践任务</td><td>教师活动</td><td>学生活动</td><td>设计意图</td></tr>
<tr><td>任务 8: 展示近视率的调查报告、倡议书、宣传海报和模型制作成果。</td><td>1. 教师引导学生进行各项汇报。
2. 引导学生对整个实践过程进行总结和反思。</td><td>1. 以小组为单位进行各项汇报。
2. 评选出各项中的优秀作品，在班内进行展示。
3. 畅所欲言，交流自己在本次活动中的收获，包括但不限于知识上的、能力上的和情感上的。</td><td>1. 课时 1 和课时 2 中的物化成果集中展示，以此为载体，将整个实践过程的学习内容串联，形成知识体系，将知识结构化、系统化。
2. 体验新的学习方式，体验跨学科学习的学习乐趣，激发学习激情。
3. 通过自我评估和反思，培养学生勇于表达、善于交流的素养，养成善于反思和互相学习的学习习惯。</td></tr>
</table>

四、评价实施建议

建议师生共同制订评价量表，用于学生自我诊断、组间评价，以及教师的评价反馈。

“眼睛与眼镜”项目评价量表

评价维度	评价标准	自评	互评	师评
概念理解	认识眼睛结构及功能			
	了解眼睛的视物原理			
	了解视觉暂留现象			
	设计出科学、规范、合理的眼睛模型图			
	运用跨学科知识获取信息，解决实际问题			
实践计划	能制订分工合理、任务明确、可行的实践计划			
	能在规定时间内完成计划			
信息搜集	能有效搜索所需学习资源，注意资源的科学性和规范性			
	能将搜集到的知识转化为实际操作的技能			
	能利用问卷调查的形式，收集班级或社区内与近视眼有关的各项数据			
实践作品	可变焦距的眼睛模型安装科学合理，各元件能正常工作			
	能利用可变焦距的眼睛模型探究近视眼和远视眼的成因			
	近视情况的调查报告全面、合理			
	“科学用眼，预防近视”的倡议书撰写内容科学，能起到呼吁同学们科学用眼的作用			
	宣传海报美观，突出保护视力的主题			
协同合作	分工明确合理，能阐述每个成员的具体贡献			
	小组成员积极协同合作完成各项任务，互相帮助，共同克服困难，根据项目情况调整任务分工			

（续表）

评价维度	评价标准	自评	互评	师评
交流展示	能清晰介绍所制作的可变焦距的眼睛模型及实践疑问和收获			
	语言准确、条理清晰地汇报问卷结果和调研报告			
	利用可变焦距的眼睛模型准确地展示近视眼和远视眼的成因			
	准确阐述宣传海报的内容			
	利用倡议书，倡议大家科学用眼，预防近视			
	汇报展示形式丰富，语言流畅			
评价方法：完全符合评价标准得☆☆☆，基本符合得☆☆，少量符合得☆				

五、实践活动教学反思

1. 活动设计的可行性与跨学科性

本次活动为一项跨学科实践活动，将教学内容深入挖掘，以物理为主，将物理与生物学、数学、工程实践和日常生活进行充分的融合，体现了跨学科实践的核心理念。整个教学设计围绕“眼睛”展开，经历眼睛的结构和功能的认识、了解视物原理、近视情况的调查、制作可变焦距的眼睛模型、利用模型探究近视眼和远视眼的成因并走进医院调研与近视有关的问题等学习活动，每个环节紧密相连，层层递进。学生在“做中学”“创中学”的学习过程中，最大程度地激发学习兴趣、学习的创造力和学习活动的参与度。在眼睛结构及功能的学习上，充分将物理与生物学相联系；在近视的问卷调查这一学习环节中，将物理与数学相结合，让学生体会到不同统计方式的优点。同时，调研过程也让学生更加关注自己的视力健康，增强了他们的健康意识。让学生学会用多视角、多学科的观念进行学习，跨学科学习的理念渗透较好。利用自制的模型探究近视眼和远视眼的成因，使学生们在实践中体验到了知识的综合运用。这种跨学科的教学方式有助于拓宽学生的视野，培养他们的核心素养。

2. 任务开展中的挑战与应对

在实践任务的开展中，遇到了以下两点问题。一是学生能力有差异，部分学生在完成任务时有一定的难度。针对这一问题，采用了小组合作的方式，每一环节中明确每人的任务，对于难度稍大的任务，由组长带领组员完成，降低学习难度，保证每个小组都很好地完成了每一实践任务。二是在制作环节，学生提出很难保证“晶状体”的密封性的问题。对于“晶状体”的密封性这一问题，给学生提供了多种密封工具，鼓励学生使用不同的密封工具进行尝试。学生在不断地尝试中，独立解决了这一问题，同时体会到了成功的喜悦，极大地增加了学生的学习热情。

3. 学生表现与成长

学生们在参与过程中表现出了极高的热情和积极性，不仅加深了对眼睛和眼镜的理解，还提高了动手能力和团队协作能力。学习过程中学生都能积极大胆地发表自己的见解，能谦虚地听取其余同学的意见，并结合其他同学的意见，对自己的见解及时地调整。

在实践任务活动中，学生们的表现令人感到惊喜。一是在制作可变焦距的眼睛模型的过程中，组长能根据制作需求，组内合理分工，让每位学生都有事可做，充分参与课堂。部分学生能根据老师提供的材料，使用不同的材料对晶状体进行制作，并对比了每种方案的优点。制作过程中学生们体验到了成功的喜悦和工程的魅力，他们对待每一个细节都极其认真。同时也感受到了学生的创造力是丰富多彩的，我们需要提供多种可能性，让他们充分展示创造力。二是在问卷调查过程中，部分小组不仅调查了本年级同学的近视问题，同时还在社区内进行了调查。有一个小组还对远视的情况开展了调查。可见，跨学科实践活动给学生的学习创造了更多的可能性和多样性，学生的学习兴趣也得到了极大的提高，更好地激发学生学习的内驱力。三是在展示环节中，学生除了知识方面的收获，更多谈到了爱眼护眼的观点，学生在用眼过程中的习惯也得到了明显的改善。

4. 改进方向

在实践活动的设计过程中，可以继续挖掘物理学与其他学科的联系，充实课堂教学内容，深化跨学科学习的理念；实践任务可以继续细化，将任务进行拆分，使学习目的变得更明确；在“小鸟进鸟笼”活动和模型制作过程中，提供更多材料，给学生更多发挥的空间；同时，加强时间管理能力，让学生更高效地完成实践任务，确保实践活动有效有序地开展；在展示阶段，增加展示点评环节，增强学生相互学习的能力，让学生在交流中碰撞出更多的思想火花。

六、作品展示

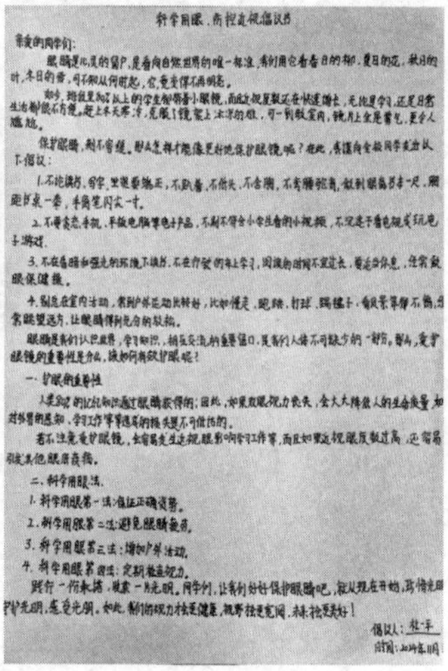

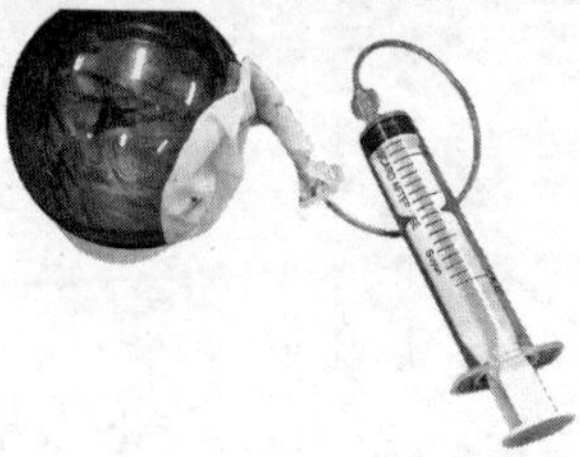

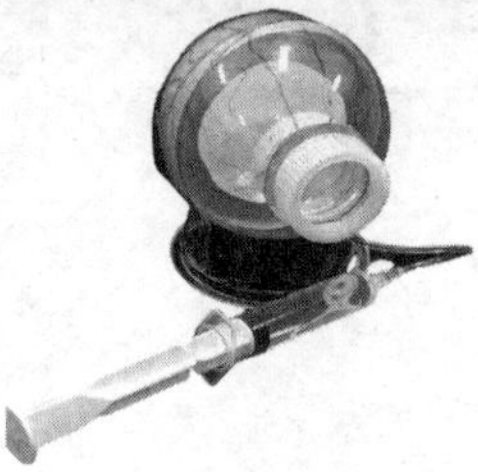

附：

“眼睛与眼镜”实践活动记录表

<table>
<tr><td>组别</td><td></td><td>组长</td><td></td><td>组员</td><td></td></tr>
<tr><td rowspan="2">实践活动信息记录</td><td colspan="2">实践活动时间</td><td colspan="3"></td></tr>
<tr><td colspan="2">实践活动地点</td><td colspan="3"></td></tr>
<tr><td>所需器材</td><td colspan="5"></td></tr>
<tr><td>了解眼睛的结构及功能</td><td colspan="5"></td></tr>
<tr><td>制作可变焦距的眼睛模型</td><td colspan="5"></td></tr>
<tr><td>探究近视眼、远视眼的成因</td><td colspan="5"></td></tr>
<tr><td>疑问与补充</td><td colspan="5"></td></tr>
<tr><td>实践总结</td><td colspan="5"></td></tr>
</table>

案例点评

在当今教育改革的浪潮中，跨学科实践以其独特的魅力成为培养学生综合素养、创新思维和实践能力的重要载体。本跨学科实践案例，通过精心设计的三课时八个任务，不仅深化了学生对物理光现象知识的理解，还巧妙融合了生物学、数学乃至社会学等的相关元素，为学生提供了一个全方位、多角度的学习体验。以下是对该案例的综合评析。

1. 设计理念的创新性

本案例的设计，充分体现了跨学科整合的教育理念。他在物理学科知识传授的基础上，将生物学中关于眼睛结构与功能的知识、社会学中关于近视防控的公共健康问题巧妙融合，形成了一个多维度、立体化的学习体系。这种设计理念的创新，不仅拓宽了学生的知识视野，更激发了他们探索未知、解决实际问题的兴趣和热情。

2. 实践活动的系统性

整个跨学科实践活动从观看科普视频引入，设计近视情况的调查问卷，逐步深入到眼睛的结构与功能、视物原理、视觉暂留现象等理论学习，再通过制作可变焦眼睛模型，最后通过成果展示等实践活动，提升了将理论知识转化为解决实际问题的能力。这一系列任务的设计，既遵循了由易到难、循序渐进的学习规律，又确保了实践活动的连贯性和系统性。学生在参与过程中，能够逐步构建起对眼睛和眼镜相关知识的全面认知，同时锻炼了自己的观察力、思考力、动手能力和团队协作能力。

3. 教学方法的多样性

在教学方法上，本跨学科实践案例采用了多样化的教学策略，包括视频观看、小组讨论、问卷调查、模型制作、实地考察、倡议书撰写等，这些方法的灵活运用，不仅丰富了课堂形式，也提高了学生的学习兴趣和参与度。特别是通过实地考察医院眼科，学生得以近距离观察近视防控的实际操作，增强了学习的真实感和体验感。此外，通过撰写倡议书和制作宣传海报，学生还锻炼了自己的文字表达能力和艺术创造力，实现了知识与技能的双重提升。

4. 学习成果的展示与交流

本跨学科实践活动的最后阶段，学生展示了近视情况的调查报告、倡议书、宣传海报和模型制作成果，并交流了调研和模型制作过程中的问题与收获。这一环节不仅是对学生学习成果的检验，更是对他们表达能力和批判性思维的培养。通过展示与交流，学生不仅能够相互学习、取长补短，还能在分享中感受到成功的喜悦和成就感，进一步激发了他们的学习动力。

5. 教育意义的深远性

本跨学科实践案例不仅是一次物理知识的探索之旅，更是一次关于健康生活方式、社会责任意识和创新能力的深刻教育。通过实践活动，学生深刻认识到保护视力的重要性，学会了科学用眼的方法，增强了预防近视的意识。同时，通过参与社会调研和倡议书撰写，学生也意识到了自己作为社会成员的责任和担当，培养了关注社会、服务社会的情怀。此外，本跨学科实践活动中的创新尝试和问题解决过程，也为学生未来的学习和生活奠定了坚实的基础。

综上所述，本跨学科实践案例以其创新的设计理念、系统的实践活动、多样的教学方法、丰富的学习成果展示以及深远的教育意义，为学生提供了一个全面、深入、有趣的学习体验。它不仅加深了学生对物理光现象知识的理解，更促进了学生综合素养的全面提升，是一个值得推广和借鉴的跨学科实践案例。

跨学科实践案例 4 走进材料世界

执教者：朱　彬（山东省东营市广饶县乐安中学）
点评者：武庆鹏（山东省东营市广饶县教育科学研究中心教研员）

一、实践活动课程规划

1. 整合学科

物理：物质的延展性、导热性、导电性等属性，新材料的应用。

工程技术：利用掺杂法混合制取混凝土。

历史：材料的应用对社会发展的影响。

美术：在绘制成果海报的活动中发展想象能力，使其艺术化、审美化。

信息技术：制作演示文稿、短视频。

2. 实践价值

本案例跨学科实践围绕“材料”展开，创设生活情境开启学习之旅。通过了解物质属性，利用物质属性分析材料的用途，再根据不同物质的属性创造研发新材料，在学习过程中了解材料应用对社会发展的影响，有利于激发并保持学生的学习兴趣，突出科学、技术、社会、环境之间的联系，能较好地体现“从生活走向物理，从物理走向社会”的新课程理念。学生意识到人类对材料的利用推动了社会的发展，某一种新材料的问世及应用，往往会引起人类社会的重大变革。材料与物质属性有着密切的关系，不同物质决定了材料用途的不同，研究物质属性是材料研发的必经过程，这部分内容对于学生联系生活实际、树立科学的世界观、形成可持续发展的意识以及进一步学习其他科学技术，都是十分重要的。

3. 实践任务

通过人类使用不同材料的变迁，了解材料的应用和对社会发展的影响。通过实验，了解物质的一些属性，并解释生产生活中的一些简单现象。通过查阅资料、调查研究，了解不同材料的特点及其应用，分析促使材料发展的原因，进一步认识材料。了解新材料研发的常用方法；制作“新材料”——混凝土；尝试根据需求设计一种新材料。通过制作宣传海报、演示文稿、短视频等方式总结收获、物化成果；举办主题为“材料的研发与应用对社会发展的影响”的交流报告会。

4. 实践目标

（1）通过实验，了解物质的一些物理属性，如延展性、导热性、导电性等，能利用所学知识解释生活中的一些现象。

（2）能够用语言、文字或图表描述物质的一些物理属性，尝试将这些属性与日常生活中材料用途联系起来，了解关于物质属性的研究对生产生活和科技进步的影响。

（3）通过实践操作和案例分析，深入理解物质与材料之间的内在联系，提升分析和解决问题的能力。

（4）结合实例，了解一些新材料的特点及其应用，初步认识新材料的研发与应用对社会发展的影响，体验收集、整理信息的过程，培养收集、整理信息的能力。

5. 重点难点

（1）重点：通过实验探究，了解物质的延展性、导热性和导电性等属性；利用物质属性分析材料的用途，根据不同物质的属性研发创造新材料；归纳材料的应用对社会发展的影响。

（2）难点：课前布置任务，小组合作设计项目实施方案；新材料的研发，利用“掺杂法”制作混凝土；举办主题为“材料的研发与应用对社会发展的影响”的交流报告会。

6. 学情分析

从知识背景上看，学生对生活中常见的材料有所了解，密度等相关知识的学习为物质的其他属性的学习奠定了基础；学生已经学习了物理、化学等相关知识，具备了基本的实验能力，在教师的引导与小组讨论下，学生能够提出并解决物理与生活实践等一系列问题。

在认知水平上，八年级学生具备了一定的逻辑推理和问题解决能力，能够通过实验和观察来理解材料的性质，对于学生而言，生活中接触过混凝土的搅拌、浇筑，日常生活中已有不少经验积累，所以学生对于实践内容并不陌生。

在兴趣和动机方面，八年级学生刚接触物理，有着很强的好奇心，对于物理世界的探索欲望强烈，能对新材料的应用产生浓厚兴趣。学生有较强的团队协作和解决问题的能力，能将物理与工程实践、社会生活相结合，学生具有较强的想象能力，能够通过交流报告会，将物理知识与应用实例相衔接，符合学生年龄特点及能力发展要求。

7. 实践准备

粗细和长度都相同的金属丝（铜丝、铁丝、铝丝），支架，钩码，刻度尺，木筷，不锈钢汤匙，水杯，热水，电池，导线，开关，灯泡，金属丝，不锈钢尺子，自来水，玻璃，水泥，砂子，碎石，水，搅拌工具，混合容器，电子秤，模具。

二、实践活动实施规划

1. 实践活动流程图

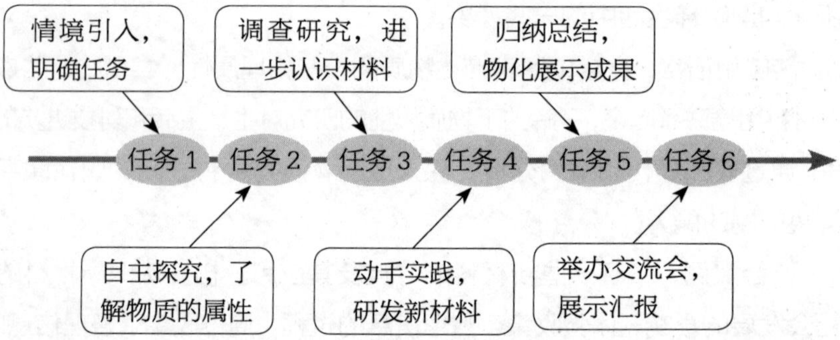

2. 实践活动规划表

实践步骤	实践任务	课时安排
问题： 创设真实情境，明确实践课题	任务 1：了解材料的应用和对社会发展的影响，明确举办主题为“材料的研发与应用对社会发展的影响”的交流报告会。	课时 1
证据： 确定任务方案，明确实践步骤	任务 2：了解物质的一些属性，并解释生产生活中的一些简单现象。	
解释： 建构相关知识，经历实践过程	任务 3：认识材料。查阅资料、调查研究，了解不同材料的特点及其应用，分析促使材料发展的原因。（课前任务） 任务 4：创造新材料。了解新材料研发的常用方法，制作“新材料”——混凝土，尝试设计一种新材料。	课时 2
交流： 展示实践成果，总结交流评价	任务 5：总结收获、物化成果，制作宣传海报、演示文稿、短视频。（课前任务） 任务 6：举办主题为“材料的研发与应用对社会发展的影响”的交流报告会。	课时 3

三、实践活动教学设计

第一课时

<table>
<tr><th colspan="4">实践任务</th></tr>
<tr><td colspan="4">1. 了解材料的应用和其对社会发展的影响，明确举办主题为“材料的研发与应用对社会发展的影响”的交流报告会。
2. 了解物质的一些属性，并解释生产生活中的一些简单现象。</td></tr>
<tr><th colspan="4">实践目标</th></tr>
<tr><td colspan="4">1. 查阅资料，初步了解材料的应用和对社会发展的影响。
2. 通过实验了解物质的延展性、导热性和导电性等属性。
3. 能运用物质属性的相关知识解释生产生活中的一些简单现象。</td></tr>
<tr><th colspan="4">实践过程</th></tr>
<tr><td>实践任务</td><td>教师活动</td><td>学生活动</td><td>设计意图</td></tr>
<tr><td rowspan="2">任务 1. 了解材料的应用和对社会发展的影响，明确举办主题为“材料的研发与应用对社会发展的影响”的交流报告会。</td><td>播放视频，介绍从古到今人们使用不同材料的变迁，引导学生意识到材料的更新迭代影响着社会的发展与变革。</td><td>观看视频并分享感受。了解材料的应用对社会发展的深远影响。</td><td>创设情境，引发学生思考，培养其问题意识。</td></tr>
<tr><td>引导学生提出问题。我们能否举办三题为“材料的研发与应用对社会发展的影响”的交流报告会？</td><td>明确举办主题为“材料的研发与应用对社会发展的影响”的交流报告会。小组交流合作，设计项目实施方案。如怎么开展活动，以何种方式展示成果等。</td><td>引导学生制订实践方案，意识到材料的应用对社会发展影响的科学本质观。</td></tr>
</table>

（续表）

<table>
<tr><th colspan="4">实践过程</th></tr>
<tr><th>实践任务</th><th>教师活动</th><th>学生活动</th><th>设计意图</th></tr>
<tr><td>任务 2：了解物质的一些属性，并解释生产生活中的一些简单现象。</td><td>通过视频和图片场景，引导学生了解人类对物质属性的研究，及其让我们的生活发生了哪些翻天覆地的变化。提出问题：材料的用途由物质属性决定，你能说出物质还有哪些属性？
通过实验，了解物质的延展性、导热性、导电性等属性。
（1）探究物质的延展性。
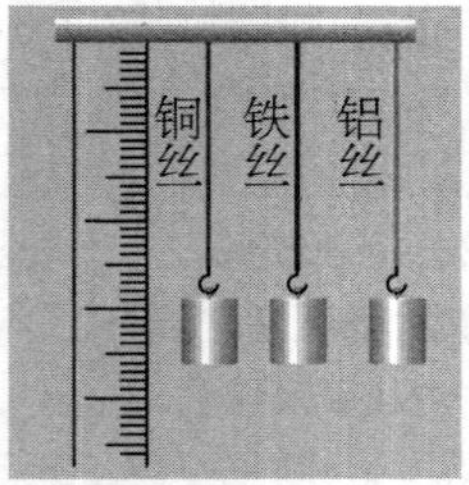

（2）探究物质的导热性。
</td><td>认识到材料的用途由物质属性决定，能说出诸如延展性、导热性、导电性等属性。
以小组为单位分组实验：
将粗细、长度相同的铁丝、铜丝和铝丝悬挂起来，在它们下边挂上相同质量的重物。经过一段时间，测量并比较三种金属丝的长度变化。
将一双木筷和一把不锈钢汤匙一起浸在热水中，数秒后，试着触摸筷子和汤匙，感觉有什么不同？</td><td>通过实验认识物理概念、培养将实验探究方法运用于解决日常生活问题的意识及科学态度与责任。
经历探究过程，学习科学探究的基本方法，培养提出问题的能力和主动探索的意识。</td></tr>
</table>

（续表）

实践过程			
实践任务	教师活动	学生活动	设计意图
	（3）探究物质的导电性。 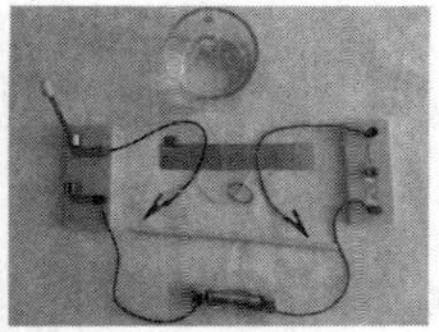	将电池、导线、开关和灯泡组装成一个简单电路，分别将金属丝、木筷、不锈钢尺子、自来水和玻璃等物体接入电路，闭合开关观察小灯泡的发光情况。	
	引导学生利用物质的属性解释生活中的一些现象，能根据所给的图片说出它们应用了物质的哪些属性。  三星堆黄金面具　沿海地区的海草房  计算机内部电子元件	利用物质的属性解释生活中的一些现象，根据所给材料说出它们应用的属性。	利用物质的属性解释生活中的一些现象，体会物理与生活的紧密联系。通过材料在生产生活中的应用，进一步认识材料。
	布置课下探索任务，通过资料、调查研究，进一步认识材料。	通过查阅资料、观察身边的物品，了解不同材料的特点及其应用，进一步了解材料的发展及其对社会的影响。	通过布置课下任务，引导学生从生活实际和科学资料中主动获取知识，能进一步深化学生知识迁移能力，发展科学探究能力。

第二课时

实践任务			
1. 认识材料。通过查阅资料、调查研究，了解不同材料的特点及其应用，进一步了解材料的发展及其对社会的影响。（课前任务） 2. 创造新材料。了解新材料研发的常用方法，制作“新材料”——混凝土，尝试设计一种新材料。			
实践目标			
1. 了解不同材料的特点及其应用，了解材料的发展及其对社会的影响。 2. 按照不同比例调配、制成混凝土，比较不同配合比的混凝土的强度，分析强度不同的原因。 3. 了解目前研发新材料常用的方法。从解决生活中的问题或满足某种需求出发，尝试设计一种新材料。			
实践过程			
实践任务	教师活动	学生活动	设计意图
任务 3：认识材料。通过查阅资料、调查研究，了解不同材料的特点及其应用，进一步了解材料的发展及其对社会的影响。（课前任务）	课前： 引导学生从不同角度收集信息、搜索资料，了解不同材料的特点及其应用，了解材料的发展及其对社会的影响。	1. 收集不同年代的自行车信息，列表对比自行车所用材料的变化，并思考引发该变化的原因。 2. 在确保安全的情况下拆解废旧的生活用品和机械设备，了解所用的材料，并与同学交流。 3. 收集整理磁性材料、超导材料、半导体材料、纳米材料等在各个领域发展和应用的相关资料。 4. 搜集关于火箭、航天器、飞机、动车分别使用了哪些新材料，并对比这些材料的特点和性能。	通过具体的实践活动，引导学生养成主动探究，归纳总结的习惯。在调查过程中了解材料应用对社会发展的影响，有利于激发并保持学生的学习兴趣，突出了科学、技术、社会、环境之间的联系，较好地体现了“从生活走向物理，从物理走向社会”的新课程理念。

（续表）

实践过程			
实践任务	教师活动	学生活动	设计意图
任务 4：创造新材料。制作“新材料”——混凝土，了解新材料研发的常用方法，尝试设计一种新材料。	通过“三合土”“糯米灰浆”等传统材料，我们了解到“掺杂法”可以获取新材料。现代社会人们通常将“掺杂”和纳米技术结合使用，研发新材料。 引导学生体验新材料的研发过程——制造混凝土。 从解决生活中的问题或满足某种需求出发，引导学生尝试设计一种新材料。	了解“掺杂法”是常见获取新材料的方法。进一步了解新材料研发的常用方法。尝试用“掺杂”的方法将水泥和砂石制成混凝土。 经历原料核算、原料称重、混合搅拌、浇筑定型以及硬化成品的各个阶段，制成混凝土块，并反思交流各环节的得与失。  思考与讨论，从以下角度，尝试设计一种新材料。 （1）如何应对白色污染和过度包装导致的资源浪费问题。 （2）如何应对海边建筑物或船舶腐蚀问题？ （3）如何满足载人潜水器舱体密度小和抗压强度高等要求？	通过亲身经历实践活动，学生不仅体验了混凝土制作的基本流程，也感受了不同比例下混凝土的质地变化，明白了材料配比的微妙影响，体现了科学态度与责任的升华。 通过设计新材料的过程激发学生创造力，培养学生创新精神。

第三课时

实践任务

1. 总结收获、物化成果，制作宣传海报、演示文稿、短视频。（课前任务）
2. 举办主题为“材料的研发与应用对社会发展的影响”的交流报告会。

实践目标

1. 归纳总结收获，尝试物化成果。通过制作宣传海报、演示文稿、短视频等可供交流的成品，培养设计、动手制作的能力。
2. 通过交流报告会，培养善于与他人分享合作的意识。通过相互交流评价，提升探究和分析问题的能力，提出改进措施，激发合作精神。从不同角度思考问题，具有学习和研究物理的好奇心与求知欲。

实践过程

实践任务	教师活动	学生活动	设计意图
任务 5：总结收获、物化成果，制作宣传海报、演示文稿、短视频。（课前任务）	指导学生课前设计制作主题为“材料的研发与应用对社会发展的影响”的宣传海报、演示文稿、短视频等学习成果。 指导学生设计布置交流报告会的文化墙。	课前小组合作，将所学知识用宣传海报、演示文稿、短视频等载体呈现，归纳总结材料的研发与应用对社会发展的影响。 设计布置交流报告会的文化墙。 	引导学生将所学知识进行梳理，培养总结、归纳与分析能力。通过小组合作，培养学生的团队合作意识。

（续表）

实践过程			
实践任务	教师活动	学生活动	设计意图
任务6：举办主题为“材料的研发与应用对社会发展的影响”的交流报告会。	组织交流报告会。各小组通过海报、演示文稿、视频等介绍材料的研发与应用对社会发展的影响。 组织学生进行反思并评估整个实践活动过程，引导学生正确评价自己和他人。引导学生正确看待和评价作品。组织评选出最佳作品。反思并改进作品，继续完善并应用于实际。	参与交流报告会。 小组逐一展示。结合作品，介绍材料的发展变迁对社会发展的影响。 对本次实践活动产生的成果进行鉴赏，针对某一个作品进行鉴赏评论，并对其他小组的作品提出改进意见并评选出最佳作品。梳理整个实践过程，反思自己在实践过程中的得与失。对作品进一步改进完善并应用于生活实践。	通过汇报和展示作品，培养学生交流表达能力和论证能力，同时激发学生创造力、培养学生质疑创新的精神。 通过对成果的相互评价，提高鉴赏能力和评价素养。能将所学知识物化成成品，培养学生综合分析问题和解决问题的能力。

四、评价实施建议

建议师生共同制订评价量表，用于学生自我诊断、组间评价，以及教师的评价反馈。

“走进材料世界”项目评价量表

评价维度	评价标准	自评	互评	师评
概念理解	准确理解项目涉及的核心概念和方法			
	运用跨学科知识获取信息，解决实际问题			
实践计划	能设计分工合理、任务明确、可行的实践计划			
	能在规定时间内完成计划			
信息搜集	能有效搜索所学学习资源，注意数据的可靠性和时效性			
	能规范地标注引用数据、图片等相关信息来源			
实验探究	实验设计合理，能有效地验证猜想			
	实验操作规范，仪器使用正确			
	能够准确记录和处理实验数据			
	能够及时发现并解决实验中出现的问题			
创新能力	能提出新颖的实验思路或方法			
	能从不同角度思考问题，开拓思维			
协同合作	善于与他人沟通，分享想法和信息			
	小组成员积极协同合作完成各项任务，互相帮助，共同克服困难。			
	承担自己的责任，按时完成分配的任务			
评价方法：完全符合评价标准得☆☆☆，基本符合得☆☆，少量符合得☆				

五、实践活动教学反思

本次实践活动以新课标为导向，以培养学生物理核心素养为目标，打破常规教学模式，完全以学生为主体，教师为主导。在完成本案例跨学科实践的过程中，学生的认知能力、探究能力、跨学科分析解决问题的能力、合作交流能力以及创新能力均得到了提升。学生的分析归纳、科学论证等物理思维得到充分发展，学生的科学态度与责任感得到了锻炼，很好地提升了学生的核心素养。

探究物质的不同属性和制作“新材料”混凝土，这些内容都突出了通过科学探究活动学习物理课程的新理念，让学生经历科学探究过程，学习科学探究方法，培养学生的探究精神、实践能力及创新意识，实现了学习方式的多样化。

通过对我国古代、现代材料的开发与利用的了解，渗透“爱国主义”思想教育，增强民族自豪感和用科学技术服务社会的使命感。将社会发展与科技进步结合到一起，渗透辩证唯物主义自然观，新材料的产生与应用给社会发展和人们生活带来便利的同时也会对环境造成不同程度的污染，警醒学生在新材料的开发过程中，要注重科学发展观。

六、作品展示

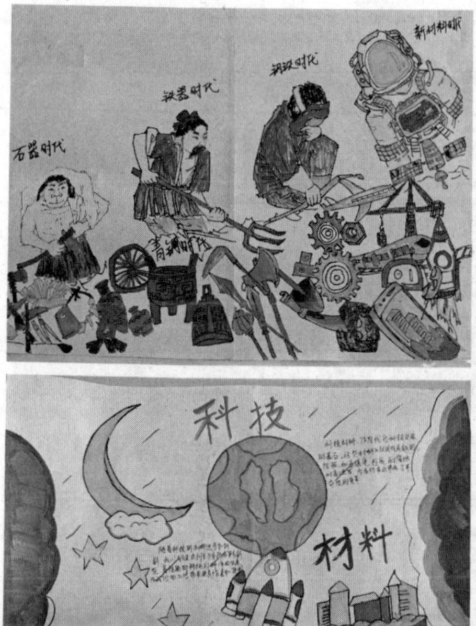

附：

“走进材料世界”实践活动记录表

组别		组长		组员	
实践活动信息记录	实践活动时间				
	实践活动地点				
所需器材					
认识材料及物质的属性					

（续表）

创造新材料：制作混凝土	
分享与交流	
疑问与补充	
实践总结	

案例点评

“走进材料世界”跨学科实践项目的设计，围绕“材料的研发与应用对社会发展所产生的深远影响”这一主题，旨在通过解决真实世界中的问题，激发学生们的积极性，引导他们在真实的情境中进行调查研究，在实际操作中学习，并通过深入的思考来开展深度学习。这样的学习过程不仅能够让学生们掌握必要的学科知识和能力，而且能够发展学生的核心素养，实现学科育人目的。

本跨学科实践设计理念先进，他打破了传统学科界限，将不同学科的知识和技能进行有机融合，学生的学习活动主要基于物理学科立场，又打破了与其他学科的界限，旨在培养学生的综合素养和创新能力。设计理念注重知识的交叉性和应用性，从多学科的视角，将物理、工程、数学、历史、信息技术、美术等多学科有效融合，旨在通过完成主题为“材料的研发与应用对社会发展的影响”的交流报告会的大任务，从而发展学生的核心素养，提升学生解决实际问题的能力。例如，用“掺杂法”制作新材料混凝土，需要学生联动和整合物理、工程学、数学等多学科的知识和思想方法，在“做中学”“创中学”，发展了学生的科学思维及创新实践能力。通过调用和整合多学科的知识与方法，综合分析和解决实际问题，提升学生的动手实践能力，有利于培养学生的科学思维、工程思维。

本跨学科设计思路有独到之处。实施过程方面采用了项目化设计、任务驱动等方法。通过完成具体的项目来培养学生的实践能力和创新精神。以实际问题为导向，通过项目化学习等方式，激发学生的学习兴趣和主动性，注重培养学生的批判性思维和团队合作能力。在传统课堂中，学生参与度低一直是难点，而在本跨学科实践活动过程中，与同伴共同参与实验、实践活动，小组内分工明确，学生每节课都有所收获，这可以帮助学生学会与他人合作、交流和协商，增强合作能力。学生的团队合作能力得到加强，学生的跨学科素养得到提升，这符合新课程立德树人的理念。

本跨学科实践的可操作性强。将跨学科内容分解为多个相对独立但又相互联系的项目，每个项目都有明确的学习目标和任务。实践环节注重与学生的日常生活和社会实际相结合，提高了实践的可操作性和实用性；实践环节设计合理，步骤清晰，便于学生理解和操作。教师重视学生对真实生活的关注，激励学生积极参与社会的发展和进步，培养学生的社会责任感。同时，始终坚持学生的主体地位，鼓励学生自主学习、合作探究，培养其终身学习的能力。通过本次活动，学生经历了真实问题的解决过程，学习的内驱力得到了加强，学习能力也在问题解决过程中进一步得到提升，学生在物理、工程、数学等跨学科领域的思维空间得到了拓展。

本跨学科实践注重教学评价的导向与调控作用，以过程性评价和终结性评价相结合的方式，从多角度、多环节、多视角展开评价，充分体现了面向全体学生、指向促进学生全面发展的评价目标。案例中评价量表明确指出学生达成目标的具体表现，有效指导学生及时反思和监控自己的学习结果，实现了“教—学—评”的一致性，指向学生物理学科核心素养发展的学习目标，提升学生对工程或项目的探究实践能力，实现了从教走向学的任务驱动和工具引领，形成完整、有效的教育教学闭环。

从结果反馈的角度来看，学习成果可视化，有物化的阶段性成果，也有最终“作品”。运用多学科知识、技能协同解决问题，不仅提升了学生的综合素养，而且发展了思维，促使其初步形成解决生活问题的实践能力和责任担当。

本案例是通过真实的问题情境来激发学生的学习兴趣和主动性，使得他们在学习过程中能够积极地参与到课堂活动中，从而凸显出学生在教学过程中的主体地位。本案例不仅注重知识的传授，同时也强调实践能力的培养，鼓励学生通过合作学习的方式，共同探讨和解决问题，这完全符合当前课标所倡导的教学理念。案例的教学设计思路非常清晰，逻辑结构顺畅，各个教学环节紧密相连，环环相扣，能够有效地突出教学中的重点和难点。因此，本案例对于一线教师在实际教学中具有较好的参考价值和指导意义。

跨学科实践案例 5　逐梦苍穹

执教者：寇玉杰（山东省东营市广饶县花官镇中心初中）
点评者：孙　青（山东省东营市广饶县大王镇中心初中　齐鲁名师）

一、实践活动课程规划

1. 整合学科

物理：了解我国在航天、宇宙探索领域的主要成就，体会我国航天人热爱祖国、为国争光的坚定信念和勇于登攀、敢于超越的进取精神。

历史：回顾中国航天的发展历程，了解从起步到腾飞的重要节点和标志性事件以及杰出科学家和航天员的故事，感受中国航天事业的艰辛与辉煌，增强民族自豪感和责任感。

语文：撰写研究报告并演讲，培养书面表达和口头表达能力。

思想政治：思想政治教育贯穿始终，培养爱国情怀与科学精神。

2. 实践价值

本课题以中国航天知识为载体，策划并开展实践活动，融合物理、历史、语文、思想政治等多学科课程资源。以人类历史上首次成功从月球背面采集并带回的月球样品引入，深入探索中国航天事业的辉煌发展历程。通过查阅与整理相关资料，组织报告会，展现中国航天的卓越成就。这不仅为学生提供全面而深入的航天知识学习，拓宽学生视野，还培养学生信息检索、数据分析、图表制作、报告撰写及演讲等多方面技能，同时激发学生的爱国情怀与科学精神，增进学生对国家航天事业的理解和支持，促进科技文化的传承与发展。

3. 实践任务

通过观看“嫦娥六号”完成世界首次月背采样和起飞视频，提出问题并查阅资料，搜集我国航天、宇宙探索领域的主要成就、关键时间节点、代表性人物、事件等信息，利用表格、图像的方式进行归类整理，撰写我国航天成就的报告；讨论报告会的具体实施方案，设计报告会流程；准备报告内容，制作展示材料，进行主题报告，清晰、有条理地介绍研究内容，了解我国第一颗人造地球卫星研发成功对我国航天技术发展的重要意义，了解我国在航天、宇宙探索领域的主要成就及我国科学家的卓越贡献；报告会后，组织学生进行总结反思，教师给予评价反馈。

4. 实践目标

（1）通过查阅资料，获取我国航天、宇宙探索领域的信息，培养批判性思维和信息筛选能力。

（2）通过归类整理资料，使学生初步掌握利用统计图表处理信息的方法，培养信息分析与处理的能力。

（3）在报告会上能够清晰、有条理地介绍我国航天成就，锻炼表达和交流能力。

（4）通过报告会，认识到航天技术对于国家安全和经济发展的重要性，增强责任感和使命感；学习航天科学家的故事，培养爱国情怀和科学探索精神。

5. 重点难点

（1）重点：航天知识的准确获取与理解，统计图表的有效制作，报告的清晰表达。

（2）难点：如何在大量信息中筛选出关键内容，如何准确、清晰地绘制统计图表，如何在有限时间内高效准备并发表高质量的演讲。

6. 学情分析

学生通过前面的学习已对中国航天有初步的了解，对载人航天、月球探测等航天科技充满好奇。但在信息检索、资料整理、公众演讲及报告会筹备等方面经验不足，需要教师引导与支持。学生间存在差异，部分学生在信息处理和演讲表达上遇到较大挑战。

第一课时侧重于信息检索能力的培养和研究报告撰写能力的提高。学生通过查阅中国航天的主要成就和航天人的故事，加深对航天的理解。面临的主要挑战是信息量大、筛选困难，需要教师提供检索技巧和撰写研究报告的指导。此外，学生开始尝试设计报告会流程，但缺乏经验，需教师引导。第二课时则更加注重实践能力的提升与展示材料的准备。学生在第一课时的基础上，进一步梳理报告会内容，制作高质量的展示材料。此时，学生的团队合作与沟通协调能力得到锻炼，同时，需要通过模拟演讲和报告会演练，提升学生的公众演讲能力。第二课时是学生从理论到实践转变的关键时期。

二、实践活动实施规划

1. 实践活动流程图

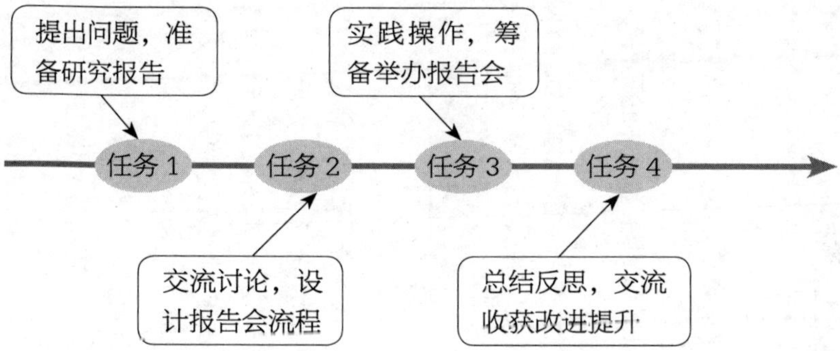

2. 实践活动规划表

实践步骤	实践任务	课时安排
问题： 创设真实情境，整理研究资料	任务 1：观看“嫦娥六号”完成世界首次月背采样和起飞视频，提出问题进行讨论，查阅整理资料形成研究报告，为举办报告会打下基础。	课时 1
证据： 确定任务方案，明确实践步骤	任务 2：讨论举办报告会的具体实施方案。	
解释： 筹备报告细节，实施展示活动	任务 3：依据设计方案，进行报告会筹备与实施。	课时 2
交流： 报告交流心得，反思成效得失	任务 4：报告会后进行总结与反思。	

三、实践活动教学设计

第一课时

<table>
<tr><th colspan="4">实践任务</th></tr>
<tr><td colspan="4">1. 观看“嫦娥六号”完成世界首次月背采样和起飞视频，提出相关话题进行讨论，查阅整理资料形成研究报告，为举办报告会打下基础。
2. 讨论举办报告会的具体实施方案。</td></tr>
<tr><th colspan="4">实践目标</th></tr>
<tr><td colspan="4">1. 通过观看“嫦娥六号”完成世界首次月背采样和起飞视频，提出研究我国航天成就的相关话题并进行深入讨论，查阅并整理相关资料，形成研究报告。
2. 通过分组讨论和资料整理，加强团队成员之间的沟通与协作能力，提升信息检索、分析和整合的能力，为举办报告会打下坚实基础。
3. 讨论并制订举办报告会的具体实施方案，明确报告会流程，确定报告会主题、形式、时间、地点等，确保报告会顺利进行并达到预期效果。</td></tr>
<tr><th colspan="4">实践过程</th></tr>
<tr><td>实践任务</td><td>教师活动</td><td>学生活动</td><td>设计意图</td></tr>
<tr><td>任务 1：观看“嫦娥六号”完成世界首次月背采样和起飞视频，提出问题进行讨论，查阅整理资料形成研究报告，为举办报告会打下基础。</td><td>1. 问题引入：播放“嫦娥六号”完成世界首次月背采样和起飞视频。“嫦娥六号”任务的圆满成功，标志着我国在航天探索领域取得重大进步，彰显了科技实力，提升了国际地位。
思考：中国航天取得了哪些伟大成就？这些成就背后体现了怎样的航天精神？
2. 引导学生根据我国航天取得的成就进行分类。</td><td>1. 观看“嫦娥六号”完成世界首次月背采样和起飞视频，为我国在航天科技领域取得的这一里程碑式成就感到无比骄傲。
2. 列举中国航天取得的成就，并按照地面观测、卫星、飞船、登月、探火、逐日等领域进行分类。</td><td>1. 向学生展示我国在航天科技领域取得的重大成就，激发民族自豪感和科学探索精神。
2. 能够深入了解我国航天事业的辉煌历程和丰硕成果，为后续的分组研究做好铺垫。</td></tr>
</table>

（续表）

实践过程			
实践任务	教师活动	学生活动	设计意图
	3. 提出举办以“逐梦苍穹”为主题的报告会，引导学生思考报告会中介绍的内容，提出研究问题。 4. 引导学生分析讨论：你将如何解决以上问题？你收集资料的方式有哪些？你如何有效地整理资料？你如何撰写研究报告？你有哪些困难？你将如何解决这些困难？	3. 交流讨论，明确研究问题。 （1）中国航天在地面观测（卫星、飞船、登月、探火、逐日）领域取得的主要成就有哪些？相应的关键时间节点是何时？ （2）在该领域有哪些代表性的科学家和工程师？ （3）这些成就的背后有哪些故事，这些历史性突破对我国航天技术的发展有怎样的意义？ 4. 讨论如何解决以上问题。 了解可通过文献检索（查阅相关书籍、期刊、报纸和网络资源）和视频资料（观看纪录片、新闻报道和访谈节目）等方式收集资料。 利用绘制统计图表的方法整理资料。根据研究问题的需要，设计合理的资料分类框架，将收集到的资料按照分类框架进行整理。 明确研究报告的基本结构和撰写要点，掌握撰写研究报告的技巧。 列出可能遇到的困难，提出解决方案和应对策略，分享解决方案，互相学习借鉴。	3. 提出具有深度和实际意义的研究问题，为后续的实践研究提供有力的支持。 4. 旨在培养学生的独立思考能力、团队合作精神和解决问题的能力，同时提高他们的研究能力和撰写研究报告的技巧。 5. 将航天发展研究任务分解至六个研究小组，降低任务难度，使研究内容更具体、细致，同时锻炼团队合作能力，为举办报告会做好准备工作。

（续表）

实践过程			
实践任务	教师活动	学生活动	设计意图
	5. 按照航天发展的领域，将学生分为地面观测、卫星、飞船、登月、探火、逐日六个小组，指导学生查找资料、整理总结、形成研究报告。	5. 组内分工，查找资料，整理总结我国航天、宇宙探索领域的主要成就、关键时间节点、代表性人物、事件等内容，形成各小组的研究报告。	
任务 2：讨论举办报告会的具体实施方案。	引导学生思考并设计实施方案： 教师引导学生设计报告会的流程，确定报告会的内容。	在教师引导下进行讨论交流，确定报告会的主题与形式、准备哪些报告材料、报告会的时间与地点、邀请哪些听众、如何准备互动环节、如何做好报告会总结，明确在正式报告会前，需多次演练，调整演讲节奏、语言表达，确保报告会顺利进行。	通过学生设计报告会的全过程，培养学生的方案设计能力。

第二课时

实践任务

1. 依据设计方案，进行报告会筹备与实施。
2. 报告会后进行总结与反思。

实践目标

1. 依据设计方案，组内成员明确分工，各司其职，确保报告会的各项筹备工作按时完成。
2. 按照设计流程，顺利举办报告会，确保能够清晰、有条理地介绍中国航天的成就，学习航天科学家的故事，培养爱国情怀和科学探索精神。
3. 通过总结与反思，全面回顾报告会的筹备与实施过程，识别成功经验和不足之处。
4. 基于总结与反思的结果，提出具体的改进措施和建议，为未来类似活动的举办提供借鉴和参考。

实践过程

实践任务	教师活动	学生活动	设计意图
任务 3：依据设计方案，进行报告会筹备与实施。	1. 引导学生明确各个小组成员具体分工，并准备报告会。 温馨提示：在正式报告会之前，各小组需要进行多次排练和预演，确保报告内容流畅、展示材料使用得当，并熟悉互动问答环节的应对策略。 2. 引导学生按照设计流程举办报告会。	1. 各小组成员明确分工与职责，完成各自任务。 选出组长，负责组织和协调工作，确保小组成员的顺畅沟通。 选出内容研究成员，负责深入研究中国航天的发展历程、重要成就和技术创新等，进一步系统梳理报告内容。 选出展示材料制作成员，负责制作展示材料，如图表、图像、时间线等，以便更加直观地展示信息。	1. 旨在通过合理分配任务、明确各成员的角色和责任，促进成员之间的有效沟通与协作，培养团队合作能力。 2. 可以让学生在报告会中更加深入了解中国航天的成就和航天人的进取精神，同时通过该实践活动，锻炼学生表达交流能力、团队合作能力和实践操作能力。

（续表）

实践过程			
实践任务	教师活动	学生活动	设计意图
		选出互动问答成员，负责互动问答环节的策划和实施，包括问题的收集、筛选和解答。 选出演讲员（集体或个人），负责清晰、有条理地介绍研究内容。 2. 由主持人进行开场介绍，说明报告会的主题、目的和流程，以及各小组的简要介绍。 主题报告：各小组轮流上台进行主题报告，分享对中国航天成就的理解和认识，介绍中国航天人的故事，培养爱国精神和科学探索精神。 互动问答：听众就报告内容提出问题，由报告小组进行解答。 总结与反馈：在报告会结束后，由主持人进行总结，回顾整个报告会的亮点和收获。	

（续表）

实践过程			
实践任务	教师活动	学生活动	设计意图
任务 4：报告会后进行总结与反思。	1. 组织学生进行总结反思，讨论在报告会中的收获、存在的不足和改进的建议。 2. 对学生的表现给予评价和反馈，强调学习过程中的科学精神和团队协作的重要性。	1. 独立思考，并交流讨论自己在报告会中的学习收获、印象深刻的部分、存在的疑问、个人感受以及改进建议。 2. 认真倾听老师的评价和反馈，思考并理解老师提出的改进建议，明确自己接下来的努力方向。	旨在巩固所学知识，提升学生自我认知、团队协作和创新能力，为未来的学习和发展打下坚实的基础。

四、评价实施建议

建议师生共同制订评价量表，用于学生自我诊断、组间评价，以及教师的评价反馈。

"逐梦苍穹"项目评价量表

评价维度	评价标准	自评	互评	师评
概念理解	能够准确阐述地面观测、卫星、飞船、登月、探火、逐日关键项目的核心内容			
	能对中国航天的重要历史成就及其对国家和全球航天事业的影响有较为清晰的认识			
	能了解中国航天科学家的卓越贡献，体会航天精神			
实践计划	分工合理、任务明确，能确保每个团队成员都有明确的职责和任务			
	有具体可行的操作步骤和时间节点，能指导团队成员有序开展工作			
	能根据实际情况进行调整和优化，在规定时间内完成计划			
信息搜集	能从多个渠道搜集中国航天的相关信息			
	能对搜集到的信息进行分析和筛选，整理出关键内容			
	搜集到的数据和事实准确可靠			
实践作品	报告内容结构清晰，逻辑性强，易于理解和阅读			
	统计图表完整，能清晰展示中国航天的重要历史成就和影响			
	手抄报主题明确、内容丰富、图文并茂、布局美观			
协同合作	能进行有效沟通和协作，确保工作顺利进行			
	分工明确，能充分发挥各成员的优势和特长			
	能共同商讨解决方案，并积极配合执行			
交流展示	能清晰、有条理地介绍中国航天的重要成就和影响			
	汇报展示形式多样，能吸引听众的注意力			
	展示内容丰富，语言流畅，能引起听众的思考			
评价方法：完全符合评价标准得☆☆☆，基本符合得☆☆，少量符合得☆				

五、实践活动教学反思

“逐梦苍穹”实践活动是一次融合了物理、历史、语文、思想政治等多学科的综合性学习活动，旨在通过跨学科的理念，让学生深入了解我国航天发展的主要成就，感受中国航天人的进取精神，并在此过程中锻炼表达交流能力、团队协作能力以及实践操作能力，从而提升学生的综合素质。以下是对本次活动的几点教学反思。

1. 活动设计与实施

活动初期，制订了详细的活动计划，明确了活动的目标、内容、形式和流程。围绕我国航天发展的主要成就，制订明确的研究问题，并按照航天领域设计了六个研究小组，分别为地面观测、卫星、飞船、登月、探火、逐日领域研究小组。每个研究小组都根据自己小组的研究主题从主要成就、关键时间节点、代表性的科学家和工程师、成就背后的故事和意义展开研究，让学生从不同角度、不同层面深入了解我国航天发展。

在实施过程中，注重学生的参与度和体验感。通过小组讨论、分工合作、报告演讲、互动问答、总结反思等多种形式，激发学生的学习兴趣和研究欲望。同时，鼓励学生发挥创意，自主设计展示材料，培养他们的创新思维和实践能力。

2. 跨学科理念的体现

本次活动充分体现了跨学科的理念。在航天成就整理时，结合了历史知识，讲述了我国航天从无到有、从弱到强的艰辛历程。在提炼航天科技历史性突破时，引入了物理知识，解释了这一突破对我国航天技术发展的重要意义。在介绍航天人物风采故事时，通过与思想政治教育的结合，让学生深入了解航天人的精神世界和家国情怀。在撰写和汇报研究报告时，通过语文写作技巧和表达交流技巧，让学生清晰、有条理地介绍我国航天成就。

这种跨学科的学习方式不仅拓宽了学生的知识视野，还促进了他们思维方式的转变。学生开始学会从不同学科的角度去思考问题、分析问题和解决问题，这对于他们未来的学习和工作都将产生积极的影响。

3. 学生能力与素质的提升

通过本次活动，学生的表达交流能力、团队协作能力以及实践操作能力都得到了显著的提升。在小组讨论和分工合作中，学生学会了如何与他人有效沟通、如何倾听他人的意见和建议、如何协调不同观点之间的差异。在制作展示材料的过程中，学生锻炼了自己的实践能力和创新思维。

在报告会中，学生们以小组为单位，精心准备了展示材料，用生动的语言和丰富的图片、视频资料等，向我们展示了我国航天发展的主要成就和航天人的进取精神。这场报告会不仅展示了学生们的学习成果，更让他们在实践中锻炼了表达能力和自信心。

4. 反思与改进

回顾本次活动，也发现了一些不足之处。例如，在活动的设计和实施过程中，未能充分考虑到学生的个体差异和学习需求，导致部分学生在某些环节上感到吃力或无法跟上进度。此外，虽然活动涉及了多学科的知识，但在某些方面还不够深入和细致。

针对这些问题，将更加注重学生的个体差异和学习需求，为他们提供更加个性化的学习支持和指导。同时，也将加强对跨学科知识的整合和深化，让学生在活动中能够更深入地了解航天科技和相关学科的知识。

总之，“逐梦苍穹”实践活动是一次成功而富有意义的跨学科学习活动。它不仅让学生们深入了解了我国航天发展的主要成就和中国航天人的进取精神，还提升了学生的综合素质。在未来的活动中，将继续努力完善和优化活动的设计和实施过程，为学生提供更加丰富多样的学习机会和成长平台。

六、作品展示

1. 手抄报

2. 演示文稿

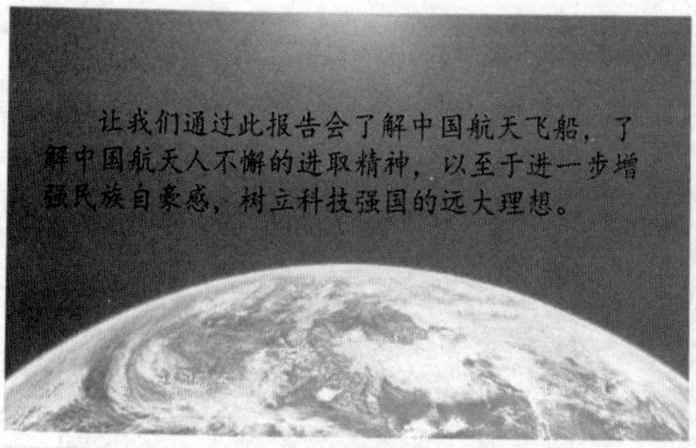
让我们通过此报告会了解中国航天飞船，了解中国航天人不懈的进取精神，以至于进一步增强民族自豪感，树立科技强国的远大理想。

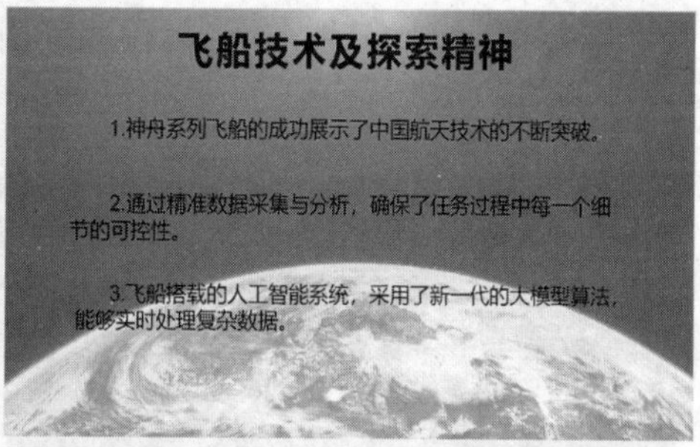
飞船技术及探索精神
1.神舟系列飞船的成功展示了中国航天技术的不断突破。
2.通过精准数据采集与分析，确保了任务过程中每一个细节的可控性。
3.飞船搭载的人工智能系统，采用了新一代的大模型算法，能够实时处理复杂数据。

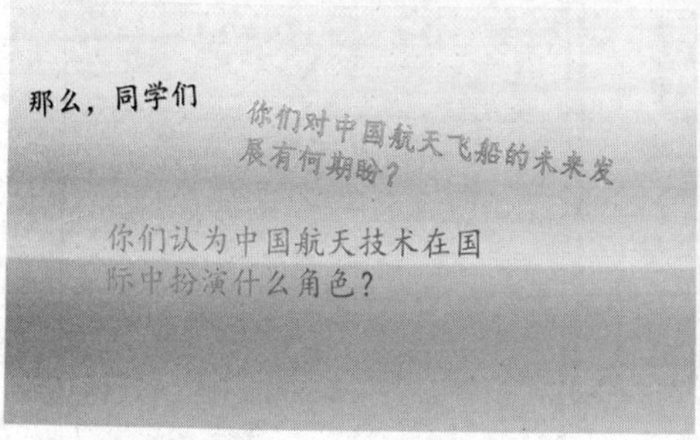
那么，同学们
你们对中国航天飞船的未来发展有何期盼？
你们认为中国航天技术在国际中扮演什么角色？

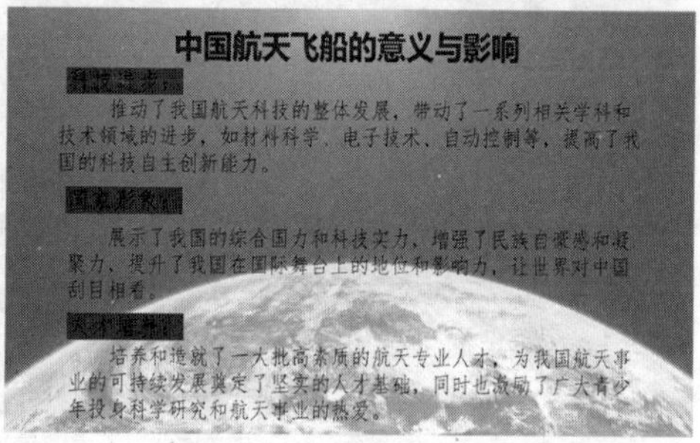
中国航天飞船的意义与影响
推动了我国航天科技的整体发展，带动了一系列相关学科和技术领域的进步，如材料科学、电子技术、自动控制等，提高了我国的科技自主创新能力。
展示了我国的综合国力和科技实力，增强了民族自豪感和凝聚力，提升了我国在国际舞台上的地位和影响力，让世界对中国刮目相看。
培养和造就了一大批高素质的航天专业人才，为我国航天事业的可持续发展奠定了坚实的人才基础，同时也激励了广大青少年投身科学研究和航天事业的热爱。

3. 研究报告

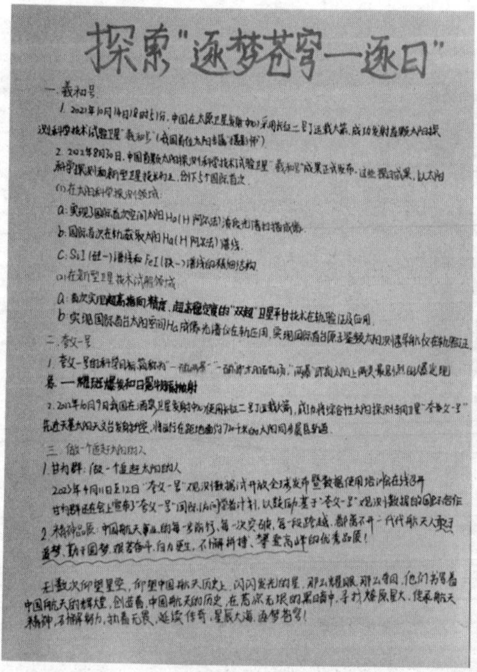
探索"逐梦苍穹—逐日"

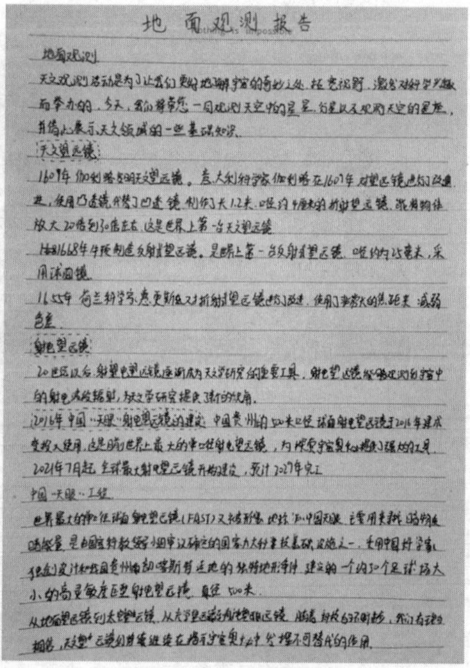
地面观测报告

4. 资料图表

★中国航天的"第一次"

中国航天成就	时间	内容	事件及重要意义
第一颗人造地球卫星	1970年4月24日	东方红一号	[illegible]
第一艘无人试验飞船	1999年11月20日	神舟一号	[illegible]
第一次载人航天飞行	2003年10月15日	神舟五号 杨利伟	[illegible]
第一个月球探测器	2007年10月24日	嫦娥一号	[illegible]
第一次"太空漫步"	2008年9月27日	神舟七号，翟志刚	[illegible]
第一个空间实验室	2011年9月29日	天宫一号	[illegible]
第一个进入太空的女航天员	2012年6月16日	神舟九号，刘洋	[illegible]
第一次太空授课	2013年6月20日	神舟十号，王亚平	[illegible]
第一次月背软着陆(陆)	2019年1月3日	嫦娥四号	[illegible]
第一个火星探测器	2020年7月23日	天问一号	[illegible]
第一次地外天体采样返回	2020年12月17日 1时59分	嫦娥五号	[illegible]
第一次进入中国人自己的空间站	2021年6月17日	天和核心舱	[illegible]
第一次"太空会师"	2022年11月30日	神舟十四号、十五号	[illegible]

神舟飞船历年发射时间人物汇总表

名称	发射时间	乘组	行程
神舟一号	1999年11月	—	—
神舟二号	2001年1月	—	—
神舟三号	2002年3月	搭载模拟人	—
神舟四号	2002年12月	搭载模拟人	—
神舟五号	2003年10月	杨利伟	1天
神舟六号	2005年10月	费俊龙、聂海胜	5天
神舟七号	2008年9月	翟志刚、刘伯明、景海鹏	3天
神舟八号	2011年11月	搭载模拟人	17天
神舟九号	2012年6月	景海鹏、刘旺、刘洋	13天
神舟十号	2013年6月	聂海胜、张晓光、王亚平	15天
神舟十一号	2016年10月	景海鹏、陈冬	33天
神舟十二号	2021年6月	聂海胜、刘伯明、汤洪波	93天
神舟十三号	2021年10月	翟志刚、王亚平、叶光富	183天
神舟十四号	2022年6月	陈冬、刘洋、蔡旭哲	183天
神舟十五号	2022年11月	费俊龙、邓清明、张陆	186天
神舟十六号	2023年5月	景海鹏、朱杨柱、桂海潮	154天
神舟十七号	2023年10月	汤洪波、唐胜杰、江新林	187天
神舟十八号	2024年4月	叶光富、李聪、李广苏	192天

5. 交流展示环节照片

附：

"逐梦苍穹"实践活动记录表

<table>
<tr><td>组别</td><td></td><td>组长</td><td></td><td>组员</td><td></td></tr>
<tr><td rowspan="2">实践活动
信息记录</td><td colspan="2">实践活动时间</td><td colspan="3"></td></tr>
<tr><td colspan="2">实践活动地点</td><td colspan="3"></td></tr>
<tr><td>展示材料</td><td colspan="5"></td></tr>
<tr><td>报告会
实施方案</td><td colspan="5"></td></tr>
</table>

（续表）

报告内容	
互动问答	
实践反思与总结	

案例点评

“逐梦苍穹”跨学科实践案例以中国航天事业的发展为背景，整合了物理、历史、语文、思想政治等多学科知识，旨在通过实践活动让学生深入了解中国航天成就，培养学生的批判性思维、信息处理能力、表达交流能力以及爱国情怀和科学精神。

一、案例紧扣课程标准

新课标强调了物理学科的育人价值，发展学生核心素养，注重培养学生的科学素养、创新精神和实践能力。通过跨学科实践，实现了以下目标。

1. 科学素养的培养。学生在查阅资料、整理信息的过程中，学习了航天领域的物理知识，如卫星轨道、火箭发射原理等，提升了科学素养。

2. 创新精神的激发。鼓励学生自主设计展示材料，如手抄报、演示文稿等，激发了学生的创新思维。

3. 实践能力的锻炼。通过报告会的筹备与实施，学生在实践中锻炼了组织协调、团队合作和公众演讲等能力。

二、案例贴合学情，可行性高

1. 资源的可获取性。“嫦娥六号”完成世界首次月背采样和起飞的视频易于获取，可以通过网络资源或学校图书馆获取。关于中国航天的书籍、报纸和网络资源丰富，学生可以方便地查阅。学校通常配备有多媒体一体机等设备，能够支持报告会的顺利进行。

2. 学生的知识基础。初步了解，学生通过前面的学习已对中国航天有初步的了解，对载人航天、月球探测等航天科技充满好奇，这为深入研究奠定了基础。学生在历史、语文、思想政治等学科的学习中，已经具备了一定的知识储备，能够更好地理解和整合多学科内容。

3. 教师的指导能力。教师具备跨学科的教学能力，能够引导学生整合多学科知识，提供研究方法和表达技巧的指导。另外，教师也需要具备组织大型活动的经验，能够指导学生制订报告会实施方案，确保活动的顺利进行。

三、案例过程清晰，操作性强

1. 实践步骤明确。第一课时观看视频、提出问题、查阅资料、形成研究报告、讨论报告会实施方案。这些步骤清晰明确，学生能够按照步骤逐步推进。第二课时依据设计方案筹备报告会、实施报告会、进行总结反思。每个步骤都有具体的操作内容，学生能够明确自己的任务。

2. 任务分工合理。每个小组根据研究主题进行分工，明确组长、内容研究成员、展示材料制作成员、互动问答成员和演讲员的职责。这种分工方式确保了每个学生都有明确的任务，能够充分发挥各自的优势。每个成员的角色和责任明确，有助于提高团队合作的效率，确保报告会的顺利进行。

3. 评价机制完善。师生共同制订的评价量表涵盖了概念理解、实践计划、信息搜集、实践作品、协同合作、交流展示等多个维度，评价标准具体明确，便于学生自我诊断和教师评价反馈。采用自评、互评、师评相结合的方式，全面评估学生的实践表现，确保评价的公正性和客观性。

总之，通过“逐梦苍穹”跨学科实践活动的学习，不仅让学生深入了解了中国航天事业的发展，还培养了学生的批判性思维、信息处理能力、表达交流能力以及爱国情怀和科学精神。案例的实践步骤明确，任务分工合理，评价机制完善，具有较高的可行性和具体操作性。

跨学科实践案例 6 制作水火箭

执教者：贾朋朋（山东省东营市实验中学）
点评者：舒凤芹（山东省东营市胜利第二初级中学　校长）

一、实践活动课程规划

1. 整合学科

物理：水火箭的发射利用了牛顿第三定律，即作用力与反作用力。当水从火箭尾部高速喷出时，水火箭对喷出的水施加一个向后的作用力，同时水对火箭产生一个向前的反作用力，推动火箭前进。发射角度和初速度会影响水火箭的飞行轨迹，涉及抛体运动的知识，可以通过调整发射角度和气压等因素来改变水火箭的飞行高度和距离。水火箭在飞行过程中还会受到重力、空气阻力等力的作用，需要考虑这些力对飞行的影响。通过打气筒向火箭内注入压缩空气，发射时，空气的内能转化为水火箭的机械能。在飞行过程中，动能和重力势能不断相互转化，同时由于空气阻力的作用，机械能会逐渐减小。

数学：在制作水火箭时，需要测量和计算火箭的尺寸、容积等参数。例如，确定火箭的长度、直径、锥角等，以保证火箭的结构合理性和稳定性。可以通过几何知识计算水火箭的体积，从而确定合适的水量，以达到最佳的发射效果。

化学：在制作水火箭时，需要选择合适的材料。例如，选择耐压的塑料瓶作为火箭的主体，选择密封性好的橡胶塞作为火箭的喷嘴。对于使用的胶水、胶带等材料，要考虑其化学性质是否稳定，是否会与水或空气发生反应，影响水火箭的性能和安全性。在制作和发射水火箭过程中，要注意安全。避免使用易燃易爆的材料，如酒精、汽油等。同时，要注意操作规范，避免发生意外事故。

工程学：学生需要根据物理学和数学的原理，设计水火箭的结构和外形。考虑因素包括火箭的稳定性、密封性、重心位置等。选择合适的材料进行制作，如塑料瓶、橡胶塞、气门芯等。要确保材料的强度和耐用性，同时考虑制作的成本和可行性。制作过程中需要掌握一些基本的工程技能，如裁剪、粘贴、打孔等，以保证水火箭的质量和性能。

2. 实践价值

本案例以“力的作用是相互的”等知识为载体，策划并开展实践活动，统筹物理、数学、化学和工程等多学科课程资源，蕴含着丰富的实践价值，对学生的成长与发展有着多方面的积极影响。

在科学知识学习上，它是生动的物理课堂。学生能直观体会作用力与反作用力的反冲原理，目睹水和空气的能量转化过程，深化对能量概念的理解。而且在探究怎样让水火箭飞得更高更远时，还会涉及流体力学等知识，激发学生探索科学的兴趣。在工程技术领域，学生要像工程师一样进行整体设计，考虑瓶体、尾翼、喷口等部件的选择与构造，锻炼结构设计和材料加工能力。并且经过多次发射测试，依据飞行状况去改进优化，如同真实的工程迭代，培养解决实际问题的能力。从数学应用层面，制作中需精准测量火箭各部分尺寸，记录飞行高度、距离等数据，构建简单模型辅助理解，让抽象数学知识有了具象的应用场景。

此外，以小组合作完成水火箭制作，能提升团队协作和沟通能力，大家分工明确、共同探讨。同时，这种富有挑战性和趣味性的活动，也能激发学生对科学、工程的兴趣，使他们更积极主动地探索相关领域的知识，为未来的学习和职业发展埋下兴趣的种子。

3. 实践任务

观看“神舟十九号”发射视频、图片，对其中涉及相关问题进行讨论，了解水火箭的飞行原理，为制作水火箭打下基础；学习设计水火箭的基本结构；准备制作水火箭的材料，制作水火箭的主要部件；将制作好的部件组装成完整的水火箭，并进行外观装饰；发射水火箭，观察其飞行情况，评估水火箭的性能；总结水火箭制作全过程的收获，拓展对航天科技的认识。

4. 实践目标

（1）理解水火箭的工作原理，能够解释其中涉及的作用力与反作用力、能量相互转化的知识。

（2）掌握制作水火箭的基本技能，包括材料选择、结构设计、制作工艺和发射操作，学会使用相关工具进行测量和数据记录，并运用数学知识对数据进行分析和处理。

（3）通过小组合作完成水火箭的制作和发射，提高团队协作能力、沟通能力和问题解决能力，在设计和改进水火箭的过程中，培养创新思维和实践能力，能够根据实际情况调整设计方案。

（4）培养对科学和工程的兴趣，增强对学科知识的学习热情，体验科学探究的乐趣，培养严谨的科学态度和安全意识，在实践操作过程中遵守规则，确保自身和他人的安全。

5. 重点难点

（1）重点：水火箭的原理理解，尤其是作用力与反作用力在其中的体现以及能量转化过程。水火箭的制作工艺，包括各部分材料的正确连接和密封，正确选择和使用材料制作部件，正确组装水火箭，确保结构稳定，以保证火箭能够正常发射。数据的测量和分析，通过准确的数据来评估水火箭的性能，为改进提供依据。

（2）难点：如何根据原理设计出合理的水火箭结构，以实现最佳的飞行效果，这需要综合考虑多种因素，如重心、稳定性、空气动力学等。在制作过程中，解决遇到的各种实际问题，如气门漏气、火箭发射角度偏差等，需要学生灵活运用所学知识进行调试和改进。还需要保证部件的质量和精度，如尾翼的对称性等，在装饰过程中不影响水火箭的性能。对实验数据的深入分析，从数据中找出影响水火箭飞行性能的关键因素，并提出有效的改进措施，如装水量多少时能达到最好的发射效果，这需要一定的逻辑思维和科学探究能力。

6. 学情分析

学生在之前的学习中已经对物理学中的力学、能量等基础知识有了一定的了解，但这些知识大多停留在理论层面，缺乏实际应用的经验。对于工程学、化学相关知识，学生了解较少，但具有一定的好奇心和探索欲望。学生具备一定的动手能力，如简单的手工制作，但对于较为复杂的工程制作项目，可能缺乏系统性的方法和技能，学生在组装过程中可能会出现顺序不当、连接不牢固等问题，在装饰时也可能会过于注重外观而忽视对性能的潜在影响，需要教师详细指导操作步骤和技巧。在使用工具进行测量和数据记录方面，需要进一步指导，以确保数据的准确性。

该年龄段的学生对新鲜事物充满兴趣，尤其是具有挑战性和趣味性的活动。“制作水火箭” 这一主题能够极大地激发他们的学习兴趣和积极性，但也可能因为遇到困难而产生挫败感，需要教师在过程中给予及时的鼓励和指导。学生在以往的学习和活动中已经有了一些团队合作的经历，但在分工协作、沟通协调方面还需要进一步提高，通过本次活动可以进一步培养和锻炼他们的团队协作能力。

7. 实践准备

铁架台，打气筒，2L 可乐瓶，气门芯，橡胶塞，剪刀，PVC 板，热熔胶枪，彩笔等。

二、实践活动实施规划

1. 实践活动流程图

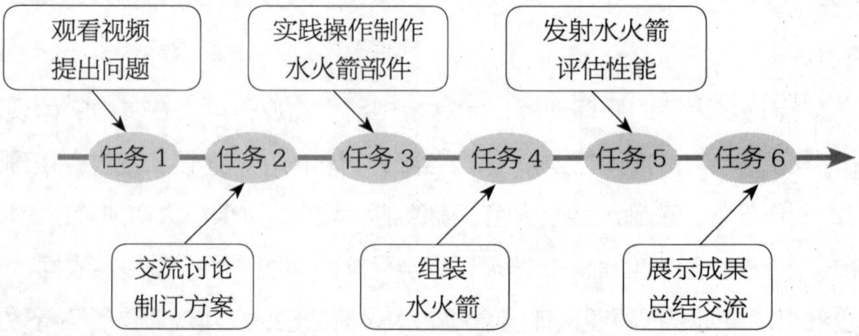

2. 实践活动规划表

实践步骤	实践任务	课时安排
问题： 创设真实情境，明确实践课题	任务 1：观看“神舟十九号”发射视频、图片，对其中涉及相关问题进行讨论，了解水火箭的飞行原理，为制作水火箭打下基础。	课时 1
证据： 确定任务方案，明确实践步骤	任务 2：学习设计水火箭的基本结构。	
解释： 构建相关知识，经历实践过程	任务 3：准备制作水火箭的材料，制作水火箭的主要部件。 任务 4：将制作好的部件组装成完整的水火箭。	课时 2
交流： 展示实践成果，总结交流评价	任务 5：发射水火箭，观察其飞行情况，评估水火箭的性能。 任务 6：总结水火箭制作全过程的收获，拓展对航天科技的认识。	课时 3

三、实践活动教学设计

第一课时

实践任务			
1. 观看“神舟十九号”发射视频、图片，对其中涉及相关问题进行讨论，了解水火箭的飞行原理，为制作水火箭打下基础。 2. 学习设计水火箭的基本结构。			
实践目标			
1. 理解作用力与反作用力、能量转化等原理在水火箭中的应用。 2. 能够根据原理设计简单的水火箭结构草图。 3. 激发对水火箭制作的兴趣和探索欲望。			
实践过程			
实践任务	教师活动	学生活动	设计意图
任务 1：观看“神舟十九号”发射视频、图片，对其中涉及相关问题进行讨论，了解水火箭的飞行原理，为制作水火箭打下基础。	1. 播放“神舟十九号”火箭发射视频、图片，引导学生思考：火箭发射的原理是什么？要成功发射火箭，需要克服哪些困难？怎样才能让火箭飞得更高更远？ 2. 通过视频，引导学生结合物理、化学、数学等知识，提出相关的问题。通过演示实验，讲解作用力与反作用力、气体压强与能量转化原理。	1. 观看“神舟十九号”火箭发射视频和图片，思考火箭升空的原因。 2. 参与简单实验，如通过气球放气实验体验作用力与反作用力。	通过直观感受和实验，让学生从理论层面理解水火箭飞行原理。

（续表）

实践过程			
实践任务	教师活动	学生活动	设计意图
任务 2：学习设计水火箭的基本结构。	巡视小组讨论，指导学生设计草图，确保结构合理。	根据所学原理，小组讨论并绘制水火箭的初步设计草图。	培养学生的设计思维和团队合作能力。

第二课时

<table>
<tr><th colspan="4">实践任务</th></tr>
<tr><td colspan="4">1. 准备制作水火箭的材料，制作水火箭的主要部件。
2. 将制作好的部件组装成完整的水火箭。</td></tr>
<tr><th colspan="4">实践目标</th></tr>
<tr><td colspan="4">1. 熟悉制作水火箭的材料特性。
2. 学会制作水火箭的箭体、喷嘴和发射架等部件。
3. 掌握水火箭的组装顺序和方法，能够将各个部件组装成水火箭，并进行个性化装饰。
4. 培养动手操作的热情和耐心，培养审美能力和创新精神。</td></tr>
<tr><th colspan="4">实践过程</th></tr>
<tr><th>实践任务</th><th>教师活动</th><th>学生活动</th><th>设计意图</th></tr>
<tr><td>任务 3：准备制作水火箭的材料，制作水火箭的主要部件。</td><td>1. 展示材料清单和样品，讲解材料特性和选择依据。
2. 示范部件制作步骤和技巧，强调安全注意事项。
3. 检查学生制作的部件，提出改进建议。</td><td>1. 按照材料清单收集材料，检查材料质量。
2. 用橡胶塞和自行车气门芯制作喷嘴。

3. 将一个可乐瓶从中间剪开，制作水火箭的头部。</td><td>让学生通过亲自动手准备材料和制作部件，提高动手能力和实践操作水平。</td></tr>
</table>

（续表）

实践过程			
实践任务	教师活动	学生活动	设计意图
		4. 切割 PVC 板，制作尾翼。 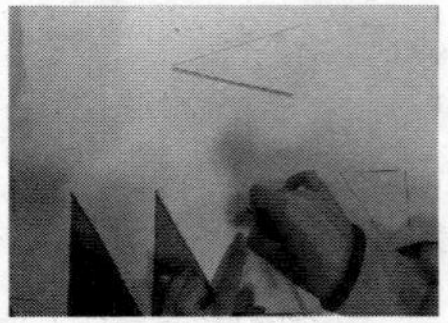	
任务 4：将制作好的部件组装成完整的水火箭，组装发射架。	1. 讲解水火箭组装顺序和注意事项，如密封环节。 2. 协助学生检查水火箭，确保组装和装饰符合要求。同学间互相展示自己制作的水火箭。	1. 小组合作，按顺序组装水火箭。用一个完整的可乐瓶作为箭体，将半个可乐瓶套在箭体前部作为水火箭头部，安装尾翼，用热熔胶把箭体与箭体头部及尾翼粘连牢。 2. 检查组装后的水火箭整体结构稳定性和密封性，向同学们展示自己制作的水火箭。 	培养学生的组装能力和创新设计能力，让学生在实践中理解整体结构与性能的关系。

（续表）

实践过程			
实践任务	教师活动	学生活动	设计意图
		3. 将两个铁架台进行重新组装，制作发射架。 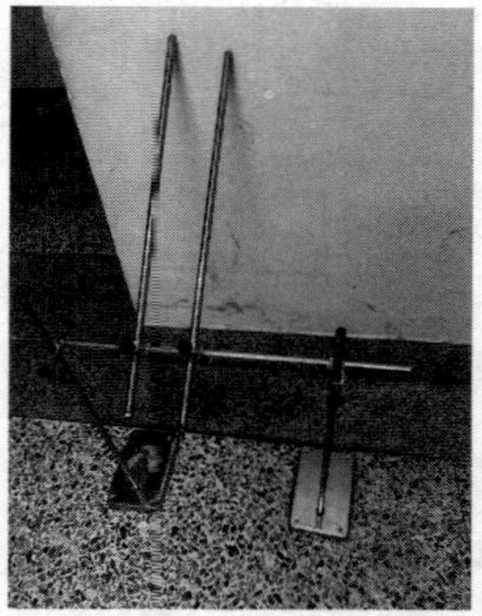	

第三课时

实践任务
1. 发射水火箭，观察其飞行情况，评估水火箭的性能。 2. 总结水火箭制作全过程的收获，拓展对航天科技的认识。
实践目标
1. 通过观察分析水火箭飞行性能与设计、制作的关系，系统回顾水火箭制作涉及的多学科知识。 2. 能够正确发射水火箭并准确记录飞行数据，能够清晰地总结实践过程和成果。 3. 培养对实验结果的分析和反思能力，提升对科学探索和航天事业的热爱。

（续表）

实践过程			
实践任务	教师活动	学生活动	设计意图
任务5：发射水火箭，观察其飞行情况，评估水火箭的性能。	1. 选择安全的发射场地，设置安全防护措施，指导学生发射操作。 2. 协助学生记录数据，引导学生从灌水量、密封程度等角度分析水火箭的性能。	1. 在安全场地，按照操作流程发射水火箭，观察水火箭的发射情况。 2. 记录水火箭的飞行数据，如飞行时间、水平距离等，调整灌入水火箭内的水量，检查装置的密封程度，比比看哪个小组的水火箭飞得更远。 	让学生体验发射过程，培养观察和分析能力，通过实践反馈改进制作。
任务6：总结水火箭制作全过程的收获，拓展对航天科技的认识。	1. 组织学生讨论，引导学生总结影响水火箭性能的因素。 2. 展示航天科技发展资料，讲解火箭与水火箭的联系，介绍我国科学家研发、制造火箭伟大探索背后的艰辛。	1. 小组讨论，回顾从原理学习到制作、发射的全过程，整理收获。代表发言，分享小组总结，如装水量、发射角度等因素是否会影响水火箭发射的距离，尾翼的形状是否会影响水火箭的飞行姿态等。 2. 聆听教师介绍航天科技发展与水火箭的联系，了解中国航天背后的故事，感受航天人不畏艰难、勇于攀登的奋斗精神。	巩固实践成果，拓展知识面，激发学生对科学探索的持续兴趣，增强社会责任感。

四、评价实施建议

建议师生共同制订评价量表，用于学生自我诊断、组间评价，以及教师的评价反馈。

"制作水火箭"项目评价量表

评价维度	评价标准	自评	互评	师评
概念理解	了解水火箭升空的原理			
	设计出科学、规范、合理的水火箭结构图			
	准确理解各部件的作用及组装方法			
	运用跨学科知识获取信息，解决实际问题			
实践计划	能制订分工合理、任务明确、可行的实践计划			
	能在规定时间内完成计划			
信息搜集	能有效搜索所需学习资源，注意资源的科学性和规范性			
	能将搜集到的知识转化为实际操作的技能			
实践作品	水火箭安装合理，能成功发射			
	各部件之间的连接牢固，可重复发射			
	剪刀等工具使用规范，注意安全			
	对水火箭模型适当装饰，外形美观			
协同合作	分工明确合理，能阐述每个成员的具体贡献			
	小组成员积极协同合作完成各项任务，互相帮助，共同克服困难，根据项目情况调整任务分工			
交流展示	能清晰介绍所制作的水火箭及实践疑问和收获			
	汇报展示形式丰富，语言流畅			
评价方法：完全符合评价标准得☆☆☆，基本符合得☆☆，少量符合得☆				

五、实践活动教学反思

通过制作水火箭这样一个充满趣味与挑战的项目，让学生们真正体验到跨学科学习的魅力。从活动的筹备阶段到精心挑选合适的材料，再到活动正式拉开帷幕，学生们的热情、潜力和创造力被充分激发出来。他们不再是被动的知识接受者，而是积极主动的探索者和实践者。他们敢于尝试新的方法和思路，不断地对水火箭进行改进和完善。然而，在活动的过程中，也并非一帆风顺，一些问题逐渐暴露出来，为今后的改进提供了方向。

（一）目标达成与收获

1. 知识融合与拓展

通过制作水火箭，学生们将物理中的力学知识、数学中的测量与计算等多学科知识进行了有机融合。他们在实践中理解了“力的作用是相互的”这一知识点的实际应用，学会了运用数学工具进行精准测量以确保水火箭的稳定性和发射效果，同时在外观设计上发挥了美术创意，提升了审美能力。

2. 实践能力提升

从收集材料到动手制作，再到最后的调试与发射，学生们全程参与，极大地锻炼了他们的动手实践能力。在这个过程中，他们学会了使用工具、解决实际问题，如如何密封接口、调整发射角度等，培养了耐心和细心。

3. 团队协作与沟通

以小组为单位进行活动，促使学生们学会分工合作、互相支持。每个小组成员都承担着不同的任务，分工明确。在合作中，他们学会了倾听他人意见、表达自己的想法，提高了团队协作和沟通能力。

（二）教学过程亮点

1. 问题导向学习

在活动开始前，先提出了一系列问题，如水火箭是如何发射的，怎样才能让水火箭飞得更高更远等，激发学生的好奇心和探索欲。学生们带着问题进行制作，在实践中寻找答案，这种问题导向的学习方式提高了他们的学习积极性和主动性。

2. 资源利用与创新

鼓励学生利用身边的废旧物品制作水火箭，既培养了他们的环保意识，又激发了他们的创新思维。学生们发挥想象力，将饮料瓶、橡胶塞、气门芯、PVC 板等材料巧妙地组合在一起，制作出了各具特色的水火箭。

3. 及时反馈与指导

在学生制作和发射水火箭的过程中，我及时给予反馈和指导。对于学生的创意和努力给予肯定和鼓励，对于出现的问题及时指出并提供解决方案，帮助学生不断改进和完善水火箭。

（三）存在不足与改进措施

1. 时间安排不够合理

由于学生们在制作过程中过于投入，导致时间超出预期。在今后的活动中，需更加合理地安排时间，提前做好进度规划，确保活动能够按时完成。同时，可以设置一些时间节点，提醒学生注意进度。

2. 安全意识有待加强

水火箭发射具有一定的危险性，虽然在活动前进行了安全讲解，但仍有部分学生安全意识淡薄，如有的学生在发射时站在了火箭正后方，导致身上溅上了水，弄湿衣服；有的小组设计的水火箭飞到了教学楼的墙壁上，差点撞到玻璃。在今后的活动中，应进一步加强安全意识教育，制订更加严格的安全规范，选择更加空旷的场地，确保学生的安全。

3. 评价体系不够完善

目前的评价主要以水火箭的发射效果和外观设计为依据，评价体系不够全面。在今后的活动中，可建立更加完善的评价体系，综合考虑学生在知识掌握、实践能力、团队协作、创新思维等方面的表现，给予更加客观、全面的评价。

总之，本次活动是一次非常有意义的教学尝试。通过这次活动，学生们在知识、能力和素养等方面都得到了很大的提升。同时，教师也从中积累了很多宝贵的经验，为今后的教学提供了有益的借鉴。

六、作品展示

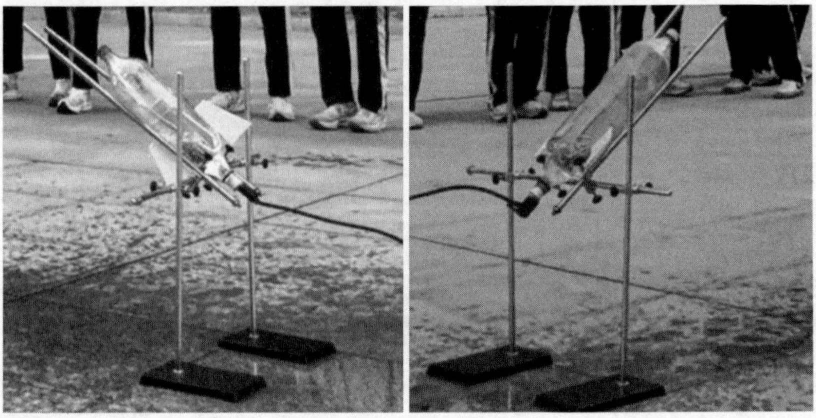

附：

“制作水火箭”实践活动记录表

组别		组长		组员	
实践活动信息记录	实践活动时间				
	实践活动地点				
所需器材					
水火箭设计图					
飞行效果及数据记录					
疑问与补充					
实践总结					

案例点评

本跨学科实践案例以制作水火箭为主题，设计得非常全面、细致。它不仅涵盖了物理、数学、化学和工程等多学科知识，还通过具体的实践活动让学生在动手操作中理解和应用这些知识，具有很强的借鉴意义。

1. 学科融合性出色

活动设计将多个学科的知识有机融合在一起，使学生能够在实践中综合运用所学内容，有助于培养他们的跨学科思维能力。物理学科上，水火箭的发射利用了牛顿第三定律，即作用力与反作用力。当水从火箭尾部高速喷出时，对喷出的水施加一个向后的作用力，同时水对火箭产生一个向前的反作用力，推动火箭前进。数学学科上，在制作水火箭时，需要测量和计算火箭的尺寸、容积等参数。例如，确定火箭的长度、直径、锥角等，以保证火箭的结构合理性和稳定性。化学学科上，在制作水火箭时，需要选择合适的材料。例如，选择耐压的塑料瓶作为火箭的主体，选择密封性好的橡胶塞作为火箭的喷嘴。工程学上，学生需要根据物理学和数学的原理，设计水火箭的结构和外形。考虑因素包括火箭的稳定性、密封性、重心位置等。

2. 激发学习兴趣与探索欲

通过亲手制作和发射水火箭，学生亲身体验了科学探索的乐趣。他们在实践中验证了理论知识的正确性，感受到了科学的力量。例如，当看到自己设计的水火箭成功飞上高空时，学生的成就感和自豪感油然而生。

水火箭制作具有趣味性和挑战性，从收集材料到发射成功，每个环节都吸引学生积极参与。发射瞬间的成功或失败引发学生思考改进方法，激发他们深入探究背后科学原理的欲望，变被动学习为主动探索，培养自主学习精神和对科学技术的热爱。

3. 培养了创新思维与问题解决能力

制作水火箭的过程充满挑战，学生需要不断思考如何改进水火箭的设计以提高其性能。例如，通过改变水火箭的尾翼形状来增加稳定性，或调整水火箭的重量分布来优化飞行轨迹。这种创新思维的培养有助于学生在面对复杂问题时，能够灵活运用所学知识进行创新性解决。

在发射过程中，学生可能会遇到各种突发情况，如水火箭密封不严、飞行轨迹偏离等。他们需要迅速分析问题原因，并提出解决方案，如重新调整水火箭结构或改变发射参数。这种问题解决能力的锻炼，使学生在实践中学会了如何应对挑战。

4. 评价体系较为完善

通过制订详细的评价量表，用于学生自我诊断、组间评价，以及教师的评价反馈，从多个维度对学生的表现进行评估，确保评价的客观性和全面性。

总之，跨学科实践制作水火箭的案例具有重要的教育意义，它不仅促进了学生知识的整合与应用，还培养了他们的创新思维、问题解决能力、团队合作精神和科学精神。通过不断改进和完善，该活动有望为学生的全面发展提供更为有力的支持。

跨学科实践案例 7 制作简易滑翔机

执教者：李晓岩（山东省东营市垦利区黄河口镇中学）
点评者：郭观彬（山东省东营市垦利区教育科学研究中心　教研员）

一、实践活动课程规划

1. 整合学科

物理：能对物体进行简单受力分析，会判断物体重心的位置；了解流体压强与流速的关系，了解生活中跟流体压强相关的现象，了解飞机的升力是怎么产生的；关注科学技术对社会发展和人类生活的影响，有将所学知识联系生产和生活的习惯。

数学：能综合运用对称关系，会使用测量工具精准测量角度与尺寸。

工程技术：能使用手工锯和砂纸等切割、打磨滑翔机各部件，会使用胶水粘接制作滑翔机。

2. 实践价值

航空产业是国家战略性高科技产业，对于提高国家高新科技水平和构建现代综合交通系统有着重大的意义。本主题活动以制作一架简易滑翔机为主线，经历滑翔机的认识、设计、制作、改进和成果展示等环节，需要学生综合运用物理、数学、工程技术等知识，注重增强学生的工程技术意识和动手操作能力。在学生了解国内外航天工业的发展历史，利用所学知识解决问题的过程中，持续培养学生的家国情怀，提升国际视野，体验工匠精神与魅力。

3. 实践任务

运用所学知识，借助相关资源，认识滑翔机的基础部件，了解其飞行原理，知道基础工具的使用方法和简易滑翔机的制作方法。在亲手制作滑翔机的过程中，发现实践探究的魅力，实现学科知识的综合利用，通过亲身探索与动手实践制作滑翔机，增强科技强国认同感，提升动手实践能力。

4. 实践目标

（1）会对物体进行受力分析，能找出物体的重心位置；了解流体压强与流速的关系，了解生活中跟流体压强相关的现象，了解飞机的升力是怎么产生的；体会物理知识在生产生活中的应用。

（2）通过设计、制作、试飞、调试、展示五个环节，认识滑翔机的基础部件，了解其飞行原理，知道基础工具的使用方法和简易滑翔机的制作方法，培养学生运用科学知识进行自主探究的能力。

（3）通过亲身探索与动手实践制作滑翔机，培养积极合作、动手动脑、勇于尝试的意识与能力，增强科技强国认同感。

5. 重点难点

（1）重点：知道飞机升力产生的原因；小组合作设计、制作、改进滑翔机；通过动手实践，培养团队合作及自主探究的能力；体会物理知识与自然、生活的联系。

（2）难点：小组合作设计、制作滑翔机；根据滑翔机试飞情况发现存在的问题，并进行调试改进。

6. 学情分析

学生在学习了流体压强与流速的关系、重力等物理知识及相关数学知识之后，具备了一定的知识基础，同时八年级学生也具备一定的动手制作能力。以“歼 –20”引入，既结合科技前沿，又能联系学生已有知识，可以极大地激发学生的学习热情与好奇心，使得后期的相关实践制作能够顺利开展。设计制作滑翔机的方案，对学生来说具有一定的挑战性，学生缺乏综合应用所学知识解决实际问题的能力和工程实践能力，教师需要加强对学生的引导，使学生初步设计出相关方案。在滑翔机的制作和改进过程中如何应用物理中的重心位置、数学上的对称知识使滑翔机平稳飞行是一大难点，需要在教师的引导下对试飞的数据进行分析，适时点拨出现问题的原因，帮助学生改进滑翔机的各项性能。

7. 实践准备

3 mm 木板，2 mm 木板，长木条，铅笔，刻度尺，手工锯，刻刀，砂纸，胶水。

二、实践活动实施规划

1. 实践活动流程图

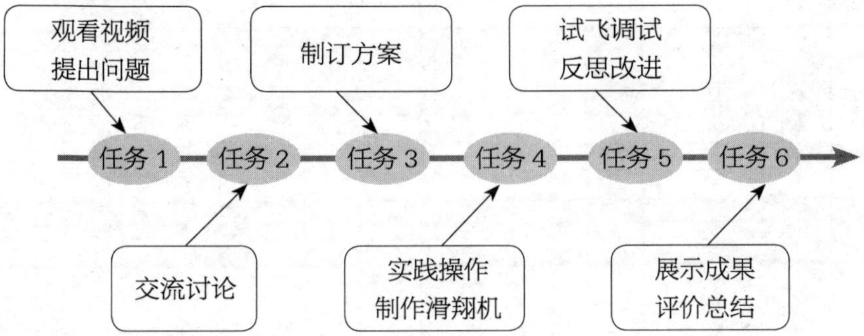

2. 实践活动规划表

实践步骤	实践任务	课时安排
问题： 创设真实情境，明确实践课题	任务 1：观看“歼 -20”战斗机飞行视频和观察滑翔机模型，对飞机升力产生的原因及其他相关问题进行讨论，为制作滑翔机打下基础。	课时 1
证据： 确定任务方案，明确实践步骤	任务 2：了解滑翔机的重心对滑翔机飞行所产生的影响，学会合理调整滑翔机的重心；了解机翼弧度等因素变化对滑翔机飞行的影响。 任务 3：讨论制作滑翔机的具体实施方案。	
解释： 建构相关知识，经历实践过程	任务 4：依据设计方案，制作滑翔机。 任务 5：通过试飞发现滑翔机存在的问题，并调试改进。	课时 2
交流： 展示实践成果，总结交流评价	任务 6：各小组展示滑翔机飞行，并以小组为单位进行反思、总结、交流。	

三、实践活动教学设计

第一课时

实践任务			
1. 观看“歼 –20”战斗机飞行视频并观察滑翔机模型，对飞机升力产生的原因及其他相关问题进行讨论，为制作滑翔机打下基础。 2. 了解滑翔机的重心对滑翔机飞行所产生的影响，学会合理调整滑翔机的重心，了解机翼弧度等因素变化对滑翔机飞行的影响。 3. 讨论制作滑翔机的具体实施方案。			
实践目标			
1. 在观看“歼 –20”战斗机飞行视频与滑翔机模型的基础上，能结合所学物理、数学、工程技术等知识，解释相关问题。 2. 搜集关于滑翔机重心调整、翼面对飞行的影响等相关资料；小组讨论调整重心的方法，合理调整滑翔机的重心。 3. 能设计初步的实践方案，完成滑翔机的制作。在此过程中，能学以致用，提升设计方案、交流合作的能力。 4. 在对滑翔机进行研究的过程中，了解我国航空航天科技的发展水平，体验科学探究与技术设计的过程，领会科学与技术之间的关系及对人类发展的作用，有进一步对航空航天领域进行探究的意愿。			
实践过程			
实践任务	教师活动	学生活动	设计意图
任务 1：观看我国“歼 –20”战斗机飞行视频并观察飞机模型，对飞机升力产生的原因及飞行原理与设计的关系进行讨论，为制作滑翔机打下基础。	1. 视频引入：与学生一起观看“歼 –20”战斗机飞行视频。 2. 以小组为单位观察滑翔机模型，并结合参考资料对滑翔机部件进行简单介绍。提出问题：（1）飞机在飞行时受到的力有哪些？（2）飞机向上的升力是如何产生的？（3）这与学过的哪些物理知识有关？	1. 观看我国“歼 –20”战斗机飞行的视频，了解飞机的实际飞行过程，观察滑翔机模型，认识滑翔机各部件和机翼形状。 2. 回顾视频中的相关画面并结合所学知识回答问题。 （1）飞机在飞行过程中受到升力、重力、动力和阻力。	1. 创设具体问题情境，引发学生思考，培养其利用所学知识解决现实生活中问题的意识。 2. 根据观察到的现象，提出问题，并进行科学探究。

（续表）

实践过程			
实践任务	教师活动	学生活动	设计意图
		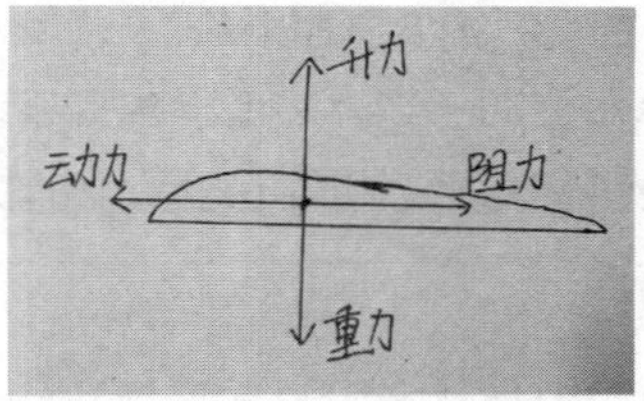 （2）飞机飞行过程中机翼上方空气流速比下方快，因此受到大气压力比机翼下方小，从而产生升力。 （3）主要用到的知识是受力分析和流体压强与流速的关系。 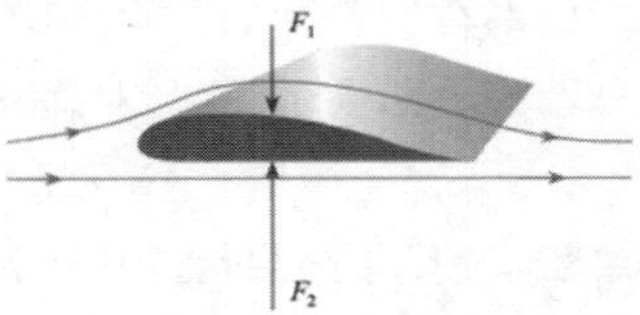 	

（续表）

实践过程			
实践任务	教师活动	学生活动	设计意图
任务 2：了解滑翔机的重心对滑翔机飞行所产生的影响，学会合理调整滑翔机的重心，了解机翼弧度等因素变化对滑翔机飞行的影响。	1. 展示模型机，提出问题：怎么寻找飞机的重心？飞机的重心应该在飞机的哪个位置？如何简单调整飞机的重心？ 2. 让学生以小组为单位动手寻找模型机的重心，并使用橡皮泥尝试改变模型机重心。 3. 合理的机翼弧度是飞机产生升力的原因，提出问题：机翼弧度过大或过小会对飞机的飞行产生什么影响？	1. 回顾重力的知识，寻找模型机重心。简单介绍利用悬挂法和支撑法确定物体重心的方法。 2. 总结发现：滑翔机重心靠左或靠右会导致飞机侧翻，重心靠前或靠后会导致飞机前缀或后缀。小组合作，使用橡皮泥尝试改变模型机重心。 3. 小组讨论：机翼弧度过大，飞行过程受到的空气阻力就大；机翼弧度过小，无法获得足够的升力，这两种情况都会导致滑翔机飞行距离不够。因此制作合适的机翼弧度直接影响滑翔机飞行距离。	1. 通过寻找和改变模型机的重心，发现重心位置对滑翔机的重要性，了解物理知识在生活中的应用，以及物理对生产生活的影响。 2. 根据实验和讨论结果，为后续制作和改进滑翔机做铺垫。
任务 3：讨论制作滑翔机的具体实施方案。	引导学生思考并设计实施方案：如果让你设计一架无动力滑翔机，你会如何设计飞机的机翼？如何能让你设计的滑翔机在空中飞行得又远又平稳？	在教师引导下初步制订制作滑翔机的具体实施方案，尝试对以下问题进行解答：如何确定滑翔机的形状、结构、各组成部分的材料？制作过程分为哪些步骤？如何让滑翔机飞行得更加平稳？制作过程中遇到的问题及预设的解决方案是什么？	培养学生设计实践方案的能力。

第二课时

实践任务			
1. 依据设计方案，制作滑翔机。 2. 通过试飞发现滑翔机存在的问题，并调试改进。 3. 各小组展示滑翔机飞行，并以小组为单位进行反思、总结、交流。			
实践目标			
1. 能根据设计方案，小组合作进行滑翔机的制作。在制作过程中，能对相关问题进行思考与讨论，并进行调试改进。 2. 在动手制作滑翔机的过程中，培养动手操作能力及解决实际问题的能力，能运用物理知识解释自然、生活、工程等方面的问题。 3. 通过制作与改进滑翔机的过程，培养小组合作、归纳总结的能力。			
实践过程			
实践任务	教师活动	学生活动	设计意图
任务 4：依据设计方案，制作滑翔机。	引导学生根据设计方案动手制作滑翔机。	1. 选择密度小容易切割和打磨的木板作为滑翔机的主要制作材料。利用数学中的对称知识，在木板上画好飞机各部件形状，并进行切割、打磨，并粘在一起。 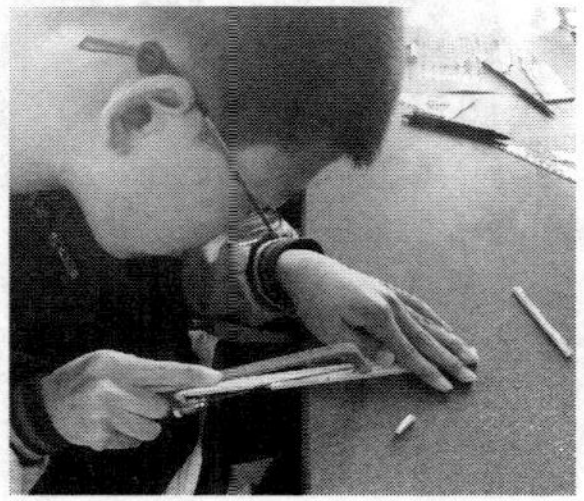	通过具体的实践活动，引导学生养成主动探究的意识，培养学生的动手操作能力。

（续表）

实践过程			
实践任务	教师活动	学生活动	设计意图
		  2. 把手指定在滑翔机的腹部，看看滑翔机是否能基本保持平衡，这样就大致知道它的重心位置。使用粘橡皮泥的方法调整滑翔机的重心到合适的位置。 	

（续表）

实践过程			
实践任务	教师活动	学生活动	设计意图
任务5：通过试飞发现滑翔机存在的问题，并调试改进。	1. 提醒学生在试飞过程中自行测量距离、记录数据、分析数据。 2. 各小组展示完成后，全班一起讨论。教师引导学生讨论试飞过程中滑翔机栽倒、头着地等问题产生的原因，并指导学生改进。	学生完成至少三次组内的试飞，通过观察分析滑翔机飞行的姿态是属于波状飞行、平缓滑行还是急速坠地，以此判断滑翔机是头轻、重心平稳还是头重；通过测量滑翔机飞行的距离，分析影响飞行距离的因素，包括手掷角度、机身对称性、粘贴牢固性、配重等，结合小组作品的优缺点进行改进和完善。	通过试飞，发现滑翔机设计与制作过程中存在的问题，培养学生的总结反思能力。
任务6：各小组分别展示滑翔机飞行情况，并以小组为单位进行反思、总结、交流。	1. 组织滑翔机飞行比赛，记录各小组飞行情况。 2. 对各小组的滑翔机制作过程和飞行结果进行评价。 3. 引导学生反思总结滑翔机制作和飞行过程中的问题和经验。	1. 展示小组合作制作的滑翔机，进行滑翔机飞行比赛。 2. 回顾滑翔机的制作和飞行全过程，与其他小组进行交流。	通过飞行比赛，让学生获得集体荣誉感，体会小组合作的重要性。

四、评价实施建议

建议师生共同制订评价量表，用于学生自我诊断、组间评价，以及教师的评价反馈。

“制作简易滑翔机”项目评价量表

评价维度	评价标准	自评	互评	师评
概念理解	能对物体进行简单的受力分析			
	会判断物体重心的位置			
	了解流体压强与流速的关系，了解飞机的升力是怎么产生的			
实践计划	能制订分工合理、任务明确、可行的实践计划			
	能在规定时间内完成计划			
实践作品	滑翔机能顺利长距离飞行			
	滑翔机各部件形状、位置合理，连接结实			
	手工锯、刻刀等使用规范，制作过程具有较高的安全意识			
	滑翔机设计合理、外形美观			
协同合作	分工明确合理，能阐述每个成员的具体贡献			
	小组成员积极协同合作完成各项任务，互相帮助，共同克服困难，根据项目情况调整任务分工			
交流展示	能清晰介绍制作滑翔机中出现的问题和收获			
	汇报展示形式丰富，语言流畅			
评价方法：完全符合评价标准得☆☆☆，基本符合得☆☆，少量符合得☆				

五、实践活动教学反思

本主题实践活动的开展，以制作一架简易滑翔机为起点，活动过程内容丰富，充满学生自主探索的机会，同时融合多学科知识，能提升学生动手能力的同时，帮助学生实现学科知识综合利用，提高学生爱国主义情怀，增强历史使命感和责任感。以下是我对本次活动的几点教学反思。

1. 活动设计的合理性与创新性

“制作简易滑翔机”这一跨学科实践活动融合了物理、数学、工程等多个学科知识，充分体现了跨学科教学的核心理念。通过认识、设计、制作、改进和展示等环节，学生不仅利用所学的物理、数学知识动手制作了滑翔机，还经历了通过试飞发现问题、小组合作改进滑翔机的过程，这种“做中学”的方式极大地激发了学生的学习兴趣和创造力。同时，将理论知识与动手实践相结合，使得活动内容更加丰富多元，有助于学生构建全面而深刻的知识体系，让学生体会到“从生活走向物理，从物理走向社会”的课程理念。

2. 实践活动中的挑战与应对

本次实践活动中遇到的挑战主要有以下几个。一是部分学生在实践活动中参与度不高，小组任务主要由几个固定的学生完成。为此，在小组合作实践中适当减小了小组的规模，细化了小组的成员分工任务，有效地增强了小组成员的参与度，培养了学生的团队合作精神。二是在分割制作滑翔机各元件过程中学生失败率较高。为此，教师帮助学生分析了在切割木板时横切和竖切的不同及注意事项，如何通过打磨提高各元件的对称性等，有效地提高了学生的信心，帮助学生攻克难关，同时也鼓励他们向其他小组学习，借鉴优良的做法。

3. 学生表现与成长

在实践活动中，学生的很多表现让人感到惊喜。在选择制作滑翔机的材料时，很多学生提出了许多大胆而又有创意的想法，充分地锻炼了思维能力。在切割滑翔机各个部件时，学生经历了多次失败但又总结教训重新开始，培养了坚持不懈的良好品质。在调整滑翔机平衡的时候，学生能够找到物体的重心，在动手操作中灵活运用所学知识。在试飞之后的改进中，勇敢面对出现的问题，小组合作解决问题，增加了团队之间的凝聚力。

4. 未来改进方向

在主题活动实施过程中，仍有很多问题有待改进。比如本主题活动中涉及的学生动手环节较多，有部分环节动手制作的安全性有待考量，以后可以考虑采取使用其他材质物品进行滑翔机的制作。本次实践活动涉及不同学科知识较多，教师需要进一步思考如何更好地进行学科知识的整合。

六、作品展示

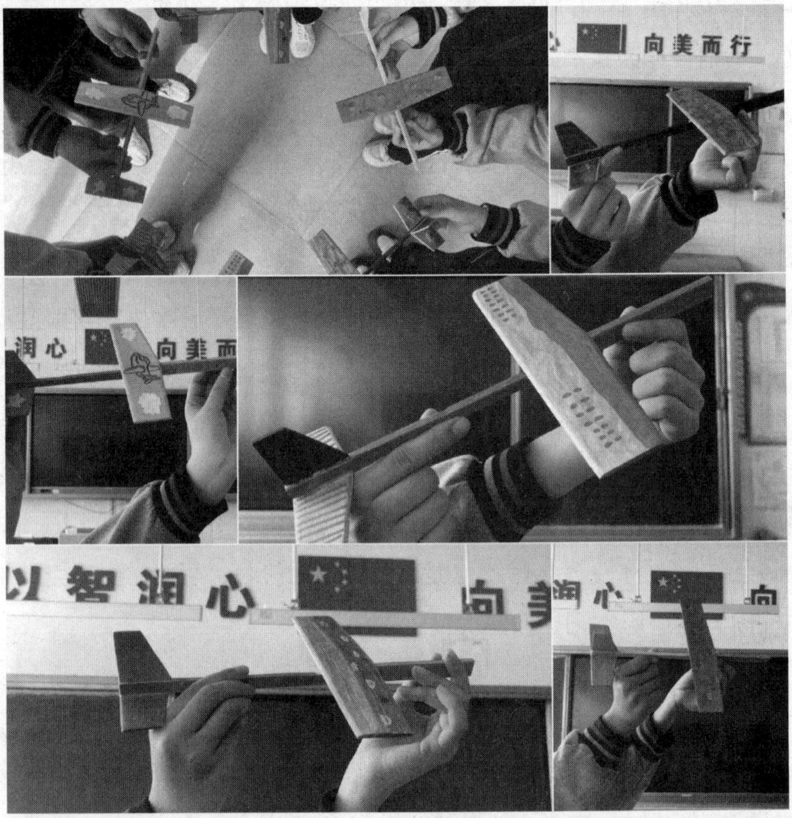
向美而行
以智润心

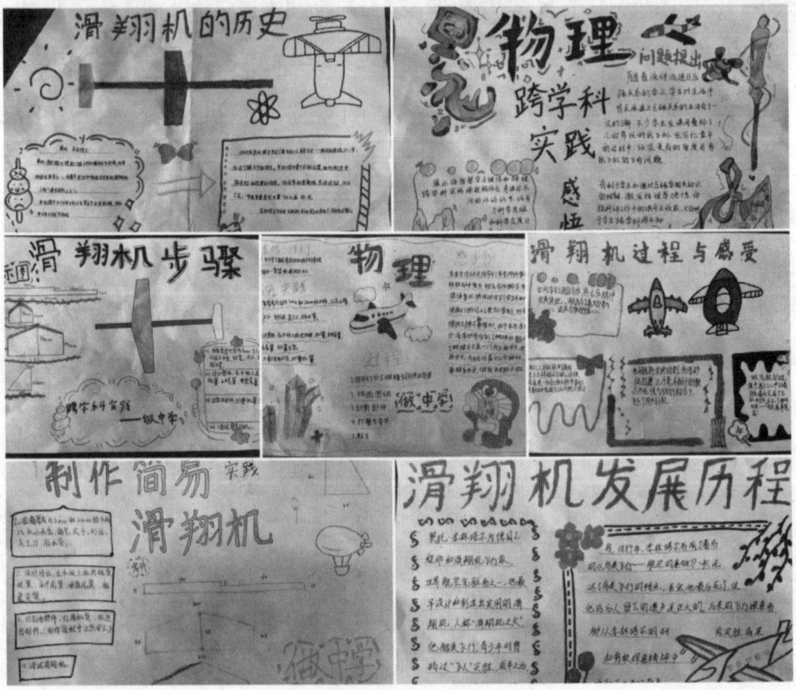
滑翔机的历史
物理
跨学科
实践
问题提出
滑翔机步骤
物理
滑翔机过程与感受
制作简易
实践
滑翔机
滑翔机发展历程

附：

“制作简易滑翔机”实践活动记录表

<table>
<tr><td>组别</td><td></td><td>组长</td><td></td><td>组员</td><td></td></tr>
<tr><td rowspan="2">实践活动
信息记录</td><td colspan="2">实践活动时间</td><td colspan="3"></td></tr>
<tr><td colspan="2">实践活动地点</td><td colspan="3"></td></tr>
<tr><td>所需器材</td><td colspan="5"></td></tr>
<tr><td>滑翔机各部件
及组装图</td><td colspan="5"></td></tr>
<tr><td>试飞距离及
出现问题</td><td colspan="5"></td></tr>
<tr><td>改进措施</td><td colspan="5"></td></tr>
<tr><td>实践总结</td><td colspan="5"></td></tr>
</table>

案例点评

新课标要求教师依据物理学科内涵，遵循学生认知规律，注重知行合一、学以致用，充分融合工程实践和社会发展，发展学生的核心素养。“制作简易滑翔机”这一课通过问题导向、实施探究活动、以评促学等方面为跨学科教学的开展和实施提供了一些值得借鉴的建议。

1. 坚持问题导向

“问题教学”为学生提供了一个交流、合作、探索、发展的平台，促使学生在问题解决中主动运用知识。本课例在设计方案环节中围绕“如何让滑翔机平稳地飞行”这一主线任务为线索设计方案，将制作简易滑翔机分解为一系列驱动性任务，循序渐进，把跨学科实践的课题转化为可操作的教学设计和实施方案，贯穿设计、制作、改进、展示等教学环节，让学生在问题情境中探索和发现知识，掌握技能，发展创新思维。问题导学增强了学生运用物理知识解决实际问题的意识和能力，帮助学生形成良好的思维习惯和认知结构。

2. 增强动手实践能力

“做中学”和“用中学”是增强学生实验探究能力的有效方式，教师应尽可能多地给学生创造动手实验的机会，增强动手能力。在“制作简易滑翔机”实践活动中学生需要用刻刀和手工锯切割出滑翔机各元件大致形状，然后用砂纸精确打磨各元件尺寸，在改进环节中用橡皮泥不断调节滑翔机重心位置。教师设计合适的问题任务，活动循序渐进开展，学生自主实践、独立思考、大胆设计、敢于创新，在自主活动中提升解决问题的能力。通过做中学的方式引导学生经历问题解决的过程，既能做到“身动”又能体现“智动”，从多方面激发学生的实践动机，培养学生问题解决能力和创新精神。

3. 发挥评价育人功能

充分发挥评价的育人功能，是促进学生核心素养发展的重要方式。在评价中教师要保证评价结果的准确性和改进策略的有效性，倡导学生参与评价结果的判断和解释，让学生了解自己取得的进步和存在的问题，促进反思与改进，提升反馈的效果。本节课学生在试飞环节中记录滑翔机的飞行距离、偏离方向等数据，通过教师引导，小组分析讨论飞行数据存在问题的原因以及如何解决，小组之间互相交流，解决问题后进行多次试飞。通过试飞，学生在兴趣与作品导向的实践中，不断经历发现问题、优化方案的过程，学生的学习从“要我学”转向为“我要学”；学生的学习行为从“要我做”转向为“我要做”；学生的思考从“他想叫我做什么？”转向为“我应该要做什么？”，充分地发挥了评价的诊断和激励功能，促进学生核心素养的发展。

本跨学科实践活动的开展，以制作一架简易滑翔机为起点，活动过程实验制作内容丰富，充满学生自主探索的机会，同时融合多学科知识，在能提升学生动手能力的同时，帮助学生实现学科知识综合利用。

跨学科实践案例8 制作简易密度计

执教者：姜　明（山东省东营市实验中学）
点评者：舒凤芹（山东省东营市胜利第二初级中学　校长）

一、实践活动课程规划

1. 整合学科

物理：理解密度，会测量固体和液体的密度。能解释生活中与密度有关的一些物理现象。认识浮力，探究并了解浮力大小与哪些因素有关。知道阿基米德原理，能运用物体的浮沉条件说明生产生活中的有关现象。了解关于物质属性的研究对生产生活和科技进步的影响。

数学：能从生活情境、数学情境中抽象概括出数与式的概念和规则，掌握相关运算求解方法，合理解释运算结果。综合运用数学和其他学科的知识解决问题。

工程技术：简易密度计的制作与测量。

2. 实践价值

本课题以浮力、密度等基础知识为载体，策划并开展实践活动，统筹物理、数学和工程技术等多学科课程资源。以“盐水选种”引入，围绕分析密度计的工作原理，刻度标注、误差分析、改良改进等方面，并通过小组合作制作一个简易密度计，有助于学生形成乐于探索、勤于动手动脑的科学素养。通过了解“盐水选种”，体会古代劳动人民智慧的结晶。

3. 实践任务

通过观看“盐水选种”视频，分析讨论密度计的工作原理；小组合作设计制作密度计，并进行测量展示；通过数学模型探究密度计刻度的标注方法以及测量误差的来源；通过分析讨论如何改进从而使测量结果更精确；能对小组制作的密度计进行交流与展示。

4. 实践目标

（1）理解浮力与密度，了解浮力大小与哪些因素有关，知道阿基米德原理，了解物体的浮沉条件，了解物质的物理属性，体会物理知识在生产生活中的应用。

（2）通过查阅资料与小组讨论，分析密度计的工作原理，探索密度计刻度的标注方法，讨论提高密度计测量精度的方法。

（3）通过设计并制作密度计，能学以致用，培养积极合作、动手动脑、勇于尝试的意识与能力。

（4）通过了解“盐水选种”，体会我国古代劳动人民智慧的结晶，培养运用所学知识解决实际问题的能力。

5. 重点难点

（1）重点：通过一系列问题的引导，小组讨论，初步制订实践方案；根据所设计的方案，小组合作完成密度计的制作，并用其测量液体的密度；分析密度计的误差来源，并尝试对其进行改进；展示各小组的自制密度计。

（2）难点：综合运用所学知识，设计简易密度计制作方案，培养解决实际问题的能力和动手操作的能力；在密度计的制作过程中，通过积极讨论、不断尝试解决遇到的实际问题，学以致用；小组合作设计、制作密度计，并进行展示；交流讨论误差来源，思考讨论提高测量精度的方法，尝试对自制密度计进行改进。

6. 学情分析

“制作简易密度计”是初中物理八年级浮力部分的综合实践教学内容。安排在学生学习了浮力概念及规律之后，进行进一步的知识拓展与能力提升。

（1）已具有的知识和技能

在知识方面。八年级学生通过浮力知识的学习，已基本具备分析密度计测量原理的基础知识，如阿基米德原理、物体的浮沉条件等。同时学生也具有一定的数学知识，能从数学函数的角度分析思考密度计刻度的分布特点。

在动手操作方面。八年级学生通过一整个学期的跨学科实践课程学习，已具有一定的动手实践经验，掌握一定的安全操作实践器材的能力。

（2）学生可能遇到的挑战

设计制作密度计的方案，对学生来说具有一定的挑战性。学生除了要具备相关的知识，还需要解决在实际操作中可能遇到的各种问题，教师需要加强对学生的引导，使学生初步设计出相关方案。

在实际制作过程中，学生还会遇到一些现实的、具体的问题。例如，密度计不能很好地竖直漂浮在液体中；吸管较细不能清晰标注刻度等。这种情况下，学生除了通过查阅资料、运用已有知识、小组讨论、教师点拨等进行解决，还需要不断尝试、勇于探索。

学生运用数学知识分析讨论如何提高测量精度，教师要适时点拨，加以引导，帮助学生解决问题。

7. 实践准备

粗细不同的吸管，沙子，铁丝（铜丝），热熔枪，直尺，钳子，签字笔，烧杯，水，盐水，酒精等液体。

二、实践活动实施规划

1. 实践活动流程图

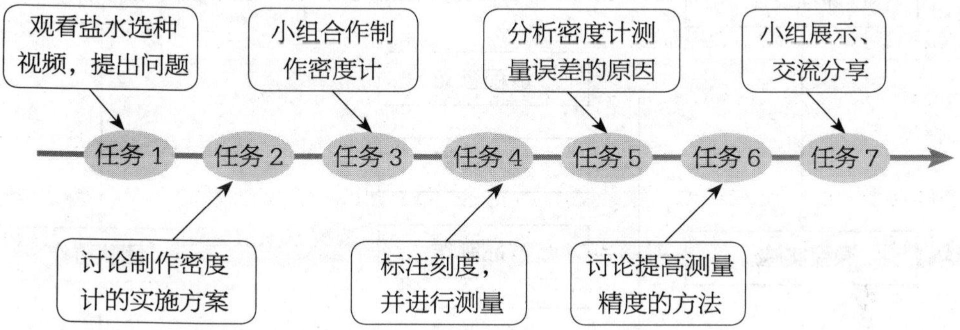

2. 实践活动规划表

实践步骤	实践任务	课时安排
问题： 创设真实情境，明确实践课题	任务 1：观看“盐水选种”视频，提出问题：能否制作一只农业用密度计？	课时 1
证据： 确定任务方案，明确实践步骤	任务 2：讨论制作密度计的具体实施方案（分析工作原理，材料选取，标注刻度，如何使其竖直漂浮等问题）。	
解释： 建构相关知识，经历实践过程	任务 3：依据设计方案，制作密度计。 任务 4：标注刻度，并用自制密度计测量生活中常见液体的密度。 任务 5：分析自制密度计产生测量误差的原因。	课时 2

（续表）

实践步骤	实践任务	课时安排
交流： 展示实践成果，总结交流评价	任务 6：讨论提高自制密度计测量精度的方法。 任务 7：展示各小组的密度计，并以小组为单位进行反思、总结、交流。	课时 3

整体设计思路：

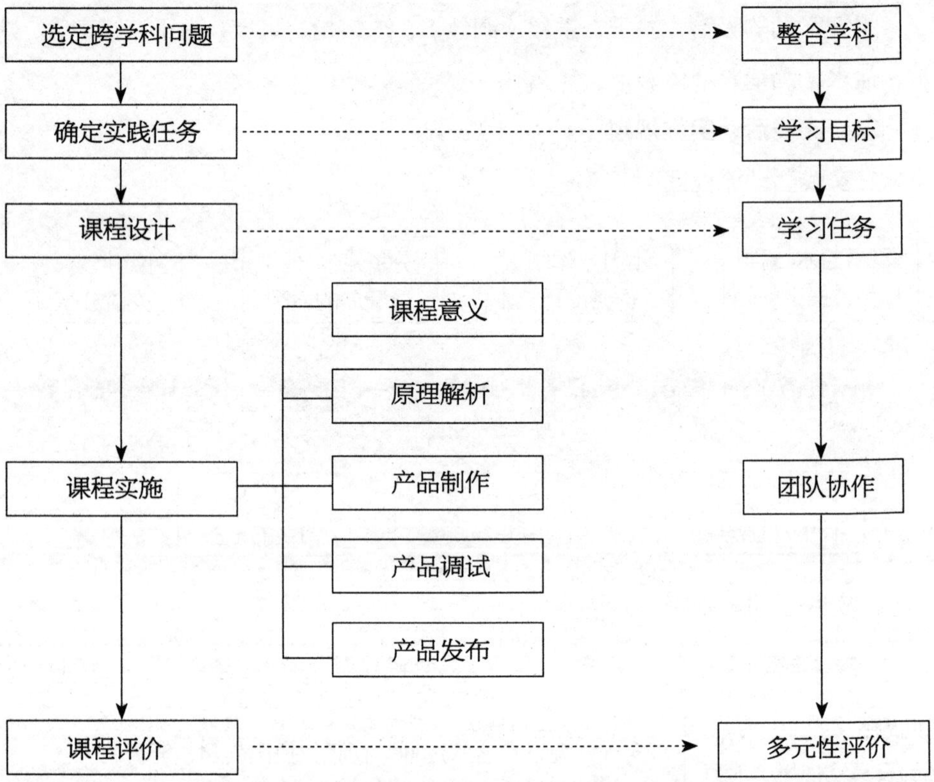

三、实践活动教学设计

第一课时

<table>
<tr><th colspan="4">实践任务</th></tr>
<tr><td colspan="4">1. 观看盐水选种的视频，提出问题：能否制作一只农业用密度计，用来测量盐水的密度？
2. 讨论制作密度计的具体实施方案（分析讨论工作原理、材料选取、标注刻度、如何使其竖直漂浮等问题）。</td></tr>
<tr><th colspan="4">实践目标</th></tr>
<tr><td colspan="4">1. 查阅密度计的相关资料，结合所学物理、数学知识，探索分析密度计的工作原理。
2. 能设计初步的制作方案，分析可能遇到的困难，并尝试解决。在此过程中，能学以致用，提升设计方案、交流合作的能力。
3. 在实践活动中，了解我国古代劳动人民的智慧结晶，体会物理学在生产生活中的应用，激发学生的好奇心和求知欲。</td></tr>
<tr><th colspan="4">实践过程</th></tr>
<tr><td>实践任务</td><td>教师活动</td><td>学生活动</td><td>设计意图</td></tr>
<tr><td>任务 1：观看“盐水选种”视频，提出问题：能否制作一只农业用密度计？</td><td>“盐水选种”是把种子放在一定浓度的盐水中，利用浮力把好种子和坏种子分开。用这种方法选种，要掌握好盐水的浓度，这就需要不断地测量盐水的密度。
驱动问题：如何基于浮力现象制作一个可以测量液体密度的密度计？</td><td>观看“盐水选种”的视频，观察不同的种子在盐水中的浮沉状态，了解浮力在生产生活中的广泛应用。同时查阅资料，初步了解密度计这种测量工具。</td><td>1. 创设真实情境，引发学生思考，引导学生了解“盐水选种”，体会我国古代劳动人民智慧的结晶。
2. 引导学生了解物理知识与社会生活的联系，运用物理知识解决实际问题，培养学生科学素养。</td></tr>
</table>

（续表）

实践过程			
实践任务	教师活动	学生活动	设计意图
任务 2：讨论制作密度计的具体实施方案。	引导学生思考并设计实施方案： 问题 1：分析讨论密度计的工作原理 问题 2：如何搭建密度计的实物模型？ 问题 3：如何标注密度计的刻度？ 基于以上 3 个问题，引导学生将问题拆解成多个小问题： 1–1 如何基于漂浮知识比较不同液体的密度大小？ 1–2 构建密度计的原理模型并结合浮力知识分析推导：如何将密度的测量转化成长度的测量？ 2–1 你会选择什么器材来制作一个密度计？ 2–2 如何使密度计稳定竖直地漂浮在液体中？ 3–1 密度计的 1.0 g/cm^3 刻度线如何标记？ 3–2 如何标定密度计的其他刻度（如 0.8 g/cm^3、0.9 g/cm^3、1.1 g/cm^3、1.2 g/cm^3）？	回顾“浮力”一章的知识， 在教师引导下进行资料查阅与讨论，初步制订制作密度计的具体实施方案。 以小组为单位展开分析讨论老师提出的问题，选择出所需要的器材，了解制作中的注意事项，学会刻度的标注方法，为接下来的制作奠定基础。 	1. 学生已经学完浮力一章的知识，通过对知识的回顾讨论得出密度计的工作原理。 2. 让学生带着问题进行探究讨论，通过问题逐步引导学生完善设计方案，培养学生设计跨学科课程方案的能力。

第二课时

实践任务

1. 依据设计方案，制作密度计。
2. 标注刻度，并用自制密度计测量生活中常见的液体的密度。
3. 分析自制密度计测量误差的原因。

实践目标

1. 能根据设计方案，小组合作进行密度计的制作。
2. 能给密度计标注刻度，并用自制密度计测量生活中常见的液体（如牛奶、食用油、盐水等）的密度。
3. 比较谁制作的密度计误差更小，并分析原因。
4. 观察自制密度计的刻度线分布是否均匀，讨论自制密度计的刻度线有什么特点？
5. 在动手制作密度计的过程中，培养动手操作能力及解决实际问题的能力，能运用物理知识解决自然、生活、工程等方面的问题。

实践过程

实践任务	教师活动	学生活动	设计意图
任务 3：依据设计方案，制作密度计。	引导学生将吸管一端密封，缠绕配重，使其能够竖直地漂浮在液体中。组织学生动手制作密度计，提示学生在使用工具时注意安全。老师进行巡视指导，各小组之间也可互相交流。	学生根据第一课时设计的方案开始制作密度计。 1. 用热熔胶将吸管的一端封闭。（注意安全，要保证密封，不漏水） 2. 在吸管下端缠绕铁丝（或往吸管中添加砂石），使其能够竖直地漂浮在液体中。 	通过制作密度计，培养学生动手实践和小组合作能力。

（续表）

实践过程			
实践任务	教师活动	学生活动	设计意图
任务 4：标注刻度，并用自制密度计测量生活中常见的液体的密度。	引导学生对密度计进行标注刻度，并用自制密度计测量生活中常见液体的密度。	学生开始对密度计进行刻度标注。 1. 先放入水中，在密度计上标记水的密度值。 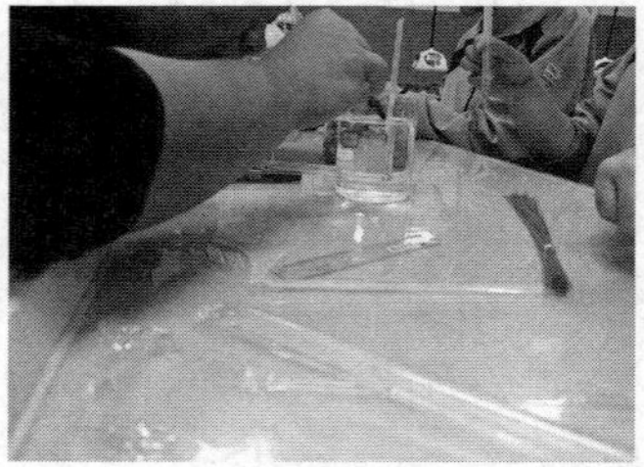 2. 根据数学关系式，在密度计上标注 0.8 g/cm^3、0.9 g/cm^3、1.1 g/cm^3、1.2 g/cm^3 对应刻度。 3. 标注完成后，用自制密度计测量液体的密度，记录数据。 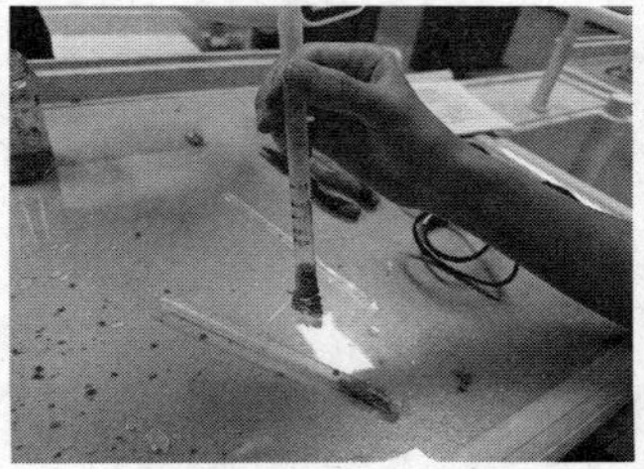	通过计算和标注刻度，培养学生的计算能力和严谨的科学精神。

（续表）

实践过程			
实践任务	教师活动	学生活动	设计意图
任务5：分析自制密度计测量误差的原因。	引导学生分析测量误差，并思考其原因。	1. 将自制密度计放入已知密度的液体中，对比测量值与真实值，看看误差有多大。  2. 与同学交流谁制作的密度计误差更小，并分析原因。	通过分析误差及产生误差的原因，培养学生发现问题的能力。

第三课时

实践任务

1. 交流讨论提高自制密度计测量精度的方法。
2. 展示各小组的密度计，并以小组为单位进行反思、总结、交流。

实践目标

1. 交流讨论提高自制密度计测量精度的方法并尝试对密度计进行改进，使其测量结果更精确，培养学生主动探究、积极探索、主动学习的能力。
2. 通过反思，总结成功经验和不足之处。

实践过程

实践任务	教师活动	学生活动	设计意图
任务 6：交流讨论提高自制密度计测量结果精度的方法。	在任务 5 的基础上，引导学生分析自制密度计上的刻度分布，并思考提高测量精度的方法。	1. 观察自制密度计的刻度线分布是否均匀，交流讨论自制密度计的刻度有什么特点？ 2. 交流讨论使测量结果更精确的方法。	通过互动分享，加深了学生对所学知识的理解，也提高了学生分析问题和合作解决问题的能力。
任务 7：展示各小组的密度计，并以小组为单位进行反思、总结、交流。	提出要求： 1. 与同学分享在制作过程中的收获，针对出现的问题，你是如何解决的？ 2. 引导学生根据评价意见进行自我反思，对密度计进行改进。	分小组展示自制密度计，汇报自己的设计思路、制作过程中遇到的问题，解决办法等。 根据老师的意见，对自己小组的作品进行进一步的完善。 	通过学生交流本次实践活动中的问题和收获，对浮力的应用有更加深刻的认识，同时发现自己在动手实践方面的优势与不足。

四、评价实施建议

建议师生共同制订评价量表，用于学生自我诊断、组间评价，以及教师的评价反馈。

"制作简易密度计"项目评价量表

评价维度	评价标准	自评	互评	师评
概念理解	准确理解密度计的工作原理			
	能推导得出密度计刻度的标注方法			
	运用跨学科知识获取信息，解决实际问题			
实践计划	能制订分工合理、任务明确、实施可行的实践计划			
	能在规定时间内完成任务			
信息搜集	能有效搜索所需学习资源，注意资源的科学性和规范性			
	能将搜集到的知识转化为实际操作的技能			
实践作品	密度计下端密封完好，不漏水			
	自制密度计能竖直地漂浮在液体中，不能倾斜碰到容器壁			
	刻度标注准确、清楚			
	测量误差较小			
	制作美观			
协同合作	分工明确合理，每个成员都有具体任务			
	小组成员积极协同合作完成各项任务，互相帮助，共同克服困难，根据项目情况调整任务分工			
交流展示	能清晰介绍所制作的密度计及实践疑问和收获			
	汇报展示语言流畅			
评价方法：完全符合评价标准得☆☆☆，基本符合得☆☆，少量符合得☆				

五、实践活动教学反思

本节活动实践课是对本章知识点的综合应用，对学生多方面的素质养成具有重要的意义和独特的价值。综合实践活动在注重学生动手实践的基础上，还应当培养学生用理论指导实践的能力，通过知识迁移，引导学生突破简易密度计制作中的“标定”思想，通过理论公式帮助学生更好地认识了密度计。以下是我对本次活动的几点教学反思。

1. 活动设计的合理性与创新性

首先，活动的设计充分融合了物理、数学以及工程技术等多个学科领域，体现了跨学科教学的核心理念。通过自制密度计的过程，学生们不仅复习回顾了浮力的基本知识，还亲手制作了密度计，这种“做中学”的方式极大地激发了他们的学习兴趣和创造力。

2. 任务执行中的挑战与应对

在执行任务过程中，学生遇到了几个主要的挑战。一是在吸管下方添加配重。一开始使用铜线，但铜线较粗，很难紧密地缠绕在吸管下方，而且不美观。后来改用较细的铁丝，往吸管里加沙子等多种方法，使密度计能竖直地漂浮在液体中。二是密度计刻度的标注。通过理论推导密度计刻度的标注对部分学生来说是比较困难的，是一个较大的挑战。

3. 学生表现与成长

（1）积极性：绝大多数学生在实践过程中表现出较高的积极性，对自制密度计表现出浓厚的兴趣，乐于动手操作。

（2）合作精神：小组合作是此次活动的一个关键环节。学生们通过分工合作，促进了交流与沟通，极大增强了团队协作能力。

（3）问题解决能力：在制作的过程中，学生们遇到了一些实际问题，例如添加配重、标注刻度、使密度计能竖直地漂浮在液体中等，大家积极思考，寻找解决办法，体现了较强的问题解决能力。

4. 学生的收获

在展示交流环节，同学们通过实物展示生动地呈现了自己制作的作品。在分享过程中，学生们不仅展示了他们的学习成果，还锻炼了自己的语言表达能力。

密度计的工作原理是浮力这一章的重要内容，学生在未亲手制作的情况下，光凭理论分析很难对其有较深的感性认识。所以，通过制作简易的密度计，学生了解了密度计中所蕴含的浮力等知识，也锻炼了发现和解决问题的能力。

5. 未来改进方向

在实践过程中，我发现了一些需要改进的地方。例如，应多提供几种材料，使学生有更多的选择性；在活动过程中，应加强对学生的指导，确保每个环节都能高效有序地进行；在展示与交流环节，应让学生讲解自己在制作过程中的一些想法、困难或者创新，使学生们在交流中碰撞出更多的思想火花。

总之，通过此次综合实践活动，学生更好地理解了浮力及其影响因素，对浮沉条件的应用有了更深的体会。在未来的教学中，应继续创新，设计更多类似的跨学科实践活动，以提升学生的综合素养。

六、作品展示

附：

“制作简易密度计”实践活动记录表

组别		组长		组员	
实践活动信息记录	实践活动时间				
	实践活动地点				
所需器材					
密度计工作原理					
液体测量结果					
疑问与补充					
实践总结					

案例点评

“制作简易密度计”的跨学科实践课程设计，充分体现了跨学科教学的优势，让学生在实践中综合运用多学科知识，提升学生的物理核心素养，取得了较好的教学效果。具体来说有以下特点。

1. 多学科巧妙融合

本跨学科实践课程巧妙地将物理中浮力的知识、数学的计算以及手工制作的工程技能相结合。学生在制作密度计的过程中，不仅深入理解了浮力的物理原理，还运用数学知识进行刻度划分和数据处理，同时锻炼了动手操作能力，体会到工程设计的基本流程，这种跨学科的整合方式使学生对知识的理解更加全面和深入，有助于培养学生的综合素养。

2. 实践操作增强体验

学生通过亲自动手制作简易密度计，将抽象的理论知识转化为实际的操作技能。从选择材料如吸管、铁丝、沙子等，到调整密度计的配重和刻度标记，每个步骤都让学生深刻感受到物理知识在实际生活中的应用。这种亲身体验式的学习方式激发了学生的学习兴趣和好奇心，提高了学生的学习积极性和主动性，使学生更加主动地去探索和思考问题。

3. 提升了学生的科学探究素养

在实验过程中，学生需要仔细观察密度计的浸入情况，记录数据，分析误差来源，从而思考如何改进设计以提高测量精度。例如，他们可能会尝试改变配重的大小或吸管的粗细，观察对测量结果的影响。在对产品的改进中，培养了学生的思考能力、创新能力、动手能力，极大地锻炼了学生的科学思维、科学探究能力。

4. 培养了学生解决问题的能力

在制作过程中，学生不可避免地会遇到各种问题，如密度计漂浮不稳定、刻度不准确等。面对这些问题，学生需要运用所学知识进行分析和排查，尝试不同的解决方案。这一过程有效地培养了学生的问题解决能力和创新思维，让学生学会从失败中吸取经验教训，不断改进和完善自己的作品，提高了学生应对实际问题的能力。

5. 团队协作促进交流

课程采用小组合作的形式进行，学生们在小组中分工协作，共同完成密度计的制作任务。在这个过程中，学生们需要相互交流、讨论设计方案、分配任务、协调进度等，这不仅提高了学生的团队协作能力，还培养了学生的沟通能力和人际交往能力。通过小组合作，学生们学会倾听他人的意见和建议，学会在团队中发挥自己的优势，共同为实现目标而努力，增强了学生的合作意识和团队精神。

总体而言，本次制作简易密度计的跨学科实践设计是一次有益的尝试，通过跨学科的教学方式和实践操作活动，让学生学有所获。在今后的教学中，教师可以针对本次设计存在的不足之处进行改进和完善，不断优化教学方法和教学设计，为学生提供更加优质的跨学科学习体验，促进学生的全面发展。

跨学科实践案例9 桥

执教者：纪　盼（山东省东营市晨阳学校）
点评者：吴卫锋（山东省东营市广饶县英才中学　齐鲁名师）

一、实践活动课程规划

1. 整合学科

物理：认识梁桥和拱桥，了解梁桥和拱桥的受力情况；了解悬索桥和斜拉桥的特点，结合所学力学知识简要分析悬索桥和斜拉桥的力学原理；通过实验了解模拟斜拉桥主缆受力大小的影响因素。知道对于悬索桥和斜拉桥，物体越重，绳子所受拉力越大；绳子与杠杆夹角越大，拉力越小。悬索桥和斜拉桥都由塔柱和缆索组成，从物理学角度分析两种桥主体的受力原理。

材料力学：了解建桥过程中所使用的材料的变迁。根据桥梁设计的力学要求，选择合适的建筑材料，如木材、钢材、混凝土、复合材料等，以适应不同的受力和环境条件。通过对材料性能的研究，不断优化桥梁结构的设计，使其更轻便、经济而不失强度和稳定性。

数学：学生在学习不同类型的桥梁结构的过程中，会认识到不同桥梁的结构不同。在制作纸桥的过程中会尝试不同的结构，在不断地尝试和改进中体会三角形最稳定的性质。

美术学：学生通过学习不同桥梁的不同结构，感受结构力学与几何美学的统一。通过搜集不同种类的桥梁图片，感受艺术美。在制作桥梁演示文稿和手抄报以及制作纸桥的过程中，通过装饰和美化，培养学生的审美能力。

2. 实践价值

本课题以桥为载体，策划并开展实践活动。统筹物理、材料力学、数学、美术学等多学科课程资源。学生通过了解建桥材料的变迁、桥梁的发展史、桥梁的种类，以及悬索桥和斜拉桥的受力原理，初步掌握和桥梁有关的知识。通过动手制作纸桥，有助于学生形成乐于探索、勤于动手动脑的科学素养。通过了解我国在桥梁建设方面的成就，培养学生的家国情怀和责任担当意识。

3. 实践任务

通过从蔓藤到钢铁的建桥材料的变迁，了解桥梁的发展史；认识梁桥和拱桥；了解悬索桥和斜拉桥的特点；探究斜拉桥绳子的拉力与哪些因素有关；了解我国桥梁建设取得的成就；动手实践，制作一座纸桥。

4. 实践目标

（1）通过了解桥梁的发展历史，知道材料对桥梁发展的促进作用；

（2）通过动手实践比较不同形状的纸的承重，了解梁桥和拱桥的受力情况；

（3）通过探究了解斜拉桥绳子的拉力与哪些因素有关；

（4）通过探究和分析知道悬索桥和斜拉桥的力学原理；

（5）通过了解我国桥梁建设取得的成就，增强民族自信心；

（6）通过动手实践制作纸桥，锻炼学生的动手能力和创新精神。

5. 重点难点

（1）重点：

①了解桥梁的发展史，认识梁桥和拱桥；

②了解悬索桥和斜拉桥的特点，知道其力学原理；

③实验探究斜拉桥绳子的拉力与哪些因素有关。

（2）难点：

①撰写一份纸桥的设计说明书；

②动手实践，制作一座纸桥。

6. 学情分析

桥作为重要的交通枢纽，与人们的生活息息相关。本课题以桥为线索展开，贴近学生的生活实际，可以极大地激发学生的学习热情与好奇心，使得后期的相关调查及实践制作能够顺利开展。

学生在教师的引导下通过查阅资料了解建桥材料的变迁、桥梁的发展历史，从而知道材料对桥梁发展的促进作用。通过观察大量的桥梁图片认识梁桥和拱桥对于学生来说也没有难度。动手探究不同形状纸的承重对于八年级学生难度也不大。梁桥和拱桥的受力情况较为复杂，学生只要简单了解即可。

八年级学生已经具备了一定的力学知识，这为探究斜拉桥的绳子的拉力大小与哪些因素有关奠定了一定的基础。学生已经学习过杠杆的相关知识，可以降低该实验的难度。

八年级学生对动手实践类的作业很感兴趣，本课题的动手实践任务制作一座纸桥会极大地调动学生的参与热情。通过前面的学习，学生已经初步了解了梁桥、拱桥、悬索桥和斜拉桥的结构，并且知道了它们的力学原理，这为学生撰写纸桥说明书奠定了知识基础。八年级有一定的美术知识和一定的动手能力，动手制作纸桥对他们来说难度不大。学生在制作的过程中可能会遇到一些小困难，老师或家长可及时给予帮助。

7. 实践准备

电脑，杠杆，铁架台，钩码，弹簧测力计，纸，剪刀，胶棒，胶带，线（或绳），彩笔等。

二、实践活动实施规划

1. 实践活动流程图

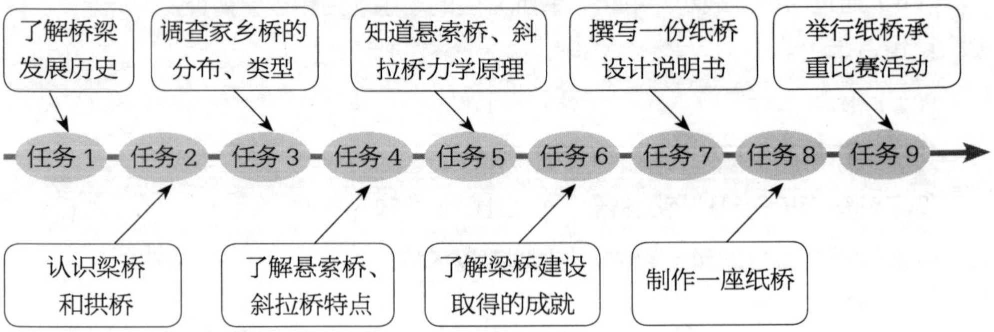

2. 实践活动规划表

实践步骤	实践任务	课时安排
主题一 从蔓藤到钢铁	任务 1：通过从蔓藤到钢铁的建桥材料的变迁，了解桥梁的发展历史； 任务 2：认识梁桥和拱桥，了解梁桥和拱桥的受力情况； 任务 3：调查家乡桥的分布、类型，了解它们的历史和作用。	课时 1
	探究 1：比较不同形状纸的承重； 探究 2：以课本为桥面，模拟梁桥和拱桥承重。	

（续表）

实践步骤	实践任务	课时安排
主题二 天堑变通途	任务4：了解悬索桥和斜拉桥的特点； 任务5：知道悬索桥和斜拉桥的力学原理； 任务6：了解我国桥梁建设取得的成就，增强民族自信心。	课时2
	探究3：探究模拟斜拉桥，分析绳子的拉力与哪些因素有关。	
主题三 设计桥梁	任务7：撰写一份纸桥的设计说明书； 任务8：动手实践，制作一座纸桥； 任务9：举行纸桥承重比赛活动。	课时3
	探究·实践：设计图纸、搭建纸桥，比较不同类型桥的承重。	

三、实践活动教学设计

第一课时

实践任务			
任务 1：通过从蔓藤到钢铁的建桥材料的变迁，了解桥梁的发展历史； 任务 2：认识梁桥和拱桥，了解梁桥和拱桥的受力情况； 任务 3：调查家乡桥的分布、类型，了解它们的历史和作用。			
实践目标			
1. 通过查阅资料了解建桥材料的变迁，了解桥梁的发展历史，知道材料对桥梁发展的促进作用，培养学生主动学习的能力； 2. 认识梁桥和拱桥，通过动手实践比较不同形状的纸的承重，了解梁桥和拱桥的受力情况； 3. 调查东营市桥的分布、类型，了解它们的历史和作用。			
实践过程			
实践任务	教师活动	学生活动	设计意图
任务 1： （课内）通过从蔓藤到钢铁的建桥材料的变迁，了解桥梁的发展历史；	1. 问题引入：桥作为交通枢纽、防御要塞，方便了人们的生活，促进了经济的发展，加快了文化的交流，对交通运输和国防建设等发挥了重要的作用。你知道从古至今，建桥都用什么材料吗？ 2. PPT 播放不同材料制成的桥梁图片。	1. 认真倾听老师提出的问题，积极思考，并回答问题。 生：古代多为木桥，逐渐地出现了石桥，现代多为混凝土或钢筋、新型复合材料等。 2. 学生观看图片、补充回答问题。	1. 创设问题情境，引发学生思考，培养其问题意识。 2. 通过观看图片丰富了对建桥材料的认识，了解了桥梁的发展历史。知道了材料对桥梁的发展有促进作用。

（续表）

实践过程			
实践任务	教师活动	学生活动	设计意图

任务 2： （课内）认识梁桥和拱桥，了解梁桥和拱桥的受力情况；	1. 提出问题：同种材料制成的不同形状的桥，他们的承重能力一样吗？ 2. 探究实践（1） 下面请同学们用 A4 纸叠成不同形状，在纸上逐渐添加重物，直到 A4 纸被压扁，比较不同形状的纸的承重能力。 教师介绍梁桥和拱桥的结构特点和受力原理。	1. 学生思考、大胆猜想。 2. 小组合作、进行探究，动手把相同厚度的 A4 纸叠成不同的形状，并在纸上添加重物，直到 A4 纸被压扁。 学生汇报探究结论：不同形状的纸承重能力不同。	1. 进一步提出问题，引发学生思考，从而引出探究实践任务：比较不同形状的纸桥的承重。 2. 通过亲身实践，学生对不同形状的纸承重能力不同有了切身的体验，便于后续学习梁桥和拱桥的受力。

（续表）

<table>
<tr><th colspan="4">实践过程</th></tr>
<tr><th>实践任务</th><th>教师活动</th><th>学生活动</th><th>设计意图</th></tr>
<tr><td></td><td>3. PPT 播放梁桥和拱桥的结构特点和受力原理。
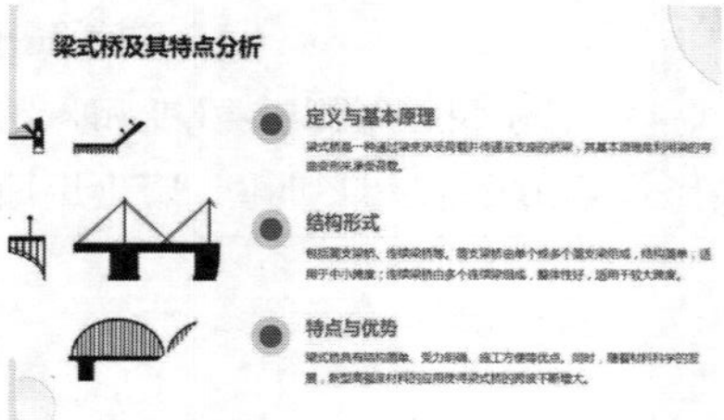

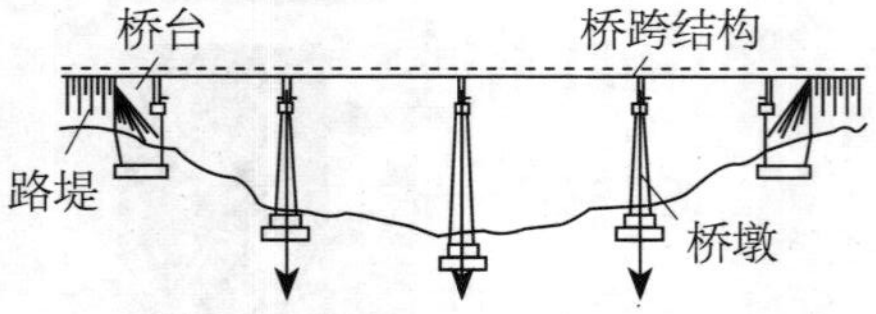

梁桥结构及受力图
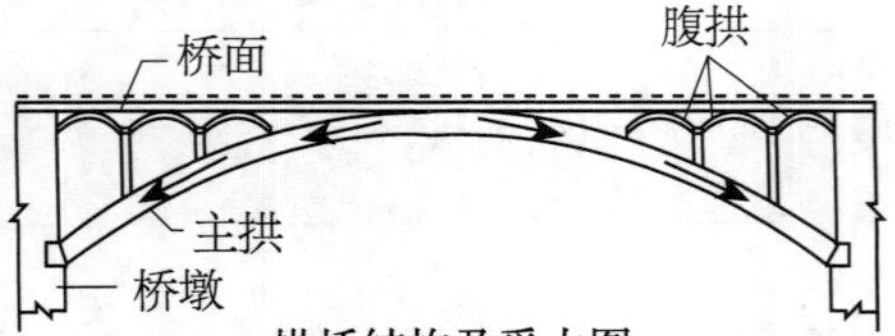

拱桥结构及受力图</td><td>3. 学生通过观看图片和教师讲解了解梁桥和拱桥的结构和受力特点。
4. 以课本为“桥面”，仿照梁桥和拱桥的结构，在“桥面”上逐渐增加重物，直到“桥面”被压扁。</td><td>3. 为接下来的学生探究实践奠定好知识基础。
4. 学生带着任务进行探究，培养学生互助、合作的精神和主动探索的能力。</td></tr>
</table>

（续表）

实践过程			
实践任务	教师活动	学生活动	设计意图
	4. 探究实践（2） 请同学们小组合作进行探究并思考桥面形状与承重的关系。		
任务 3：（课外）调查家乡桥的分布、类型，了解它们的历史和作用。	引导学生课后进一步了解不同历史时期的著名梁桥和拱桥并调查当地的一座桥梁，通过实地考察收集相关资料，了解建桥过程中的逸闻趣事，以及建桥前后当地交通、经济、文化等方面的变化。	在教师引导下进行资料查阅并制作手抄报或演示文稿呈现自己的调研成果。	查阅资料可以培养学生自学能力和搜集素材的能力；制作手抄报或演示文稿锻炼学生的设计能力，提升学生的审美。

第二课时

实践任务			
任务 4：了解悬索桥和斜拉桥的特点； 任务 5：知道悬索桥和斜拉桥的力学原理； 任务 6：了解我国桥梁建设取得的成就，增强民族自信心。			
实践目标			
1. 通过观看图片、教师讲解等方式，了解悬索桥和斜拉桥的特点； 2. 通过教师讲解和动手实践，了解悬索桥和斜拉桥的力学原理； 3. 通过查阅资料，了解我国桥梁建设取得的成就，增强民族自信心。			
实践过程			
实践任务	教师活动	学生活动	设计意图
任务 4： （课内）了解悬索桥和斜拉桥的特点；	PPT 展示多张悬索桥和斜拉桥的图片，分别介绍他们的结构特点。 	观看图片，将图片中的桥梁按照结构分类，了解悬索桥和斜拉桥的特点。	通过对比分析悬索桥和斜拉桥的图片，并分类归纳出各自的特点，培养学生的归纳总结能力。
任务 5：（课内）知道悬索桥和斜拉桥的力学原理。	1. 展示悬索桥结构及受力图，它通过吊索将桥面荷载传到主缆上，再由主缆传到锚碇和索塔上； 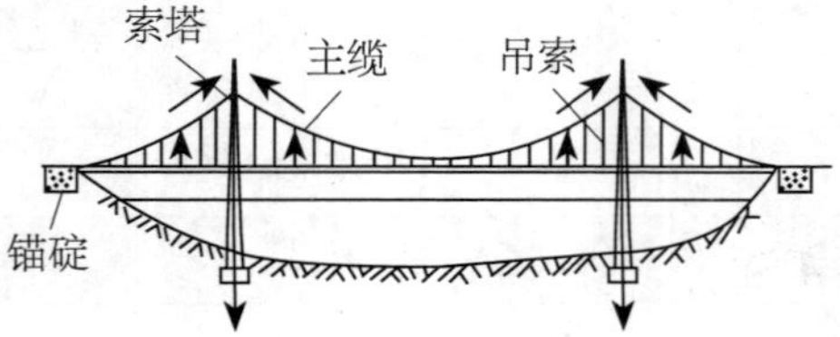 悬索桥结构及受力图	1. 学生根据教师的展示和讲解，初步了解悬索桥和斜拉桥的受力特点；	1. 学生只是初步学习了力学知识，对于悬索桥和斜拉桥这种复杂的受力情况，学生分析起来有难度。该部分由教师直接讲解，为后续学生探究留下足够的时间。

（续表）

实践过程			
实践任务	教师活动	学生活动	设计意图
	展示斜拉桥结构及受力图，它通过斜拉索将主梁承担的荷载传到桥塔上。 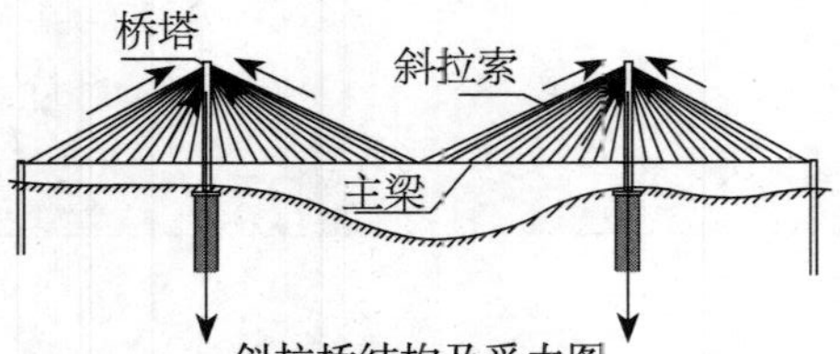 斜拉桥结构及受力图 2. 利用杠杆、铁架台、定滑轮、重物模拟斜拉桥，请同学们猜想：绳子的拉力与哪些因素有关？ 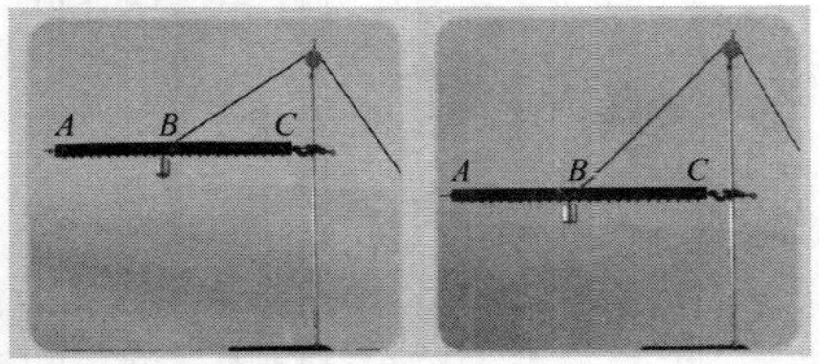 甲　　乙	2. 认真思考、大胆猜想： ①可能和力的作用点有关； ②可能和绳子与杠杆的夹角有关； ③可能和物重有关…… 小组合作，进行实验。 得出结论：物体越重，绳子所受拉力越大；绳子与杠杆夹角越大，拉力越小。	2. 该探究实验完全交给学生，小组合作设计方案并进行探究，充分锻炼了学生的实验能力，提升了学生的物理核心素养。

（续表）

实践过程			
实践任务	教师活动	学生活动	设计意图
任务 6：（课内 + 课外）了解我国桥梁建设取得的成就，增强民族自信心。	1. 港珠澳大桥是我国从桥梁大国走向桥梁强国的里程碑之作，因其超大的建筑规模、空前的施工难度和顶尖的建造技术而闻名世界。 2. 同学们课下继续查阅资料，了解港珠澳大桥的项目工程有哪些？收集我国著名悬索桥和斜拉桥的资料，从地貌环境、经济、文化、社会发展等方面分析架桥的必要性。	1. 查阅资料，进一步了解港珠澳大桥在建设过程中克服的难点有哪些？有哪些技术性的突破？了解我国桥梁建设取得的成就。 2. 了解我国著名的悬索桥和斜拉桥，加深对我国桥梁方面成就的认识。 用手抄报或演示文稿呈现自己的调研成果。	1. 了解我国桥梁建设的成就，增强民族自信心和自豪感。 2. 引导学生查阅相关资料，培养学生自主学习的能力。 引导学生把自己查阅到的信息进行归纳、总结，用手抄报或演示文稿的形式呈现自己的研究成果，培养学生科学素养。

第三课时

实践任务
任务 7：撰写一份纸桥的设计说明书； 任务 8：动手实践，制作一座纸桥； 任务 9：举行纸桥承重比赛活动。
实践目标
1. 通过前面所学的知识，亲自设计并撰写一份纸桥的设计说明书，锻炼学生学以致用的能力； 2. 根据自己的说明书动手制作一座纸桥，锻炼学生的动手能力； 3. 通过举行纸桥承重比赛活动，使学生对不同结构桥梁的受力原理有更加深刻地认识。

（续表）

实践过程			
实践任务	教师活动	学生活动	设计意图
任务 7： （课内 + 课外） 撰写一份纸桥的设计说明书。	1. 请同学们回顾： ①本节学习了哪几种桥梁？ ②它们的结构分别是什么样的？ ③它们的受力分别有什么特点？ 2. 请根据所学的知识，撰写一份纸桥的设计说明书。	1. 思考并回答教师所提出的问题。 2. 撰写纸桥设计说明书。 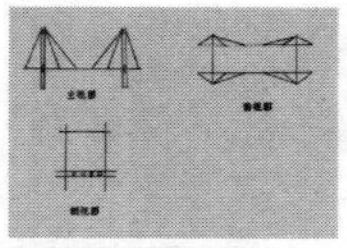 纸桥模型设计说明（斜拉桥） 东莞市晨阳学校 八年级2班 黄仲羽 一、设计图纸 二、基本承重结构简介及受力特点 由主梁、桥塔和斜拉索组成。受力特点是斜拉索提供弹性支承，减小主梁的弯矩，使结构更加稳定。 三、设计说明 为了确保纸桥模型的稳定性和承重能力，在设计过程中采取了以下措施： 1.选择合适的结构形式：之所以选择制作一座斜拉桥，是因为斜拉桥其结构稳定、受力合理。通过桥塔和斜拉索的布置，形成稳定的三角形结构，提高桥梁的整体稳定性。 2.优化斜拉索的布置：经过精确计算，确定斜拉索的数量、位置和倾斜角度，确保主梁受力均匀，避免局部应力过大。 3.增强节点的连接强度：桥塔与主梁、斜拉索与桥塔及主梁的连接部分需采用牢固的连接方式，因此使用了绑带，提高稳定程度。 4.提高材料的利用效率：利用打印纸的柔韧性和绑带的抗拉性能，通过合理的剪裁和粘贴方式，提高材料的利用效率，增强桥梁的承重能力。 5.进行实际测试和调整：在制作完成后，需对桥梁进行实际测试，如加载重物观察其变形情况，根据测试结果进行了一定的调整和优化，确保桥梁的稳定性和承重能力满足要求。	先引导学生回顾主题一、二所学的内容，然后让学生自主设计纸桥说明书，可以降低设计的难度。
任务 8：（课外） 动手实践，制作一座纸桥。	请同学们根据自己设计的纸桥说明书，制作一座纸桥。可以对自己的纸桥进行装饰。	准备材料、制作纸桥，并装饰。  	学生课下制作纸桥，充分锻炼了学生的动手能力，激发了学习物理的热情。
任务 9：（课内） 举行纸桥承重比赛活动。	同学们把自己的作品带到学校，以小组为单位往纸桥上面加重物，比比谁的纸桥承重能力最强，并尝试分析原因。	学生往纸桥上加重物，比比谁的纸桥承重力最强，并分析承重能力不同的原因，如可从结构、材料等方面分析。	学生做出作品后，举行承重比赛，给学生展示作品的机会。分析承重不同的原因，可以培养学生学以致用的能力。

四、评价实施建议

建议师生共同制订评价量表，用于学生自我诊断、组间评价，以及教师的评价反馈。

“桥”项目评价量表

评价维度	评价标准	自评	互评	师评
概念理解	作品紧扣桥梁主题，所有内容围绕其展开，主题清晰、突出。			
	认识梁桥和拱桥，了解梁桥和拱桥的受力情况。			
	了解悬索桥和斜拉桥的特点，知道悬索桥和斜拉桥的力学原理。			
实践计划	能制订分工合理、任务明确、切实可行的实践计划。			
	能在规定时间内完成计划。			
信息搜集	能有效搜索所需学习资源，注意资源的科学性和规范性。			
	能将搜集到的知识以演示文稿、手抄报或手工纸桥的形式呈现出来。			
实践作品	演示文稿能呈现不同历史时期的著名梁桥和拱桥。			
	演示文稿呈现我国著名的悬索桥和斜拉桥，并分析架桥必要性。			
	手抄报作品主题鲜明，展示建桥材料变迁、桥梁分类或著名的桥梁。			
	手工制桥坚固、美观，具备一定的承重能力。			
协同合作	分工明确合理，能阐述每个成员的具体贡献。			
	小组成员积极协同合作完成各项任务，互相帮助，共同克服困难，根据项目情况调整任务分工。			
交流展示	能清晰讲述作品侧重展示的内容，同学们听了有收获			
	汇报展示形式丰富，语言流畅。			
评价方法：完全符合评价标准得☆☆☆，基本符合得☆☆，少量符合得☆				

五、实践活动教学反思

“桥”这一跨学科实践活动的圆满完成，不仅是对学生知识与实践能力的一次全面挑战，也是对教师教学方法与理念的一次深刻检验。以下是本次活动的几点教学反思。

1. 活动设计的合理性与创新性

首先，活动的设计充分融合了物理学、材料力学、数学以及美术学等多个学科领域，体现了跨学科教学的核心理念。通过了解建桥材料的变迁了解了桥梁的发展历史，知道材料对桥梁发展起到促进作用；还认识了不同类型的桥以及他们不同的力学特点。学生们不仅学习了桥梁方面的知识，还亲手制作了纸桥，这种“做中学”的方式极大地激发了他们的学习兴趣和创造力。

2. 任务执行中的挑战与应对

在制作纸桥过程中，学生遇到了几个主要的挑战。一是纸张柔软、承重力差，同学们通过卷制纸棒、折叠纸张等方式，改变纸张的形状和结构，从而提高其承重能力和稳定性。二是结构稳定性，稳定性直接影响到其承重能力，同学们充分考虑了桥梁的类型、结构特点以及受力情况等因素，采用三角形支撑、增加纸张张数，借助胶枪粘连等方式提高了纸桥的稳定性和承重能力。三是时间，学生课余时间有限，制作纸桥费时，所以我们提前布置任务，学生提前准备好材料，课余时间完成。

3. 学生表现与成长

整个实践活动中，学生们的表现令人惊喜。他们制作的手抄报有的展示了不同历史时期建桥材料的变迁，有的展示了不同种类桥梁的结构和受力特点，有的展示了中国著名的古桥，有的侧重介绍了港珠澳大桥的地貌环境、对经济、文化和社会发展的促进作用等等，一张张主题鲜明、图文并茂、内容丰富的手抄报令人赏心悦目。

学生的演示文稿作品更是丰富翔实。大部分学生的演示文稿作品都有自己的目录，他们大多围绕建桥材料的变迁与桥梁发展历史、桥梁结构与力学原理、不同历史时期的著名梁桥和拱桥、我国著名的悬索桥和斜拉桥及其必要性分析、东营古桥梁调查、我国桥梁建设取得的成就等几个方面展开，内容丰富、布局合理，极大地丰富了学生对桥梁方面的认识。

纸桥作品也是做工精细、匠心独运。桥梁的类型多样，有梁桥、拱桥、斜拉桥也有悬索桥，还有开启桥，还有的同学做了“胜利黄河大桥”“朝阳大桥”等等。学生通过制作手工作品对桥梁的种类及力学原理有了更深刻的认识，锻炼了动手能力，提升了学生的核心素养。

4. 展示与交流的收获

本次跨学科实践我们安排了展示与交流环节。通过演示文稿、张贴手抄报、实物展示等多种形式，生动地呈现了学生的调查报告和作品。在分享过程中，学生们不仅展示了他们的学习成果，还表达了对我国桥梁事业的热爱和展望。更重要的是，他们学会了倾听他人的观点，尊重不同的意见，这种开放包容的态度是他们在未来学习和生活中宝贵的财富。

5. 未来改进方向

虽然本次活动取得了圆满成功，但我也意识到了一些需要改进的地方。例如，在活动准备阶段，教师应该提前预见并解决可能的技术难题，这样可以节约学生的时间；在活动过程中，可以加强对学生的指导，确保每个环节都能高效有序地进行；在展示与交流环节，可以增加互动环节，可以让学生讲解自己在制作作品过程中的一些想法，让学生们在交流中碰撞出更多的思想火花。

总之，本次跨学科实践活动是一次富有成效的教学实践。通过本次实践活动，不仅锻炼了学生的动手能力和创新思维，还增进了他们对工程科学的兴趣和理解。未来，我们将不断探索和创新，多举办类似的实践活动，进一步丰富内容和形式，为学生提供更多展示自我和学习成长的机会。

六、作品展示

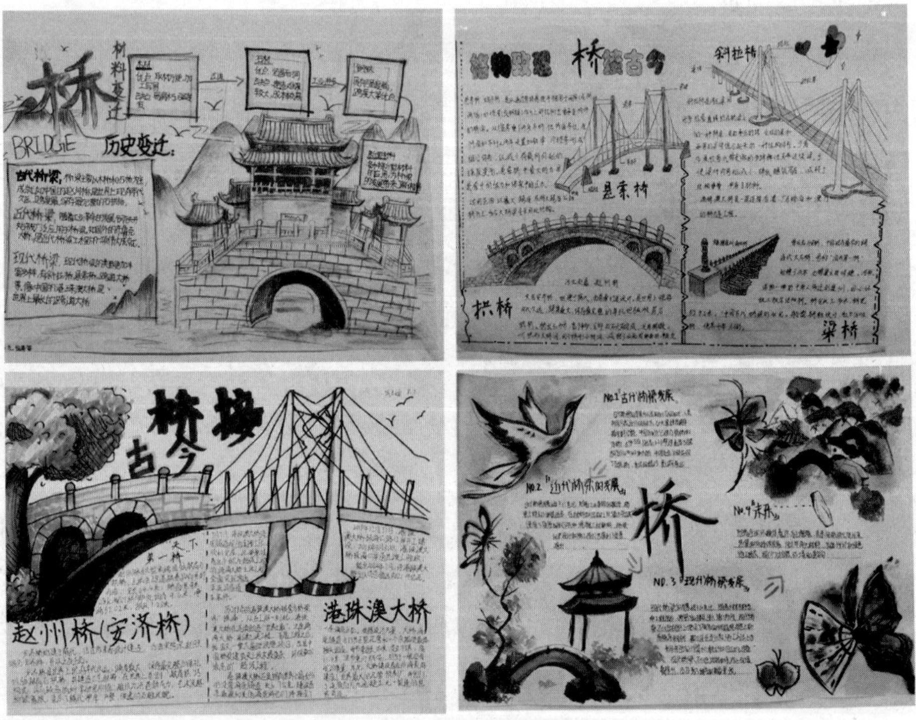

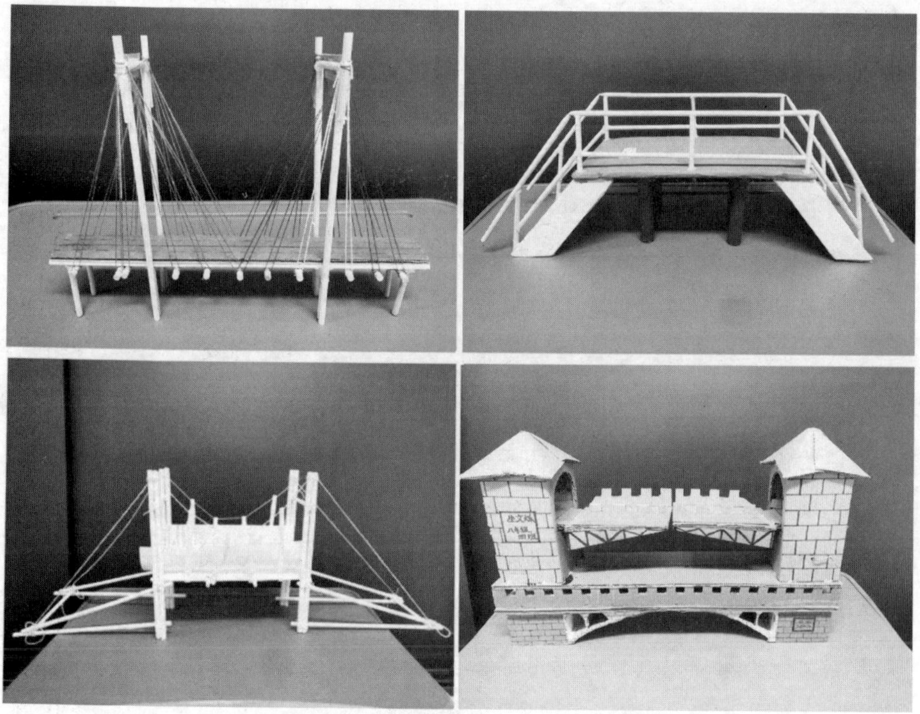

附：

“桥”实践活动记录表

组别		组长		组员	
实践活动信息记录	实践活动时间				
	实践活动地点				
所需器材					
项目名称（演示文稿、手抄报、纸桥作品）					
项目内容					
疑问与补充					
实践总结					

案例点评

跨学科实践"桥"在初中物理课程中以其独特的设计理念和丰富的内容，不仅深化了学生对简单机械原理的理解，还巧妙融合了材料力学、数学、工程设计和美术创作等多个领域的知识，为学生提供了一个全面、深入且富有挑战性的学习体验。

一、知识整合的深度与广度

"桥"实践案例在知识整合方面表现出色。它不仅涵盖了物理学科中的简单机械原理，如力的平衡、杠杆原理、弹性形变等，还巧妙融合了多个领域的知识。这种深度与广度的知识整合，不仅加深了学生对物理原理的理解，还拓宽了他们的知识视野，促进了学科间的相互渗透和融合。通过实践活动，学生能够更全面地了解桥梁的历史背景、类型特点、受力原理以及设计建造等方面的知识，形成跨学科的知识体系。

二、实践活动的探究性与创新性

实践活动是"桥"案例的重要组成部分，其探究性和创新性尤为突出。通过一系列的任务和活动，如调查了解桥梁的发展历史、我国桥梁建设取得的成就与动手实践制作纸桥等活动，学生得以在动手实践中发现问题、解决问题，培养了他们的探究精神和创新思维。同时，这些实践活动还鼓励学生进行创意设计，如撰写纸桥设计说明书、制作纸桥并参与承重比赛，进一步激发了他们的创造力和想象力。

三、学习方式的自主性与合作性

"桥"实践案例注重培养学生的自主学习能力和团队协作能力。在实践活动中，学生需要自主查阅资料、设计实验方案、进行实地调查等，这些过程都要求学生具备较高的自主学习能力。同时，小组合作完成任务也是实践活动中的重要环节，学生需要与同伴共同讨论、分工合作，共同解决问题。这种自主性与合作性的学习方式，不仅提高了学生的学习效率，还培养了他们的团队协作精神和沟通能力。

四、教育资源的丰富性与多样性

"桥"实践案例在教育资源的利用上表现出色。它充分利用了学校内外的各种资源，如图书馆、网络、实地调查地点等，为学生提供了丰富多样的学习材料和实践活动场所。建议教师在实践活动中还可以邀请相关领域的专家或工程师举办讲座或指导，为学生提供更加专业、深入的学习体验。这些教育资源的丰富性与多样性，不仅满足了学生的学习需求，还拓宽了他们的学习渠道和视野。

五、教育价值的深远性与可持续性

"桥"实践案例的教育价值不仅体现在知识传授和技能培养上，更在于其深远的社会意义和可持续性。通过实践活动，学生深刻认识到桥梁建设的重要性和复杂性，增强了他们的社会责任感和环保意识。同时，实践活动还培养了学生的创新意识和实践能力，为他们未来的学习和生活奠定了坚实的基础。建议教师在实践活动中鼓励学生关注社会热点问题，如桥梁安全、交通拥堵等，引导他们思考如何通过所学知识解决实际问题。

综上所述，"桥"跨学科实践案例在知识整合、实践活动、学习方式、教育资源以及教育价值等方面都表现出色，为学生提供了一个全面、深入且富有挑战性的学习体验。它不仅加深了学生对物理原理的理解，还促进了他们综合素养的全面提升，是一次值得推广和借鉴的跨学科教学实践案例。

跨学科实践案例 10 制作龙骨水车

执教者：赵朋飞（山东省东营市实验中学）
点评者：舒凤芹（山东省东营市胜利第二初级中学　校长）

一、实践活动课程规划

1. 整合学科

物理：龙骨水车的制作涉及力学和能量的有关内容。在制作过程中，学生需要了解轮轴、链条传动等知识。例如，龙骨水车的链轮带动链条（龙骨板叶）转动，将水从低处提升到高处，这涉及简单机械的做功原理。通过制作，学生可以直观地理解力是如何通过机械结构传递和改变方向的。同时，水的流动特性以及水车汲水过程中的能量转化也是科学知识的重要体现，这是一个重力势能和动能相互转化的过程，让学生对能量的概念有更深入地理解。

劳动：劳动技术在龙骨水车制作中占据核心地位。学生要学会选择合适的材料，如木材、泡沫等，并掌握木工加工技能，如切割、钻孔、拼接等。在使用工具制作龙骨水车的过程中，学生的动手能力得到锻炼，他们需要按照设计图纸精确地完成各个部件的制作，并将其组装成一个完整的系统。这要求学生具备耐心、细心和良好的空间感知能力，能够将二维的设计转化为三维的实物，同时培养他们解决实际制作中遇到问题的能力，如部件尺寸不合适、连接不牢固等。

历史：龙骨水车的制作实践与历史学科紧密相连。了解龙骨水车的发展历程是本次实践活动的重要背景知识。龙骨水车在我国古代农业发展中有着重要地位，从东汉时期的雏形到后续不断改进和广泛应用，反映了我国古代劳动人民的智慧。通过制作，学生能深入了解古代农业生产方式和灌溉技术的演变，明白这一工具在当时社会经济发展中的作用，进而增强对传统文化的认同感和自豪感。这种历史文化的融入，使制作活动不仅仅是一个简单的手工实践，更是一次文化传承之旅。

美术：从审美角度来看，学生在设计龙骨水车模型时，需要考虑其外观的美感。无论是对整体造型的构思，还是对细节装饰的设计，都离不开美术素养。

2. 实践价值

加深学生对学科的理解：融合物理、劳动技术、历史、美术等多学科知识。学生在实践中能更好地理解科学中的力学、能量转化原理，掌握劳动技术中的手工制作技能，熟知历史文化背景，以及发挥美术的审美与设计能力。

提升综合能力：锻炼学生的动手操作能力、问题解决能力。在制作过程中，面对部件连接、尺寸调整等问题，能提高他们分析和解决实际问题的能力，同时提升空间思维、设计思维等多种思维能力。

传承传统文化：龙骨水车是我国古代农业智慧的结晶。通过制作，学生深入了解其历史演变和在古代农业中的重要地位，传承和弘扬传统农业文化，增强民族自豪感和文化认同感。

培养团队协作精神：实践通常以小组形式开展，学生在小组中分工合作、交流讨论，共同完成制作任务，有助于培养团队意识和协作能力。这对他们未来的社会生活和职业发展至关重要。

激发创新意识：在制作龙骨水车的过程中，鼓励学生在遵循原理的基础上进行创新设计，如对外观、结构的改进，为传统文化注入新的活力，培养学生的创新思维，适应社会发展对创新人才的需求。

3. 实践任务

构思设计一个龙骨水车（可综合考虑选材、结构等方面）；或者查阅资料，选择某种类型的龙骨水车，研究它的构造。用你喜欢的方式，采用手绘或者电脑绘图等形式绘制图纸并动手制作龙骨水车。

4. 实践目标

（1）学生能够理解龙骨水车的工作原理，包括轮轴、链条传动、能量转化等力学和物理知识，准确阐述水是如何通过水车的机械结构实现从低处向高处运输的。

（2）熟练掌握制作龙骨水车的基本技能，如材料的选择、测量、切割、钻孔、拼接等，能够独立完成从部件制作到整体组装的完整流程，制作出一个结构稳固、可正常运转的龙骨水车模型。

（3）在制作龙骨水车的过程中，学生经历问题发现、分析和解决的过程，提高实践操作能力和解决实际问题的能力，学会根据实际情况对设计方案和制作过程进行调整和优化。

（4）培养学生对传统文化的热爱和尊重，深刻体会古代劳动人民的智慧和创造力，增强民族自豪感和文化自信心。

（5）通过小组合作制作，增强学生的团队合作意识和责任感，培养沟通能力和人际交往能力。激发学生对跨学科学习的兴趣，打破学科界限，培养综合运用知识解决问题的意识和创新精神。

5. 重点难点

（1）重点：

①掌握龙骨水车的基本结构和工作原理。

②完成龙骨水车设计图的绘制。

③掌握龙骨水车的关键结构组成和制作方法。

④成功制作出龙骨水车模型。

⑤准确、生动地展示龙骨水车的制作成果。

（2）难点：

①理解龙骨水车在不同历史时期的改进和发展对农业生产的意义。

②在设计过程中，如何合理规划各部件，确保水车能模拟实际工作。

③理解龙骨水车的传动原理并在制作中准确实现。

④如何引导学生在制作过程中应对出现的问题，并灵活调整设计。

⑤引导学生在展示过程中积极回应其他同学的提问和质疑，展开有质量的讨论。

6. 学情分析

学生在之前的学习中可能对古代农业有一定的了解，但对于龙骨水车这种专业性较强的农业灌溉工具的认识较为模糊。他们对新鲜事物充满好奇，具有较强的探索欲望，尤其对动手实践环节会比较感兴趣。然而，在理解抽象的原理和复杂的历史发展背景方面可能会存在一定困难，需要教师通过多样化的教学方法，如视频展示、实例讲解等进行引导。同时，在设计环节，学生的创新能力和动手能力参差不齐，教师需要关注个体差异，鼓励小组合作，共同完成实践任务。

学生对古代科技发明有一定的好奇心，但可能对龙骨水车这种具体的古代灌溉工具了解较少。在动手能力方面，学生具备基本的使用简单工具的能力，但在复杂模型制作上仍缺乏经验，在制作起来会存在一定的难度。因此，需要教师在实践过程中加强引导，逐步培养学生的实践技能和解决问题的能力。

八年级的学生具备了基本的表达能力，但在将实践操作转化为有条理地展示内容方面可能还需要指导。他们对古代科技发明有浓厚的兴趣，但在理解复杂机械原理和评价他人作品时，可能存在一定的困难。部分学生在团队协作展示环节中，可能存在参与度不均衡的问题。

7. 实践准备

薄木板，纸板，泡沫，木棒，牙签，美工刀，热熔胶，热熔枪，胶带，木工尺等。

二、实践活动实施规划

1. 实践活动流程图

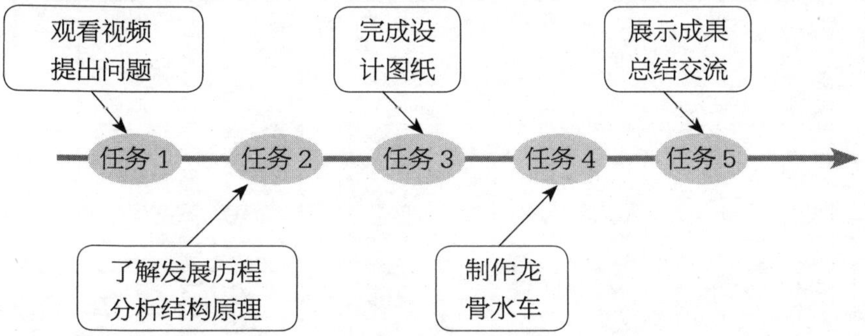

2. 实践活动规划表

实践步骤	实践任务	课时安排
主题一： 了解并设计龙骨水车	任务 1：观看关于农业灌溉的视频，初步认识古代灌溉工具——龙骨水车。	课时 1
	任务 2：了解龙骨水车的发展历程，认识龙骨水车在推动农业文明进步中所起的作用，并了解它们的结构及工作原理。	
	任务 3：尝试完成一款龙骨水车的图纸设计。	
主题二： 制作龙骨水车	任务 4：根据图纸制作龙骨水车。	课时 2
主题三： 交流 · 评估	任务 5：展示制作的龙骨水车，与同学交流在设计和制作过程中的问题和经验。	课时 3

三、实践活动教学设计

第一课时

实践任务			
任务 1：观看关于农业灌溉的视频，初步认识古代灌溉工具——龙骨水车。 任务 2：了解龙骨水车的发展历程，认识龙骨水车在推动农业文明进步中所起的作用，并了解它们的结构及工作原理。 任务 3：尝试完成一款龙骨水车的图纸设计。			
实践目标			
1. 了解龙骨水车的发展历程和基本结构，能准确说出其关键设计部件。 2. 能够在教师指导下，尝试设计简单的龙骨水车模型，理解其工作原理。 3. 在设计实践过程中，提高学生的动手和解决问题的能力。 4. 激发学生对古代农业科技的兴趣，增强民族自豪感。			
实践过程			
实践任务	教师活动	学生活动	设计意图
任务 1：观看关于农业灌溉的视频，初步认识古代灌溉工具——龙骨水车。	课程导入（5 分钟） 通过展示一些农业灌溉场景的视频，引导学生思考古人是如何解决灌溉问题的，从而引出龙骨水车这一主题。	观看视频，思考问题：古代劳动人民是如何灌溉的？在教师的带领下初次认识龙骨水车。	让学生感受到古代劳动人民的智慧，更能激发学生的兴趣和好奇心。

（续表）

实践过程			
实践任务	教师活动	学生活动	设计意图
任务 2：了解龙骨水车的发展历程，认识龙骨水车在推动农业文明进步中所起的作用，并了解它的结构及工作原理。	观看视频与知识讲解（15 分钟） 播放龙骨水车的专题视频和课件，内容包括龙骨水车在不同历史时期的形态、发展历程（从东汉时期的发明到后续朝代的改进）以及在农业灌溉中的应用。在播放过程中教师适时暂停，讲解龙骨水车的关键知识点，如龙骨水车的名称由来、主要结构（包括水槽、刮板链条等）和基本工作原理（通过人力、畜力或水力驱动，带动刮板链条循环转动，将水从低处提升到高处）。	学生认真观看视频和课件，系统认识龙骨水车，思考老师提出的问题。 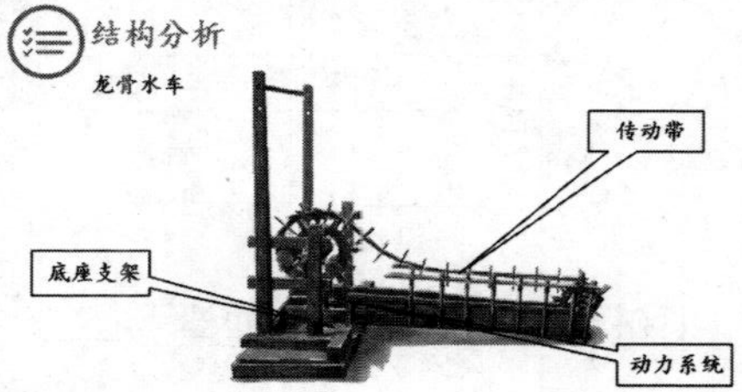	在播放视频过程中设置问题，能够引导学生有针对性地观察，培养他们的观察力和思考能力，使学生不仅仅是被动地接受信息，而是主动地分析问题。

（续表）

实践过程			
实践任务	教师活动	学生活动	设计意图
任务 3：尝试完成一款龙骨水车的图纸设计。	1. 教师向学生展示一些龙骨水车设计图，讲解设计图需要包含的基本要素，如各个部件的形状、连接方式等。 2. 发放绘图工具给学生，并明确设计要求，要考虑到实际的可操作性和材料的简易性。 3. 设计龙骨水车（20 分钟） 学生以小组为单位进行龙骨水车设计，根据所学知识和设计要求，绘制龙骨水车的设计图。在设计过程中，鼓励学生发挥创意，对传统龙骨水车的设计进行适当改进，以提高灌溉效率或降低制作难度。	学生观察学习龙骨水车的设计方法。 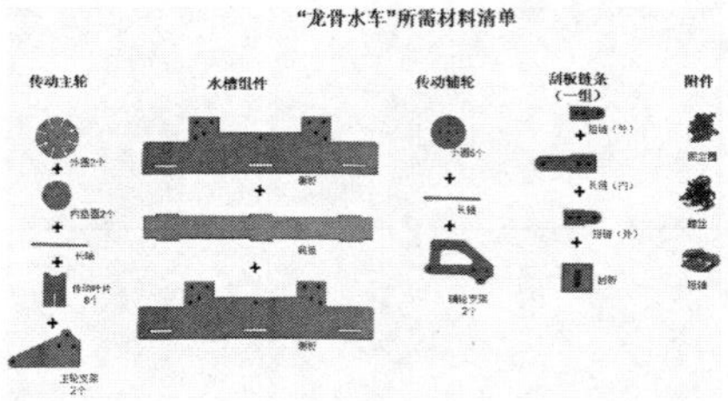 学生根据刚才的观察进行自主讨论。 学生根据讨论成果进行自主设计。 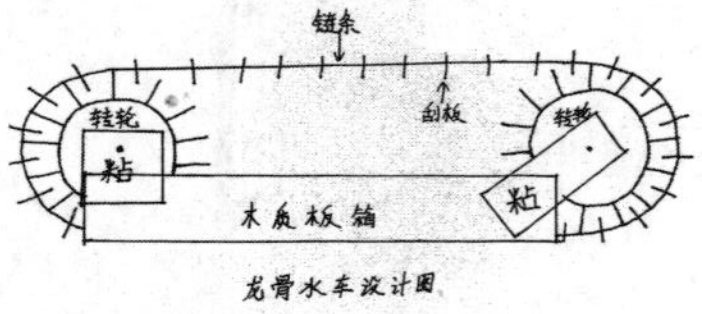 	先观察后学习可以降低设计的难度。 小组讨论可以促进学生之间的交流与合作，让他们学会倾听他人的意见，表达自己的观点，共同解决问题，提高团队协作能力。 在讨论中，学生从不同的角度思考龙骨水车的特点，这种思维的碰撞能够激发学生的创新思维，拓宽他们的知识面。

第二课时

实践任务			
任务 4：根据设计图纸，动手制作龙骨水车			
实践目标			
1. 学会使用简单工具制作简易龙骨水车模型。 2. 通过实践操作，提高学生的动手和解决问题的能力。 3. 培养学生的团队协作精神，在合作中学会沟通与分工。 4. 激发学生对古代科技发明的兴趣和尊重，增强民族自豪感。 5. 培养学生的创新意识，鼓励在制作过程中尝试改进设计。			
实践过程			
实践任务	教师活动	学生活动	设计意图
任务 4： 根据图纸制作一个龙骨水车。	1. 分发制作材料和工具，如薄木板、纸板、泡沫、木棒、牙签、美工刀、热熔胶、热熔枪、胶带、木工尺等，并强调安全使用注意事项。 2. 逐步示范制作步骤，边做边讲解，如先制作水槽，再制作刮板和链条部分，每一步都给学生留出时间操作，在教室里巡视，及时为学生提供指导和帮助。	以小组为单位(每组4~5人)，分工合作，按照教师示范的步骤进行制作。在制作过程中，与小组成员沟通交流，共同完成龙骨水车模型。 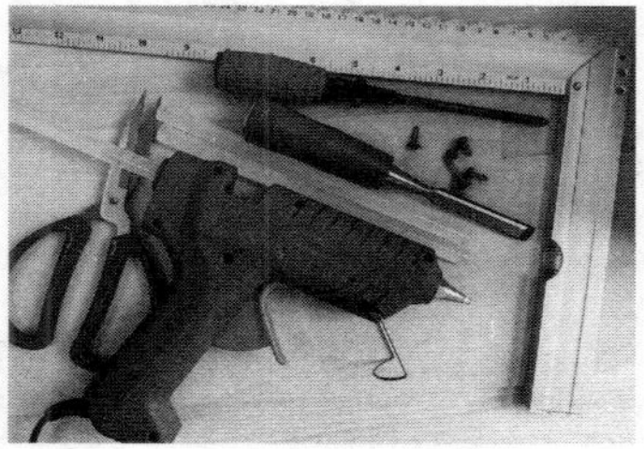	培养学生的动手能力，通过教师示范和学生实践，让学生掌握制作技能。同时，小组合作的形式促进学生的团队协作和沟通能力发展。 培养学生独立思考和解决问题的能力，在实践中遇到问题是不可避免的，引导学生自己分析和解决问题，能加深对知识和技能的理解。

（续表）

<table>
<tr><th colspan="4">实践过程</th></tr>
<tr><th>实践任务</th><th>教师活动</th><th>学生活动</th><th>设计意图</th></tr>
<tr><td></td><td>3. 在学生制作过程中，观察学生遇到的问题，如链条传动不顺畅、刮板角度不对等。
4. 引导学生分析问题产生的原因，通过提问的方式启发学生自己寻找解决方法，如为什么链条会卡住呢？我们可以怎么调整？</td><td>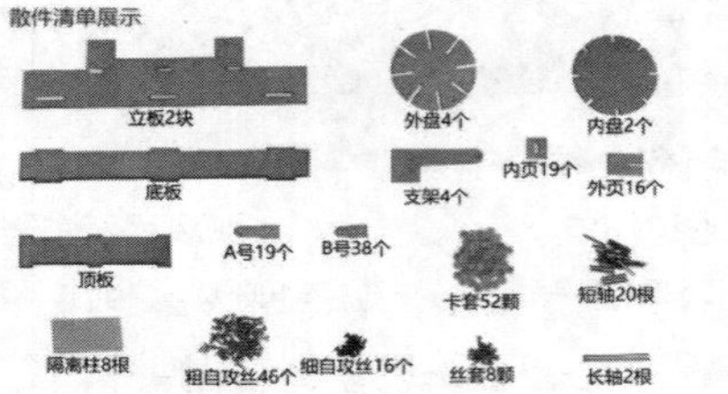

当遇到制作问题时，积极与小组成员讨论，尝试根据教师的引导分析问题，调整制作方法，解决问题。

</td><td></td></tr>
</table>

第三课时

实践任务
任务 5：展示制作的龙骨水车，与同学交流设计和制作过程中的问题和经验。

实践目标
1. 学生能够清晰、准确地阐述龙骨水车的工作原理和制作过程。 2. 通过展示，提高学生的表达能力和动手操作演示能力。 3. 在展示交流中，学会欣赏和评价他人的作品，汲取优点，提出改进建议。 4. 培养学生团队协作能力，共同完成展示环节。 5. 增强学生对古代科技发明的尊重和热爱，激发对科学技术探索的兴趣。 6. 培养学生的创新意识和实践精神，鼓励在传统基础上进行改进。

实践过程

实践任务	教师活动	学生活动	设计意图
任务 5：展示制作的龙骨水车，与同学交流设计和制作过程中的问题和经验。	1. 展示准备阶段 提前一周布置展示交流任务，明确展示要求，包括展示内容（制作过程、工作原理、创新点等）、展示形式（可以是PPT、实物演示、讲解结合等）和展示时间限制。 对学生在准备过程中遇到的问题进行答疑，如制作原理不清楚、展示形式选择困难等。	1. 展示准备 学生分组讨论展示内容和形式，明确分工，如资料收集、PPT制作、实物准备、讲解人员等。 根据分工进行资料收集和整理，制作 PPT 或准备其他展示辅助材料，反复练习讲解内容和实物演示。	通过展示交流活动，为学生提供一个将实践成果转化为表达内容的平台，提高学生的综合实践能力，包括知识整合、表达和操作演示能力。 在准备展示的过程中，培养学生的团队协作精神，让学生学会分工合作，共同完成任务。

（续表）

<table>
<tr><th colspan="4">实践过程</th></tr>
<tr><th>实践任务</th><th>教师活动</th><th>学生活动</th><th>设计意图</th></tr>
<tr><td></td><td>检查学生的展示准备情况，如 PPT 内容是否合理、实物演示是否顺畅等，提出改进意见。
2. 展示过程阶段
开场介绍展示交流的目的和流程，营造积极的氛围。
组织学生按照小组顺序进行展示，提醒展示时间。
在每个小组展示后，引导其他小组同学进行提问和评价，确保评价客观、公正，鼓励不同观点的碰撞。
对学生提出的问题和回答进行适当的引导和补充，加深学生对龙骨水车的理解。
3. 展示结束阶段
对本次展示交流活动进行总结，回顾各小组的亮点和存在的问题。
强调龙骨水车制作过程中的科学原理和实践价值，对学生的积极参与和创新表现给予肯定和鼓励。
根据学生的展示表现和参与度，进行评价打分。</td><td>
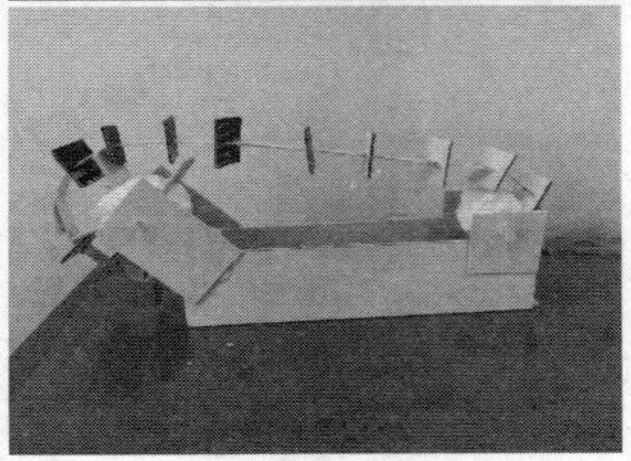
2. 展示过程
各小组按照安排依次进行展示，讲解龙骨水车的制作过程、工作原理和创新之处，同时进行实物操作演示。
在其他小组展示时，认真倾听、观察，记录优点和问题，准备提问和评价内容。
积极参与提问和讨论环节，与其他小组同学互动，分享自己的见解，对展示小组提出建设性的意见和建议。</td><td>展示环节中的提问和评价环节，能够促进学生之间的思想交流和碰撞，培养学生批判性思维和评价能力，从他人的作品中学习优点，发现不足。
整个活动围绕龙骨水车这一古代科技发明展开，增强学生对传统文化和科技的了解和热爱，激发学生对科学技术的探索欲望，培养创新意识。</td></tr>
</table>

（续表）

实践过程			
实践任务	教师活动	学生活动	设计意图
		 3. 展示结束后 反思自己小组在展示过程中的优点和不足，总结经验教训。 听取教师总结，进一步加深对龙骨水车的认识，了解自己在实践活动中的收获和需要改进的地方。	

四、评价实施建议

建议师生共同制订评价量表，用于学生自我诊断、组间评价，以及教师的评价反馈。

“制作龙骨水车”项目评价量表

评价维度	评价标准	自评	互评	师评
概念理解	掌握龙骨水车的制作涉及力学和能量的有关内容。			
	知道龙骨水车的发展历程。			
	运用跨学科知识获取信息，解决实际问题。			
实践计划	能制订分工合理、任务明确、切实可行的实践计划。			
	能在规定时间内完成计划。			
信息搜集	能有效搜索所需学习资源，注意资源的科学性和规范性。			
	能将搜集到的知识转化为实际操作的技能。			
实践作品	制作的龙骨水车能正常工作。			
	制作的龙骨水车结构合理，结实耐用。			
	工具使用规范，能顺利完成整个制作过程。			
	制作的龙骨水车外观精美。			
协同合作	分工明确合理，能阐述每个成员的具体贡献。			
	小组成员积极协同合作完成各项任务，互相帮助，共同克服困难，根据项目情况调整任务分工。			
交流展示	能清晰介绍所制作龙骨水车过程中的疑问和收获。			
	汇报展示形式丰富，语言流畅。			
评价方法：完全符合评价标准得☆☆☆，基本符合得☆☆，少量符合得☆				

五、实践活动教学反思

本次跨学科制作龙骨水车实践活动是一次融合了物理、劳动、历史、美术等多学科知识的教学尝试，在活动过程中，有不少值得总结和反思之处。

（一）成功经验

1. 学科融合效果显著

在实践活动中，学生将物理课上学到的简单机械原理、物理学中的力与运动知识，与历史课中了解到的古代农业科技背景相结合。这种跨学科的融合方式，使学生能够更全面地理解龙骨水车的价值和意义。例如，学生在讨论龙骨水车的传动结构时，能联系到杠杆和齿轮原理，不仅加深了对科学知识的理解，也对古代劳动人民的智慧有了更深刻的认识。

2. 实践能力得到锻炼

学生在制作龙骨水车的过程中，动手能力有了明显提升。从最初的材料收集、设计草图，到实际的组装、调试，学生们积极参与每个环节。在遇到问题时，他们尝试运用所学知识解决，如调整水车叶片的角度以提高汲水效率，通过改进轴与轮的连接方式使转动更顺畅。这种实践锻炼培养了学生的工程思维和解决实际问题的能力。

3. 团队协作与沟通加强

以小组为单位的制作形式促进了学生之间的团队协作。小组成员分工明确，有的负责查找资料，有的主导设计，有的擅长动手操作。在过程中，他们相互交流、协作，共同克服困难。例如，在组装过程中，成员们需要不断沟通，协调各个部件的安装顺序和位置，这使他们学会了倾听他人意见，发挥各自优势，提高了团队合作效率。

（二）不足之处

1. 时间把控难度大

由于制作龙骨水车涉及多个步骤和复杂的工艺，在实践过程中，时间安排不够合理。部分小组在前期设计和材料准备阶段花费过多时间，导致后期组装和调试匆忙，没有足够时间对作品进行优化。这反映出教师在教学计划中对学生实践速度和可能遇到的问题预估不足，需要在今后类似活动中更精细地规划时间。

2. 个体差异关注不足

在活动中，学生之间的个体差异表现明显。一些动手能力强、知识基础好的学生在活动中表现积极，主导了小组的工作；而部分学生参与度较低，更多的是在一旁观看。在今后的教学中，需要设计更具层次性的任务，让每个学生都能在自己的能力范围内发挥作用，同时鼓励小组内成员之间更好地互助，以提高全体学生的参与度。

3. 安全管理存在漏洞

在使用工具和材料的过程中，虽然在活动前强调了安全问题，但仍有个别学生出现了一些小的安全事故，如被工具划伤。这表明在安全管理方面还需要进一步加强，不仅要强调安全意识，还需要更细致地监督学生的操作过程，准备更完善的急救措施。

（三）改进措施

1. 优化教学计划

在今后开展类似跨学科实践活动时，要更充分地考虑学生的实际操作能力和可能遇到的问题，制订更详细、合理的时间安排。可以将活动分为几个明确的阶段，并为每个阶段设定时间节点和目标，同时预留一定的弹性时间用于应对突发情况。

2. 关注个体发展

在分组时更加注重学生的能力和性格搭配，尽量保证每个小组内成员的多样性。同时，设计多样化的任务和评价方式，针对不同层次的学生提出不同的要求和指导，鼓励学生在团队中发挥自己的特长，为每个学生提供展示和提升的机会。

3. 强化安全保障

在活动前加强对学生的安全培训，包括工具的正确使用方法、危险情况的识别和应对等。在活动过程中，增加教师的巡视次数，及时发现和纠正学生的不安全行为。同时，在教室内配备更齐全的急救药品和设备，确保在发生安全事故时能够及时处理。

通过对本次跨学科制作龙骨水车实践活动，我认识到了活动中的优点和不足，在今后的教学中，我将进一步改进教学方法和组织形式，让跨学科实践活动更有效地促进学生的全面发展。

六、作品展示

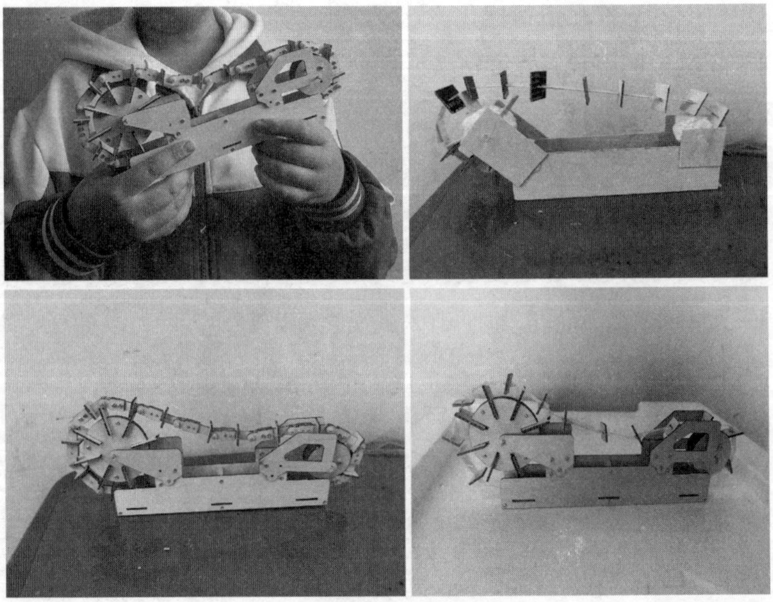

附：

“制作龙骨水车”实践活动记录表

<table>
<tr><td>组别</td><td></td><td>组长</td><td></td><td>组员</td><td></td></tr>
<tr><td rowspan="2">实践活动信息记录</td><td colspan="2">实践活动时间</td><td colspan="3"></td></tr>
<tr><td colspan="2">实践活动地点</td><td colspan="3"></td></tr>
<tr><td>所需器材</td><td colspan="5"></td></tr>
<tr><td>龙骨水车制作步骤</td><td colspan="5"></td></tr>
<tr><td>展示效果及出现的问题</td><td colspan="5"></td></tr>
<tr><td>改进措施</td><td colspan="5"></td></tr>
<tr><td>实践总结</td><td colspan="5"></td></tr>
</table>

案例点评

龙骨水车，又称为翻车或筒车，是中国最古老的提水灌溉工具之一，其历史可以追溯到汉代。“制作龙骨水车”跨学科实践课程引导学生从物理、劳动、历史、美术技术等多学科角度了解龙骨水车。了解龙骨水车的科学原理，包括杠杆原理、轮轴原理、势能转化等；学生研究了龙骨水车的制作材料和工艺；学生探究了龙骨水车的历史背景和在古代农业发展中的重要作用等。整个课程设计和实施取得了很好的效果。

1. 培养学生综合素养

跨学科实践活动使学生在物理、劳动、历史、美术等多个学科领域中获得了丰富的知识和技能，培养了他们的工程思维、辩证能力和民族责任感。例如，在学习龙骨水车的物理原理时，学生不仅理解了杠杆原理和轮轴原理，还学会了如何将这些原理应用于实际问题的解决。

实践能力得到有效锻炼。从收集原材料，到使用美工刀、螺丝刀、热熔胶枪等工具进行切割、组装，学生的动手能力得到了全方位的锻炼。他们学会了如何将二维的设计图纸转化为三维的实物模型，掌握了基本的木工技巧，提高了手部精细动作的协调性和准确性。

问题解决能力得到提升。制作过程并非一帆风顺，学生会遇到诸如部件连接不紧密、水流带动不顺畅等问题。在解决这些问题的过程中，学生需要观察、分析、尝试不同的解决方案，培养了独立思考和解决实际问题的能力。例如，当发现水车漏水影响转动效率时，学生通过调整密封材料和方式，成功解决问题，增强了应对挫折的信心和能力。

2. 激发学生创新意识

在制作龙骨水车的过程中，学生不断尝试不同的材料和结构，以提高模型的牢固性和工作效率。例如，有学生提出使用轻质材料制作水车叶片，以减小水车的转动惯量，提高提水速度。这种创新意识的培养，为学生未来的学习和生活奠定了基础。

3. 增强团队合作能力

整个制作过程需要学生以小组为单位合作完成，从设计、制作到调试、展示，每个环节都需要团队成员之间的密切配合。在合作过程中，学生学会了倾听他人意见、发挥各自优势，并通过有效沟通解决问题。

师生共同制订的评价量表涵盖了多个维度，包括概念理解、实践计划、信息搜集、实践作品、协同合作和交流展示等。这种多元化的评价方式不仅全面评估了学生的学习成果，还注重他们在团队合作和创新思维方面的表现，有助于培养学生的综合能力。

通过深入了解和亲手制作，学生们对我国古代劳动人民的智慧有了更直观的感受和认同。这种实践活动不仅传承了传统文化，还增强了学生的民族自豪感和文化自信心。

跨学科实践案例 11 调查家乡水资源

执教者：刘新娥（山东省东营市利津县北宋镇实验学校）
点评者：郭观彬（山东省东营市垦利区教育科学研究中心教研员）

一、实践活动课程规划

1. 整合学科

物理：能描述固态、液态和气态三种物态的基本特征，并列举自然界和日常生活中不同物态的物质及其应用。了解液体温度计的工作原理，会用常见温度计测量温度。知道物质的熔点、凝固点和沸点，了解物态变化过程中的吸热和放热现象。能运用物态变化知识说明自然界和生活中的有关现象。能运用物态变化知识，说明自然界中的水循环现象。了解我国和当地的水资源状况，有节约用水和保护环境的意识。

化学：了解家乡水资源的 pH 值，知道不同程度的污染会使水的 pH 值发生改变，会影响水中的生态环境，若长期饮用会对身体产生危害。

生物：了解家乡水资源中的生态。知道生物与环境相互依赖，相互影响，形成多种多样的生态系统。知道人类活动可能对生态环境产生影响，可以通过防止环境污染、合理利用自然资源等措施保障生态安全。

地理：了解地球上有多少水资源，其中，人们能利用的淡水资源有多少。了解水资源的空间、时间分布特点和淡水资源的紧缺性。

道德与法治：通过调查与宣传，体会人与自然和谐共处；了解走绿色发展之路的理念以及保护环境、节约资源的基本国策。

2. 实践价值

本案例以物质的形态和变化等基础知识为载体开展调查活动，统整物理、化学和生物等多学科课程资源。调查家乡水资源状况，了解保护水资源的重要意义，提升节约用水意识。让学生认识到水是生命之源，对于人类的生存和发展至关重要，增强学生的责任感与使命感。

3. 实践任务

通过调查家乡水资源，发现问题并分析讨论，给出建设性的可操作建议，培养小组合作能力。了解保护水资源的重要意义，提升节约用水意识。写一份保护水资源、防治水污染的调查报告。

4. 实践目标

（1）能运用物态变化知识，说明自然界中的水循环现象。知道水的熔点、凝固点和沸点，了解物态变化过程中的吸热和放热现象。

（2）了解液体温度计的工作原理，会用常见温度计测量温度，能说出生活环境中常见的温度值。

（3）了解我国和当地的水资源状况，有节约用水和保护环境的意识。

5. 重点难点

（1）重点：

①通过观看视频，结合所学知识提出问题并设计解决方案，在此过程中，体会物理知识在社会生活中的应用。运用物态变化知识，说明自然界中的水循环现象。

②根据提出的问题制订调查报告，尝试对问题进行解答。在此过程中，通过小组讨论明确资料查阅的方式方法，小组合作制订方案。

③根据调查收集的数据进行分析发现家乡水资源存在的问题并提出具有可行性的解决方案。

④通过小组讨论制订提高水资源利用率的方案，增强节水意识。

（2）难点：

①结合所学知识提出问题并设计解决方案，根据提出的问题制订调查报告。

②小组合作进行调查活动，根据调查结果分析总结当地水资源情况，启发学生关注科学、技术、社会、环境之间的关系。

6. 学情分析

学生在学习了物质的形态和变化等物理知识及相关化学知识和生物学知识之后，具备了一定的知识基础，以学生身边比较熟悉的水资源开展调查，激发学生兴趣，形成将物理知识与生产生活相联系的意识。在调查过程中引导学生学会分析和处理调查数据。在教师的引导与小组讨论下，能够提出一系列问题。在此基础上，教师再次引导学生针对提出的问题设计解决方案，可以使学生在进一步理解所学知识的基础上，增强知识与实际生产生活的联系。根据提出的问题制订调查报告，对学生来说具有一定的挑战性。教师需要加强对学生的引导，使学生初步设计出相关方案。学生通过调查已经对家乡水资源有了一定的了解，结合当地实际情况，以及学生已有的知识储备能找出问题并提出解决方案。对于调查方法教师给予一定的指导，数据处理方面学生已有一定的数据处理能力，对于将数据体现在图表中，学生还需要教师进行指导。

7. 实践准备

温度计，pH 试纸，烧杯，刻度尺等。

二、实践活动实施规划

1. 实践活动流程图

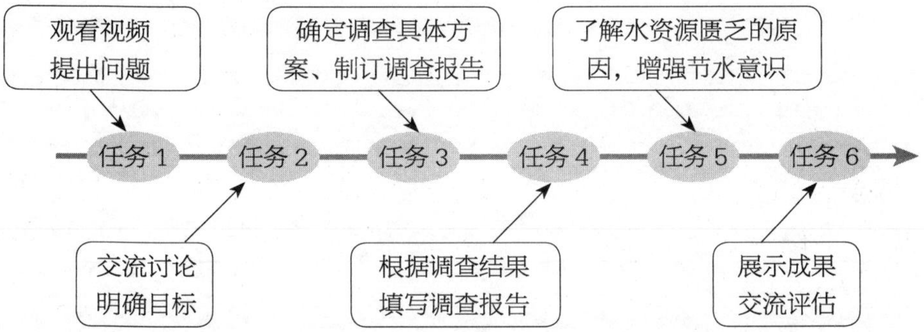

2. 实践活动规划表

实践步骤	实践任务	课时安排
问题： 创设真实情境，明确实践课题	任务 1：观看家乡美丽水景的视频，然后展示一些家乡水资源匮乏或被污染的图片，形成鲜明对比，引出本节课主题——调查家乡水资源。	课时 1
	任务 2：运用物态变化知识，说明自然界中的水循环现象。找一张家乡地图，在地图上标注河流、湖泊、湿地、水库等资源地域，确定调查的目的地。	

（续表）

实践步骤	实践任务	课时安排
证据： 确定任务方案，明确实践步骤	任务 3：讨论调查家乡水资源的具体实施方案。依据设计方案，制作调查报告。	课时 1
解释： 建构相关知识，经历实践过程	任务 4：测量水样的温度和 pH 值并根据调查结果完成调查报告。 任务 5：讨论分析造成水污染和水资源匮乏的原因。了解保护水资源的重要意义，提升节约用水意识。	课时 2
交流： 展示实践成果，总结交流评价	任务 6：进一步完善调查报告后各小组进行展示、交流。	

三、实践活动教学设计

第一课时

实践任务			
任务 1：观看家乡美丽水景的视频，然后展示一些家乡水资源匮乏或被污染的图片，形成鲜明对比，引出本节课主题——调查家乡水资源。 任务 2：运用物态变化知识，说明自然界中的水循环现象。找一张家乡地图，在地图上标注河流、湖泊、湿地、水库等水源地域，确定调查的目的地。 任务 3：讨论调查家乡水资源的具体实施方案。依据设计方案，制作调查报告。			
实践目标			
1. 在观看家乡美丽水景视频的基础上，能结合所学物理、化学和生物等学科知识，提出相关问题并设计方案，增强问题意识。 2. 能根据提出的问题设计初步的调查方案，提升设计方案的能力和交流合作的能力。 3. 在调查过程中，主动查找资料获取家乡地图，讨论资料查阅的方式方法，培养积极探索、主动学习的能力。			
实践过程			
实践任务	教师活动	学生活动	设计意图
任务 1：观看家乡美丽水景的视频，对其中涉及的相关问题进行讨论，为调查家乡水资源打下基础。运用物态变化知识，说明自然界中的水循环现象。	1. 问题引入：观看家乡美丽水景的视频，然后展示一些家乡水资源匮乏或被污染的图片，形成鲜明对比，引出本节课主题——调查家乡水资源。 2. 通过视频，引导学生结合物理、化学、生物等学科知识提出相关问题。	1. 观看家乡美丽水景的视频和一些家乡水资源匮乏或被污染的图片。 2. 回顾视频中的相关画面结合所学知识提出如下问题：水质情况如何？水中生存了哪些鱼类？一天内水温有何变化？水是如何循环的？水量多少有什么变化？这和学过的哪些物理	1. 创设具体问题情境，引发学生思考，培养其问题意识。 2. 根据观察到的现象，提出问题，并进行交流与讨论。

（续表）

实践过程			
实践任务	教师活动	学生活动	设计意图
	3. 引导学生分析讨论：你将如何解决以上问题？你的解决途径是什么？你有哪些困难？你将如何解决这些困难？	知识有关？生产生活用水情况如何？都有哪些水污染现象？如何节约用水保护水资源？ 3. 讨论如何解决以上问题制订出计划与方案。	
任务 2：运用物态变化知识，说明自然界中的水循环现象。找一张家乡地图，在地图上标注河流、湖泊、湿地、水库等水源地域，确定调查的目的地。	多媒体展示家乡地图。	运用物态变化知识，说明自然界中的水循环现象。说出水的熔点、凝固点和沸点，以及物态变化过程中的吸热和放热现象。在地图上标注河流、湖泊、湿地、水库等水源地域。	回顾物态变化的知识，确定调查的目的地。

（续表）

实践过程			
实践任务	教师活动	学生活动	设计意图
任务 3：讨论调查家乡水资源的具体实施方案。依据设计方案，制作调查报告。	引导学生思考以下问题并设计实施方案。如果要了解水质情况，可以通过已掌握的什么知识作为评价标准？如何操作？	在教师引导下进行资料查阅与讨论，初步制订调查方案。 1. 寻找能够指示水域质量的动植物。向垂钓者咨询并记录水域中鱼的种类及其变化，实地考察水草分布，测量水温并绘制水温变化曲线，判断水质情况。 2. 与矿泉水做对比，判断水域的水浑浊程度。选择器材测定并绘制 pH 值变化图像，分析判断工业水排放情况。 3. 向气象部门咨询有关当地年降水量的资料数据，绘制一个柱状图，分析年降水量的变化趋势。 4. 调查当地生产生活用水情况，收集节水方案和方法。咨询周围居民，确认是否存在水污染的情况。	1. 引导学生查阅相关资料，培养学生自主学习的能力。 2. 引导学生了解物理知识与自然的联系，运用物理知识解决自然方面的问题，培养学生科学素养。

第二课时

实践任务			
任务4：根据调查结果完成调查报告。 任务5：讨论分析造成水污染和水资源匮乏的原因。了解保护水资源的重要意义，提升节约用水意识。 任务6：展示各小组的家乡水资源调查报告，并以小组为单位进行交流、总结、反思。			
实践目标			
1. 通过调查活动，培养学生收集、整理和分析数据的能力，学会绘制简单的数据图表。 2. 培养学生观察、分析和解决问题的能力。 3. 在对家乡水资源调查的过程中，了解我国水资源的总量、分布和利用情况，让学生认识到水是生命之源，对于人类的生存和发展至关重要。利用自己所学的知识保护好家乡的水资源，实现水资源的可持续利用，增强学生的责任感与使命感。			
实践过程			
实践任务	教师活动	学生活动	设计意图
任务4：测量水样的温度和pH值并根据调查结果完成调查报告。	1. 提供可行的调查方法 ①文献查阅：查阅家乡的地理志、水资源公报、环保部门的相关报告等，获取有关水资源的基本信息。了解年降水量情况。 ②实地考察：在老师或家长的带领下对家乡的河流、湖泊、水库等水资源进行实地观察，了解其水质、水量等情况。	1. 各小组选择合适的调查方法。 2. 测量不同水样的温度和pH值。 3. 分享调查结果。 4. 填写调查报告	1. 通过完善调查报告培养学生分析处理数据的能力。 2. 通过具体的实践活动，引导学生养成主动探究的意识。

（续表）

实践过程			
实践任务	教师活动	学生活动	设计意图
	③问卷调查：设计问卷，向家乡居民发放，了解他们对水资源的认知、用水习惯和对水资源保护的态度，是否存在水污染的情况。 ④水样采集与检测：在不同地点采集水样，进行检测，分析水质的 pH 值。并用温度计测量水温。 2. 引导学生根据调查结果和数据完善调查报告。		
任务 5：讨论分析造成水污染和水资源匮乏的原因。	1. 地球上有多少水资源？ ①地球表面约 70% 被水覆盖，而其余约 30% 的陆地也有水的存在，水的总体积约有 13.86 亿立方千米。 ②地球上的水储量中，96.5% 是海洋水，而淡水资源仅占 3.5%，人类能够直接利用的淡水资源非常有限，只占地球总水量的 0.325%，且分布不均。	1. 造成水污染主要有以下原因。 ①工业污染：工厂产生的废水含有大量化学物质、重金属（如汞、镉、铅）和有毒有害物质，未经有效处理直接排放到水体中。 ②农业污染：农业生产过程中使用的化肥、农药，经过雨水冲刷或灌溉排水流入河流、湖泊。还有畜禽养殖产生的粪便等污染物未经妥善处理也会污染水源。	1. 引导学生从工业污染方面、农业污染方面、生活污水排放方面培养学生思考问题和解决问题的能力。 2. 引导学生从自然因素方面、人口增长和经济发展方面、水资源浪费方面分析水资源匮乏的原因。

（续表）

实践过程			
实践任务	教师活动	学生活动	设计意图
	2. 水资源的分布有什么特点？ ①海洋水96.53%、陆地水（河水0.0002%、湖水0.013%、地下水1.69%、冰川水1.74%、大气水0.001%）。人类利用的淡水主要是河湖水和浅层地下水。 ②空间分布不均。我国水资源的空间分布特点是东多西少、南多北少。具体来说，南方地区水资源量占全国的81%，而北方地区仅占19%。 ③在时间分配上，我国水资源表现为夏秋季节多、冬春季节少，年际变化大。 通过查阅资料发现，我国淡水资源人均占有量低，且时空分布不均匀。 3. 引导学生从日常生活、工业、农业等方面进行思考和交流。讨论分析造成水污染和水资源匮乏的原因。	③生活污水排放：人们日常生活产生的污水，包含洗涤剂、人类排泄物等，如果污水没有经过完善的污水处理系统处理，就会对水体产生污染。 2. 水资源匮乏的主要原因如下。 ①自然因素：全球气候变暖，降水分布不均，部分地区缺水情况加剧。 ②人口增长和经济发展：随着人口增加，用水量急剧上升。工业、农业等各行业发展，对水资源的需求大幅增加，使得水资源供应紧张。 ③水资源浪费：人们节水意识淡薄，存在农业灌溉方式不合理（如大水漫灌）、工业用水重复利用率低和生活中长流水等现象，导致水资源的浪费。	2. 引导学生从自然因素方面、人口增长和经济发展方面、水资源浪费方面分析水资源匮乏的原因。

（续表）

实践过程			
实践任务	教师活动	学生活动	设计意图
任务6：展示各小组的家乡水资源调查报告，并以小组为单位进行交流、总结、反思。	1. 提出问题：如何提高水资源利用效率？如何加强水污染治理？如何增强节水意识？如何完善水资源管理体制？ 2. 调查过程中取得了哪些成果？还存在哪些不足？你还有哪些建议？	1. 提高水资源利用率 ①工业方面：推广节水型设备和工艺，例如采用逆流漂洗技术，使水在生产过程中得到多次重复利用，提高水的循环利用率。 ②农业方面：采用滴灌、微喷灌等高效节水灌溉技术，直接将水输送到农作物根部，减少水分蒸发和流失，根据农作物的需水规律合理安排灌溉时间和水量，避免过度灌溉。 ③生活方面：安装节水器具，如节水马桶、节水水龙头等。将生活污水经过处理后用于冲厕、绿化等。 2. 加强水污染治理 ①法律法规与监管层面：完善水污染防治相关的法律法规，加大对违法排污行为的处罚力度，提高企业的违法成本。加强环境监管执法队伍建设，提高执法人员的专业素质和执法能力，对排污企业进行严格监管。	

（续表）

实践过程			
实践任务	教师活动	学生活动	设计意图
	3. 以小组为单位进行交流、总结、反思，完善调查报告。	②污水处理设施建设：建设和完善城市污水处理厂，提高污水处理能力和效率。同时在农村地区推广小型污水处理设施，因地制宜处理农村生活污水。对于工业废水，要求企业建设专门的废水处理设施，使其达标排放。 3. 增强节水意识 ①宣传教育：通过学校教育，将节水知识纳入教学内容，培养学生的节水意识。利用电视、报纸、网络等媒体，开展多样化的节水宣传活动，如公益广告、节水知识竞赛等。 ②经济手段：实行阶梯水价，对用水量超出一定额度的部分提高水价，引导用户节约用水。对节水成效显著的单位和个人给予奖励，鼓励全社会节水。 ③社区和单位行动：社区组织节水活动，如设立“节水家庭”评选，促进居民之间互相学习和监督。单位内部加强节水管理，制订节水制度，如限制公共区域用水时间等。	1. 引导学生从工业方面、农业方面和生活方面提高水资源利用率。 2. 引导学生提出水污染治理的方法从而提升学生的节约用水意识。 3. 培养学生的调查研究能力。

四、评价实施建议

建议师生共同制订评价量表，用于学生自我诊断、组间评价，以及教师的评价反馈。

"调查家乡水资源"项目评价量表

评价维度	评价标准	自评	互评	师评
调查任务	设计出科学、规范、合理的调查方案			
	根据调查方案确定合适的调查方法			
	运用跨学科知识获取信息，解决实际问题			
数据分析	能将搜集到的数据进行综合分析			
	能将数据体现在调查报告中并能绘制出相应图像			
信息搜集	搜集水资源的分布情况和利用情况			
	能将搜集到的数据记录到调查报告中进行分析			
协同合作	分工明确合理，每个小组成员有具体的任务			
	小组成员积极协同合作完成各项任务，互相帮助，共同克服困难			
交流展示	介绍自己对家乡水资源的认识，知道水资源的重要性以及对社会经济发展的影响，树立节约用水保护水资源的意识			
评价方法：完全符合评价标准得☆☆☆，基本符合得☆☆，少量符合得☆				

五、实践活动教学反思

调查家乡水资源的这一活动，既是对教师教学模式和教学理念的一次挑战，也是对学生知识和实践能力的一次挑战。这一调查活动设计得非常合理并且意义重大，通过本次调查，可以让学生对家乡水资源的现状有较为全面地了解。家乡水资源总量丰富，但分布不均，利用率低，且存在一些污染问题。针对这些问题，让学生提出相应的建议和措施，让学生知道保护水资源的重要意义，提升学生的节约用水意识。

学生在提出问题、分析问题和解答问题的过程中，展现出了强烈的求知欲和探索精神。在讨论制订实施方案时，学生们积极发言，提出了许多富有创意的想法，这不仅锻炼了他们的思维能力，也培养了他们的创新意识。在探究的过程中，学生们通过查阅资料、设计实践方案、分析数据等过程，逐渐培养了科学思维。

提出问题、制订研究计划阶段，我们要创设好情境，利用家乡水资源典型问题的图片，结合学生对家乡水资源的认识，组织学生讨论，在充分讨论的基础上让学生提出问题，提出的问题越多越有利于学生的研究。问题出来后老师还要组织好学生进行整理、筛选问题，这既是进行学生思维碰撞、补充、修正的过程，也是开展好调查研究的重要基础。要选择学生可以研究的、有研究价值的问题，哪怕是入口小、单一的问题，只要有研究价值，对学生有启发都可以。问题出来，还要组织好学生结合问题进行分组，制订好研究计划，让各组自行选好组长，进行分工。

在筛选、确定研究问题阶段中，教师要注意引导学生确定研究的问题既不能脱离学科知识，又要与现实生活中的问题紧密联系；在资源的开发上，要让学生认识到信息不仅来自书本，更应来自广阔的社会生活；解决问题的过程不应局限于课堂，应课内、课外相结合，拓展研究的时空；还应注重同学间的合作与分享。这样的学习方式，有助于学生探究能力的培养，更有助于学生科学素养的提升。

六、作品展示

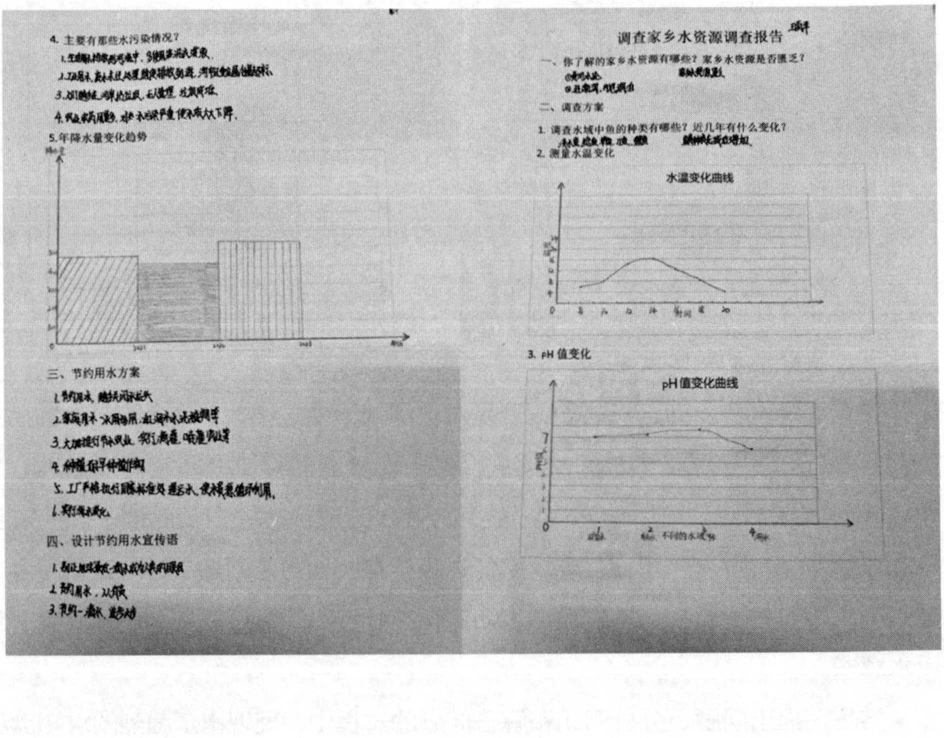

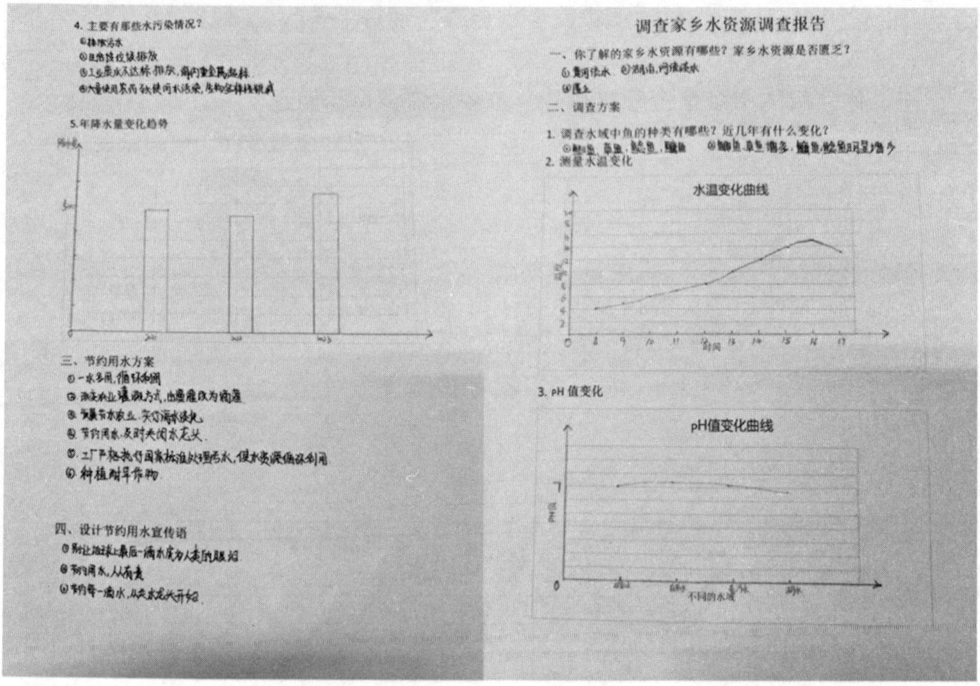

附：

“调查家乡水资源”实践活动记录表

组别		组长		组员	
实践活动信息记录	实践活动时间				
	实践活动地点				
所需器材					
调查方案					
调查方法					
调查报告					
调查总结					

“调查家乡水资源”调查报告

一、你了解的家乡水资源有哪些？家乡水资源是否匮乏？

二、调查方案

1. 调查水域中鱼的种类有哪些？近几年有什么变化？

2. 测量水温变化

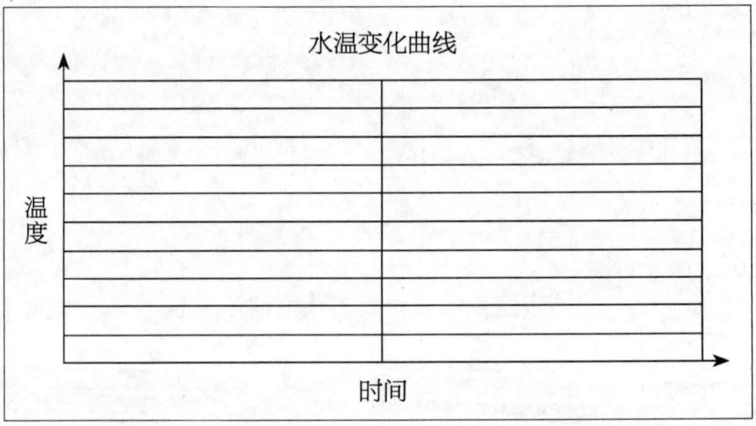

3. pH 值变化

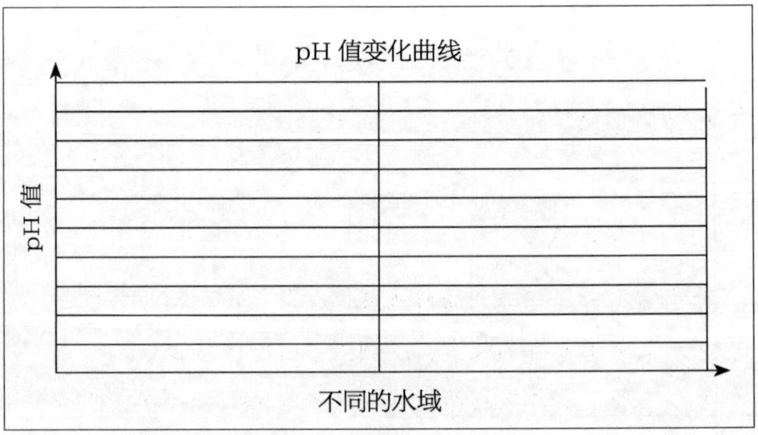

4. 主要有哪些水污染情况?

5. 年降水量变化趋势

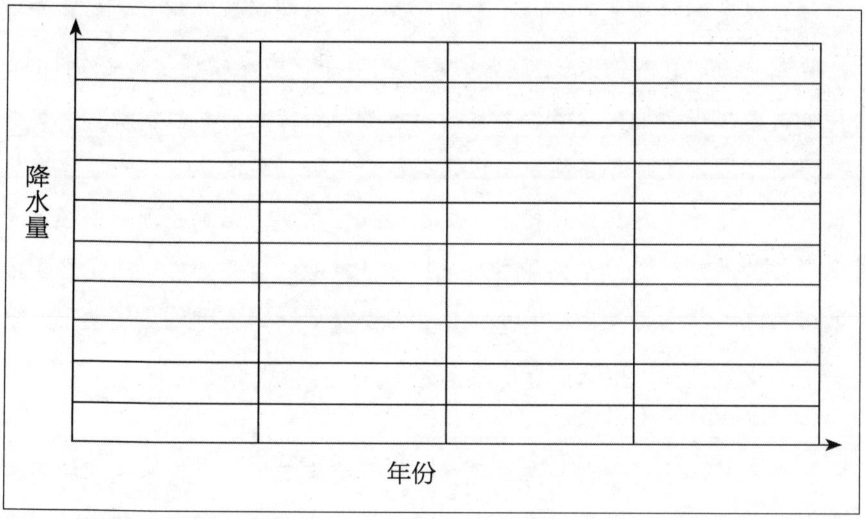

三、节约用水方案

四、设计节约用水宣传语

案例点评

跨学科实践学习，旨在全面强化实践育人，注重加深学生对兼具复杂性与系统性的现实世界问题解决的体验与认识，促进学生的物理核心素养和跨学科素养的全面提升。“调查家乡水资源”一节在实践内容、整体设计和目标设置等方面给出以供广大教师使用新教材时参考的实施建议，促进物理新教材育人价值的全面发挥。

1. 实践内容多元

跨学科实践活动的内容主要聚焦日常生活、工程实践及社会热点问题等主题，引导学生正确认识科学、技术、社会、环境之间的关系，彰显跨学科性和实践性，有助于激发学生的求知欲和学习热情，彰显着物理课程独特的育人价值。本节课的实践内容不仅考虑物理学科学习主线，即物态变化等学科核心概念、观察测量等实验技能，还巧妙融入生物、化学、地理、政治等多领域知识，彰显跨学科实践活动设计的综合性与实践性。让学生在实践过程中从理性和感性角度认识水资源、了解水资源保护的严峻现实，形成强烈的保护水资源的社会责任感。在促进学生物理观念、科学思维、科学探究等素养发展的同时，也培养了学生跨学科综合分析问题、解决问题的意识和能力。

2. 整体设计高效

跨学科实践应该在考虑单元核心概念的表征方法和内容主题的建构路径的基础上，合理设置跨学科实践活动的内容与形式，引导学生运用学科及跨学科的概念，思想与方法解决真实情境中的问题，同时建构、巩固并创新已有知识体系。本节课在实践活动编排上，坚持物理学科立场，将跨学科实践活动视为物理学习的必要补充，重视学生通过结构化、系统性思考，形成完整性、意义性的理解。既确保学习主线明晰、实践逻辑合理、任务要求递进，又留足学生自主思考与同伴交流的开放空间；既避免实践活动无序化，又免于因严密要求导致的思维僵硬化，彰显着活动实施的可行性。

3. 目标设置科学

跨学科实践呈现给学生“如何完成主要任务”的表层目标，而深层目标需教师从知识掌握、方法运用、态度培育等方面加以系统思考和提炼，为跨学科实践活动中全方位、客观化评价学生的表现确立目标依据。本节实践课的目标从“能用物态变化的知识解释自然界中的水循环现象”发展到“了解我国和当地的水资源状况，形成节约用水和保护环境的意识”，该目标中既包含了使用物理知识解决实际问题的思维培养，也通过人文知识的渗透让学生意识到环保的重要性，以此提高学生社会责任感。这一目标的确定，鲜明地突显了素养发展导向。

同时本节课也存在学生动手活动不够丰富、调查样本局限、缺乏长期数据对比等部分问题。跨学科主题学习作为一种新兴的教育模式，虽然在实施过程中会遇到各种挑战，但只要我们不断探索和实践，就一定能够克服这些困难，推动教育的创新和发展。

跨学科实践案例12 调查当地燃料结构及空气质量

执教者：王维军（山东省东营市利津县凤凰实验中学）
点评者：崔凤华（山东省东营市利津县教学研究与教师发展中心　教研员）

一、实践活动课程规划

1. 整合学科

物理：了解内能的概念及改变内能的方式。了解通过燃料燃烧获得内能的方法和能量转化原理。了解燃料的热值概念，区分不同燃料的能量利用价值。了解炉子及热机的工作原理，了解内能利用的效率及提高效率的有效途径。了解燃料利用过程中可能造成的环境污染及应对方法策略。运用物理方法测量空气质量相关参数。

化学：了解不同燃料的物理、化学性质及燃烧条件。了解不同燃料的化学成分、燃料燃烧过程的化学反应和燃烧后的产物。

地理：分析当地的自然环境、能源分布对燃料结构的影响。

生物学：探讨空气质量对生物的影响。知道生物与环境相互依赖、相互影响，形成多种多样的生态系统。知道人类活动可能对生态环境产生的影响，可以通过防止环境污染、合理利用自然资源等措施保障生态安全。

数学：对调查数据进行统计分析。

2. 实践价值

（1）学术价值

加深学科理解、促进学科融合：本课题以内能利用、燃料热值、炉灶或热机效率、能源与可持续发展等基础知识为载体，通过研究燃料结构和燃烧过程，调查当地空气质量变化，策划并开展实践活动，统整物理、化学、地理、生物学、数学等多学科课程资源。在实践中加深对各学科知识的理解，促进各学科知识有机融合。比如：从物理角度看，能更深入理解燃料的热值、热机工作原理、能量利用效率、能源与可持续发展等方面的知识；从化学角度看，能深入理解燃烧反应原理，如不同燃料（煤、天然气、生物质燃料等）燃烧产生的各种污染物（二氧化硫、氮氧化物、颗粒物等）的化学反应机制；从地理角度，有助于认识当地地形地貌、气象条件（风向、风速、降水等）对污染物的扩散和沉降的影响。分析空气质量数据时，需要用化学方法确定污染物成分和浓度，用地理知识解释污染物在空间上的分布差异，结合生物学、环境科学知识评估污染物对生态系统和人类健康的影响，用数学的知识进行数据分析等。

（2）社会价值

提供决策依据：为当地政府制定能源政策和环境规划提供科学依据。如果发现当地空气质量因某种燃料的大量使用而受到严重影响，政府可以据此调整燃料结构，如推广清洁能源的使用，改善空气质量。

增强环保意识：提高公众对燃料结构和空气质量关系的认识，让居民了解自己的日常能源消费选择（如取暖、烹饪等）对环境的直接影响，从而促使他们积极参与环保行动，选择更清洁的能源。

（3）教育价值

培养实践能力：学生通过参与实地调查、数据收集和分析等过程，能够提高实践操作能力。例如，在使用空气质量监测设备、收集燃料使用信息等活动中，学会如何正确操作仪器和收集有效数据。

提升综合素养：锻炼学生的团队协作、沟通交流、问题解决等综合素养。在跨学科实践中，不同学科背景的学生需要相互合作，共同分析和解决遇到的问题，如在数据不一致时应综合判断，在观点不一致时应及时协调等。

3. 实践任务

调查当地近年来在炊事、取暖、交通等领域燃料结构的变化及变化的原因。收集当地燃料种类及使用情况的数据。了解当地空气质量状况，调查燃料燃烧对空气质量的影响。研究分析调查获得的数据，撰写调查报告，提出提高燃料的利用效率、改善当地空气质量的建议。

4. 实践目标

（1）了解通过燃料燃烧获得内能的方法和能量转化原理。了解燃料的热值概念，区分不同燃料的能量利用价值。了解炉灶及热机的工作原理，了解内能利用的效率及提高效率的有效途径。

（2）掌握不同燃料的特点、燃烧产物以及对空气质量的影响。了解空气质量的评价指标和监测方法。

（3）学会运用调查、实验、数据分析等方法进行科学研究。提高团队合作、沟通表达和问题解决能力。

（4）培养学生的环保责任感和科学精神，增强对家乡的热爱和关注。

5. 重点难点

（1）重点：

①引导学生积极参与讨论，充分理解实践活动主题和任务，扎实掌握相关知识。

②通过小组讨论明确资料查阅、实地访谈、调查问卷的方式方法，制定小组合作分工方案。

③能有效收集各类数据。用图表对搜集到的资料进行归纳与呈现，清晰地分析和呈现燃料结构与空气质量的关系，并运用物理知识进行解释。

④能撰写内容完整、条理清晰的实践报告，准确呈现实践成果。

⑤能够以简洁明了且有吸引力的方式展示调查数据和分析结果，并有效进行成果汇报。

⑥能基于对燃料结构和空气质量关系的理解，提出具有针对性和可行性的建议。

（2）难点：

①掌握空气质量监测、调查、数据分析方法等专业知识。

②引导学生从跨学科角度理解和解决问题，将不同学科知识融合运用。

③能从收集到的复杂多样的数据中挖掘出有价值的信息，分析燃料结构与空气质量之间的内在联系。

④引导学生在小组内进行深入反思，从实践过程中发现问题、总结经验，提出有价值的讨论点，促进自身能力的提升。

6. 学情分析

本实践活动的相关学科知识，学生在各学科的课堂教学中虽然已经学习，但是在实际的实践中综合运用各学科知识的能力尚显不足；学生已经具备一定的信息收集能力，如查阅资料和简单的问卷调查，但对于实地走访和综合运用多种方法收集信息的经验可能不足；在数据处理方面，学生具备一些基本的数学知识，但对于大量复杂数据的整理和分析能力有待提高，绘制专业图表可能有困难；学生对环境问题有一定的感知，但缺乏深入了解，对于跨学科实践的方式和意义理解不深；学生对于交流与展示具有较高的积极性，但在如何做到内容全面、准确、简洁、条理的成果汇报展示，挖掘有价值的问题以及提出科学合理的建议等方面，还有一定困难。

因此需要进一步增强学生对各科知识的融合以及将知识与实际生产生活的联系的能力，加强对学生的引导和点拨，使学生学会基本的专业技能和方法，能设计出科学合理的活动方案，有效完成数据的收集、整理、分析，并形成有价值的结论。帮助学生更好地进行交流与展示、反思与总结，真正体会解决问题的方法以及科学知识的实际应用，进一步提升学生的实践探究能力。

7. 实践准备

空气质量监测设备（根据现有条件确定），调查问卷，相关部门的空气质量监测数据，近年来当地政府部门关于燃料结构和环保方面的政策文件，安全培训及应急措施等。

二、实践活动实施规划

1. 实践活动流程图

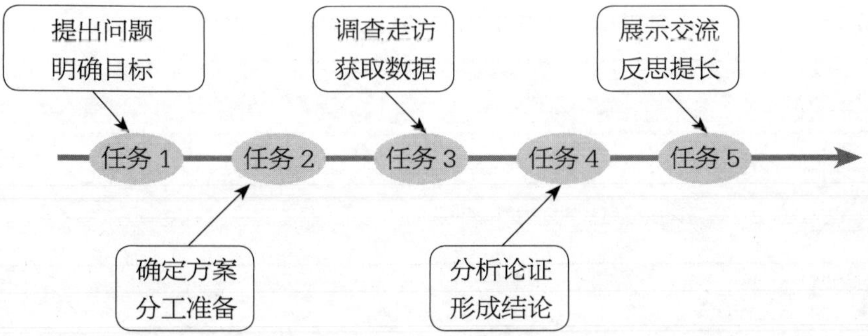

2. 实践活动规划表

实践步骤	实践任务	课时安排
问题： 创设真实情境，明确实践课题	任务 1：通过图片、视频等展示当地的燃料利用、环境和空气质量问题，引发学生的思考。提出本次实践活动的主题和任务，明确活动目标。对其中涉及的相关问题进行讨论，为本次实践活动打下基础。	课时 1
证据： 确定任务方案，明确实践步骤；建构相关知识，经历实践过程	任务 2：讨论确定活动方案，组建实践小组，明确成员分工。开展相关知识培训，包括燃料知识、空气质量监测方法等。准备调查工具和设备。	
	任务 3：通过查阅资料、调查问卷、实地走访当地居民、企业等，了解燃料结构的变化、燃料的使用情况。收集当地环保部门发布的空气质量监测数据，做好记录。	课时 2
解释： 进行数据整理分析、论证，得出结论	任务 4：对收集到的数据进行整理和分析，绘制图表。探讨燃料结构与空气质量之间的关系。撰写实践报告。	
交流： 展示实践成果，总结交流评价	任务 5：完善实践报告，汇总实践成果。制作展示材料，进行成果汇报。提出改善当地空气质量的建议。并以小组为单位进行反思、总结、交流。	课时 3

三、实践活动教学设计

第一课时

实践任务			
任务 1：通过图片、视频等展示当地的燃料利用、环境和空气质量问题，引发学生的思考。提出本次实践活动的主题和任务，明确活动目标。对其中涉及的相关问题进行讨论，为本次实践活动打下基础。 任务 2：讨论确定活动方案，组建实践小组，明确成员分工。开展相关知识培训，包括燃料知识、空气质量监测方法等。准备调查工具和设备。			
实践目标			
1. 通过播放精心挑选的当地燃料利用场景图片、环境问题视频以及空气质量数据报道片段，让学生初步了解当地燃料利用、环境和空气质量现状，引发学生思考这些现象背后可能存在的问题，激发他们对实践活动的兴趣，同时明确本次实践活动的主题和任务。 2. 根据实践活动的主题，挖掘相关学科知识，并通过复习回顾、查阅学习资料、小组协作等方式，完成实践活动的相关知识准备。 3. 通过讨论交流，使学生掌握实地访谈、查阅资料的方式方法和空气质量监测方法等相关知识技能，能设计初步的活动实施方案。提升设计方案的能力、交流合作的能力。培养主动探究、积极探索、主动学习的能力。 4. 完成实践小组组建、明确分工任务及初步的具体实施方案，强化学生的团队责任感和集体意识，培养学生勇于实践、善于合作的品质，增强团队凝聚力。 5. 体会物理与其他学科在实际应用中的密切关联，感受科学知识在科技发展中的作用，激发学生的好奇心和求知欲，能持续关注我国的能源结构改革发展，具有强烈的环保责任感。			
实践过程			
实践任务	教师活动	学生活动	设计意图
任务 1：通过图片、视频等展示当地的燃料利用、环境和空气质量问题，引发学生的思考。提出本次实践活动的主题和任务，明	1. 通过播放精心挑选的当地燃料利用场景图片、环境问题视频以及空气质量数据报道片段，吸引学生注意力。引导学生观	1. 观看当地燃料利用场景图片、环境问题视频以及空气质量数据报道片段。	1. 创设具体问题情境，引发学生思考，培养其问题意识。

（续表）

实践过程			
实践任务	教师活动	学生活动	设计意图
确活动目标。对其中涉及的相关问题进行讨论，为本次实践活动打下基础。	察并思考这些现象背后可能存在的问题，如在这些画面中你们发现了什么？这些现象可能对我们的生活有什么影响？从而引出本次实践活动的主题——调查当地燃料结构及空气质量。 2. 详细阐述本次实践活动的主题：了解我们身边的燃料结构是怎样的，发生了哪些变化，它们又如何影响空气质量。同时明确任务，包括收集不同区域燃料使用种类数据、了解不同燃料使用量、分析空气质量变化情况等。 针对主题和任务提出一些启发性问题，如当地常见的燃料有哪些？它们是如何被使用的？这些燃料的使用对环境和空气质量可能产生什么影响？不同的燃料使用对空气的影响一样吗？鼓励学生积极思考和讨论。	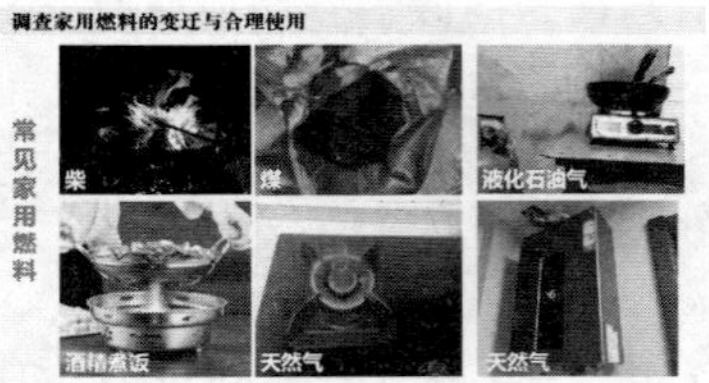 2. 思考图片和视频中出现的这些现象背后可能存在的问题，结合身边的生活场景，回顾人们在炊事、取暖、交通等领域所使用的燃料及燃料结构的变迁，讨论不同燃料的特点及燃料结构变迁的原因以及对环境造成的影响。 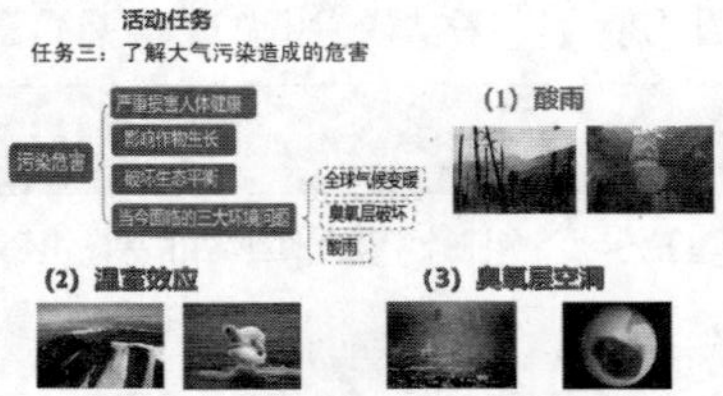 3. 明确本次实践活动的主题，确定活动的具体任务，并对其中涉及的相关问题及解决方法进行讨论，初步构思活动实施的计划与方案，为本次实践活动打下基础。	2. 根据观察到的现象，引发思考，提出问题，并进行科学探究和初步方案设计。培养学生发现问题、深度思维、解决实际问题的能力。

（续表）

实践过程			
实践任务	教师活动	学生活动	设计意图
任务 2：讨论确定活动方案，组建实践小组，明确成员分工。开展相关知识培训，包括燃料知识、空气质量监测方法等。准备调查工具和设备。	1. 开展知识培训。 引导学生回顾、归纳本次实践活动相关的学科知识。讲解燃料及利用的知识，包括燃料的分类（如化石燃料、生物质燃料等）、不同燃料的成分和特点，炉灶、热机的原理及燃料利用效率。结合简单的图表进行说明。 介绍空气质量监测方法，如使用空气质量监测仪器的基本操作、监测的主要指标（$PM_{2.5}$、PM_{10}、二氧化硫等）。通过现场演示或播放演示视频让学生有更直观的感受。 2. 组建实践小组。 根据学生的人数和特点进行分组，每组 5~6 人。在分组时尽量保证各小组能力均衡。 引导小组成员互相沟通协作，讨论初步的分工方向，如组长、资料收集员、数据记录员等。	1. 以小组为单位回顾、汇总与实践活动相关的学科知识，学习实践活动中必备的基本技能，相互提出问题并讨论解决问题。 了解通过燃料燃烧获得内能的方法和能量转化原理。了解燃料的热值概念，区分不同燃料的能量利用价值。了解炉灶及热机的工作原理，了解内能利用的效率及提高效率的有效途径。 掌握不同燃料的特点、燃烧产物以及对空气质量的影响，了解空气质量的评价指标和监测方法。 2. 各小组进行沟通协商，明确各成员的任务分工。讨论形成初步的活动实施计划与方案。 比如：查阅资料的途径和方法，相互推荐专业的能源、环境类网站、图书馆数据库等，筛选有效信息；设计调查问卷，包括问题的类型、措辞	1. 通过回顾课本、查阅资料进一步巩固和深入理解相关学科知识。 2. 通过小组合作确定活动方案，培养学生设计方案的能力、交流合作的能力。培养主动探究、积极探索、主动学习的能力。 3. 完成实践小组组建、明确分工任务及初步的具体实施方案，强化学生的团队责任感和集体意识，培养学生勇于实践、善于合作的品质，增强团队凝聚力。

（续表）

实践过程			
实践任务	教师活动	学生活动	设计意图
	3. 明确活动实施方案和具体操作流程。 引导学生讨论交流，确定活动的具体步骤、方法和时间安排。例如：第一阶段，一周内完成各自家庭周边燃料使用情况的初步调查；第二阶段，两周内小组合作对选定区域进行空气质量监测；第三阶段，一周时间整理数据等。 4. 总结：回顾本节课的主要内容。强调活动过程中的注意事项，如安全问题、数据真实性问题等。鼓励学生积极参与后续实践活动，为改善当地环境贡献自己的力量。	和逻辑顺序，确保问卷能有效收集到燃料使用情况信息；与当地居民和企业沟通，进行实地走访，强调注意事项，如礼貌、安全等。 各小组间进行展示交流，分享各自的方案及实施策略方法，取长补短，进一步优化完善。 3. 通过教师解答疑难问题，听取教师讲解实践活动中的注意事项，完善实施方案、增强安全意识。	

第二课时

实践任务			
任务 3：通过查阅资料、调查问卷、实地走访当地居民、企业等，了解燃料结构的变化、燃料的使用情况。收集当地环保部门发布的空气质量监测数据，做好记录。 任务 4：对收集到的数据进行整理和分析，绘制图表。探讨燃料结构与空气质量之间的关系。撰写实践报告。			
实践目标			
1. 通过实践活动，提高学生运用多种途径（查阅资料、问卷调查、实地走访等）获取信息的能力。 2. 能够掌握收集、整理和分析数据的方法，学会绘制简单的数据图表。 3. 了解不同燃料对空气质量的影响，理解燃料结构与空气质量之间的关系。 4. 培养学生观察、分析、合作和解决问题的能力。 5. 通过查阅资料，培养自主学习、归纳总结的能力，了解物理知识与自然、生活的联系。 6. 增强学生对环境问题的关注，培养环保意识。 7. 激发学生的跨学科学习的兴趣，体会学科融合的魅力。			
实践过程			
实践任务	教师活动	学生活动	设计意图
任务 3：通过查阅资料、调查问卷、实地走访当地居民、企业等，了解燃料结构的变化、燃料的使用情况。收集当地环保部门发布的空气质量监测数据，做好记录。	按照既定的方案，指导学生通过查阅资料、调查问卷、实地走访当地居民、企业等，了解燃料结构的变化、燃料的使用情况。收集当地环保部门发布的空气质量监测数据，做好记录。	分组开展实践活动，通过查阅资料、设计并发放调查问卷、实地走访居民、企业和环保部门等方式，收集当地燃料结构和空气质量数据。在收集过程中做好详细记录，包括数据来源、收集时间、相关背景信息等。	通过实践活动，提高学生运用多种途径（查阅资料、问卷调查、实地走访等）获取信息的能力。 通过对当地环境问题的调查研究，增强学生对家乡环境的了解和关注，激发学生的环保责任感，培养学生的社会意识。

（续表）

实践过程			
实践任务	教师活动	学生活动	设计意图
	利用课余时间进行，大约用时两周，教师随时关注进度并及时给予学生指导。	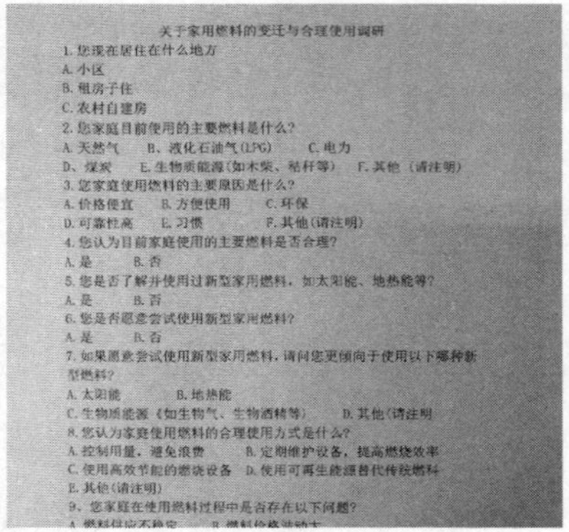 关于家用燃料的变迁与合理使用调研 1. 您现在居住在什么地方 A. 小区 B. 租房子住 C. 农村自建房 2. 您家庭目前使用的主要燃料是什么? A. 天然气　B、液化石油气(LPG)　C. 电力 D、煤炭　E. 生物质能源(如木柴、秸秆等)　F. 其他（请注明） 3. 您家庭使用燃料的主要原因是什么? A. 价格便宜　B. 方便使用　C. 环保 D. 可靠性高　E. 习惯　F. 其他(请注明) 4. 您认为目前家庭使用的主要燃料是否合理? A. 是　B. 否 5. 您是否了解并使用过新型家用燃料，如太阳能、地热能等? A. 是　B. 否 6. 您是否愿意尝试使用新型家用燃料? A. 是　B. 否 7. 如果愿意尝试使用新型家用燃料，请问您更倾向于使用以下哪种新型燃料? A. 太阳能　B. 地热能 C. 生物质能源（如生物气、生物酒精等）　D. 其他(请注明 8. 您认为家庭使用燃料的合理使用方式是什么? A. 控制用量，避免浪费　B. 定期维护设备，提高燃烧效率 C. 使用高效节能的燃烧设备　D. 使用可再生能源替代传统燃料 E. 其他(请注明) 9、您家庭在使用燃料过程中是否存在以下问题? 　　各小组分工协作，互相帮助，不断沟通，通过同学间讨论和向教师寻求帮助，及时发现的新问题。	促进学生之间的交流与协作，提高学生的团队合作能力和沟通能力。
任务 4：对收集到的数据进行整理和分析，绘制图表。探讨燃料结构与空气质量之间的关系。撰写实践报告。	1. 协助学生进行数据整理与分析，引导学生对收集到的大量数据进行分类，如按燃料类型、使用地点、时间等维度分类。 　　教授学生使用简单的数据分析方法，如计算百分比、平均数等，帮助学生选择合适的图表类型（如柱状图、折线图、饼图等）来呈现数据。	1. 数据整理与分析活动 　　小组内合作对收集到的数据进行整理，汇总后检查数据的完整性和准确性。 　　运用所学方法对数据进行分析，尝试找出数据中的规律和趋势，选择合适的工具绘制图表。	1. 从数据收集、整理到分析的整个过程，可以锻炼学生的信息获取和处理能力，培养科学探究精神和严谨的治学态度。 2. 小组合作的形式能促进学生之间的交流与协作，提高学生的团队合作能力和沟通能力。

（续表）

<table>
<tr><th colspan="4">实践过程</th></tr>
<tr><th>实践任务</th><th>教师活动</th><th>学生活动</th><th>设计意图</th></tr>
<tr>
<td></td>
<td>2. 在学生分析燃料结构与空气质量关系遇到困难时，给予提示和引导，帮助学生排除无关因素的干扰。
3. 总结本节课的数据处理和关系探讨情况，强调分析的严谨性，为后续进一步研究和实践指明方向。
4. 安排并指导学生撰写实践报告、制作展示材料，做好交流汇报的准备。</td>
<td>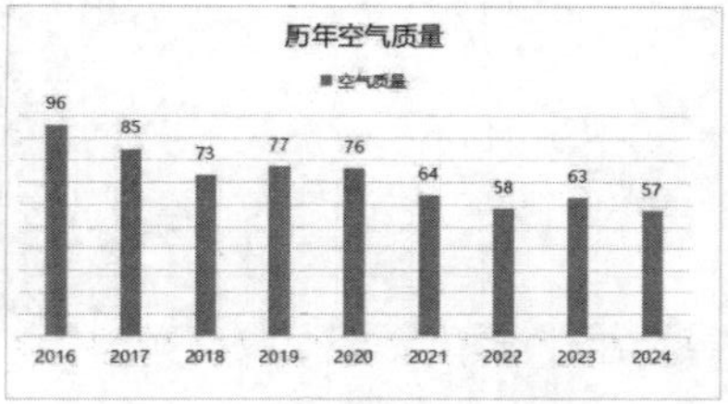

2. 组织学生讨论燃料结构变化与空气质量变化在图表上的体现，如某种燃料用量增加对空气质量是如何变化的。
3. 讨论与汇报活动。
小组内讨论燃料结构与空气质量之间的关系，结合图表和数据提出自己的见解和疑问。思考其他可能影响空气质量的因素，如气象条件。
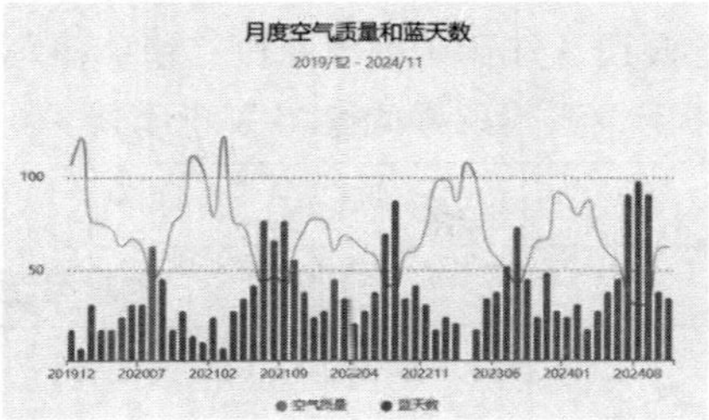
</td>
<td>3. 引导学生了解物理知识与自然的联系，运用物理知识解决自然方面的问题，培养学生科学素养。</td>
</tr>
</table>

（续表）

实践过程			
实践任务	教师活动	学生活动	设计意图
		每组推选代表向全班汇报小组的讨论结果，倾听其他小组的汇报并参与全班讨论。 4. 各小组商讨撰写实践报告，制作展示材料，并做好分工。 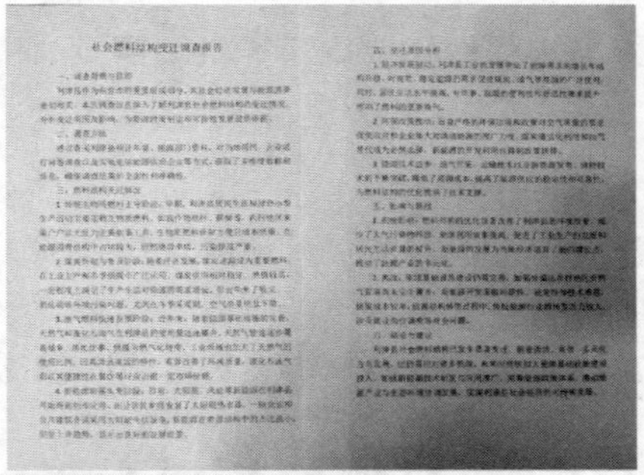 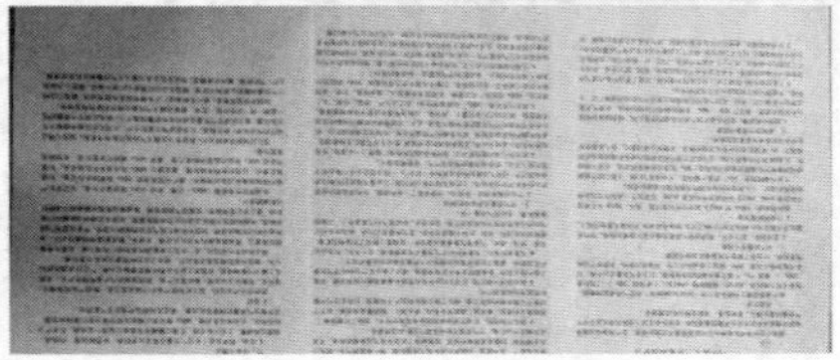	

第三课时

实践任务			
任务 5：完善实践报告，汇总实践成果。制作展示材料，进行成果汇报。提出改善当地空气质量的建议。并以小组为单位进行反思、总结、交流。			
实践目标			
1. 学会撰写实践报告、制作展示材料，能清晰准确地汇报实践成果。培养学生严谨认真的科学态度和实事求是的精神。 2. 在小组合作撰写报告、制作展示材料和交流反思过程中，提高学生的合作能力、沟通能力和实践操作能力。 3. 增强学生对本地环境问题的关注，培养环保意识和社会责任感。			
实践过程			
实践任务	教师活动	学生活动	设计意图
任务 5：完善实践报告，汇总实践成果。制作展示材料，进行成果汇报。提出改善当地空气质量的建议。并以小组为单位进行反思、总结、交流。	1. 制订成果汇报的规则和评价标准，包括汇报内容的完整性、准确性、表达的流畅性、时间控制等方面。 2. 组织汇报活动，安排各小组的汇报顺序，确保汇报过程有序进行。 3. 在学生汇报过程中，认真倾听，记录每个小组的表现，根据评价标准给予及时反馈和评价。	1. 推选一名或多名代表进行成果汇报，代表在汇报前充分熟悉展示材料和汇报内容，进行多次练习。 2. 在汇报时，清晰、自信地向全班展示小组的实践过程、成果、建议等内容，注意与观众的眼神交流和时间把控。 3. 其他小组成员在台下认真倾听其他小组的汇报，学习优点，同时准备提问和交流。	1. 培养学生的口头表达能力和公众演讲能力，提高学生在正式场合展示自己成果的综合素质。 2. 通过成果汇报，促进班级内的知识共享和交流，让每个学生都能了解其他小组的实践情况，拓宽视野。 3. 培养学生运用所学知识解决实际问题的能力，增强学生的社会责任感和环保意识。

（续表）

实践过程			
实践任务	教师活动	学生活动	设计意图
	4. 引导学生回顾调查结果中关于燃料结构与空气质量关系的数据和分析，启发学生从减少污染排放、优化能源结构、提高能源利用效率、加强环境监管等角度思考建议。 5. 组织小组讨论，鼓励学生大胆提出想法和建议，引导学生分析所提建议的可行性和潜在影响。 6. 汇总各小组的建议，组织全班讨论，对一些共性和重要的建议进行深入分析和完善。 7. 提出反思问题，如在实践过程中遇到的最大困难是什么、小组合作是否顺畅、如何改进调查方法等，引导学生深入思考。 8. 参与各小组的讨论，倾听学生的反思内容，适时给予引导和鼓励，帮助学生从实践中吸取经验教训。 9. 组织小组间的交流活动，让各小组分享反思总结的成果，促进班级整体实践能力的提升。	4. 小组内结合实践调查数据，充分讨论改善空气质量的可能途径和方法，每个成员积极发言，提出自己的建议。 5. 对提出的建议进行初步筛选和整理，分析其合理性和可操作性，形成小组的建议清单。 6. 在全班讨论中，积极参与对建议的讨论和完善，从不同角度思考建议的实施细节和可能遇到的问题。 7. 小组内围绕教师提出的问题进行反思，每个成员回顾自己在实践中的表现和感受，分享遇到的问题和解决方法。 8. 共同总结实践过程中的成功经验和不足之处，制订改进措施，如优化小组分工、改进调查工具等。 9. 在小组间交流活动中，认真倾听其他小组的反思内容，借鉴经验，对自己小组的反思结果进行进一步完善。	4. 通过小组和全班讨论，拓宽学生的思维视野，使提出的建议更加科学、合理和具有针对性。 5. 促进学生的自我成长和团队协作能力的提升，通过反思和交流，让学生发现问题、解决问题，提高实践能力。 6. 在班级范围内营造积极的学习氛围，使学生在相互学习和借鉴中不断改进实践方法，为今后的实践活动积累经验。

四、实践评价

师生共同制订评价量表，用于学生自我诊断、组间评价，以及教师的评价反馈。

"调查当地燃料结构及空气质量"项目评价量表

评价维度	评价标准	自评	互评	师评
概念理解	能了解燃料、空气质量监测方法等相关知识			
	会使用相关监测设备，熟悉调查方法			
	运用跨学科知识获取信息，解决实际问题			
实践计划	能制订分工合理、任务明确、切实可行的实践计划			
	能在规定时间内完成计划			
信息搜集	能有效收集相关数据，注意数据的科学性和规范性			
	能将搜集到的数据进行科学分析处理			
实践成果	绘制燃料变迁空气质量变化图表，撰写实践报告，制作展示材料，提出合理建议			
	调查数据的完整性、准确性，对燃料结构和空气质量关系的深度分析			
跨学科知识运用	能融合物理、数学、化学、地理、生物学等多学科知识进行研究			
团队协作	团队成员之间分工明确合理，沟通顺畅，积极参与，合作高效。能积极协同合作完成各项任务，互相帮助，及时调整，共同克服困难			
创新与实践	能提出新颖的研究方法或解决方案			
交流展示	能清晰介绍本组的调查过程、成果、发现的问题等，逻辑清晰，语言流畅，展示形式丰富多样			
评价方法：完全符合评价标准得☆☆☆，基本符合得☆☆，少量符合得☆				

五、实践活动教学反思

1. 活动设计的合理性与创新性

本次实践活动设计旨在通过跨学科的方式，将数学、物理、化学、生物学、地理等多学科知识融合，引导学生关注当地燃料使用及环境问题。从合理性角度看，活动流程围绕调查当地燃料结构和空气质量展开，先让学生了解基础知识，再进行实地调查、数据分析，最后得出结论和建议，符合学生的认知规律；创新性方面，突破传统课堂教学模式，以实践为主，让学生真正走出教室，深入社会去获取第一手资料，同时要求学生从多学科视角分析问题，培养他们的综合思维能力。例如，在调查燃料结构时涉及能源类型（科学）、能源分布（地理）以及能源使用习惯（社会）等多方面知识的综合运用。

2. 任务执行中的挑战与应对

在任务执行过程中，遇到了不少挑战。首先，学生在设计调查问卷和选择调查地点、时间方面存在困难。对此，应专门安排时间讲解调查问卷设计的要点，并指导学生如何根据不同区域（如居民区、工业区、商业区等）和不同时段的特点来选择合适的调查地点和时间，同时也可提供一些参考范例。其次，数据收集过程中部分学生缺乏耐心和细心，导致数据不准确或不完整。教师通过及时与学生沟通，强调数据质量的重要性，并在后续的数据整理阶段引导学生对可疑数据进行再次核实或重新收集，确保数据的可靠性。

3. 学生表现与成长

学生在本次实践活动中表现出色，展现出了较强的学习能力和团队协作精神。在知识层面，他们通过自主学习和实践操作，对燃料结构和空气质量的相关知识有了更深入地理解，不仅掌握了各种燃料的特点和对空气质量的影响，还学会了运用空气质量指标来评估环境质量。在技能方面，学生的调查研究能力、数据分析能力和问题解决能力得到了显著提升。例如，在分析燃料结构与空气质量关系的数据时，学生能够运用图表进行直观呈现，并尝试用不同的方法寻找两者之间的关联。在团队协作过程中，学生通过分工合作，发挥各自的优势，共同完成实践任务。每个小组成员都积极参与，在讨论、调查和撰写报告等环节中充分交流，提高了沟通能力和合作能力。

4. 展示与交流的收获

展示与交流环节是本次实践活动的重要组成部分，学生在这个过程中收获颇丰。通过制作展示材料和进行成果汇报，学生学会了如何将复杂的调查结果以简洁明了的方式呈现给他人。在展示过程中，学生不仅锻炼了口头表达能力，还增强了自信心和表现力。同时，不同小组之间的交流也让学生能够相互学习，拓宽视野。通过从其他小组的实践方法、数据分析思路和建议中获取灵感，进一步完善自己的成果。这种跨小组的交流促进了知识的共享和思维的碰撞，培养了学生的批判性思维和创新精神。

5. 未来改进方向

虽然本次实践活动取得了一定的成果，但仍有一些方面需要改进。在活动设计上，可以进一步优化实践环节，增加一些互动性更强的活动，如邀请环保专家或相关部门工作人员与学生进行面对面交流，让学生能够更深入地了解当地环境政策和治理措施。在任务指导方面，对于学生在实践过程中可能遇到的问题可以提前准备更详细的指导手册或线上教程，方便学生随时查阅。在评价环节，除了关注实践成果外，可以更注重对学生实践过程的评价，如学生在团队协作中的表现、遇到问题时的解决思路等，通过多元化的评价方式更全面地反映学生的学习情况和能力发展。同时，可以考虑与其他学校或社区合作，扩大实践活动的范围和影响力，让学生在更广泛的平台上展示和交流。

六、作品展示

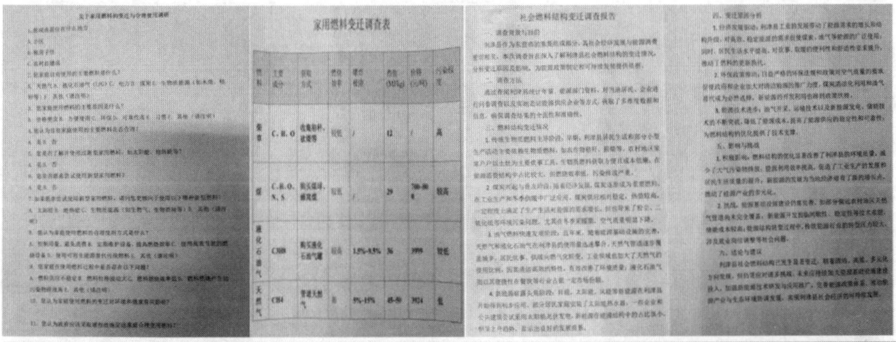

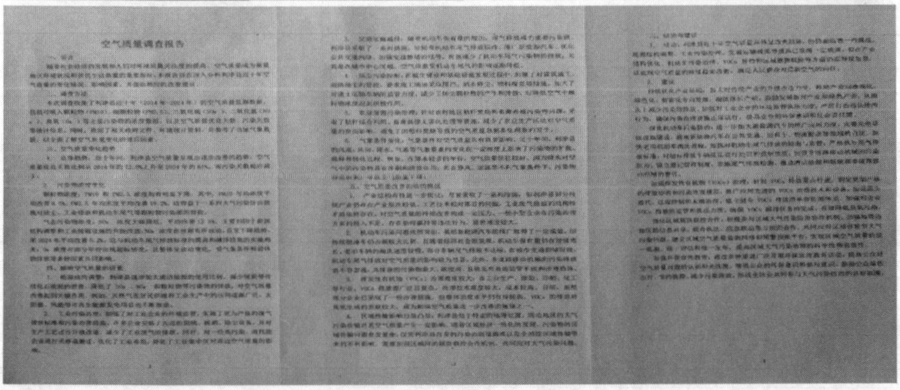

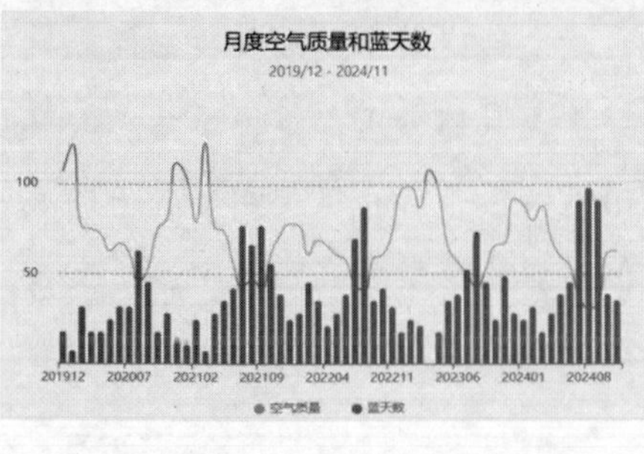

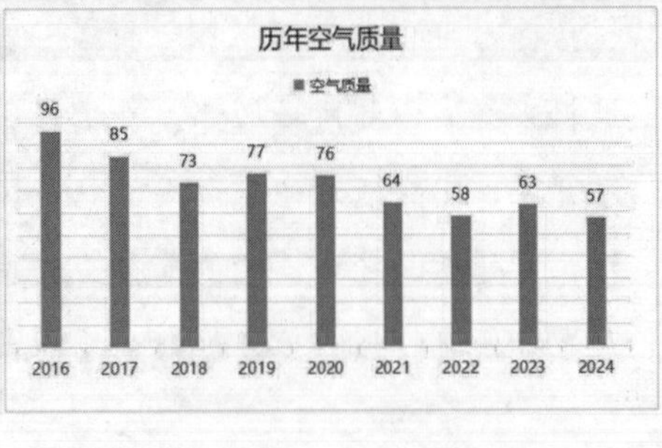

附：

"调查当地燃料结构及空气质量"实践活动记录表

组别		组长		组员	
实践活动信息记录	实践活动时间				
	实践活动地点				
所需器材					
调查数据分析图表					
调查报告及交流展示成果					
疑问与补充					
实践总结					

案例点评

该项实践紧紧围绕两个调查点——当地燃料结构和空气质量逐步展开，构建了一个"学科交叉、知行合一、服务社会"的实践模型。王维军老师做了很好的铺垫和准备工作，每个时间节点的跟进指导都非常有效。调查过程中，小组分工明确，有负责实地走访、发放和收集问卷、燃料采样、空气质量监测、数据记录整理等具体分工，保证了活动的有序开展。实践活动注重成果的社会应用，调研报告不仅是学习成果的展示，更是参与社会治理的途径。该案例对深化跨学科实践教学、落实核心素养具有较强的参考价值。总的来说，该项实践有度、高效。

1. 有较高的目标达成度

本实践活动目标明确，学生通过实地调查、数据收集与分析，深入理解燃料结构对空气质量的影响，并通过活动领会到获得内能的方法、能量转化的原理以及燃料利用给我们生活所带来的不利因素；学生通过了解提高燃料利用的效率，分析空气质量监测数据，既锻炼了应用知识解决问题的能力，增强了团队协作意识，又强化了生态环境危机感和社会责任感。学生的综合素养得以提高。

2. 有适切的学科融合度

学科协同是跨学科实践的基本特征。该案例以“燃料结构与空气质量”为纽带，将物理（内能转化、热值、热机效率）、化学（燃烧反应、污染物生成）、地理（能源分布、气象条件）、生物学（生态影响）、数学（数据分析）等学科知识有机融合，适合学生身心特点和认知规律。各学科知识相互支撑，让学生从多维度理解复杂环境问题，实现了“问题导向、知识联动”的跨学科实践目标，效果显著。

3. 有广泛的学生参与度

首先，整个调查活动中学生全员参与、全程参与，且参与热情较高。学生能积极投入各环节，自主设计问卷，主动联系调研单位，讨论时各抒己见，展现出了对活动的浓厚兴趣和强烈的求知欲，这是难能可贵的，这也得益于教师充分的备课和对学生的关爱。

4. 有一定的活动创新度

教师立足本地，以“科学精神、社会责任感、问题解决能力”为核心，以学生所能接触到或查阅到的资源为一手资料背景，以学生接触社会、领略生活的实际水平为备课的基本出发点，分阶段设计了有效的调查活动，引领学生实地走访、查阅资料、科学分析，通过团队协作调查、跨学科讨论、政策建议撰写等环节，全面提升学生的综合素养，这集中体现了活动的实用价值和现实意义。

当然，从实际展示的调查成果看，数据的准确性、监测设备精度和样本数量的局限性不可小觑，教师在跟进指导中还得加强预案的制订。另外，由于学生实践能力有限，对部分学生表现出的不善沟通、不太严谨等情形要有包容心，要以鼓励学生为主。

跨学科实践案例13 制作“旅客呼叫电路”模型

执教者：何兵泉（山东省东营市实验学校）
点评者：崔凤华（山东省东营市利津县教学研究与教师发展中心 教研员）

一、实践活动课程规划

1. 整合学科

物理：电路的基本组成、串联和并联电路的特点、欧姆定律等。

工程技术：模型制作的基本技能，如裁剪、粘贴、连接电路等。

数学：简单的几何图形计算（如确定模型尺寸）、比例计算等。

2. 实践价值

本课题以初中物理串并联电路等基础知识为载体，策划并开展实践活动，统整物理、数学和工程技术等多学科课程资源。培养学生的实践动手能力和问题解决能力，让学生在实际操作中理解抽象的物理知识，为未来的学习和职业发展奠定基础。本课题能够促进跨学科思维的发展，使学生认识到不同学科之间的联系和相互作用。另外通过小组合作完成实践任务，还可以提高学生的团队合作能力和沟通能力。

3. 实践任务

以小组为单位，设计并制作一个“旅客呼叫电路”模型。模型应包括呼叫按钮、指示灯、扬声器等部分，能够模拟旅客在列车上呼叫乘务员的场景。小组需对制作过程进行记录，包括设计思路、遇到的问题及解决方法等。完成后进行小组展示和交流，介绍模型的功能和特点。

4. 实践目标

（1）学生能够理解电路的基本组成和工作原理，掌握串联和并联电路的连接方法。学会使用简单的工具进行模型制作，提高动手能力。能够运用数学知识进行模型尺寸的计算和比例的确定。

（2）通过小组合作，培养学生的团队合作能力和沟通能力。在制作过程中，培养学生的问题解决能力和创新思维。指导学生建立实践日志，通过“观察—记录—分析—优化”四步法培养认知能力，使实践过程成为提升学习策略与思维品质的动态载体。

（3）激发学生对科学技术的兴趣和热爱，培养探索精神。增强学生的自信心和成就感，提高学习的积极性。培养学生的安全意识和规范操作的习惯。

5. 重点难点

（1）重点：电路的基本组成和连接方法，制作“旅客呼叫电路”模型的步骤和技巧。

（2）难点：理解电路的工作原理，排除制作过程中出现的电路故障。熟练地连接各电器元件，安全地使用相关工具。

6. 学情分析

初中学生对物理学科充满好奇，具有较强的求知欲和探索精神。在日常生活中，学生对电有一定的感性认识，但对电路的认识还比较模糊。这个阶段的学生具有一定的观察能力和动手能力，但在实验操作和数据分析方面还需要进一步引导和培养。此外，初中学生的思维方式以形象思维为主，逐步向抽象思维过渡，在教学中需要借助直观的实验现象和模型材料工具，帮助学生理解抽象的电路概念。学生了解了串联电路和并联电路的基本特点之后对于电路的基本连接方式不再陌生，另外还学习了剥线钳、电烙铁等工具的使用，了解到安全使用相关工具的基本常识。这些都为后续实践活动的开展奠定了理论基础。但学生的动手实践能力还有所欠缺，需要教师在活动中进一步指导学生改进电路，让学生熟悉各元件的连接方式、工具的安全使用等事项。

7. 实践准备

电池，开关，导线，灯泡（发光二极管），蜂鸣器，电烙铁，锡焊条，剥线钳，胶水（胶带）等。

二、实践活动实施规划

1. 实践活动流程图

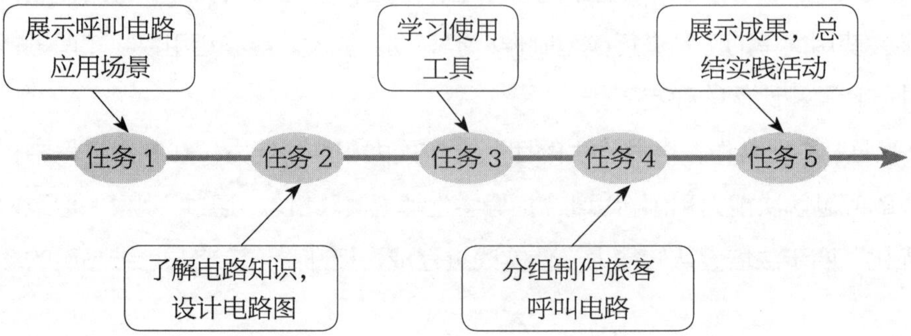

2. 实践活动规划表

实践步骤	实践任务	课时安排
问题： 创设真实情境，明确实践课题	任务 1：通过展示列车上旅客呼叫乘务员的场景视频，引出本次实践主题“制作‘旅客呼叫电路’模型”。	课时 1
证据： 确定任务方案，明确实践步骤	任务 2：了解简单电路的组成部分，讲解电路的连接方法：串联和并联。分析“旅客呼叫电路”的工作原理。 任务 3：了解制作电路模型工具的正确使用方法。	
解释： 建构相关知识，经历实践过程	任务 4：将学生分成小组，每组发放一套制作材料和工具。学生根据教师的演示和讲解，小组合作制作“旅客呼叫电路”模型。	
交流： 展示实践成果，总结交流评价	任务 5：展示各小组的呼叫电路模型，并以小组为单位进行反思、总结、交流。	

三、实践活动教学设计

实践过程			
实践任务	教师活动	学生活动	设计意图
任务 1：通过展示列车上旅客呼叫乘务员的场景视频，引出本次实践主题“制作‘旅客呼叫电路’模型”。	展示一个简单的电路模型（如手电筒电路），闭合开关，让灯泡亮起来。提问学生：这个电路是由哪些部分组成的？为什么灯泡会亮起来？	观察电路模型，思考教师提出的问题，积极回答。	通过展示电路模型，激发学生的兴趣，引导学生思考电路的组成和工作原理，为后续的教学内容做铺垫。
任务 2：了解简单电路的组成部分，讲解电路的连接方法：串联和并联。分析“旅客呼叫电路”的工作原理。	1. 使用多媒体展示电路的基本组成部分（电源、导线、开关、用电器），并分别讲解它们的作用。 电源：提供电能，如电池，说明电池的正负极。 用电器：消耗电能，本节课中用到的小灯泡和电铃在电路中的作用分别是发光和发声，以提示工作人员有旅客呼叫。 开关：控制电路的通断，就像门一样，断开时电路断开，闭合时电路接通。 导线：连接各个元件，传输电能，让电流形成通路，强调导线外皮绝缘、内部导电的特性。	认真听讲，观察多媒体展示的内容，理解电路的组成部分和工作原理。 思考教师提出的问题，积极回答，分享自己在生活中观察到的电路。 串联电路：电流只有一条路径，从电源正极出发，依次经过各个用电器，再回到电源负极。 并联电路：电流有多条路径，有干路和支路之分。从电源正极流出的电流在分支点分成多条支路，分别流经各个支路的用电器，然后在一点又重新汇聚流回电源负极。	通过多媒体展示和讲解，让学生系统地认识电路的组成部分和工作原理，培养学生的观察能力和分析问题的能力。同时，通过提问让学生将所学知识与生活实际联系起来，加深对知识的理解。

（续表）

实践过程			
实践任务	教师活动	学生活动	设计意图
	2. 以串联电路为例，讲解电路的工作原理。通过动画演示电流的流动过程，让学生直观地理解电路的闭合回路。 3. 提问学生：生活中有哪些常见的电路？它们分别由哪些部分组成？		
任务 3：了解制作电路模型工具的正确使用方法。	1. 展示制作电路模型所需的材料和工具，如电池、导线、灯泡、开关、剪刀、胶带、剥线钳、电烙铁等。 2. 逐一介绍这些材料和工具的用途以及使用方法。重点介绍剥线钳和电烙铁的使用方法。 3. 强调使用工具时的安全注意事项，如避免用剪刀等尖锐工具伤害自己和他人。	认真观察教师展示的材料和工具，了解它们的用途和使用方法。 记录安全注意事项，提问不明白的地方。	让学生了解制作电路模型所需的材料和工具，为后续的实践活动做好准备。同时，强调安全注意事项，培养学生的安全意识和规范操作的习惯。

（续表）

实践过程			
实践任务	教师活动	学生活动	设计意图
任务 4：将学生分成小组，每组发放一套制作材料和工具。学生根据教师的演示和讲解，小组合作制作“旅客呼叫电路”模型。	提出“旅客呼叫电路”模型的设计要求，如能够实现呼叫功能、有指示灯显示等。引导学生以小组为单位进行讨论，设计出具体的电路方案，并画出电路图。 教师巡视指导，及时解决学生在制作过程中遇到的问题。对于不能正常工作的小组，教师引导学生进行故障排查： 1. 首先观察电路连接是否有明显松动、断开的地方，这是最常见的断路原因。 2. 检查开关是否能正常闭合与断开，可替换一个好的开关试试。 3. 利用电压表，检测电池是否有电，以及电路中是否有电流通过等，逐步缩小故障范围，找到问题所在并解决。 4. 提醒学生注意安全，正确使用工具。	1. 小组内积极讨论，发挥各自的想象力和创造力，设计出符合要求的电路方案，并画出电路图。 2. 按照设计方案和电路图，小组内分工合作，进行电路模型的制作。在制作过程中，不断调整和改进，确保模型的功能和性能。各小组完成电路连接后，闭合开关，测试模型是否能正常工作，即电铃（蜂鸣器）发声、小灯泡（发光二极管）发光。如果不能正常工作，按照教师的讲解完成故障排查。 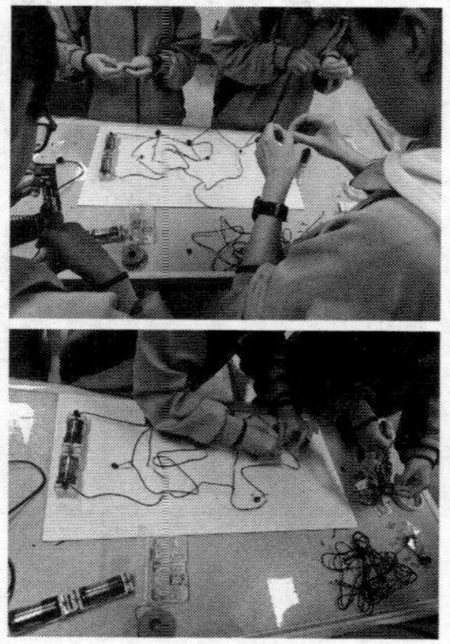	培养学生的团队协作能力和创新思维，让学生在设计过程中加深对电路知识的理解。 经历电路模型的制作过程，提高学生的团队协作能力与创新思维。通过实践操作，提高学生的动手能力和问题解决能力，让学生在制作过程中体验到成功的喜悦。

（续表）

实践过程			
实践任务	教师活动	学生活动	设计意图
任务 5：展示各小组的呼叫电路模型，并以小组为单位进行反思、总结、交流。	1. 组织学生进行作品展示，每个小组选出一个代表介绍设计思路、制作过程和作品特点。引导学生进行互评，提出优点和改进建议。教师对学生的作品进行点评，肯定学生的努力和成果，同时指出存在的问题和不足。 2. 对本次实践活动进行总结，回顾电路的基本知识和制作过程中的注意事项。引导学生思考如何进一步改进和完善自己的作品，以及电路在实际生活中的其他应用。例如：让学生课后自己设计一个简单的电路改进方案，使“旅客呼叫电路”模型增加一些新功能，如可以调节电铃声音大小或者灯泡亮度等。	1. 展示自己的作品，认真听取其他小组的介绍和评价： （1）每组推选一名代表，将制作好的“旅客呼叫电路”模型拿到展示台上进行展示，向全班同学介绍本小组制作过程中的亮点、遇到的问题及解决办法。 （2）其他小组同学进行提问和评价，教师从电路连接的正确性、模型的创新性、团队协作等方面进行综合评价，评选出“最佳制作小组”“最佳创意小组”等，给予表扬和奖励（如小奖品为物理实验小器材、学习用品等），激发学生的积极性。 2. 总结自己在本次实践活动中的收获和体会。思考教师提出的问题，完成课后作业。	1. 培养学生的表达能力和评价能力，让学生在展示和评价中相互学习，共同提高。 通过观察、实验、讨论等活动，培养学生的动手操作能力、观察能力、分析问题和解决问题的能力。 2. 巩固学生所学的知识，培养学生的反思能力和创新思维，让学生将所学知识应用到实际生活中。

四、评价实施建议

建议师生共同制订评价量表，用于学生自我诊断、组间评价，以及教师的评价反馈。

“制作‘旅客呼叫电路’模型”项目评价量表

评价维度	评价标准	自评	互评	师评
概念理解	了解电路的组成部分及工作原理			
	能够认识串并联电路的特点			
	掌握制作电路模型的材料和工具使用			
实践准备	通过查阅资料，了解旅客呼叫电路的特点			
	能设计出符合要求的电路图			
实践计划	能制订分工合理、任务明确可行的实践计划			
	能在规定时间内完成模型制作			
实践作品	模拟电路设计合理，各元件能正常工作			
	模拟电路各元件和导线等的连接准确规范			
	模拟电路布局美观			
	剥线钳、电烙铁等工具使用过程安全规范			
协同合作	分工明确合理，每个成员都能有效参与			
	小组成员积极协同合作完成各项任务，互相帮助，共同克服困难，根据项目情况调整任务分工			
交流展示	能清晰介绍所制作的模拟电路，反思不足和总结收获			
	汇报展示形式丰富，语言流畅			
评价方法：完全符合评价标准得☆☆☆，基本符合得☆☆，少量符合得☆				

五、实践活动教学反思

制作“旅客呼叫电路”模型这一跨学科实践活动不仅是对学生知识与实践能力的一次全面挑战，也是对教师教学方法与理念的一次深刻检验。以下是对本次活动的几点教学反思。

1. 教学背景

活动的设计充分融合了物理、工程技术、数学多个学科领域，体现了跨学科教学的核心理念。本次教学活动的授课对象是初中学生，主题为“制作‘旅客呼叫电路’模型”。通过这个实践活动，旨在让学生将理论知识与实际操作相结合，提高他们对电路知识的理解和应用能力，同时培养学生的动手能力、团队合作精神和问题解决能力。

2. 教学过程中的不足与改进

在教学过程中，由于部分小组在制作过程中遇到了一些问题，导致时间延长，影响了教学进度。在今后的教学中，需要更加合理地安排时间，给学生留出足够的时间进行制作和调试；在小组合作中，发现个别学生参与度不高，存在依赖其他同学的现象。在今后的教学中，需要更加关注这些学生，鼓励他们积极参与，增强他们的团队合作意识和动手能力；在教学过程中，主要围绕旅客呼叫电路的制作进行教学，对电路知识的拓展不够。在今后的教学中，可以适当引入一些相关的电路知识，如集成电路、传感器等，拓宽学生的知识面；在模型制作之前，可以进一步细化任务分工，提前预见并解决可能的技术难题；在活动过程中，可以加强对学生时间管理和任务执行能力的指导，确保每个环节都能高效有序地进行；在展示与交流环节，可以增加互动环节，让学生在交流中碰撞出更多的思想火花。

3. 教学亮点

情境导入激发兴趣。通过播放旅客呼叫服务人员的视频场景，成功吸引了学生的注意力，迅速将他们带入与电路知识相关的情境中。学生表现出强烈的好奇心，积极思考背后的原理，为后续课程内容的展开奠定了良好的基础。同时，展示未通电的电路模型成品，进一步激发了他们动手制作的欲望，使学生从一开始就对本节课充满期待。

多元化教学方法促理解。讲授法、实验法、讨论法与小组合作法相结合的教学策略成效显著。在知识讲解环节，利用多媒体课件配合实物展示，将抽象的电路知识直观化，如在讲解简单电路组成部分和串联电路特点时，学生能够清晰地看到各个元件的实物形态以及电流在串联电路中的流向演示，有助于他们理解复杂的电学概念。在小组合作制作模型阶段，学生分工协作，亲身体验电路搭建过程，不仅提高了动手能力，还培养了团队协作精神。这种在“做中学”的方式，极大地增强了学生对知识的掌握程度。

作品展示与评价提升积极性。给予学生展示作品的平台，让每组推选代表分享制作亮点、问题及解决办法，充分发挥了学生的主体作用。

总之，“制作‘旅客呼叫电路’模型”跨学科实践活动是一次富有成效的教学实践。通过本次跨学科教学活动，学生在知识能力等各方面都取得了一定的进步。同时，也让教师认识到了教学中存在的不足之处，为今后的教学提供了宝贵的经验。在今后的教学中，应不断改进教学方法，提高教学质量，为学生的成长和发展做出更大的贡献。

六、作品展示

附：

“制作‘旅客呼叫电路’模型”实践活动记录表

组别		组长		组员	
实践活动信息记录	实践活动时间				
	实践活动地点				
所需器材					
电路设计图					
实践反思					
实践收获					

案例点评

增设跨学科实践旨在发展学生跨学科运用知识的能力、分析和解决问题的综合能力、动手操作的实践能力，培养学生积极认真的学习态度和乐于实践、敢于创新的精神。设计并制作“旅客呼叫电路”模型是在刚刚学完基础电路的基础上进行的，这需要教师“引线搭桥”，启发学生观察生活中的一些简单的实用电路，如小型手电筒电路、病房呼叫电路、竞赛用的抢答器电路等，再通过巧妙设问激发学生认知冲突，勾起设计、制作实用电路的兴趣。只有这样，学生在见到器材、工具时才有跃跃欲试的冲动，跨学科实践活动才有收效。通过观课，该实践活动设计科学合理，活动目标十分明确，动手操作分工具体，课堂效果较为明显。从该堂课来说，有以下创新之处：

1. 工具的选用和所用器材的升级

本堂课中，教师与时俱进，舍弃了原先的实验器材，将实验室带灯座的小灯泡替换为发光二极管（有五种颜色），将闸刀开关替换为触点式小型开关，将普通的电铃替换为蜂鸣器。为配合制作电路的要求，教师给每个小组配备了电烙铁和剥线钳。实际上这些器材在现代生活中早已为大家所熟悉，尤其是五色发光二极管可挑动学生的视觉神经，从而容易增添学生的新鲜感，更能激起学生的动手兴趣。

2. 体验“知易行难”后的应对

随着设计、制作的不断深入，学生凭着起初浓厚的兴趣去动手连线时，相当一部分学生会越来越感到“看着容易做着难”，甚至渐渐失去兴趣，变得不耐烦。而本堂课中，教师察言观色，始终关注着每一个学生情绪变化和操作进度，时而引导他们相互协作、互通有无，时而面对面具体指导，并不断鼓励他们“一定能行”，使得该课有条不紊，最终达成实践目标。

3. 评价机制运用对学习的激励

教师不仅在设计和制作过程中不断激励着学生，在作品展示与交流评估环节，教师也结合评价量表给予了学生中肯、具体、易于接受的评价，他让每组推选代表分享制作亮点、问题及解决办法，充分发挥了学生的主体作用。其他小组的提问与评价营造了良好的交流氛围，而教师从多维度进行综合评价并给予奖励，更是极大地激发了学生的积极性和竞争意识，使他们在获得成就感的同时，对物理学科的热爱也得到进一步升华。

当然，任何事物都有两面性，利用购买的器材，学用新工具制作电路时必定会增加了连线、操作的难度，电烙铁的使用也会给实践的安全性带来挑战，希望教师充分做好预案，尽可能避免不利因素带来的负面影响。

跨学科实践案例 14 制作水果电池

执教者：张作义（山东省东营市广饶县陈官镇中心初中）
点评者：崔凤华（山东省东营市利津县教学研究与教师发展中心 教研员）

一、实践活动课程规划

1. 整合学科

物理：利用不同的水果制作水果电池，比较其电压大小。通过实验，了解影响水果电池电压的因素并能利用电压表判断水果电池的正负极。

生物学：知道水果中含有大量糖类、生物酸等物质，同时了解水果的内部结构，例如：柠檬存在瓣膜，不利于水果电池中电子的流动，通过挤压，破坏瓣膜，使其内部更多细胞液析出，效果更好。

化学：水果中的生物酸起电解质的作用。构成原电池的必要条件：两个活泼性不同的金属电极、电解质溶液、两电极间构成闭合回路、能自发进行氧化还原反应。在水果中插入不同金属电极并用导线连接起来，闭合电路，会有电子的转移，产生电流。会利用 pH 计测量水果的酸度。

2. 实践价值

本课题以电压等基础知识为载体，策划并开展实践活动，统整物理、生物学、化学等多学科课程资源。通过小组合作设计、制作一个水果电池，有助于学生形成乐于探索、勤于动手动脑的科学精神。通过了解电池的来源以及发展水平，培养学生家国情怀，激发学生责任担当。通过自制“水果电池”，寻找电池电压的影响因素，强化学生的环保意识，培养其分析和解决实际问题的能力，促进学生综合素养的发展。

3. 实践任务

通过观看视频：将镀锌铁丝，铜丝放到盐的水溶液中，就能制成一个化学电池，闭合开关，此时电压表的示数为 0.6 V。提出问题并进行分析讨论：酸、碱、盐的水溶液是电解质，所用的金属是电池的正极和负极。水果中富含电解质，那我们能不能用水果制作水果电池呢？影响水果电池电压的因素有哪些？

4. 实践目标

（1）依据物理、化学、生物学知识，了解水果电池的原理。

（2）利用不同的水果制作水果电池，比较其电压大小。

（3）通过实验，了解影响水果电池电压的因素。

（4）通过实验探究，激发对物理实验的探究兴趣，树立保护环境、合理利用自然资源的意识。

5. 重点难点

（1）重点：通过观看视频，结合所学知识提出问题并设计解决方案，在此过程中，小组合作、分工明确。

（2）难点：探究影响水果电池电压的因素。综合运用所学知识，使发光二极管发光，培养解决实际问题的能力和动手操作的能力。

6. 学情分析

学生学习电压等物理知识及相关生物学、化学等知识，例如氧化反应及还原反应的判定、金属的活动性顺序、电子的流动方向和电路的组成等，为“水果电池”实验的开展奠定了理论基础。以化学电池引入，联系学生已有知识，可以极大地激发学生的学习热情与好奇心，使得后期的相关调查及实践制作能够顺利开展。学生通过资料查阅，了解影响水果电池电压的因素。学生具有合作意识，但可能缺乏探究能力和独立设计实验的能力，教师需适当引导，启发学生思考，组织学生共同拟订方案，从而分析解决实际生活问题。

7. 实践准备

镀锌铁丝，铜丝，带夹子的导线，电压表，开关，发光二极管，柠檬，苹果，西红柿，pH 计，小刀，刻度尺等。

二、实践活动实施规划

1. 实践活动流程图

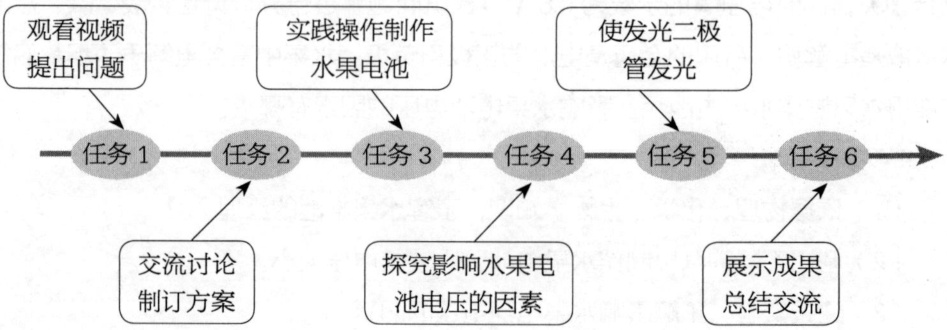

2. 实践活动规划表

实践步骤	实践任务	课时安排
问题： 创设真实情境，明确实践课题	任务 1：将镀锌铁丝、铜丝放到盐的水溶液中，就能制成一个化学电池，对其中涉及的相关问题进行讨论，为制作水果电池打下基础。	课时 1
证据： 确定任务方案，明确实践步骤	任务 2：讨论制作水果电池的具体实施方案，明确小组分工。	
解释： 建构相关知识，经历实践过程	任务 3：依据设计方案，制作水果电池。 任务 4：探究影响水果电池电压的因素。 任务 5：使发光二极管发光。	
交流： 展示实践成果，总结交流评价	任务 6：展示各小组的水果电池，并以小组为单位进行反思、总结、交流，从而让学生在学习过程及学习评价环节发现不足。	

三、实践活动教学设计

实践过程			
实践任务	教师活动	学生活动	设计意图
任务 1：观看化学电池的视频，对其中涉及的相关问题进行讨论，为制作水果电池打下基础。	1. 问题引入：将镀锌铁丝、铜丝放到盐的水溶液中，就能制成一个化学电池，闭合开关，此时电压表的示数为 0.6V。酸、碱、盐的水溶液是电解质，所用的铜丝、镀锌铁丝是电池的正极和负极。水果中富含电解质，那我们能不能用水果制作水果电池呢？ 2. 通过视频，引导学生结合物理、生物学、化学等知识提出相关问题。 3. 引导学生分析讨论：你将如何解决以上问题？你的解决途径是什么？你有哪些困难？你将如何解决这些困难？	1. 观看化学电池的视频，知道酸、碱、盐的水溶液可以制成化学电池。 2. 回顾视频中的相关画面结合所学知识提出如下问题。 a. 酸、碱、盐水溶液制成的化学电池，需要具备什么条件？ b. 铜片和锌片哪一个是正极、哪一个是负极？ c. 如何增大电压？ d. 水果中富含电解质，那我们能不能用水果制作水果电池呢？ 3. 讨论如何解决以上问题并制订出计划与方案。	1. 创设具体问题情境，引发学生思考，培养其问题意识。 2. 根据观察到的现象，提出问题，并进行科学探究。

（续表）

实践过程			
实践任务	教师活动	学生活动	设计意图
任务 2：讨论制作水果电池的具体实施方案。	引导学生思考并设计实施方案：如果要制作柠檬电池、西红柿电池、苹果电池，你有哪些问题？需要哪些知识和材料？你将如何制作？	通过小组讨论，初步制订实施方案并尝试对以下问题进行解答：不同水果制成的电池电压相同吗？如果不同，为什么？如何增大水果电池的电压？	培养学生设计方案的能力。
任务 3：实践操作制作柠檬电池。	提前让学生准备好镀锌铁丝、铜丝、带夹子的导线、电压表、开关、发光二极管、柠檬、苹果、西红柿、pH 计、小刀、刻度尺。引导学生选择合适的实验器材进行实验——制作柠檬电池。 温馨提示： 1. 正确使用电压表，读出相对稳定的数值，记录下来。 2. 每次实验后用纸巾及时擦干铜丝和镀锌铁丝。（注意：原来插过的地方不要再插）	1. 挤压柠檬，直到感觉柠檬变得松软为止，使内部更多细胞液析出。 2. 把镀锌铁丝、铜丝插到柠檬的不同位置（插入深度约为金属丝长度的四分之三，注意两种金属丝不能接触），就制成了一个柠檬电池。连接导线，闭合开关，此时电压表的示数为 0.9 V，断开开关，铜丝与电压表的正接线柱相连为正极，镀锌铁丝与电压表的负接线柱相连为负极。	通过具体的实践活动，引导学生养成主动探究的意识，培养学生的动手操作能力。

（续表）

实践过程			
实践任务	教师活动	学生活动	设计意图
		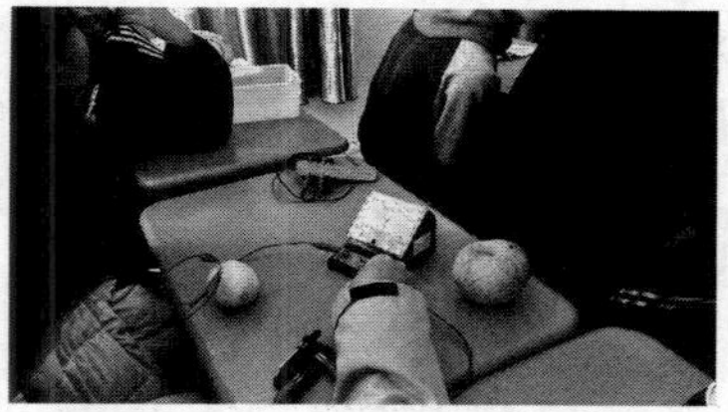	
任务 4：探究影响水果电池电压的因素。	1. 引导学生分别用西红柿和苹果制作电池，用电压表测出它的电压，并进行比较。从而总结出水果本身对电压的影响。除此之外，水果的切割份数、水果成熟度或水果酸度等是否也会影响电压大小？ 2. 另一方面是电极本身的影响，如电极间距离和电极插入深度是否也会对电压大小产生影响？	1. 探究水果种类对电压的影响。当两电极间距离、电极插入深度和电极种类相同时，分别测定柠檬（前面已做了）、西红柿、苹果制作的电池的电压；用 pH 计测量柠檬、西红柿、苹果的酸度。 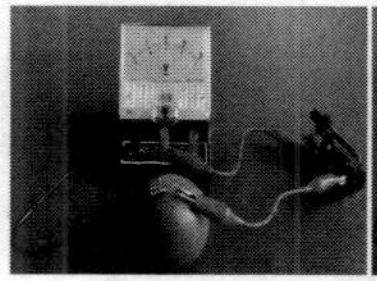 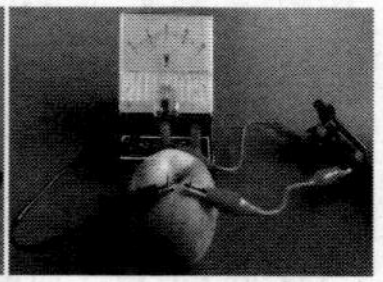	1. 引导学生基于控制变量的思想设计方案，初步拟定研究方案，并根据实验数据，总结实验规律。 2. 通过对水果种类及切割份数的探究，培养学生从整体到部分的角度考虑问题，提升学生分析问题的能力。

（续表）

实践过程			
实践任务	教师活动	学生活动	设计意图
	3. 引导学生用物理知识解释为什么电极间距离会影响电压大小。 4. 提醒学生要将数据填入设计的表格中。 温馨提示： 1. 在使用刀子的过程中一定要注意安全。 2. 制作过水果电池的水果含有金属离子，不能食用！	结论：水果的 pH 值越小，用其制作的“水果电池”产生的电压就越大，这是由于电解液是酸、碱、盐的水溶液，所以水果中含酸的浓度越高，其电池的电压就越大。 2. 探索水果的切割份数的影响。 以苹果为例，当两电极间距离、电极插入深度和电极种类相同时，分别测定水果切割份数为 1，$\frac{1}{2}$，$\frac{1}{4}$时苹果电池对应的电压。 结论：水果的切割份数越小，水果体积越小，其电压越小。 3. 探究电极间距离的影响。 当电极插入深度、电极种类相同时，在水果中将电极与电压表用导线连接起来，分别测定不同水果两电极间距为 1 cm，2 cm，3 cm，4 cm 时的电压。 结论：电极间的距离越大，水果电池产生的电压就越小。 思考：小组讨论为什么电极间距离会影响电压大小。	3. 通过对电极间距及插入深度的探究，复习电阻影响因素，在总结实践中完成对知识的学习和理解，让学生懂得利用跨学科思想解决问题，培养学生的科学探究与创新意识核心素养。通过实验数据总结影响电压的因素，有助于培养学生的动手能力和推理能力，提高学生自主探究和总结归纳的能力。

（续表）

实践过程			
实践任务	教师活动	学生活动	设计意图
任务 5：使发光二极管发光。	引导学生思考水果电池能够提供电能，如果把发光二极管接在一个柠檬电池上，会不会发光呢？	1. 把发光二极管接在一个柠檬电池上，闭合开关，发现二极管不发光。 思考：通过实验发现二极管不发光，这是为什么呢？ 很容易得到电压太小，不足以让二极管发光。 根据前面所学，那应该怎么办呢？ 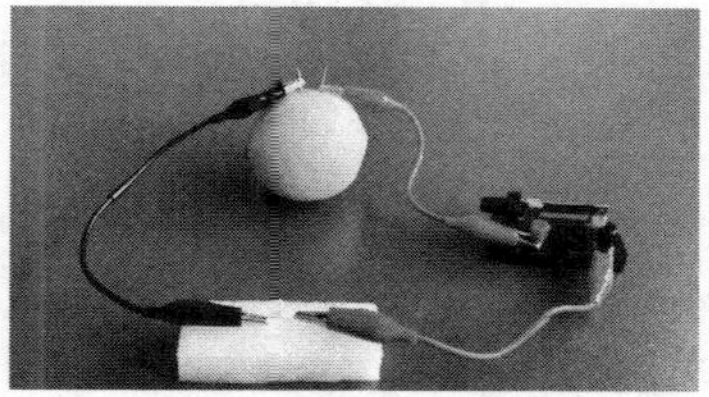 2. 将 3 个柠檬电池串联起来，组成一个水果电池组。连接导线，闭合开关，发现二极管发光。 	培养学生善于思考的能力和小组合作的意识。

（续表）

实践过程			
实践任务	教师活动	学生活动	设计意图
知识拓展	让学生自学电池的发展历程。	自学“伏打电堆”，了解电池的发展历程。	1. 体会科学家们解决科学难题的过程及其不轻言放弃的高贵品质。 2. 促进学生树立科学精神和人文精神，关注我国电池科技的发展。同时，根据电池对环境造成污染的生活情境，引导学生共同思考，培养学生的科学态度与社会责任核心素养以及“绿色化学”的理念。
任务 6：展示成果，总结交流	以小组为单位，在讲台上边操作边讲解，分析作品的优势和不足。例如： 1. 通过实验鼓励学生小组讨论在实验中发现的问题以及是如何解决的。 2. 指导学生查阅资料自己解决实验中遇到的困惑。 3. 从跨学科角度对产品进行改进升级。	1. 水果为什么可以用来做水果电池？ 水果中含有大量糖类、生物酸等物质，其中的生物酸起电解质的作用。往水果中插入不同金属电极并用导线连接起来，会有电子的转移，产生电流，形成水果电池。 2. 水果电池发生的化学反应？	

（续表）

实践过程			
实践任务	教师活动	学生活动	设计意图
	4. 通过实践活动，对制作水果电池有了新的认识和体会。	通过查阅资料得知：负极上锌失去电子变成锌离子；正极上氢离子得到电子生成氢气。 3. 交流要使二极管发光需要串联的水果电池的种类和数量。 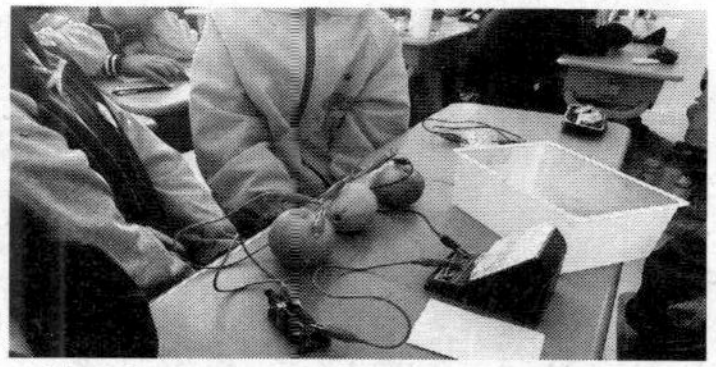 4. 柠檬在使用前为什么要挤压呢？ 柠檬存在瓣膜，不利于水果电池中电子的流动，通过挤压，破坏瓣膜，使其内部更多细胞液析出，效果更好。 5. 影响水果电池电压大小的因素有哪些？ （1）水果本身的影响，如水果种类、切割份数、水果成熟度或水果酸度等。	1. 引导学生查阅相关资料，培养学生自主学习的能力。 2. 引导学生运用物理知识解决问题，培养学生科学素养。 3. 能够帮助学生构建完整的知识体系，培养学生多种综合能力。 4. 让学生从学习过程及学习评价环节发现不足，进而提高学生的科学态度与社会责任核心素养。 5. 使学生学会倾听他人的观点，尊重不同的意见。

（续表）

实践过程			
实践任务	教师活动	学生活动	设计意图
		（2）电极本身的影响，如电极间距离和电极插入深度。 6. 电极刚插入水果中时，瞬间电压较大，然后慢慢减小到某一不稳定的值，甚至不断减小，这说明水果里面的电解质容易极化，电压很不稳定，所以“水果电池”不能应用于生产生活中。	
实践作业	1. 查阅相关资料，进一步了解水果电池的原理以及电池的发展史。 2. 制作其他食品电池，如“土豆电池”和“可乐电池”。		1. 鼓励学生设计新型环保电池并应用于生活中。 2. 强化学生的环保意识。

四、评价实施建议

建议师生共同制订评价量表，用于学生自我诊断、组间评价，以及教师的评价反馈。

"制作水果电池"项目评价量表

评价维度	评价标准	自评	互评	师评
概念理解	准确理解如何科学制作水果电池			
	运用跨学科知识获取信息，解决实际问题			
实践计划	能制订分工合理、任务明确可行的实践计划			
	能在规定时间内完成计划			
信息搜集	能有效搜索所需学习资源，注意资源的科学性和规范性			
	能将搜集到的知识转化为实际操作的技能			
实践作品	能够制作柠檬电池、西红柿电池、苹果电池			
	能用电压表判断水果电池的正负极以及电压大小			
	能用自己制作的水果电池使二极管发光			
协同合作	分工明确合理，能阐述每个成员的具体贡献			
	小组成员积极协同合作完成各项任务，互相帮助，共同克服困难，根据项目情况调整任务分工			
交流展示	能清晰介绍所制作的水果电池及实践疑问和收获			
	汇报展示形式丰富，语言流畅			
评价方法：完全符合评价标准得☆☆☆，基本符合得☆☆，少量符合得☆				

五、实践活动教学反思

"制作水果电池"是一节兼具趣味性与挑战性的跨学科实践，教师在通过本节课中收获满满，以下是对本次活动的几点教学反思。

1. 成功之处

（1）任务执行中的挑战与应对

在执行任务过程中，我遇到了几个主要的挑战。一是如何在有限的时间内确保每个学生都能深入参与到各个环节中。为此，我采用了小组合作的形式，通过明确分工与团队协作，有效提高了工作效率，同时也培养了学生的团队精神和沟通能力。

（2）学生表现与成长

活动中，学生能够主动提出问题并尝试解答，例如水果电池发生的化学反应、柠檬在使用前为什么要挤压、刚闭合开关时电压瞬间较大然后慢慢减小到某一稳定值等，展现出了强烈的求知欲和探索精神。在讨论制作水果电池的实施方案时，学生积极发言，尤其是探究影响水果电池电压因素时，提出了许多富有创意的想法，这不仅锻炼了学生的思维能力，也培养了他们的创新意识。同时学生在不断改造和提升的过程中积累了宝贵的经验。

（3）展示与交流的收获

展示交流不仅是学习成果的呈现，更是学生综合素质的练兵场。通过这一过程，他们从被动的知识接受者转变为主动的思考者、表达者和合作者，为未来的学习与生活积累关键能力。

2. 不足之处

（1）虽然采用了小组合作形式，但是在实践活动中没有关注到全体学生，仍有部分学生无所事事，同样做的快的学生也没有布置额外任务。

（2）在实践过程中安全注意事项应贯穿始终，强调得不够到位，例如用过的水果绝不能食用等。

总之，“制作水果电池”跨学科实践活动是一次富有成效的教学实践。它不仅让学生学到了知识，更让他们在实践中成长，在挑战中进步。我相信，只要我们不断探索和创新，就能为学生提供更多这样有意义的学习机会，让他们在知识的海洋中自由翱翔。

六、作品展示

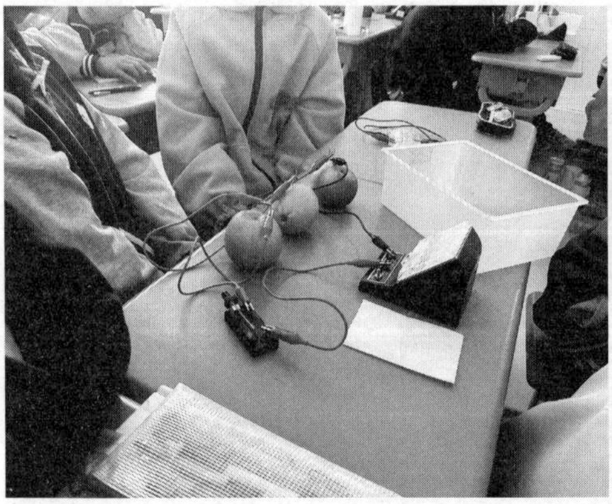

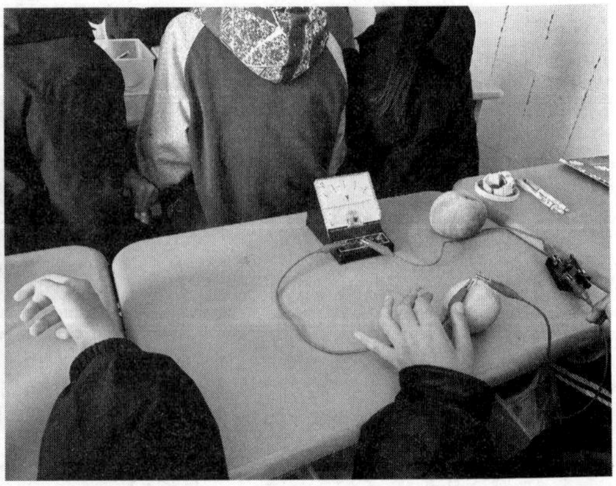

附：

“制作水果电池”实践活动记录表

组别		组长		组员	
实践活动信息记录	实践活动时间				
	实践活动地点				
所需器材					
水果电池设计思路					
演示项目及现象					
疑问与补充					
实践总结					

案例点评

“制作水果电池”是由原教材章后的“做中学”演变而来，相对其他跨学科实践而言，其内容比较单一，选材较为简单易行，制作比较省时。原因有二：首先，融合学科相对较近。该实践活动涉及物理的电压、生物学中生物酸等物质的内部结构和化学的电解质、氧化还原反应等，可统称为科学学科。其次，生活中水果非常易得，且制作任务单一，成果好坏也易于评价。从实践过程来看，该堂课有几个值得借鉴或思考的地方，作一简评。

1. 教师的眼界决定了课堂内容的丰富性

上面提到，该堂课原本是一个“小制作”，但教师却另辟蹊径，通过个人钻研大大拓展了制作水果电池的实践目标，引导学生运用控制变量法逐一探究水果电池电压跟水果种类、切割份数、电极间距等各个要素的关系，既活学活用了控制变量思想，又让原本单一的课堂内容丰润了起来，在激发学生动手操作的兴趣的同时，又提高了学生的实验探究能力。

2. 活动的流程促成了课堂的高效性

教师充分备课，从设计活动目标到设计评价任务，从电解质知识铺垫到情景引入，从诱导学生积极思维到知道学生动手操作，从成果展示到等级评价激励，都表现出了课堂的严谨性和高效性。学生之所以都能按部就班地完成设计与制作，是因为有教师一环扣一环的流程设计作为导引。更值得一提的是，教师还不失时机地激发学生乐于探索、勤于动手动脑的科学精神，并通过物理学史培养学生家国情怀，激发学生责任担当，促进学生综合素养的发展。

3. 教师处理问题的细节体现了教师的教育情怀

在活动展示交流环节，教师鼓励学生发现问题、解决问题时，抛出一个问题：电极刚插入水果中时，瞬间电压较大，然后慢慢减小到某一不稳定的值，甚至不断减小，这说明水果里面的电解质容易极化，电压很不稳定，所以“水果电池”不能应用于生产生活中，这使课堂的生成性又一次得到升华。其一，教师做了表率，体现学习无止境，启发学生：只有用心思考才会有新发现；其二，该问题又可派生出与生态环境等新问题，继而渗透科学态度和社会责任感的教育等。

该堂课作为一次跨学科实践课，教师能环环相扣，引导学生不断地动脑、动手，这是难能可贵的。根据课堂实际适当拓展或删减课堂所能承载的内容也是需要大家在教学实践中常常思考的。

跨学科实践案例 15 制作调光台灯

执教者：沈占成（山东省东营市利津县北宋镇实验学校）
点评者：武庆鹏（山东省东营市广饶县教育科学研究中心教研员）

一、实践活动课程规划

1. 整合学科

物理：知道电流、电压和电阻，探究电流与电压、电阻的关系，理解欧姆定律，了解其在生产生活中的应用；会看、会画简单的电路图，依据要求会设计符合要求的电路图；会连接简单的串联和并联电路，能说出生产生活中采用简单串联电路或并联电路的实例。熟练使用滑动变阻器来改变电路中的小灯泡的亮度；了解制作调光台灯的原理、方法等信息。

美术：会进行简单的产品设计并制作产品模型，会用美术装饰方法对作品进行适当的装饰；通过作品展览活动，将美术学科与跨学科实践进行融合，提高自身的艺术素养和创作能力，提高学生的综合素养，为更好地进行跨学科学习打下基础。

劳动技术：了解台灯底座的制作过程，了解使用电烙铁进行焊接的技术以及使用砂纸进行抛光的技术，会用锯、热熔胶枪等工具。以“制作调光台灯”项目为载体，重点是有目的、有计划地组织学生参加日常生活劳动、生产劳动和服务性劳动，让学生动手实践、接受锻炼，培养学生正确的劳动价值观和良好的劳动品质。

2. 实践价值

本课题以欧姆定律等电学基础知识为载体，策划并开展实践活动，统整物理、美术和劳动技术等多学科课程资源。

以“调光台灯”引入，围绕台灯的工作原理、设计电路图、设计产品模型，让小组合作设计制作一个亮度可调、同时兼有一定的实用性和观赏性的台灯，有助于学生形成乐于探索、勤于动手动脑的科学素养。通过设计丰富的跨学科实践活动，提高学生的共通性素养。启发学生关注科学、技术、社会之间的关系，体会科技进步对人类和社会发展的推动作用。

3. 实践任务

通过观看生活中常见的台灯，提出问题并进行分析讨论；小组设计制作兼有一定的实用性和观赏性的调光台灯；使学生从理论角度解释台灯调光的原理；会运用美术设计产品模型，能在小组制作的过程中进行交流，并把自己的作品进行展示。

4. 实践目标

（1）能说出调光台灯的工作原理，会画出电路图。

（2）了解热熔胶枪、锯等工具的使用方法，注意安全问题，提出解决方案。

（3）会设计调光台灯的造型图，能根据造型图规划制作方案，通过与他人合作，做出一盏美观实用的调光台灯。

（4）通过设计、制作产品，体会物理与劳动技术发展的相互促进作用，知识与技术结合才能促进科技进步，使科技更好地服务于社会；体验成功喜悦，享受制作的愉快。

5. 重点难点

（1）重点：理解欧姆定律，会用欧姆定律解释调光台灯的原理；设计并制作一盏美观的调光台灯，体会物理、美术等跨学科实践的意义。

（2）难点：如何将知识转化为实践操作；如何熟练使用本节课的工具来完成制作；对实践活动进行总结与反思，找到改进方案。

6. 学情分析

学生在学习了电流、电压、电阻等物理知识之后，初步了解滑动变阻器的作用，学完欧姆定律，学生可以进行理论解释。以日常生活中常见的调光台灯为情境，既结合科技生活，又能联系学生已有知识，可以极大地激发学生的学习热情与好奇心。“调光台灯的工作原理是什么，我能亲手做一台吗？”学生肯定很有兴趣。可是具体制作过程并没有想象的那么简单。学生通过资料查阅，了解生活中调光台灯的工作原理，而实验制作需要选择哪一种变阻器，为什么选择电位器，电位器的选择方法需要在教师的引导下才能完成。在调光台灯制作的过程中，各工具的使用也需要教师适时引导与点拨，使学生能按照制订的方案完成制作。

7. 实践准备

底座，电位器，小灯泡，导线，热熔胶枪，灯杆，纸杯，彩笔，开关，电池及电池盒，锯等。

二、实践活动实施规划

1. 实践活动流程图

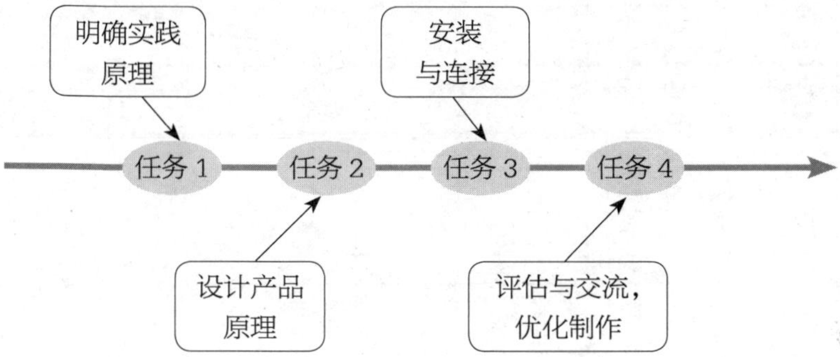

2. 实践活动规划表

实践步骤	实践任务	课时安排
问题： 创设真实生活情境， 明确实践课题	任务 1：观看生活中常见的调光台灯，对其中涉及的相关原理进行讨论，为亲手制作调光台灯打下基础。	课时 1
证据： 确定任务目标，明确实践步骤	任务 2：讨论制作调光台灯的具体产品模型。	
解释： 建构相关知识，经历实践过程	任务 3：根据设计调光台灯的造型，制作调光台灯。	
交流： 展示实践成果，总结交流评价	任务 4：展示各小组的产品，并以小组为单位进行反思、总结、交流。	

三、实践活动教学设计

实践过程			
实践任务	教师活动	学生活动	设计意图
任务 1：观察常见调光台灯的照片，对其工作原理进行讨论，能否运用欧姆定律进行理论解释，为制作调光台灯打下理论基础。	1. 问题引入：调光台灯在学习、工作和生活中有重要的应用。请思考：调光台灯是如何工作的？制作调光台灯的关键是改变灯泡两端的电压，其中接入变阻器可以实现吗？哪种变阻器更合适？带着这些问题，与学生一起思考。 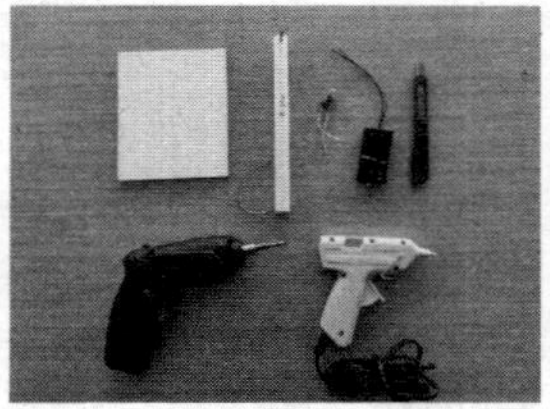 2. 观察实验的器材元件，引导学生思考在制作底座、灯杆、灯罩时应注意什么？结合物理、劳动技术等知识提出相关问题。 3. 引导学生分析讨论：你将如何解决以上问题？你的解决途径是什么？你有哪些困难？你将如何解决这些困难？	1. 观看常见的调光台灯照片，了解调光台灯的工作原理。 2. 回顾学过的电学知识回答如下问题： a. 说出调光台灯的原理，试着用欧姆定律来进行理论解释。 b. 回顾变阻器的种类，说出电位器适合做台灯元件的原因。 3. 讨论制作底座、灯杆、灯罩时应注意什么。 针对以上问题制订计划与方案。	1. 创设具体问题情境，引发学生思考，培养其问题意识。 2. 培养学生解决问题的能力。 3. 通过观察实物器材，引导学生将理论与实践有机结合，注意安全使用工具。

（续表）

实践过程			
实践任务	教师活动	学生活动	设计意图
任务 2：讨论制作调光台灯的具体实施方案。	引导学生思考并设计实施方案：如果要制作调光台灯，你有哪些问题？需要哪些知识和材料？你将如何制作？ 	在教师引导下各小组进行资料查阅与讨论，初步制订制作调光台灯的具体实施方案，并尝试对以下问题进行解答：如何确定调光台灯的造型、结构、各组成部分，如何确定制作调光台灯所选用的实物器材，制作过程分为哪些步骤，如何对制作的调光台灯进行改进装饰。	培养学生设计工程方案的能力，同时引导学生思考问题的逻辑性，培养学生有条理做事的能力。
任务 3：依据设计方案，制作调光台灯。	1. 引导学生利用小组设计的台灯造型图进行组装。 2. 组织学生动手制作调光台灯。 3. 根据造型图进行组装，引导各小组依次将底座、灯杆、电池盒、电位器用热熔胶枪进行固定，组装成一盏调光台灯。 4. 检查作品的牢固性。	各小组利用造型图制作一个调光台灯，具体包括以下任务。 1. 以小组为单位，具体设计调光台灯的造型、结构、材料等相关内容，并说明这样设计的理由。 2. 根据小组所讨论的制作方案，利用所选择的材料制作调光台灯。讨论制作过程分为哪些步	

（续表）

实践过程			
实践任务	教师活动	学生活动	设计意图
	5. 将各元件连成电路并进行检测，看灯泡的亮度是否可调。 6. 引导学生用美术知识进行装饰。 在这个过程中，教师需要不断地巡视指导，及时发现问题，纠正问题，以保证实践活动的顺利进行。	骤，具体步骤中应该先做什么后做什么，制作过程中遇到的问题是什么，解决方案是什么。 3. 检验小组制作的调光台灯造型的稳定性、工作的可靠性。在此过程中，讨论应该如何检测。 4. 用美术装饰方法使制作的调光台灯更美观，如何改进更好。	通过设计、制作产品，体会物理与劳动技术发展的相互促进作用，体验成功的快乐。 该环节是整节课的核心环节，是实践活动中锻炼学生动手实践能力和小组合作能力的一个重要环节。在这个过程中，学生经历了设计产品图—组装—检查稳定性—检测电路的可行性过程，让学生将理论知识应用于实践。 在测试过程中，培养学生发现问题、解决问题的能力。
任务 4：展示交流作品。	要求每组将本组的作品放在实物投影仪或讲台上演示效果并加以解说功能和有所创新的地方。 1. 引导学生思考制作过程遇到了哪些问题，如何解决问题。 2. 引导学生从使用美观角度对产品进行改进升级，学会取长补短。 3. 通过实践活动，引导学生谈谈对制作调光台灯的新认识和新体会，并进一步总结自己的收获。	在教师指导下，完善自己的作品，与其他组交流的同时对自己的作品进行改进，作品的形式是多种多样的，如：外观形状、内部结构等，可依据自己的兴趣、爱好、思维上的联想创作出各种各样的作品。 通过对自己小组作品的进一步完善，学生在本次实践活动中获得了新的认识和成果。	通过交流在本次实践活动中的问题和收获，让学生对本次实践活动进行反思总结。将物理与技术、美术等知识结合生成出丰富多样的产品，更好地服务于人类社会。使学生对欧姆定律有了更加深刻的认识，同时了解到自己在动手实践方面的优势及不足。

四、评价与实施建议

建议师生共同制订评价量表，用于学生自我诊断、组间评价，以及教师的评价反馈。

"制作调光台灯"项目评价量表

评价维度	评价标准	自评	互评	师评
物理概念	能说出调光台灯的工作原理，会画出电路图			
	能说出主要电学元件的特点及使用方法			
解决问题的能力	会用热熔胶枪等工具，注意安全问题，提出解决方案			
	会制作底座、灯杆等			
知识整合能力与创意	会设计调光台灯的造型图，能根据造型图规划制作方案			
	运用美术知识来设计产品			
信息的获取和评估	能够获取和评估来自不同学科的信息，并用于问题解决中			
	运用物理劳动技术方面的信息			
合作与沟通	能够通过与他人合作，制作出一盏美观实用的调光台灯			
	能够分工明确，在规定的时间内完成制作			
交流与反思	会与其他小组交流，并对实践活动进行总结与反思，找到改进方案，完善自己的作品			
	能够发表独特的见解，进一步改良、完善自己的作品，体现创意			
评价方法：完全符合评价标准得☆☆☆，基本符合得☆☆，少量符合得☆				

五、实践活动教学反思

1. 教学目标达成情况

在制作调光台灯的实践活动中，学生对于电路知识，尤其是对有调光功能的电路掌握程度参差不齐。例如，在实际操作中，学生可以正确连接电路元件，选择合适的灯泡来构建调光台灯电路。然而，仍有一些学生在电路连接环节出现问题，如灯泡亮度无法调节，这反映出其对电路基本原理的理解还不够深入，没有完全达成这部分教学目标。

从台灯的制作工艺来看，大部分学生能够根据给定的材料和设计要求制作出基本的台灯结构，但在一些细节处理上，如将灯泡准确安装在合适位置、使灯罩与灯座连接稳固等方面存在不足，这表明在手工制作技能的训练上还需要加强。

在收集信息环节，通过播放台灯案例演示等方式帮助学生收集积累信息，开发设计思路。大部分学生能够从中获取一些有用的信息，如不同台灯的造型、功能等。但是在对信息的整理和运用上，学生之间存在差异。有些学生能够很好地将收集到的信息融入自己的设计方案中，设计出新颖、实用的调光台灯；而有些学生则缺乏对信息的整合能力，导致设计方案缺乏创新性或者实用性。

在分组制作过程中，以小组为单位进行协作制作台灯。小组内成员之间的分工协作情况有好有坏。一些小组分工明确，成员各司其职，制作过程有条不紊；而另一些小组则出现分工不明确，个别成员主导制作过程，其他成员参与度不高的情况，这不利于全体学生在过程与方法上得到全面的锻炼。

整体来说，通过制作调光台灯的实践活动，激发了学生对科学技术的兴趣。很多学生在完成作品后，表现出对自己制作的台灯的喜爱，也更加关注生活中的科技产品。但是，在遇到制作困难时，部分学生表现出沮丧和缺乏耐心的情绪，这反映出在培养学生面对困难时坚韧不拔、勇于探索的精神方面还有待提升。

2. 教学内容

内容难度：关于调光台灯的教学内容，电学部分的知识相对较难，对于没有电路基础的学生来说理解起来有一定难度。而台灯的制作部分内容相对容易理解，但是在制作步骤的细节和工艺要求上，如使用工具（热熔胶枪、剪刀等）的安全规范、材料的选择和加工等方面，内容较多且琐碎，学生容易遗忘或者忽略一些要点。

内容完整性：教学内容基本涵盖了调光台灯制作所需要的知识和技能，从电路原理到制作工艺，从材料准备到成品评价。但是在实际教学中发现，对于一些新兴的调光技术（如 LED 灯的调光技术）和环保节能方面的知识涉及较少，这使得教学内容在一定程度上缺乏前瞻性和全面性。

3. 教学过程中的优点与不足

（1）优点：

激发兴趣：选择制作调光台灯作为实践活动，与学生的日常生活息息相关，容易引起学生的兴趣。学生在制作过程中可以发挥自己的创意，设计出独特的台灯，这种创作的过程能够激发学生的学习热情和创新意识。

实践能力培养：整个教学过程注重实践操作，学生通过亲自动手制作调光台灯，提高了动手能力和解决实际问题的能力。在制作过程中，学生需要将所学的知识和技能，如电路连接、材料加工等转化为实际成果，这对于学生的综合素质提升有很大帮助。

展示与交流的收获：展示与交流环节是本次活动的亮点之一。各小组通过实物展示方式，生动地呈现了自己的产品。在分享过程中，学生不仅展示了其学习成果，还交流了在制作过程中遇到的问题。更重要的是，他们学会了倾听他人的观点，尊重不同的意见，这种开放包容的态度是他们在未来学习和生活中宝贵的财富。

（2）不足：

时间管理：在教学过程中，时间分配不够合理。例如，在讲解电路原理时花费了较多的时间，导致在台灯制作环节，学生的时间比较紧张，部分学生未能完成制作任务或者在制作过程中过于匆忙，影响了作品的质量。

个体差异关注：在教学过程中没有充分考虑到学生的个体差异。不同学生在知识基础、动手能力、学习速度等方面存在差异，但是教学过程中采用统一的教学进度和要求，导致部分学生跟不上教学节奏，而部分学生又觉得教学内容过于简单，没有得到充分的挑战。

4. 改进措施

（1）教学内容方面

适当增加新兴调光技术和环保节能知识的教学内容，拓宽学生的知识面，使教学内容更加与时俱进。例如，可以介绍 LED 灯调光的原理和优势，以及如何在制作台灯时考虑节能因素。

对于教学内容中的难点部分，如电路原理，可以制作更加详细的教学课件或者动画演示，将抽象的知识形象化，便于学生理解。

（2）教学方法方面

改进讲授法，采用问题导向式讲授。在讲解电路原理等知识时，通过提出一系列问题引导学生思考，让学生在解决问题的过程中理解知识，提高学生的学习主动性。

加强对小组合作的管理。在小组分组时，根据学生的能力、性格等因素进行合理分组，明确小组成员的职责和分工。在小组协作过程中，教师加强巡视和指导，及时发现并解决小组内出现的问题，提高小组协作的效率。

（3）教学过程方面

重新规划教学时间。根据教学内容的难易程度和重要性合理分配时间，给予学生足够的时间进行台灯制作，确保每个学生都能够完成作品并且有时间对作品进行完善和优化。

关注学生个体差异。在教学过程中，根据学生的实际情况设置分层教学目标和任务，对于学习困难的学生给予更多的指导和帮助，对于学有余力的学生提供拓展性的学习任务，满足不同层次学生的学习需求。

“制作调光台灯”这一跨学科实践活动不仅让学生学到了知识，更让学生在实践操作中成长，在团队合作中进步。今后在教学过程中应加强学科之间的融合，推动知行合一、学思结合，促进学生解决实际问题和勇于创新等综合能力的提高。

六、作品展示

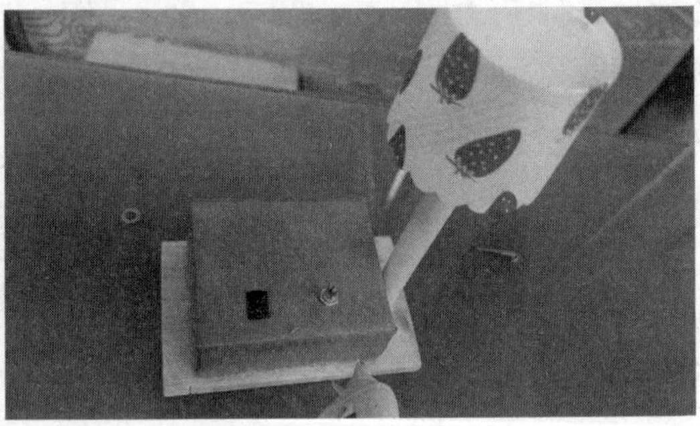

附：

“制作调光台灯”实践活动记录表

组别		组长		组员	
实践活动信息记录	实践活动时间				
	实践活动地点				
所需器材					
调光台灯原理图					
调光台灯设计图纸					

（续表）

连接情况记录及问题处理	
实践收获	

案例点评

通过“制作调光台灯”这一动手操作项目，让学生亲身体验从设计到制作的全过程，通过项目化学习设计，将电子技术、物理、美术以及工程实践等多个学科领域巧妙地融合在一起，让学生在动手实践的过程中，不仅能够学习到理论知识，还能够锻炼动手能力和创新思维。同时激发了学生的学习兴趣，还提高了他们的实践操作能力。

1. 本跨学科设计的理念先进。以具体的项目制作为载体，在物理、美术、劳动技术等之间建立联系，用物理知识解释调光台灯的原理并为制作调光台灯指明了方向，用美术装饰方法使制作的调光台灯更美观，在制作过程中学会使用热熔胶枪和锯等工具。学生通过把不同学科中学到的知识、技能整合到一起，并且在解决问题的过程中加深对制作调光台灯的理解，最终实现思维的提升以及核心素养的形成。

2. 本跨学科设计思路独到。根据生活需求，展示常见的调光台灯照片，创设真实情境，引导学生去思考调光台灯是如何工作的，制作调光台灯的关键是改变灯泡两端的电压，接入变阻器可以实现。回顾变阻器的种类，说出电位器适合做台灯元件的原因等具体问题，引发学生思考，培养其问题意识。回忆欧姆定律等电学知识，将理论应用于实践，设计一款调光台灯，学习过程体现了从“记忆”到“理解”再到“应用”。

3. 本跨学科实践的可操作性强。在教师引导下各小组进行资料查阅与讨论，初步制订制作调光台灯的具体实施方案，并尝试对以下问题进行解答：如何确定调光台灯的造型、结构、各组成部分，如何确定制作调光台灯所选用的实物器材，制作过程分为哪些步骤，如何对制作的调光台灯进行改进装饰。这是为了培养学生思考问题的逻辑性以及做事时应统筹安排有条不紊地开展工作的能力。同时在设计和制作过程中，注重科学、数学、工程及艺术等方面学科知识的综合运用，培养学生跨学科实践的能力。

4. 本跨学科实践要求学生，根据设计方案，回顾电学知识—理解调光台灯原理—应用电学知识设计模拟调光台灯—分析电路设计实现调光功能—师生互评共同优化。但是在具体步骤中学生应该明确先做什么后做什么，制作过程中遇到的问题是什么，解决方案是什么，应该提前做好预设。作品制作出来后并不是结束，而是应继续思考如何检验小组制作的调光台灯造型的稳定性、工作的可靠性以及外观的设计是否美观。在实施过程以学生为主体，设计思维不断提升的问题，从而培养学生将知识转化为技能的能力，鼓励学生小组讨论，共同商议解决在制作过程中遇到的问题，引导学生学会团队协作、合作交流，培养学生严谨认真、实事求是的科学态度。

5. 评价嵌入跨学科实践实施的每个过程。以小组为单位，在讲台上边操作边讲解，分析作品的优势和不足。例如，制作过程遇到了哪些问题、是如何解决的，如何从美观角度对作品进行改进升级，通过实践活动，对制作调光台灯有了新的认识和体会。其实在交流环节，教师也可以实时地参与其中，将过程性评价和终结性评价结合起来，既要对学生的作品实物进行评价，更要关注学习及实践过程。对学生的学习态度、实践、探究过程、实践中采用的方法等进行多方面评价。这样可以使学生在评价过程中取长补短，从而创作出更好的作品。

总而言之，跨学科实践教学项目“制作调光台灯”的设计不仅涉及多学科融合，而且通过实际操作和动手实践的方式，让学生能够深入理解理论知识与实际应用之间的联系。它还鼓励学生发展创新思维和解决问题的能力。在这个项目中，学生将学习到电子学的基础知识，了解电路的工作原理，同时也会接触到一些基础的工程设计和材料学。无论是对学生学习知识、培养能力，还是对发展核心素养都有重要意义。

跨学科实践案例 16 调查家庭用电情况

执教者：赵艳霞（山东省东营市利津县北宋镇实验学校）
点评者：孙　青（山东省东营市广饶县大王镇中心　初中齐鲁名师）

一、实践活动课程规划

1. 整合学科

物理：通过观察发现家庭用电中存在的问题，培养学生独立思考能力；了解家庭用电器的使用情况，制作节电小贴士，培养学生动手能力和语言表达能力；培养学生节电意识和环保意识。

数学：通过调查、计算、交流等活动对自己家庭用电量进行汇报，培养学生的调查能力、处理信息和计算能力；通过家庭用电情况的调查，初步掌握科学的调查方法和绘制统计图表的方法。

2. 实践价值

家庭用电是我国能源消耗的重要组成部分，据统计，我国家庭用电量占社会总用电量的近 30%。然而，目前关于家庭用电情况的研究尚不充分，缺乏系统性的调查与分析。随着社会经济的快速发展，家庭用电需求日益增长，科学合理地调查家庭用电情况，对于促进能源节约、提高能源利用效率具有重要意义。跨学科实践案例的研究，旨在揭示家庭用电的现状、存在的问题及改进的措施，为家庭用电管理提供科学依据。

3. 实践任务

统计家庭用电的总量以及各个用电设备的分项用电量。通过计算、问卷和实地调查中记录的数据，得出家庭每月的总用电量，并分别计算出照明、空调、冰箱、洗衣机等主要用电设备的用电量。通过计算，得出家庭每月的用电费用，并与家庭的经济预算进行对比，评估用电成本是否合理。

4. 实践目标

（1）了解家庭用电器的变迁及用电情况。

（2）了解当地人均用电量的变化，写出调查报告。

（3）认识电能对社会经济发展的影响，树立节约用电和可持续发展的意识。撰写一份节约用电的倡议书。

5. 重点难点

（1）重点：通过家庭用电的调查，初步掌握科学的调查方法，绘制统计图表的方法，并能通过观察发现家庭用电中存在的问题，培养学生独立思考能力。

（2）难点：培养节电意识和环保意识，养成善于与家人沟通的习惯，树立爱家精神。

6. 学情分析

我国家庭用电设备数量逐年增加，种类繁多。主要包括空调、冰箱、洗衣机、电视、电脑、热水器等，其中，空调、冰箱和洗衣机是家庭用电的常用设备。大部分同学对节能有一定的认识，但在实际操作中，仍有部分家庭存在浪费现象。如长时间开启空调、电视等设备，不关灯等。部分家庭存在用电安全隐患，大部分学生对用电安全有一定的了解，但在实际操作中，仍存在忽视安全的现象。

7. 实践准备

电脑，彩笔，家庭用电情况调查表等。

二、实践活动实施规划

1. 实践活动流程图

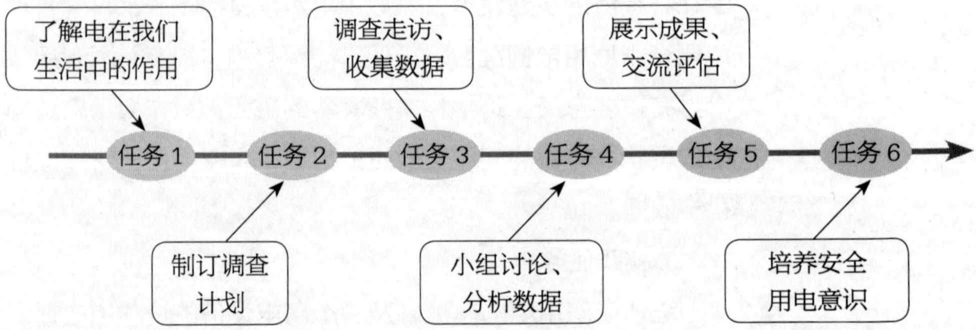

2. 实践活动规划表

实践步骤	实践任务	课时安排
问题： 创设真实情境，明确实践课题	随着我国经济的快速发展，人民生活水平不断提高，家庭用电需求逐渐增长。为了深入了解家庭用电情况，提高电力供应效率，保障电力安全，对家庭用电情况进行调查与分析。通过对家庭用电情况的了解，为电力部门提供决策依据，促进电力资源的合理配置。	课时 1
证据： 确定任务方案，明确实践步骤	任务 1：向父母了解近几年家中用电器的变迁。 任务 2：用列表的形式统计家中用电器的数量、额定功率、每天使用的时间，估算家庭中一个月的用电量。 任务 3：查找相关资料，了解“中国能效标识”，观察家用电器的“能效标识”，把获得的信息与同学交流。 任务 4：咨询电力部门或从网络、报刊上获取当地用电情况的信息。 任务 5：展示成果、分析数据、得出结论。 任务 6：培养安全用电意识。	
交流： 展示实践成果，总结交流评价	1. 评估自己的调查报告，与同学交流在调查研究过程中遇到的问题及解决办法。 2. 与同学交流家庭用电情况变化对生活的影响，以及家中不合理的用电情况，完善节约用电倡议书。	

三、实践活动教学设计

<table>
<tr><th colspan="4">实践过程</th></tr>
<tr><th>实践任务</th><th>教师活动</th><th>学生活动</th><th>设计意图</th></tr>
<tr>
<td>任务 1：向父母了解近几年家中用电器的变迁。</td>
<td>问题引入：在现代社会，电能在我们的日常生活中扮演着举足轻重的角色。
随着社会的发展，家用电器的种类、数量越来越多，带来了巨大的能源消耗，耗电量迅速增长。你了解你的家庭及当地的用电情况吗？本节课，我们将深入了解家庭用电的情况，探讨如何安全、节约用电。出示课件。</td>
<td>1. 知道家庭用电情况，可以从哪些方面进行了解？互相介绍自己的方法，小组汇报。
2. 调查行动开始前，想一想怎样将调查结果记录下来？可以设计一张“家庭用电情况调查表”。
<table>
<tr><th>电器名称</th><th>功率（瓦）</th><th>日用电量（度）</th></tr>
<tr><td>冰箱</td><td></td><td></td></tr>
<tr><td>洗衣机</td><td></td><td></td></tr>
<tr><td>电饭煲</td><td></td><td></td></tr>
<tr><td>风扇</td><td></td><td></td></tr>
<tr><td>电视机</td><td></td><td></td></tr>
<tr><td>电脑</td><td></td><td></td></tr>
<tr><td>电暖气</td><td></td><td></td></tr>
<tr><td>空调</td><td></td><td></td></tr>
<tr><td>电烤箱</td><td></td><td></td></tr>
<tr><td>电水壶</td><td></td><td></td></tr>
<tr><td>……</td><td></td><td></td></tr>
</table>
</td>
<td>1. 创设具体问题情境，引发学生思考，培养其问题意识。培养学生设计调查方案的能力。
2. 培养节电意识和环保意识，养成与家人沟通的习惯，树立爱家精神。</td>
</tr>
</table>

（续表）

实践过程			
实践任务	教师活动	学生活动	设计意图
任务 2：用列表的形式统计家中用电器的数量、额定功率、每天使用的时间，估算家中一个月的用电量。	引导学生统计家用电器的用电量，用多种方式分析家用电器的用电量。	1. 记录下自己家中各类用电器的数量，以及各自的额定功率。这些信息可以通过查看说明书获得。 2. 通过统计这些数据，可以得到一个大致的家庭用电器清单，为后续的分析提供基础。对家庭用电器的能耗情况进行深入分析。能耗情况不仅取决于用电器的数量和功率，还与它们的使用时长有关。通过计算每个用电器的月耗电量来评估其能耗情况。	培养学生统计和分析数据的能力。
任务 3：查找相关资料，了解“中国能效标识”，观察家用电器的“能效标识”，把获得的信息与同学交流。	引导学生通过分析节约策略，能够为家庭节省开支，同时为环境保护做出贡献。推广家庭用电节约意识，有助于构建一个更加节约、环保的社会环境，让每个人都成为节能减排的积极参与者。	在教师引导下进行资料查阅与讨论，收集到大量数据后，采用以下分析方法进行处理：一是描述性统计分析，对家庭用电的基本情况进行量化描述；二是相关性分析，探究不同因素对家庭用电量的影响；三是回归分析，	通过家庭用电情况的调查，初步掌握科学的调查方法以及绘制统计图表的方法，并能通过观察发现家庭用电状况中存在的问题，培养独立思考能力。

（续表）

实践过程			
实践任务	教师活动	学生活动	设计意图
		建立家庭用电量的预测模型，为提出节能措施提供依据。	
任务4：咨询电力部门或从网络、报刊上获取当地用电情况的信息。	联系电力部门，给学生提供调查途径，引导学生搜集数据。	分小组，依据教师引导的途径，从网上或电力部门查阅资料，调查当地用电情况，记录数据。 	培养学生利用网络和咨询的方式，获得信息的能力。
任务5：展示成果、分析数据、得出结论。	1. 引导学生对收集的数据进行有效处理和分析，得出有价值的结论。 2. 指导学生应用可视化工具展示分析收集的数据。 3. 引导学生通过分析数据发现问题： （1）用电量分布特征分析显示，城市家庭的用电量普遍高于农村	1. 在教师的引领下对收集的数据进行处理和分析。 （1）数据整理 ①将收集到的数据进行分类，如按家庭类型、用电设备、用电时间等分类。 ②对数据进行编码，以便于后续的统计分析。	1. 培养学生科学处理数据和分析数据的能力，提高团队合作精神。

（续表）

<table>
<tr><th colspan="4">实践过程</th></tr>
<tr><th>实践任务</th><th>教师活动</th><th>学生活动</th><th>设计意图</th></tr>
<tr><td></td><td>家庭，这与城市家庭拥有更多家用电器有关。
（2）用电高峰时段数据表明，晚上 7 点到 10 点是家庭用电的高峰时段，这与家庭成员的日常活动模式相符。
（3）家电能耗分析，冰箱、空调和洗衣机是家庭用电的主要消耗者，推广节能型家电有助于降低家庭耗电量。
（4）节能意识与行为调查发现，家庭成员的节能意识对家庭用电量有显著影响，节能行为习惯的养成有助于减少电费支出。</td><td>（2）数据清洗
①删除重复记录，确保数据的唯一性。
②可以通过填充或删除缺失值的方法检查并处理缺失值。
③纠正异常值，分析其产生的原因，并决定是否保留或修正。
④标准化数据格式，如日期格式、电量单位等。
（3）可视化工具
①使用表格等工具进行数据可视化。
②选择合适的图表类型，如柱状图、折线图等，以展示不同的数据特征。
（4）可视化展示
①用柱状图展示不同家庭类型的用电量分布。
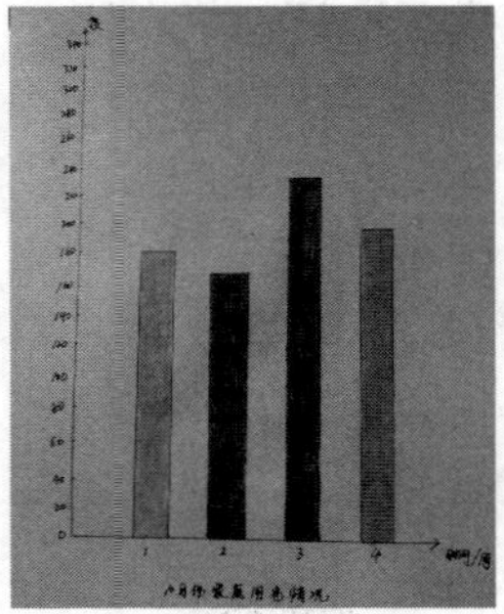</td><td>2. 通过分析用电数据，不仅能掌握实用技能，还能将课堂知识应用于生活，同时推动家庭践行低碳生活，实现“知—行—思”结合。</td></tr>
</table>

（续表）

实践过程			
实践任务	教师活动	学生活动	设计意图
		②用折线图展示家庭用电量随时间变化趋势。 ③用饼图展示家庭用电设备的能耗比例。	
任务 6：培养安全用电意识。	1. 同学们在调查家庭用电过程中，还掌握了哪些用电安全常识？ 2. 家庭用电安全隐患分析 （1）电器老化 （2）用电负荷过大 （3）不规范用电行为，如湿手触摸电器、私拉乱接电线等，都可能引发安全事故。	1. 小组内分享自己掌握的家庭用电安全常识，每小组找一个代表阐述本小组了解的家庭安全用电常识。 2. 其他小组可补充遗漏点。 3. 小组总结，写出调查报告。	1. 通过小组讨论和代表分享，强化学生对家庭用电隐患的认知。 2. 提升实践能力，促进团队协作，通过小组合作提炼关键知识点，培养沟通与总结能力。

四、评价实施建议

建议师生共同制订评价量表，用于学生自我诊断、组间评价，以及教师的评价反馈。

"调查家庭用电情况"项目评价量表

评价维度	评价标准	自评	互评	师评
调查任务	了解家庭用电器的变迁及用电情况			
	了解当地人均用电量的变化			
	认识电能对社会经济发展的影响，树立节约用电和可持续发展的意识			
实践计划	小组内根据调查任务制订实践计划			
信息搜集	能搜集家庭中各个用电器的功率			
	能将搜集到的数据记录到相应的表格			
分析数据	小组内能将搜集的数据综合分析			
	能写出调查报告			
协同合作	小组内分工合作，各司其职。根据自己的特长积极完成任务			
交流展示	介绍自己对家庭用电的认识，知道电能对社会经济发展的影响，树立节约用电和可持续发展的意识。撰写一份节约用电的倡议书			
评价方法：完全符合评价标准得☆☆☆，基本符合得☆☆，少量符合得☆				

五、实践活动教学反思

在调查家庭用电情况的跨学科实践活动中，学生通过调查、查阅资料，分析了家庭用电数据，探讨了节约用电的策略，学习了家庭用电安全知识。同时分享了在调查家庭用电情况过程中的心得与感悟，谈了自己在设计问卷、实地调查、数据整理和分析过程中的所思所感，增进了同学们之间的交流，加深了对课程内容的理解。同时，学生在实践调查过程中，锻炼了数据分析、解决问题的能力。

1. 活动设计的合理性与创新性

本次实践活动通过调查家庭用电情况，了解居民用电需求、用电习惯以及用电安全意识，提高了学生的实践能力和综合素质。本次实践活动涉及了物理、数学和信息技术学科。通过跨学科融合，使学生能够从不同角度分析问题，提高实践活动的效果。实践活动内容丰富，主要包括：设计调查问卷、进行问卷调查、收集和分析数据、撰写调查报告等。这些内容既具有理论性，又具有可操作性，有利于学生在实践中提高自己的能力。实践活动在教师的指导下进行，确保了活动的有序性和安全性。同时，实践活动还制订了详细的实施方案和应急预案，为学生提供了良好的实践环境。活动围绕家庭用电情况展开，调查内容涵盖家用电器、用电量、用电安全、用电习惯等多个方面。

2. 任务执行中的挑战与应对

在执行任务过程中，遇到了几个主要的挑战：首先，调查对象难以确定。家庭用电情况涉及众多家庭，如何合理选择调查对象成为首要问题。为了确保调查结果的客观性和代表性，教师采取了随机抽样和分层抽样的方式，根据家庭收入、住房条件等因素，将家庭分为不同层次，确保调查对象的多样性。其次，数据处理与分析能力不足。针对这一困难，组织了专业教师对学生进行数据处理与分析的培训。再次就是团队协作与沟通能力稍差。为确保任务顺利进行，采取了明确分工、鼓励团队成员之间进行沟通与协作，共同解决问题的方法。

3. 学生表现与成长

在实践活动中，学生积极参与，认真对待每一个环节。他们学会了如何设计调查问卷，如何收集、整理和分析数据。在数据分析过程中，学生运用所学的数学、物理等知识，对家庭用电情况进行了详细地分析，提出了许多有针对性的建议。实践活动要求学生分组进行，每个小组都有明确的分工。在实践过程中，学生学会了如何与团队成员沟通、协作，共同解决问题。他们相互支持、相互鼓励，共同完成了实践任务。实践活动涉及多个学科知识，学生在实践过程中，不仅巩固了所学知识，还学会了如何将理论知识运用到实际生活中。

4. 展示与交流的收获

学生在活动中表现出了良好的团队合作精神、实践能力和环保意识。此次实践活动，不仅丰富了学生的课余生活，还为他们提供了一个展示自我、锻炼自我的平台。相信在今后的学习和生活中，他们会以更加饱满的热情，为实现我国环保事业的发展贡献自己的力量。

5. 未来改进方向

这次实践活动虽然取得了比较满意的效果，但仍然存在一些不足之处：在实践调查环节，部分学生由于缺乏经验，调查问卷设计不够合理，导致调查结果存在一定偏差。在数据分析环节，部分学生运用统计学方法不够熟练，对数据分析结果的理解不够深入。在课堂组织方面，时间安排不够紧凑，导致部分环节拖延。针对以上不足，今后的改进措施：加强对学生调查问卷设计的指导，提高问卷质量；在数据分析环节，增加课堂练习，提高学生运用统计学方法的能力；优化课堂组织方案，合理分配时间，确保各环节顺利进行。

总之，通过本次跨学科实践的教学，教师认识到实践性教学在培养学生能力方面的重要性。在今后的教学中，应不断改进教学方法，提高教学质量，为培养具有实践能力和创新精神的人才贡献力量。

六、作品展示

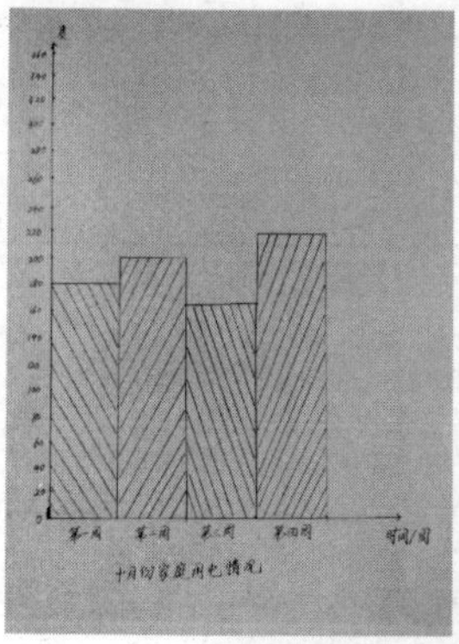

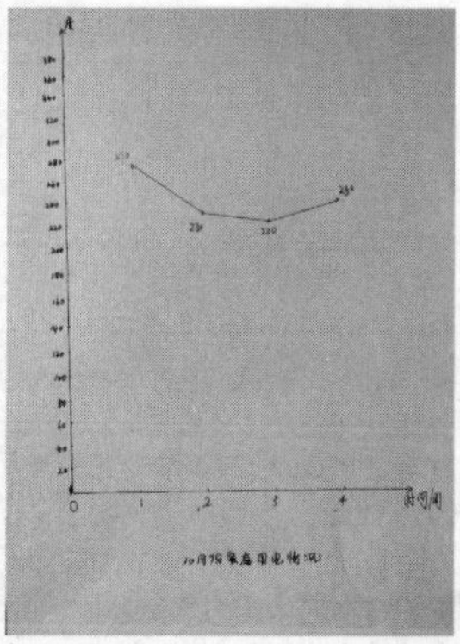

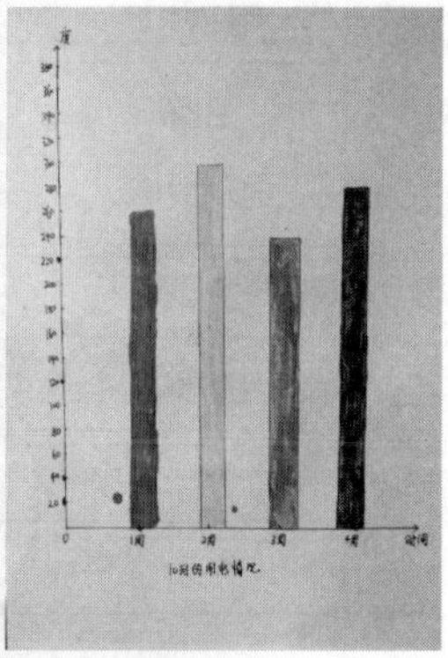

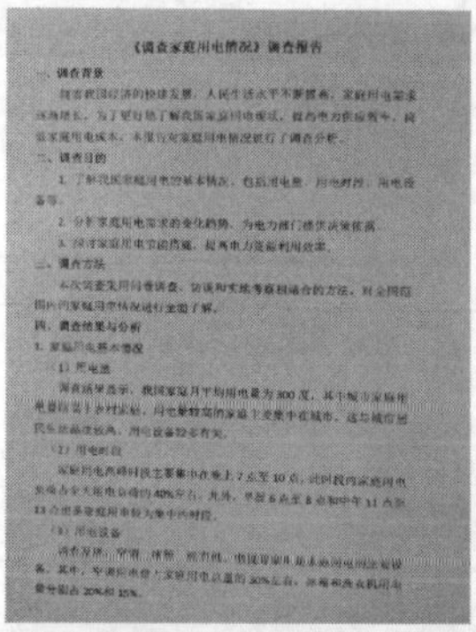

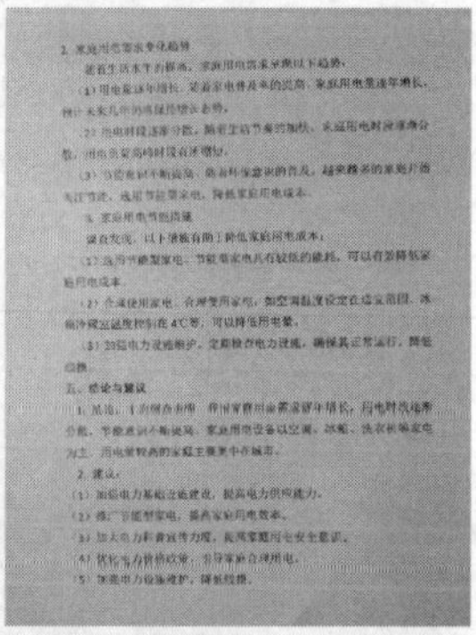

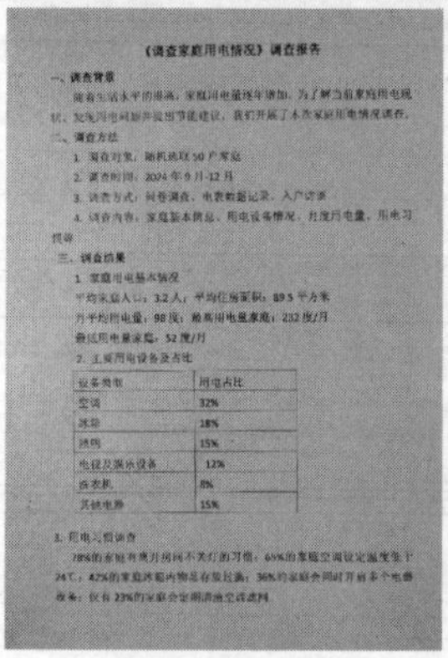
《调查家庭用电情况》调查报告

一、调查背景

二、调查方法

2. 调查时间：2024年9月-12月

三、调查结果

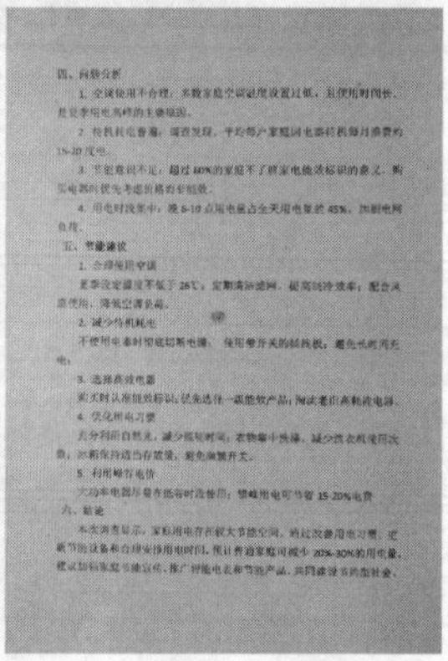

附:

“调查家庭用电情况”实践活动记录表

<table>
<tr><td>组别</td><td></td><td>组长</td><td></td><td>组员</td><td></td></tr>
<tr><td rowspan="12">用电基本情况</td><td>电器名称</td><td>功率(瓦)</td><td>日用电量(度)</td><td colspan="2">月用电量(度)</td></tr>
<tr><td>冰箱</td><td></td><td></td><td colspan="2"></td></tr>
<tr><td>洗衣机</td><td></td><td></td><td colspan="2"></td></tr>
<tr><td>电饭煲</td><td></td><td></td><td colspan="2"></td></tr>
<tr><td>风扇</td><td></td><td></td><td colspan="2"></td></tr>
<tr><td>电视机</td><td></td><td></td><td colspan="2"></td></tr>
<tr><td>电脑</td><td></td><td></td><td colspan="2"></td></tr>
<tr><td>电暖气</td><td></td><td></td><td colspan="2"></td></tr>
<tr><td>空调</td><td></td><td></td><td colspan="2"></td></tr>
<tr><td>电烤箱</td><td></td><td></td><td colspan="2"></td></tr>
<tr><td>……</td><td></td><td></td><td colspan="2"></td></tr>
<tr><td>……</td><td></td><td></td><td colspan="2"></td></tr>
<tr><td>用电安全隐患</td><td colspan="5"></td></tr>
<tr><td>用电浪费现象</td><td colspan="5"></td></tr>
<tr><td>节约用电措施</td><td colspan="5"></td></tr>
<tr><td>实践总结</td><td colspan="5"></td></tr>
</table>

案例点评

在新课标要求的基础上，教师以“物理学与日常生活”主题为例，结合学生、学校及当地相关教学资源的实际，开发了以调查家庭用电情况为主题的跨学科实践活动。活动从数学、信息技术等多学科角度观察、思考和分析问题，发展学生跨学科运用知识的能力、分析和解决问题的综合能力、动手操作的实践能力，培养学生积极认真的学习态度和乐于实践、敢于创新的精神。为跨学科实践课程的可行性和具体可操作性等方面提供了一些值得借鉴的建议。

1. 教学理念紧扣课标。本案例选取“物理与日常生活”这一跨学科实践主题，以活动和课后任务开展学生调查家庭用电情况的教学活动，通过资料查阅和实地考察，探索家庭用电的安全问题，从跨学科视角撰写简单的调查报告。学生活动和任务加强了学科间的关联，带动课程综合化实施，贯彻了活动育人、实践育人的教育理念。

2. 教学设计的可行性。本案例以调查学生的家庭用电情况为背景，围绕现实生活问题，选取了践行安全与健康生活、具有节能环保意识这一有教育意义的素材，将跨学科实践的课题分解成若干驱动性任务，以设计调查问卷和实践活动方案、调查自己家各类用电器的用电量、分析用电器的能耗情况、形成调查报告、交流调查成果、撰写节约用电倡议书等方式设计活动，将跨学科实践的课题转化为可操作的教学设计和实施方案。

3. 教学实施的可操作性。本案例以了解近几年家中用电器的变迁、了解“中国能效标识”、获取当地用电情况、交流展示实践成果这四个实践任务为主线，引导学生提前了解了活动的流程和要求，以及所需知识、方法和设备等，并进行了合理的分组，使得学生能够取长补短、共同完成活动，在学生遇到困难时教师也给予了适当的指导与帮助，注重活动总结，以撰写家庭用电情况报告的形式展示成果并交流分享，并设计了项目评价量表。整个教学活动还有“用电安全隐患”“用电浪费现象”和“节约用电措施”的议题，解决了现实生活中有价值的真实问题，同时，有实践活动方案的设计和课后调查的任务，既有所学知识的应用，也有新知识的建构，实现了跨学科主题与其他主题教学一体化设计。

本案例设计立足于电能知识，对实践任务、实践目标提出了具体的要求，明确了重难点，基于学情分析制订了详细的实践过程。活动设计跨出物理学科知识的视野，将电能知识跟日常生活结合起来，融合数学、信息技术等多学科知识，综合分析了家庭主要用电器的用电情况，认识到电能对社会发展的影响，帮助学生养成节能环保意识。成功地将数学、信息技术等学科知识应用于解决实际问题，不仅提高了学生的实践能力，还培养了他们的环保意识和可持续发展意识，使学生具备了良好的团队精神和自我管理能力。

跨学科实践案例 17 设计与安装模拟家庭电路

执教者： 奚凤霞（山东省东营市广饶县英才中学）
点评者： 武庆鹏（山东省东营市广饶县教育科学研究中心教研员）

一、实践活动课程规划

1. 整合学科

物理：了解家庭电路的基本组成及连接方式，深化对家庭电路知识的理解和应用；利用电学知识完成对模拟家庭电路的设计与安装，安装完成后，对安装电路进行检查和测试，用测电笔检查相线、中性线，确保所有元件能正常工作；形成安全用电和节约用电的观念。

数学：数学是学习物理学知识的有效工具。利用数学工具对电路图的尺寸进行合理的布局规划。运用数学知识计算电路中的电流、电压和电功率等参数，分析能源利用的效率和损耗。

计算机：利用计算机完成资料的查询以及电路图的设计。制作课件或宣传片等宣传安全用电知识，提升节约能源、保护环境的意识。

工程学：本案例的内容与日常生活联系密切，需要学生合理设计和布置电路，选择合适的电器设备和配件，考虑电路的负载、电流容量等因素，最终完成一个模拟家庭电路的电路演示板，同时利用演示板来进行电路的测试以及故障的分析与排除。以上知识都涉及工程学中的电路设计和电气工程知识。

2. 实践价值

本课题以家庭电路的组成及连接等基础知识为核心，策划并开展了一项设计与安装模拟家庭电路的跨学科实践活动。

该活动整合了物理、数学、计算机和工程技术等多个学科的课程资源，旨在为学生提供一个全面的学习平台。通过亲身参与模拟家庭电路板的设计与安装过程，学生不仅能够加深对家庭电路的理解，还能深入了解工程与技术和物理学之间的融合关系。此外，该实践活动还旨在增强学生的安全用电意识和健康生活理念，帮助他们认识到在日常生活中安全用电的重要性。通过运用跨学科知识与思维，学生能够提高解决实际问题的能力，从而更好地应对现实生活中的各种挑战。这一课题充分体现了物理学的进步对社会发展所起的重要作用，展示了物理学在推动技术创新和改善人们生活质量方面的贡献。

3. 实践任务

根据所学知识设计自己房间的家庭电路布局图，小组讨论，将优化后的电路图绘制在演示板上；根据电路图选择器材，了解各器材的用途及注意事项；在演示板上架设相线、中性线和保护线，将需要连接导线的地方提前剥线；根据电路布局图，将电能表、断路器、两孔插座、三孔插座、灯座等元件固定在合适的位置，并用导线进行连接；检查电路连接是否正确，在教师的协助下给演示板供电，用测电笔检查相线和中性线的连接是否正确，闭合开关，测试灯泡和小型家用电器能否正常工作；各小组对自己安装的模拟家庭电路演示板进行展示并汇报。

4. 实践目标

（1）引导学生经历设计与安装模拟家庭电路的全过程，进一步了解家庭电路的基本组成及连接方式，深化对家庭电路知识的理解和应用，引导学生初步形成能量观念；安装完成后，通过对安装电路的检查和测试，形成安全用电和节约用电的观念。

（2）引导学生在实践过程中，设计出自己房间的电路布局图，并选择合适的电路元件。让学生结合电学和电工理论知识，确保各元件的安装准确无误，分析、解决设计和安装过程中的各种问题，提升个人的实践技能。

（3）引导学生综合运用物理、劳动技术、美术等多个学科的相关知识，制订详细的实践方案，明确任务目标；引导各小组进行合理的任务分工和学习，以确保项目的顺利进行；帮助学生交流解决实践过程中的真实问题，加强学生跨学科知识整合能力。

（4）引导学生通过实践活动，领悟团队协作的不可或缺性，培养学生勇于发现问题、提出疑问的科学态度；引导学生运用跨学科思维方式分析并解决问题，理解物理学与社会发展的紧密关系，审视日常生活中的安全隐患，积极落实安全健康的生活方式。

5. 重点难点

（1）重点：了解家庭电路的组成以及各元件的连接方式；利用测电笔进行相关测试；能检查并对出现的故障进行检修。

（2）难点：小组合作设计电路图、动手安装模拟家庭电路，并进行测试与展示；对实践活动进行总结与反思，找到改进的方向。

6. 学情分析

在前两节课中，学生已经系统地学习了家庭电路的基本组成，包括了解了电源、导线、开关、插座、保险装置等主要元件的作用以及它们之间的连接方式。学生还学习了如何使用测电笔来辨别相线和中性线，并掌握了家庭电路中安全用电的基本常识，例如不接触低压带电体、不靠近高压带电体、正确使用各种电器等。通过这些学习，学生对家庭电路不再感到陌生与神秘，对电路的基本原理和安全使用有了初步的认识和理解。

同时，在前两节课的学习过程中，学生已完成了对自己房间家庭电路布局图的设计和改进。这一环节不仅锻炼了学生的理论应用能力，还培养了他们的创新思维和问题解决能力。通过对电路布局的规划和优化，学生能够更好地理解电路的合理布局对于安全和效率的重要性，同时也为本节课的实践活动奠定了坚实的理论基础。

然而，尽管学生在理论知识方面已经具备了一定的基础，但在动手实践能力方面仍有所欠缺。为了确保实践活动的顺利开展，教师需要在活动开始前进一步向学生介绍各元件的具体使用方法，例如如何正确安装和连接开关、插座等元件。同时，教师还需要向学生讲解电工工具的使用技巧，如螺丝刀、剥线钳等工具的正确使用方法，以及如何安全地操作这些工具。

此外，教师还需要重点讲解电能表和总开关的连接方法，因为这两个元件在家庭电路中起着至关重要的作用。电能表用于测量家庭用电量，而总开关用于控制整个家庭电路的通断。正确连接这两个元件对于确保电路的安全运行至关重要。

在导线的连接方面，教师需要向学生介绍导线的正确连接方法和注意事项，例如导线的剥线长度、导线的接线方式等。正确的导线连接不仅能够保证电路的正常工作，还能避免因接触不良而导致的短路等安全隐患。

最后，教师还需要再次强调安全用电的重要性，并向学生讲解在实践活动过程中需要注意的安全事项。例如，在操作电路时要确保手部干燥，避免触电事故的发生；在连接电路元件时要按照正确的顺序进行，避免因操作不当而导致的电路故障等。通过这些详细的讲解和指导，学生能够在实践活动中学到更多的实用技能，同时也能更好地提高自己的动手实践能力。

7. 实践准备

演示板（80 cm × 60 cm），电能表，断路器，灯座，灯泡，开关，两孔插座，三孔插座，测电笔，绝缘胶带，绝缘手套，塑料线夹，导线，剥线钳，小型家用电器等。

二、实践活动实施规划

1. 实践活动流程图

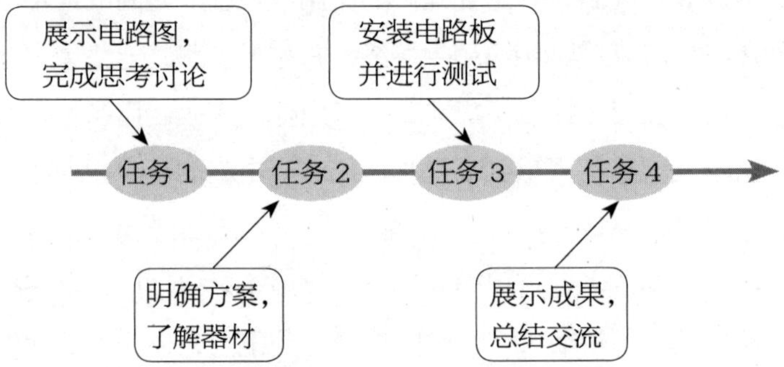

2. 实践活动规划表

实践步骤	实践任务	课时安排
问题： 回顾知识，明确实践课题和目标	任务 1：回顾前两节的知识，了解实践目标；展示电路图，完成实践活动前的思考与讨论	课时 1
证据： 确定任务方案，明确实践步骤	任务 2：讨论设计与安装模拟家庭电路的具体实施方案。交流注意事项、了解器材连接和工具的使用。	
解释： 经历实践过程，展示实践成果	任务 3：完成对模拟家庭电路板的制作，包括架设线路、实践安装、检查电路、进行测试作品展示等。	
交流： 总结交流评价	任务 4：以小组为单位交流实践过程中的问题与收获，并进行反思和改进。进一步总结安全用电原则。	

三、实践活动教学设计

实践过程			
实践任务	教师活动	学生活动	设计意图
任务 1：任务与目标	1. 引导学生回顾前两节学习的内容，让学生展示在第一节中设计完成的自己房间的家庭电路图，通过讨论进一步优化电路的布局。然后课件出示本节课的任务和目标，并展示模拟家庭电路板的成品，让学生更加明确本节课的任务是什么。 2. 课件出示需要思考与讨论的问题，学生分组讨论、交流、汇报：安装模拟家庭电路需要哪些器材？	1. 回想本章前两节所学的知识并进行汇报。展示自己小组在第一节中设计的房间电路图，各小组进行汇报、补充得出完善后的电路图。学生观察教师给出的模拟家庭电路的成品演示板，对如何布局、如何制作有一个大致的了解。 2. 学生根据所学知识和电路板，思考并小组讨论教师发布的四个问题，选择出需要的器材，了解安装注意事项及如何检测等，为接下来的家庭电路的安装奠定基础。所用器材的规格是否符合设计要求？	本节课是本章的第三节，学生通过前两节课的学习，已经了解了家庭电路的组成以及家庭电路中安全用电的知识，并且完成了简单的家庭电路图的设计，为本节课的安装提供了基础。 任务与目标的确立，以及成品电路板的展示，让学生明确本节课的任务是什么，要制作一个怎样的东西，有目标有方向。思考与讨论的设计让学生对如何安装以及安装中可能会出现的问题预设，提出解决方案，为实践的顺利开展奠定基础。

（续表）

实践过程			
实践任务	教师活动	学生活动	设计意图
	在安装模拟家庭电路的过程中，有哪些注意事项？ 如何检测安装的模拟家庭电路能否正常工作？ 教师对学生的回答进行点评和指导。		
任务2：注意事项、器材连接和工具的使用	1. 指导学生将各个元件摆放在演示板合适的位置，以笔代线将电路图绘制在演示板上，为接下来的连接做好准备。教师进行巡视指导，各小组之间也可互相交流。 2. 根据成品电路板，介绍教师给学生准备的原始电路板（架设有相线、中性线和保护线以及三脚插头），同时，按照进户线进户后的顺序，依次介绍电能表如何连接（照片）、断路器如何连接（照片）、灯座以及控制它的开关该如何连接（照片加提问）、三孔和两孔插座该如何连接、导线该如何连接（出示照片并提示用绝缘胶带把裸露的导线包扎好）、该如何剥线（视频）、塑料线夹如何使用。同时强调实验的注意事项。	1. 学生将各开关、灯座、插座等摆放在演示板上相应的位置，用铅笔、直尺等在演示板上画出导线及连接方式。 2. 学生认真观察教师给各小组准备的原始电路板，根据教师的介绍，分辨三条进户线，了解该如何布线、剥线、接线、固定线以及各个器材该如何连接和使用。注意教师提到的注意事项，以保证安装过程的安全和规范。	本环节的设计依托成品电路板，利用元件实物和铅笔，让学生完成演示板上的电路图绘制。绘制完成后，再依托成品电路板介绍导线和各器材该如何连接，有什么注意事项。这一环节的设计，是实践顺利开展和学生正确连接的重要保障。

（续表）

实践过程			
实践任务	教师活动	学生活动	设计意图
任务3：探究与实验：制作模拟家庭电路板	1. 指导学生根据绘制好的电路图在演示板上架设好相线、中性线和保护线，用剥线钳将需要连接导线的地方提前剥好线。 2. 课件出示注意事项：（1）安全规范地使用电工工具；（2）安装过程中不允许接入电路；（3）一定要用绝缘胶带把裸露的导线包扎好。 3. 根据电路布局图和展示的电路板，引导各小组依次将电能表、断路器、灯泡和控制灯泡的开关、两孔插座、三孔插座规范地安装在演示板上。 4. 引导学生检查各器材连接是否正确，将断路器和灯泡开关断开。 5. 给演示板供电，闭合断路器，用测电笔测试插座的相线和中性线连接是否正确。闭合控制灯泡的开关，看灯泡能否正常发光。将用电器插入演示板插座，看能否正常工作。让学生将测试过程中遇到的问题记录下来，便于后续处理。 6. 选择两个小组的作品进行展示。	1. 小组成员分工合作，按照绘制好的电路图架设三条进户线，在需要接线的地方用剥线钳进行剥线。 2. 了解安装过程中的注意事项，以保证在安装过程中的规范和安全。 3. 根据教师对器材连接的介绍，利用电工工具依次将电能表、断路器、灯泡和控制灯泡的开关、两孔插座、三孔插座安装在演示板上，注意正确连接。 	本环节是整节课的核心所在，是耗费时间最多的一个环节，也是真正锻炼学生动手实践能力和小组合作能力的一个环节。在这个过程中，学生经历了绘图—布局—架线—安装的全过程，将理论知识应用于实践。在这个过程中，教师需要不断地巡视指导，及时发现问题，纠正问题，以保证安装的顺利进行。 在测试阶段，为了保证学生的安全，在使用测电笔时，先强调注意事项，然后引导统一测试。 学生第一次进行家庭电路的连接，难免会出现一些小故障或者小问题，让学生记录下来，便于后续的学习和改进。 展示环节也是对学生表达能力的一种锻炼。

（续表）

实践过程			
实践任务	教师活动	学生活动	设计意图
		4. 连接完成后，按照教师的提示，再次检查各器材连接是否正确，断开断路器和灯泡开关。 5. 将演示板的插头插入教师准备的插排，给演示板供电，规范使用测电笔测试三孔插座和两孔插座的相线、中性线连接是否正确。检查无误后，闭合灯泡开关，看灯泡是否发光。将小型家用电器接入三孔插座和两孔插座，看能否正常工作，如遇故障可记录下来，方便后续排查。 6. 学生展示自己小组的作品。	
任务 4：交流评估	教师提出本环节的要求： 1. 与同学分享主题活动中的收获，针对出现的问题，你是如何解决的？ 2. 根据同学与老师的评价意见，自我反思，对模拟家庭电路进行改进。 3. 通过实践活动，谈谈你对家庭电路新的认识和体会，并进一步总结安全用电原则。	学生汇报自己小组在设计安装过程中一些好的做法，遇到的问题以及解决方法。 根据教师的意见，完善自己小组的作品。 学生总结得出通过本次实践活动，对家庭电路和安全用电有了哪些心得认识。	通过交流在本次实践活动中的问题和收获，让学生对本次实践活动有一个反思总结，同时，对家庭电路和安全用电有了更加深刻的认识，也了解到自己在动手实践方面的优势与不足。

四、评价实施建议

建议师生共同制订评价量表，用于学生自我诊断、组间评价，以及教师的评价反馈。

"设计与安装模拟家庭电路"项目评价量表

评价维度	评价标准	自评	互评	师评
概念理解	设计出科学、规范、合理的模拟家庭电路图			
	准确理解如何科学安装模拟家庭电路			
	运用跨学科知识获取信息，解决实际问题			
实践计划	能制订分工合理、任务明确、切实可行的实践计划			
	能在规定时间内完成计划			
信息搜集	能有效搜索所需学习资源，注意资源的科学性和规范性			
	能将搜集到的知识转化为实际操作的技能			
实践作品	模拟家庭电路演示板安装合理，各元件能正常工作			
	模拟家庭电路演示板各元件和导线等的连接准确规范			
	电工工具使用规范，整个安装过程符合安全用电的原则			
	模拟家庭电路演示板布局美观			
协同合作	分工明确合理，能阐述每个成员的具体贡献			
	小组成员积极协同合作完成各项任务，互相帮助，共同克服困难，根据项目情况调整任务分工			
交流展示	能清晰介绍所制作的模拟家庭电路演示板及实践疑问和收获			
	汇报展示形式丰富，语言流畅			
评价方法：完全符合评价标准得☆☆☆，基本符合得☆☆，少量符合得☆				

五、实践活动教学反思

"设计与安装模拟家庭电路"是对本节课传统教学方式的一种创新，对学生的学习方式和教师的教学方法都是一次全面的挑战。这次活动让教师认识到，学生在动手实践中所展现出的创造力与团队合作精神是课堂教学中不可或缺的重要部分。

通过观察和参与，教师深切体会到理论与实践相结合的重要性，以及如何通过有效引导激发学生的学习兴趣与探究精神。以下是对本次活动的几点教学反思。

1. 教学目标达成情况

通过此次活动，学生能够进一步理解家庭电路的基本组成和工作原理，掌握电路图的绘制和电路元件的组装。大部分学生在模拟电路的安装过程中能够正确选择各电路元件并进行连接，并解决实际操作中遇到的问题，达到了预期的教学目标。

2. 学生参与表现

（1）积极性：绝大多数学生在实践过程中表现出较高的积极性，对安装家庭电路表现出浓厚的兴趣，乐于动手操作。

（2）合作精神：小组合作是此次活动的一个关键环节。学生通过分工合作，促进了交流与沟通，极大增强了团队协作能力。

（3）问题解决能力：在安装电路的过程中，学生遇到了一些实际问题，例如插座的相线、中性线接反了和导线接线不规范、用电器不工作等，大家积极思考，寻找解决办法，体现了较强的解决问题能力。

3. 教学方法与策略

本次活动通过引导式教学和探究式学习相结合，让学生在实践中掌握知识，效果良好。但在回顾中也发现了一些可以改进的地方：

（1）理论知识的强化：在实践前对电路的理论知识讲解稍显不足，部分学生在动手时对于电路的理解不够深入，电工工具的使用不熟练，建议在实践前增加相应的理论课程或讲解。

（2）材料准备：在活动中，个别小组出现材料不足或器材故障的情况，这影响了他们的动手时间。今后要提前检查所有材料和器材的完好性，确保充足。

4. 未来改进方向

（1）拓展内容：可以考虑在后续的活动中引入更复杂的电路设计，增加学生的挑战性和兴趣。

（2）评价机制：可以建立更加完善的评估标准和评价维度，不仅关注作品的功能性，也关注学生在实践过程中展现的创造力和解决问题的能力。

“设计与安装模拟家庭电路”的跨学科实践活动是一次成功的教学尝试，通过动手实践，学生不仅巩固了家庭电路的知识，了解到物理与生活的密切联系，也培养了良好的动手能力和团队合作精神。在未来的教学中，应继续创新，设计更多类似的跨学科实践活动，以提升学生的综合素养。

六、作品展示

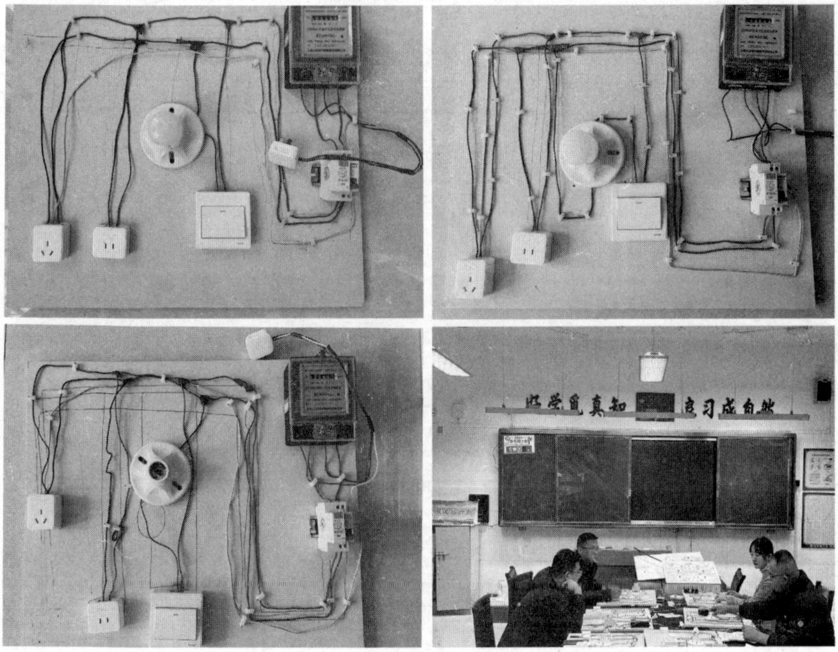

附：

“设计与安装模拟家庭电路”实践活动记录表

组别		组长		组员	
实践活动信息记录	实践活动时间				
	实践活动地点				
所需器材					
家庭电路设计图					
演示项目及现象					
疑问与补充					
实践总结					

案例点评

跨学科实践设计是一种将不同学科知识融合，解决实际问题的教学模式，它能有效培养学生的综合素养与创新能力。设计与安装模拟家庭电路作为一项典型的跨学科实践活动，主要涉及物理、工程学、数学和信息技术等多个学科领域，旨在为学生提供一个全面的学习平台。

1. 本跨学科设计的理念先进之处

本活动大胆地打破了本节课传统的授课模式，通过让学生亲身参与家庭电路板的设计与安装过程，不仅能够加深对家庭电路的理解，还能深入了解工程与技术和物理学之间的融合关系。此外，该实践活动还旨在增强学生的安全用电意识和健康生活理念，帮助他们认识到在日常生活中安全用电的重要性，同时锻炼问题解决与团队协作能力。通过运用跨学科知识与思维，学生能够提高解决实际问题的能力，从而更好地应对现实生活中的各种挑战。这一案例充分体现了物理学的进步对社会发展所起的重要作用，展示了物理学在推动技术创新和改善人们生活质量方面的贡献。

2. 本跨学科设计思路独到之处

问题导向与解决方案创新：以解决实际问题为导向，学生在实践活动的过程中会遇到各种问题，通过整合不同学科的资源和方法，提供更全面、多样化的解决方案。例如，在设计家庭电路图时，不仅可以用传统作图方式，还可以结合信息技术实现电脑作图。

多学科知识整合：将物理、工程学、数学和信息技术等多学科知识有机结合，使学生在设计和安装模拟家庭电路的过程中，能够综合运用所学知识，提升综合应用能力。

项目式学习与大单元设计：采用项目式学习的方式，活动内容涵盖电路设计与实践安装两个主线任务：设计自己房间的电路布局图，将电路图绘制在电路板上，为后期的安装做准备；动手安装电路元件，完成模拟家庭电路板的搭建与测试。通过大单元、大任务的方式进行跨学科实践教学任务确定，使学生在完成项目的过程中，系统地学习和应用知识。

3. 本跨学科实践的可操作性方面

贴近生活实际：本实践活动是设计与安装自己房间的模拟家庭电路板，贴近学生真实、具体的生活实际，从学生身边的事物、场景入手，让学生真切感受到问题的存在以及解决问题的重要性。

任务分解与逐步实施：将整个跨学科的学习活动进行任务分解，将两个主线任务又细分为4个子任务：问题—回顾知识，明确实践课题和目标；证据—确定任务方案，明确实践步骤；解释—经历实践过程，展示实践成果；交流—总结交流评价，每个任务都有明确的要求和评价标准。

4. 本跨学科实践活动的实施过程方面

（1）整个实践活动过程，每个环节的任务都清晰明确，尤其是电路的设计与搭建以及测试过程，教师做到了适时的引导，教学环节紧凑。

（2）本实践活动课时为1课时，时间比较紧张，因此教师将剥线钳、尖嘴钳等电工工具的使用放在了课前，既能节省课上时间，又能让学生灵活掌握上网查询、咨询家长等多种学习方式，这既是课堂活动的延伸，也能更大程度激发学生的学习、探索兴趣。

（3）本实践活动过程中，学生的参与度和积极性也比较高，小组内成员分工明确，人人参与，打破了传统教学模式下，部分学生上课不积极的现象。

5. 本跨学科实践评价突出的地方

多元评价：采用多元评价方式，包括教师评价、学生自我评价和学生互相评价，按照具体的评价标准进行等级评价。

过程评价与结果评价结合：不仅关注最终的项目成果，还注重学生在学习过程中的表现。从概念理解、实践计划、信息搜集、实践作品、协同合作、交流展示等6个维度进行全面评价和即时评价与反馈，将评价标准进一步细化，确保学生在每个环节都能得到有效的指导和提升。

反思与改进：引导学生进行反思和总结，提出改进建议，促进学生的自我提升和成长。通过项目总结报告，学生可以对整个项目过程进行总结，包括学习收获、反思和改进建议等。

本次“设计与安装模拟家庭电路”的跨学科实践活动是一次比较成功的教学尝试，打破了理论和实践之间的壁垒，在保证安全的前提下，学生通过亲自动手完成模拟家庭电路板的安装与测试，既提升了学习兴趣，巩固了本节课的知识，又锻炼了动手实践和团结合作的能力，进一步提升了学生的核心素养，这也正是跨学科实践的意义所在。

跨学科实践案例 18 制作简易电动机

执教者： 刘刚（山东省东营市广饶县李鹊镇初级中学）
点评者： 刘滨（山东省东营市东营区第一中学　山东省教学能手）

一、实践活动课程规划

1. 整合学科

物理：理解电与磁，了解其在生产生活中的应用，探究电与磁之间的联系。了解电路的基本组成，电流、电压、电阻的概念及它们之间的关系。了解电动机的原理、能量的转化，了解关于电动机的研究对生产生活和科技进步的影响。

电气工程：了解电动机的基本构造、原理，电动机的制作与实验。

机械工程：设计和制作简易电动机的机械结构，掌握一定的手工制作技能，包括绕制线圈、弯折回形针做支架等操作，保证电动机的机械稳定性和正常运转。

2. 实践价值

本课题以电磁学、电学、能量转化等基础知识为载体，策划并开展实践活动，统整物理、电气工程、机械工程等多学科课程资源，可以促进跨学科学习。以生活中的电动机引入课题，通过拆分微型电动机，观察电动机的构造，小组合作设计、制作一个简易电动机，并探究如何改变电动机转速等问题，通过制作过程，学生可以深入理解电动机原理、电路知识，锻炼手工制作技能，提升综合素养。让学生直观地看到通电导体在磁场中受力运动的现象，使抽象的物理知识变得具体可感，有助于加深对电动机工作原理的理解和记忆，巩固理论知识。从绕制线圈到组装各个部件，学生亲自动手实践，提高了动手能力和操作技巧。在制作过程中可能会遇到各种问题，如线圈不转、导线接触不良等，需要学生不断尝试和调整，培养解决问题的能力。学生在制作过程中进行创新和改进，例如尝试不同的线圈形状、改变磁场强度、调整电池电压等，以提高电动机的性能，有助于激发学生的创新思维，培养他们的创造力。同时还能激发他们对科学知识的学习兴趣、探索精神。通过制作简易电动机，学生还可以对科技产品的工作原理有更直观的认识，增强对科技的亲近感。

3. 实践任务

通过观看生活中电动机的视频，提出问题并进行分析讨论；小组拆分微型电动机，观察电动机的构造；小组设计制作简易电动机；探究改变电动机转速的方法；对小组制作的简易电动机进行交流与展示。

4. 实践目标

（1）理解电与磁的联系、能量的转化，了解电与磁在生活中的应用，体会物理知识对生产生活的影响。

（2）通过查阅资料、拆分电动机，了解电动机的构造及工作原理。

（3）通过设计并制作简易电动机，能学以致用，培养积极合作、动手动脑、勇于尝试的意识与能力。

（4）通过了解电动机在生产生活中的应用，激发学生学习的热情，培养对科学技术的兴趣。

5. 重点难点

（1）重点：理解电与磁的联系、能量的转化，了解电动机的构造及工作原理并制作简易电动机。

（2）难点：小组合作观察电动机的构造，并设计、制作简易电动机，探究改变电动机转速的方法。

6. 学情分析

在前面的学习中，学生对电流、电路的基本概念有了一定的了解。对于电流的磁效应，大部分学生在课堂学习中有一定的认识，但还是有一部分学生的理解深度不够，不清楚通电导线周围磁场的具体特征及方向判定方法，这会影响他们对电动机工作原理中磁场与电流相互作用环节的理解。学生已学习过一些简单的能量转化实例，对于电动机中电能转化为机械能这一过程，学生也有了一定的知识储备。

在日常学习生活中，学生有过使用剪刀、钳子等简单工具的经历，但操作熟练度参差不齐。部分学生能够较熟练地用剪刀裁剪纸张、用钳子夹取小物件，对于精细操作，如将细导线绕成线圈，学生还需要足够的耐心与技巧。

多数学生对物理实验抱有较高兴趣，新奇的实验现象往往能激发他们的好奇心与探索欲。制作简易电动机作为一个兼具趣味性和挑战性的实验项目，能吸引学生积极投入。学生在解决数学问题、推导物理公式时已锻炼了一定的逻辑思维能力，但面对制作电动机过程中的故障排查，如从电源、导线等众多可能故障点中依据现象推理出问题所在，很多学生缺乏系统的分析方法。教师还需要引导学生合理查找并解决问题。

设计制作简易电动机，对学生来说具有一定的挑战性。学生除了要具备相关的知识，还需要解决在实际操作中可能遇到的各种问题，教师则需要加强对学生的引导，使学生能按照制订的方案完成简易电动机的制作。通过制作简易电动机，学生可以在实践中学习更多的技能，提高自己的实践能力。

7. 实践准备

干电池 2 节及配套电池盒，导线若干，漆包线 1.5 m，磁铁 2 块，硬铁丝 30 cm（或别针 2 个），纸板或塑料泡沫板 1 块，纸杯 1 个，小刀 1 把，剪刀 1 把，胶带等。

二、实践活动实施规划

1. 实践活动流程图

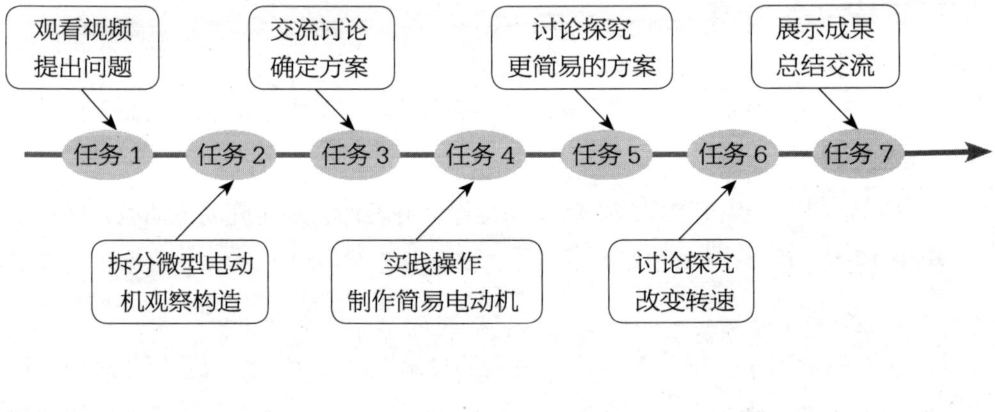

2. 实践活动规划表

实践步骤	实践任务	课时安排
问题： 创设真实情境，明确实践课题	任务 1：观看生活中使用电动机的视频，对其中涉及的相关问题进行讨论，为制作电动机打下基础。	课时 1
证据： 确定任务方案，明确实践步骤	任务 2：拆分微型电动机并观察电动机的构造。	
	任务 3：讨论制作简易电动机的具体实施方案。	
解释： 建构相关知识，经历实践过程	任务 4：依据设计方案，制作简易电动机。	课时 2
	任务 5：讨论更简易的制作方案，尝试制作。	
	任务 6：探究改变电动机转速的方法。	
交流： 展示实践成果，总结交流评价	任务 7：展示各小组的简易电动机，并进行反思、总结、交流。	

三、实践活动教学设计

第一课时

实践任务			
任务 1：观看生活中使用电动机的视频，对其中涉及的相关问题进行讨论，为制作电动机打下基础。 任务 2：拆分微型电动机并观察电动机的构造。 任务 3：讨论制作简易电动机的具体实施方案。			
实践目标			
1. 在观看生活中电动机视频的基础上，能结合所学物理知识和掌握的技术，提出相关问题并设计方案探索答案，增强问题意识。 2. 在拆分微型电动机的过程中，能了解电动机的原理及工作情况，锻炼动手能力，培养自主探究、积极探索、主动学习的能力。 3. 能通过讨论交流设计初步的实践方案，在此过程中，能学以致用，提升设计方案和交流合作的能力。 4. 在对电动机进行研究的过程中，了解电动机在生活中的应用，体会物理学在科技发展中的作用，激发好奇心和求知欲。			
实践过程			
实践任务	教师活动	学生活动	设计意图
任务 1：观看生活中使用电动机的视频，对其中涉及的相关问题进行讨论，为制作电动机打下基础。	1. 问题引入：电动机在社会生产和生活中具有重要价值和作用。思考：电动机是如何工作的？电动机工作时用到了哪些知识？带着这些问题，与学生一起观看电动机的视频。 2. 通过视频，引导学生结合物理、电气工程学等知识提出相关问题。 3. 引导学生分析讨论，解决以上问题。	1. 观看电动机的视频了解电动机工作的过程。 2. 回顾视频中的相关画面，结合所学知识提出如下问题：电动机具体是如何工作的？电动机的工作原理是什么？这和学过的哪些物理知识有关？ 3. 讨论如何解决以上问题并制订出计划与方案。	1. 创设具体问题情境，引发学生思考，培养其问题意识。 2. 根据观察到的现象，提出问题，并进行科学探究。 3. 通过了解电动机工作参数引导学生将理论与实践有机结合。

（续表）

实践过程			
实践任务	教师活动	学生活动	设计意图
任务 2：拆分微型电动机并观察电动机的构造。	引导学生如何拆分微型电动机，观察电动机的构造，引导学生分析电动机的工作过程。	在教师的引导下，小组讨论商量如何拆分微型电动机。将微型电动机拆分后，观察电动机内部结构，分析讨论电动机由哪几部分组成，分析电动机的工作原理和过程。 	在拆分微型电动机的过程中，能了解电动机的原理及工作情况，锻炼动手能力，培养主动探究、积极探索、主动学习的能力。
任务 3：讨论制作简易电动机的具体实施方案。	引导学生思考并设计实施方案：如何制作简易电动机？需要哪些知识和材料，你将如何制作？	在教师引导下进行资料查阅与讨论，初步形成制作简易电动机的具体实施方案，并尝试对以下问题进行解答：如何确定电动机的结构、各组成部分，如何确定制作简易电动机所选用的材料，制作过程分为哪些步骤，需要注意哪些问题，最终形成制作简易电动机的具体实施方案。	通过讨论思考并设计制作简易电动机的方案，可以培养学生的逻辑思维和创新思维能力，以及设计工程方案解决问题的能力。

第二课时

实践任务			
任务 4：依据设计方案，制作简易电动机。 任务 5：讨论更简易的制作方案，尝试制作。 任务 6：探究改变电动机转速的方法。 任务 7：展示各小组的简易电动机，并进行反思、总结、交流。			
实践目标			
1. 能根据设计方案，小组合作进行简易电动机的制作。在制作过程中，能对相关问题进行思考与讨论。 2. 小组合作，讨论探究电动机更简易的制作方案并尝试制作。 3. 通过查阅资料、小组讨论，分析改变电动机转速的方法，并尝试去改变电动机的转速。 4. 在动手制作简易电动机的过程中，培养动手操作及解决实际问题的能力，能运用物理知识解决自然、生活、工程等方面的问题。			
实践过程			
实践任务	教师活动	学生活动	设计意图
任务 4：依据设计方案，制作简易电动机。	1. 引导学生回顾电与磁的关系等知识，提出问题引发学生思考：电动机的工作原理是什么？应该选用什么器材来进行制作？具体的制作过程如何？线圈的制作有什么要求？怎样可以让电动机持续转动？ 2. 组织学生围绕上述问题进行讨论。 3. 组织学生动手制作简易电动机。	回顾电与磁的关系、电动机的构造等相关知识，在前期准备的基础上，设计并制作一个简易电动机，具体包括以下任务： 1. 以小组为单位，根据设计的简易电动机制作方案，选择合适的器材。	通过制作简易电动机的实践活动，可以引导学生养成主动探究的意识，培养学生发现问题、解决问题以及动手操作的能力，同时还能培养学生团队合作的能力。

（续表）

实践过程			
实践任务	教师活动	学生活动	设计意图
		 2. 根据小组所讨论的制作方案，讨论制作过程分为哪些步骤，制作过程中可能遇到的问题是什么，预设的解决方案是什么。思考线圈的制作有什么注意事项，如何让电动机持续转动。 3. 依据方案及注意事项，制作简易电动机。 	

（续表）

实践过程			
实践任务	教师活动	学生活动	设计意图
任务5：讨论更简易的制作方案，尝试制作。	指导学生利用身边材料，讨论思考简易电动机更简单的制作方法。	在教师指导下，搜集资料，解决以下问题： 1. 讨论思考利用身边的材料找到更简单的制作方法。 2. 根据选取的材料、设计的方案进行制作。 	学生通过思考更简单制作方法时，需要突破常规，寻找新的思路和角度，尝试不同材料或步骤的组合，这能激发他们的创造力，培养学生解决问题以及合作交流的能力。同时还能培养学生的动手实践能力，提高他们的操作技能。
任务6：探究改变电动机转速的方法	1. 指导学生通过图书、教材、互联网等途径，查阅、讨论改变电动机转速的方法。 2. 引导学生采用科学的方法，尝试动手改变电动机的转速。	在教师指导下，搜集资料，解决以下问题： 1. 电动机的转速可能与什么因素有关。 2. 讨论分析并动手尝试改变电动机的转速。	引导学生查阅相关资料，培养学生自主学习的能力。引导学生了解物理知识与自然的联系，运用物理知识解决问题，培养学生科学素养。
任务7：展示各小组的简易电动机，并进行反思、总结、交流	指导学生展示各小组制作的简易电动机，并阐述改变电动机转速的方法，以及整个过程中遇到的问题与解决方法。	1. 以小组为单位展示小组制作的简易电动机。 2. 阐述改变电动机转速的方法。 3. 对整个过程进行总结反思。	引导学生学会表达，进行反思总结，培养学生的表达能力、科学素养。

四、评价实施建议

建议师生共同制订评价量表，用于学生自我诊断、组间评价，以及教师的评价反馈。

"制作简易电动机"项目评价量表

评价维度	评价标准	自评	互评	师评
概念理解	制订出科学、规范、合理的简易电动机制作方案			
	准确理解如何制作简易电动机			
	运用跨学科知识获取信息，解决实际问题			
实践计划	能制订分工合理、任务明确、切实可行的实践计划			
	能在规定时间内完成计划			
信息搜集	能有效搜索所需学习资源，注意资源的科学性和规范性			
	能将搜集到的知识转化为实际操作的技能			
实践作品	简易电动机结构完整、合理，各部件安装稳固			
	简易电动机能够持续运转			
	简易电动机的制作方法、结构等方面有一定创新性			
	简易电动机布局合理美观			
协同合作	分工明确合理，每个成员明确自己的任务			
	小组成员积极协同合作完成各项任务，互相帮助，共同克服困难，根据项目情况调整任务分工			
交流展示	能清晰介绍所制作的简易电动机及实践疑问和收获			
	能清晰阐述改变简易电动机转速的方法			
评价方法：完全符合评价标准得☆☆☆，基本符合得☆☆，少量符合得☆				

五、实践活动教学反思

在"制作简易电动机"实践中，物理电磁原理与工程结构优化的交织碰撞，让教师看见跨学科学习的真实样态——不是知识的机械叠加，而是在"线圈转动机制""转速调控策略"等具体问题中，形成贯通多学科的问题解决视角。这段从线圈缠绕到电机转动的探索之旅，既折射出学生对知识的整合能力，也让教师对跨学科教学有了更立体的认知。

1. 活动设计的合理性与创新性

活动的设计充分融合了物理、电气工程、机械工程等多个学科领域，体现了跨学科教学的核心理念。该活动紧密围绕物理学科中电磁学的相关知识，通过制作简易电动机，让学生直观地理解磁场对电流的作用、电能转化为机械能等重要概念。活动目标与学科教学目标高度契合，有助于学生巩固和深化课堂所学知识。在活动中，给予学生一定的个性化创作空间，鼓励学生在完成基本制作要求的基础上进行创新和改进。学生可以根据自己的兴趣和创意，设计不同形状、大小和功能的电动机。制作简易电动机活动设计具有较高的合理性和创新性，能够有效地促进学生的学习和发展。

2. 任务执行中的挑战与应对

在制作简易电动机的执行任务中，遇到了以下几个挑战：有的小组线圈缠绕不整齐，影响了电动机的性能，导致转动不顺畅或无法转动；有的小组部件连接不牢固，如导线与电池的连接、磁铁的固定等，可能在操作过程中松动；有的小组电动机不转动等。为此教师与学生一起探究想出解决措施：使用工具辅助缠绕线圈，如绕线器或铅笔等，确保线圈整齐；使用牢固的连接方法，对于容易松动的部位，可以使用胶水或胶带进行加固；检查电路连接是否正确，确保电流能够顺利通过线圈；调整磁铁的位置和方向，使磁场与线圈相互作用，检查线圈是否平衡，是否与其他部件有摩擦，可以通过调整线圈的形状、增加润滑剂等方法减少摩擦力等。

3. 学生表现与成长

在制作简易电动机的活动中，学生的表现令人瞩目，同时也取得了显著的成长。学生对制作简易电动机表现出了极高的热情和积极性，从活动一开始，他们就迫不及待地投入材料准备和制作过程中，主动探索各种方法和技巧。在小组合作中，学生分工明确，相互配合，共同完成任务，每个人都积极发挥自己的优势，为团队贡献力量。在制作过程中，虽然遇到了各种问题和挑战，但他们并没有退缩，而是勇于尝试不同的方法来解决问题。

通过制作简易电动机，学生深入了解了电磁学的相关知识，掌握了电动机的工作原理和制作方法。在实践过程中，他们学会了使用各种工具，提高了动手能力和操作技能。同时也学会了如何进行电路连接、调试电动机等，培养了科学探究的能力。制作简易电动机需要学生进行观察、分析、推理和判断等思维活动。在这个活动中，学生不仅学到了知识和技能，还培养了思维能力、团队合作能力和创新能力，同时也体验到了科学探究的乐趣和成功的喜悦。相信这些成长和收获将对他们的未来发展会产生积极的影响。

4. 展示与交流的收获

各小组在展示环节分享自己独特的设计思路与制作过程，学生看到了不同的电动机模型，了解到多种创新方法，拓宽了全体学生的思维边界。同时，还增强了学生的自信与表达能力，营造了积极向上的学习氛围。

5. 未来改进方向

虽然本次活动取得了圆满成功，但我也意识到了一些需要改进的地方。例如，应提供更多种类的材料供学生选择，如不同规格的磁铁、导线和电池。进一步明确小组内成员的分工，根据学生的特长和兴趣进行合理分配任务，提高小组合作效率。建立多元化的评价体系，不仅评价学生的制作成果，还要考虑学生在活动中的参与度、合作能力、创新思维等方面。

总之，制作简易电动机实践活动是一次非常有意义的教学活动。通过这次活动，学生们不仅提高了动手实践能力，还培养了团队合作精神和创新能力。在今后的教学中，我们将继续开展类似的实践活动，不断改进教学方法和评价方式，提高教学质量，为学生的成长和发展提供更好的支持和帮助。

六、作品展示

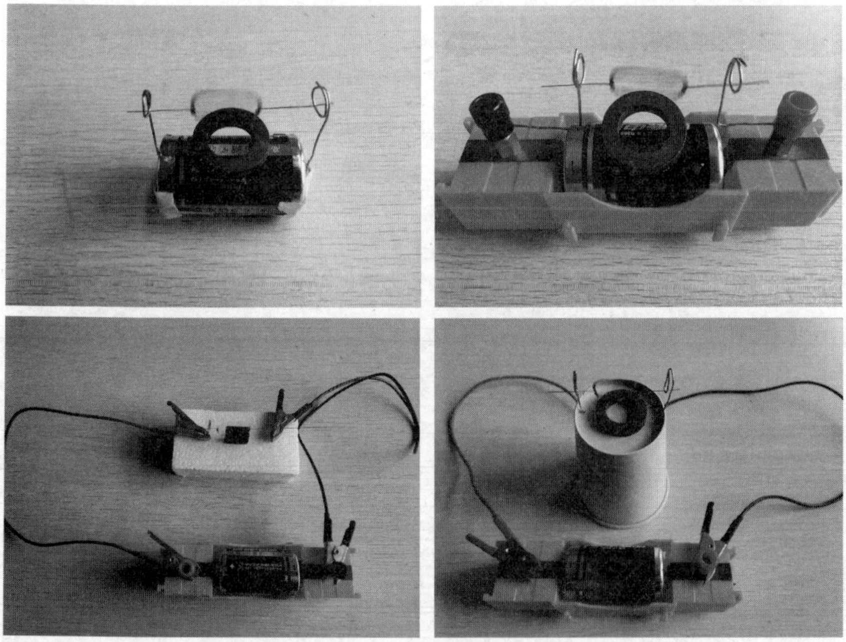

附：

“制作简易电动机”实践活动记录表

<table>
<tr><td>组别</td><td></td><td>组长</td><td></td><td>组员</td><td></td></tr>
<tr><td rowspan="2">实践活动
信息记录</td><td colspan="2">实践活动时间</td><td colspan="3"></td></tr>
<tr><td colspan="2">实践活动地点</td><td colspan="3"></td></tr>
<tr><td>所需器材</td><td colspan="5"></td></tr>
<tr><td>简易电动机
制作步骤</td><td colspan="5"></td></tr>
<tr><td>演示项目
及现象</td><td colspan="5"></td></tr>
<tr><td>疑问与补充</td><td colspan="5"></td></tr>
<tr><td>实践总结</td><td colspan="5"></td></tr>
</table>

案例点评

为了更好地培养学生的核心素养，落实学科育人、实践育人的目标，跨学科实践课程的实施受到了越来越多的关注，成为培养学生综合素养的重要途径。教师以电磁学、电学、能量转化等基础知识为载体，统整物理、电气工程、机械工程等多学科课程资源，精心策划并实施了跨学科实践案例“制作简易电动机”。

1. 依据课标，注重学生核心素养的培养

（1）知识整合能力。课程整合了物理学、电气工程和机械工程等学科的基础知识。学生在实践活动中，不仅能够掌握电磁学的基本概念，还能认识到电能转化为机械能的过程，加深对电流、电磁场等抽象知识的理解。

（2）实践能力。通过动手制作简易电动机，学生可以提高实际操作能力和手工制作技能。这一过程中，学生需要依靠已有的知识解决实际问题，锻炼独立思考和实践操作能力。

（3）创新思维。课程激励学生在动手制作的基础上，进行自主探索与创新。在解决“探究改变电动机转速的方法”的问题时，学生可以尝试不同的线圈形状、改变磁场强度和调整电池电压，这种探索不仅培养了学生的创造力，也激发了他们的兴趣。

2. 从生活出发，课程实施可行性强

（1）生活中的实例引入。课程以“电动机的广泛使用”作为引入，使学生能够感知其日常生活中常见电动机的实用价值，这不仅容易激发学生的学习兴趣，还能引导学生明确学习的实际意义。

（2）小组合作攻克难题。本次课程采用小组合作的方式，学生在小组内进行讨论、设计与制作，增强了交流与合作的能力。合作过程中，学生可以互相学习，集思广益，从而提高课堂的参与度和积极性。

（3）步骤分解与实践操作相结合。刘老师将整个电动机的制作过程进行了合理的分解，学生从观察微型电动机拆解的构造到动手制作简易电动机，每个环节都有条不紊。这种教学设计，使学生能够循序渐进，加深对电动机构造及电磁学原理的理解。

3. 学生参与情况与效果

在课程实施过程中，学生以极大的热情参与其中，积极进行设计和制作，参与度极高。

（1）动手实践能力的提升。制作简易电动机的过程中，学生需要使用电池、导线、磁铁等材料，这对他们的动手能力是一个极大的挑战。通过实践，许多学生表示之前的知识学习很抽象难懂，也很难联系知识在现实中的具体应用，动手实践之后对该部分知识有了更深入的理解，同时增强了对物理和工程学科的兴趣。

（2）解决问题能力的培养。在制作过程中，学生面临着许多实际问题，例如线圈不转、线圈过重、导线接触不良等。此时，教师并未简单给出答案，而是鼓励学生思考解决方案，让他们在不断尝试和调整中学习。这种方式极大地锻炼了学生的解决问题能力，让他们学会面对挑战、保持耐心与坚持。

（3）创新思维的激发。在课程后期，学生在制作简易电动机后，积极尝试不同的电路设计、不同的线圈形状、改变磁场强度和调整电池电压，以期达到更好的效果。这一探索过程不仅提高了电动机的性能，还让学生在实践中体验到创新的乐趣，培养了他们的开放心态和创造性思维。

4. 教师指导与学生自主的关系

在课程实施中，教师始终保持一种引导的姿态。从观察微型电动机拆分的指导到小组协作时的支持，教师适时提供必要的帮助与建议，而不是直接给出解决方案。这样的指导既鼓励学生独立思考，又不过于干预学生的自主探索，使他们有充分的机会去尝试和创新。这种和谐的学习氛围有效促进了学生的自主学习和探索能力的提高。

“制作简易电动机”跨学科实践案例，充分体现了新课标指导下的跨学科教学原则，该案例的成功实施为教师在跨学科教学设计中提供了有益的借鉴，期待在今后的课程中能继续探索更多创新形式的跨学科教学，为学生提供更加丰富的学习体验。

跨学科实践案例 19 制作简单收音机

执教者：王文旭（山东省东营市广饶县花官镇中心初中）
点评者：刘　滨（山东省东营市东营区第一中学　山东省教学能手）

一、实践活动课程规划

1. 整合学科

物理：知道电磁波，了解电磁波的应用及其对人类生活和社会发展的影响；理解电磁感应、电磁波的产生与传播，掌握电路相关知识。

电子工程：深入了解收音机的电路结构、工作原理，包括从信号接收、放大、检波到音频输出的全过程，掌握收音机制作过程中的电路设计、布线、焊接等技术要点。

信息技术：学会使用相关软件和工具对收音机进行调试和优化，如利用频谱分析仪软件分析信号频率特性，通过调整电路参数提高收音机性能，了解数字信号处理技术在收音机中的应用前景。

2. 实践价值

本课题以电磁学、电子电路、信息技术等多学科知识为基础开展实践活动，整合了物理、电子工程、信息技术等学科资源，实现跨学科学习。从收音机的发展历程引入，通过让学生亲手制作简单收音机，深入理解电磁感应、信号处理等知识，掌握电路制作与调试技能，提升学生综合运用多学科知识解决实际问题的能力。制作过程中，学生能直观感受电磁波如何转化为声音信号，将抽象理论知识具象化，加深理解与记忆。学生需自主选择元件、设计电路、进行焊接与调试，在此过程中锻炼动手实践能力，提高操作的精准度与熟练度，培养耐心与细心。面对如电路故障、信号干扰等问题时，学生需运用所学知识进行排查与解决，激发创新思维，提升问题解决能力。同时，通过了解收音机技术的演进，感受科技发展对生活的深刻影响，激发学生对科学技术的探索欲望与学习兴趣。

3. 实践任务

观看收音机工作原理视频，提出问题并讨论；收集收音机元件，了解其特性与作用；组装收音机电路，包括音频放大、高频放大和检波、调谐接收等电路；调试收音机，使其能清晰地接收不同频道广播；展示制作成果，分享制作与调试经验，提出优化方案。

4. 实践目标

（1）理解电磁感应、电磁波传播、电路原理等知识，明确其在收音机中的应用，体会物理和电子工程知识在生活中的实际价值。

（2）通过收集元件、组装电路，深入掌握收音机的电路结构与工作原理，了解各元件在电路中的功能。

（3）熟练掌握焊接、调试等制作收音机的技能，培养积极合作、勇于实践、善于解决问题的意识与能力。

（4）了解收音机技术的发展历程，激发对电子技术的学习热情，加深对科技进步的认识与追求。

5. 重点难点

（1）重点：理解收音机的工作原理，掌握其电路结构，能够正确组装和调试收音机。

（2）难点：电路的设计与优化，确保各部分电路正常工作且协同良好；调试过程中故障的排查与解决，以获得清晰稳定的收音效果。

6. 学情分析

学生在学习了电磁学、电路原理等相关知识后，已具备一定理论基础。以收音机这一常见电子设备引入，能激发学生兴趣，使其联系已有知识，为开展实践活动奠定基础。然而，收音机制作涉及复杂电路和精细操作，对学生动手能力和知识综合运用能力要求较高。学生在元件识别、电路焊接、调试等方面可能遇到困难，需教师在元件特性、焊接技巧、电路分析等方面加强引导，帮助学生克服困难，完成制作。

7. 实践准备

变压器，耳机插座，中周，电阻，发光二极管，电解电容，三极管，瓷片电容，磁棒天线，电位器，双联电容，集成电路板，电烙铁，焊锡丝，收音机外壳等。

二、实践活动实施规划

1. 实践活动流程图

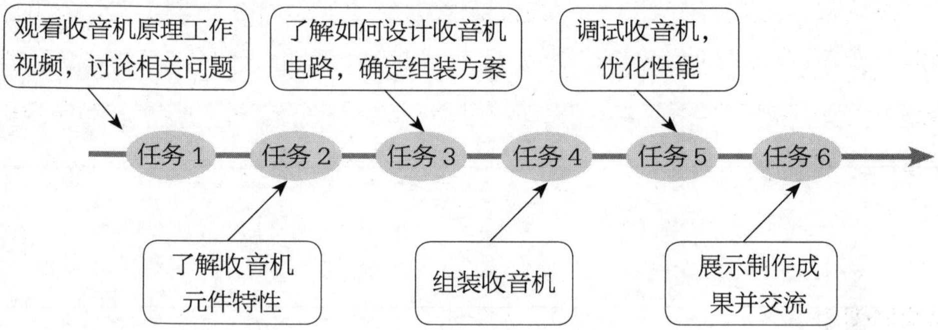

2. 实践活动规划表

实践步骤	实践任务	课时安排
问题： 创设真实情境，明确实践课题	任务 1：观看收音机工作原理视频，讨论相关问题，为制作做准备。	课时 1
证据： 确定任务方案，明确实践步骤	任务 2：收集收音机元件，了解其特性与作用。	
	任务 3：设计收音机电路，制订组装方案。	
解释： 建构相关知识，经历实践过程	任务 4：依据设计方案，组装收音机电路。	课时 2
	任务 5：调试收音机，优化性能。	
交流： 展示实践成果，总结交流评价	任务 6：展示制作成果，交流经验与改进方案。	

三、实践活动教学设计

第一课时

实践任务			
任务 1：观看收音机工作原理视频，对其中涉及的相关问题进行讨论，为制作收音机打下基础。 任务 2：收集收音机元件，了解其特性与作用。 任务 3：设计收音机电路，制订组装方案。			
实践目标			
1. 在观看视频的基础上，结合所学知识提出问题并探索答案，增强问题意识与科学探究能力。 2. 通过收集元件，熟悉常用电子元件，培养资料收集与自主学习能力。 3. 设计电路与组装方案，提升工程设计与规划能力，增强团队协作意识。			
实践过程			
实践任务	教师活动	学生活动	设计意图
任务 1：观看收音机工作原理视频，对其中涉及的相关问题进行讨论，为制作收音机打下基础。	1. 播放收音机工作原理视频，如介绍收音机从天线接收电磁波，经调谐、放大、检波、音频放大等环节输出声音的过程。	1. 观看视频，了解收音机工作流程及各部分作用。 2. 回顾所学知识，提出问题，如不同类型天线对信号接收的影响、三极管放大信号的原理等。	1. 直观展示原理，激发兴趣。 2. 引导思考，培养问题意识与探究精神。 3. 促进知识联系实际，加深理解。

（续表）

实践过程			
实践任务	教师活动	学生活动	设计意图
	2. 引导学生结合物理、电子工程知识，思考电磁波如何被天线接收、信号如何放大等问题。 3. 组织学生讨论问题，引导分析解决思路。	3. 参与讨论，交流看法，记录要点。	
任务 2：收集收音机元件，了解其特性与作用。	1. 介绍常见收音机元件，如电阻、电容、电感、三极管、集成电路板等，讲解其基本特性与在电路中的作用。 2. 提供元件资料，指导学生收集合适元件，提醒注意元件参数与质量。 3. 组织学生分享收集的元件及了解的信息。	1. 学习元件知识，识别不同元件及其参数标识。 2. 通过网络、电子市场等渠道收集元件，记录参数与特性。 3. 向小组展示元件，介绍其作用与参数意义。	1. 丰富元件知识，为制作做准备。 2. 培养资料收集与自主学习能力。 3. 增强交流与合作意识。

（续表）

实践过程			
实践任务	教师活动	学生活动	设计意图
任务 3：设计收音机电路，制订组装方案。	1. 引导学生回顾电路知识，分析收音机电路组成模块及连接关系。 2. 展示不同电路设计案例，讲解设计思路与注意事项，如布局合理性、信号干扰避免等。 3. 组织学生小组讨论设计方案，提供指导与建议。 4. 指导学生制订组装方案，考虑元件安装顺序、焊接点位置等。	1. 复习电路知识，分析收音机电路原理。 2. 参考案例，结合元件设计电路，绘制电路图，标注元件参数与连接方式。 3. 小组内交流讨论，优化电路设计，确定最终方案。 4. 根据电路设计，制订组装步骤，明确分工。	1. 加深电路理解，培养设计能力。 2. 拓展设计思路，提高创新能力。 3. 培养团队协作与规划能力。

第二课时

实践任务
任务 4：依据设计方案，组装收音机电路。 任务 5：调试收音机，优化性能。 任务 6：展示制作成果，交流经验与改进方案。
实践目标
1. 按方案组装电路，提高动手能力与操作技能，培养严谨细致的科学态度。 2. 调试收音机，学会使用仪器检测与分析问题，提升解决问题能力与工程实践能力。 3. 通过优化性能，深入理解电路原理与元件特性，培养创新意识与科学精神。

（续表）

实践过程			
实践任务	教师活动	学生活动	设计意图
任务 4：依据设计方案，组装收音机电路。	1. 讲解焊接工具（如电烙铁）的使用方法与安全注意事项，演示正确焊接技巧，如元件引脚处理、焊接时间控制等。 2. 发放元件与工具，指导学生按组装方案进行电路组装，提醒注意元件布局、引脚连接与焊接质量。 3. 巡视各小组组装情况，及时发现并纠正问题，如错误元件安装、焊接不良等，提供技术支持与指导。 4. 引导学生进行初步电路检查，如查看元件是否安装正确、焊点是否牢固、有无短路等。	1. 学习焊接技巧与安全知识，练习焊接操作，确保熟练掌握。 2. 领取元件与工具，按照设计方案在电路板上安装元件，进行焊接，确保电路连接正确可靠。 （见下图） 3. 小组内互相检查组装情况，发现问题及时整改，记录组装过程中遇到的问题及解决方法。 4. 使用万用表等工具进行初步电路检查，确保电路无明显故障。	1. 培养动手能力与操作技能。 2. 确保组装质量，为调试做准备。 3. 培养问题解决与协作能力。 4. 提高学生自主检查能力。
任务 5：调试收音机，优化性能。	1. 介绍调试常用仪器（如信号发生器、示波器、频率计等）的功能与使用方法，如何用示波器观察信号波形、用频率计测量频率等。	1. 学习调试仪器的使用，按照教师指导检测电路信号，记录测量数据。	1. 使学生掌握调试技能，学会运用仪器检测电路。 2. 培养学生根据现象分析问题、解决问题的能力。

（续表）

实践过程			
实践任务	教师活动	学生活动	设计意图
	2. 指导学生接通收音机电源，用仪器检测电路各点信号，如输入输出信号幅度、频率等，判断电路工作状态是否正常。 3. 引导学生根据检测结果分析可能存在的问题，如信号失真、频率偏移等，指导调整电路参数（如电容、电感的值，三极管的工作点等）以优化性能。 4. 对于较难解决的问题，组织学生小组讨论，共同分析故障原因，引导学生查阅资料、参考相关案例，寻找解决方案。 5. 鼓励学生在解决问题过程中积极思考，尝试不同方法，对电路进行改进和创新，如采用新型滤波电路提高抗干扰能力等。	2. 根据检测数据和教师引导，分析电路存在的问题，如发现声音小可能是音频放大电路增益不足，尝试调整相关电阻值。 3. 小组内交流讨论问题，分工查阅资料，提出解决方案并尝试实施，如通过改变电容值来调整谐振频率。 4. 在教师鼓励下，积极探索创新，对电路进行改进，如增加屏蔽措施减少外界干扰，观察改进效果并记录。 	3. 通过小组合作与资料查阅，拓展学生解决问题的思路。 4. 激发学生创新思维，提升学生对电路原理的深入理解和应用能力。

（续表）

实践过程			
实践任务	教师活动	学生活动	设计意图
任务 6：展示制作成果，交流经验与改进方案。	1. 组织展示活动，制订展示规则和流程，如展示顺序、时间限制等。 2. 引导学生如何清晰展示制作成果，包括收音机外观、功能演示、制作过程中的关键步骤和创新点等。 3. 指导学生撰写展示报告，内容涵盖制作过程、调试经验、遇到的问题及解决方法、改进方案等，帮助学生梳理思路，提高表达逻辑性。 4. 在展示过程中，鼓励学生积极提问和互动，引导学生从他人的展示中学习经验，思考不同方案的优缺点。 5. 对学生的展示和交流进行总结评价，肯定优点，指出不足，提出进一步改进的建议，如展示内容的完整性、表达的流畅性、改进方案的可行性等。	1. 按照展示规则准备展示材料，包括制作完成的收音机、展示报告等。 2. 小组代表上台展示，通过实物展示、操作演示等方式，详细介绍制作成果，如收音机接收效果展示、特色功能介绍等，同时分享制作过程中的经验，如遇到的电路故障及排查方法、元件选择的心得等。 3. 在其他小组展示时，认真倾听，记录他人的优点和可借鉴之处，思考自己制作过程中的不足之处，积极提问互动，如询问关于调试技巧、电路优化的问题等。 4. 根据展示交流情况，进一步完善自己的改进方案，如考虑采用其他小组提出的优化电路布局的方法，明确后续改进方向。	1. 提升学生的表达能力和展示技巧，增强自信心。 2. 促进学生之间的经验分享和相互学习，拓宽思路。 3. 培养学生的反思总结能力，通过评价反馈不断提高实践能力和创新思维。 4. 营造积极的学习氛围，培养团队合作精神和沟通能力。

四、评价实施建议

建议师生共同制订评价量表，用于学生自我诊断、组间评价，以及教师的评价反馈。

“制作简单收音机”项目评价量表

评价维度	评价标准	自评	互评	师评
概念理解	准确理解各个元件的作用			
	设计出科学、规范、合理的收音机电路图			
	运用跨学科知识获取信息，解决实际问题			
实践计划	能制订分工合理、任务明确、切实可行的实践计划			
	能在规定时间内完成计划			
信息搜集	能有效搜索所需学习资源，注意资源的科学性和规范性			
	能将搜集到的知识转化为实际操作的技能			
实践作品	焊接方法正确，元件和导线连接准确			
	各元件能正常工作，收音机设计美观			
	焊接工具使用规范，整个焊接过程符合安全原则			
	收音机的收音情况清楚、无杂音			
协同合作	分工明确合理，能阐述每个成员的具体贡献			
	小组成员积极协同合作完成各项任务，互相帮助，共同克服困难，根据项目情况调整任务分工			
交流展示	能清晰介绍所制作的收音机及实践疑问和收获			
	汇报展示形式丰富，语言流畅			
评价方法：完全符合评价标准得☆☆☆，基本符合得☆☆，少量符合得☆				

五、实践活动教学反思

在完成“制作简单收音机”这一跨学科实践活动后，我对整个教学过程进行了深入反思，以下是我的几点思考。

1. 活动设计的合理性与创新性

（1）多学科融合优势明显：活动将物理中的电磁学知识、电子工程的电路技术以及信息技术的调试手段有机结合。学生在学习过程中，不仅掌握了收音机的制作技能，更深入理解了多学科知识在实际中的协同应用。例如，在电路设计环节，学生运用物理知识理解元件功能，结合电子工程技术进行布局，再借助信息技术手段进行调试优化，这种跨学科的学习方式使学生构建起更全面、深入的知识体系。

（2）紧密联系实际激发兴趣：以收音机这一生活中常见的电子产品为实践对象，从其发展历程引入，让学生感受到科技的进步对生活的影响，极大地激发了学生的学习兴趣和好奇心。学生在制作过程中，能切实体会到所学知识是如何转化为实际产品的，增强了学习的动力和成就感。

（3）个性化空间促进创新：给予学生一定的自主设计空间，如在电路布局、元件选择上鼓励创新。部分学生尝试采用新型元件或优化电路连接方式，提高了收音机性能，这不仅培养了学生的创新思维，还提升了他们解决实际问题的能力。

2. 任务执行中的挑战与应对

对于初次接触电路焊接和组装的学生来说，这是一项颇具挑战的任务。部分学生在焊接过程中出现虚焊、短路等问题，影响电路导通。应对措施是加强焊接技巧的培训，提供更多练习机会，同时在组装过程中，引导学生仔细对照电路图，逐步检查每个连接点，确保电路连接正确。

3. 学生表现与成长

学生对制作收音机表现出极高的热情，主动参与到每个环节。在收集元件阶段，积极查阅资料，了解不同元件特性；在组装调试过程中，不断尝试新方法，展现出强烈的探索精神。通过此次实践，学生对电磁感应、电路原理等知识的理解从理论层面深入到实际应用。他们掌握了焊接、电路调试等技能，学会使用多种电子仪器，提高了动手能力和实践操作水平。

在小组合作中，学生学会分工协作、沟通交流，共同解决问题，团队合作能力得到锻炼。面对困难时坚持不懈、勇于尝试的态度，培养了学生的科学精神和创新思维，为今后的学习和生活奠定了良好基础。

4. 展示与交流的收获

各小组在展示环节中，通过展示制作精美的收音机和清晰的收音效果，获得了成就感，增强了自信心。同时，在阐述制作过程和调试经验时，表达能力得到锻炼。学生互相分享制作过程中的创新点、遇到的问题及解决方案，拓宽了视野，实现了知识和经验的共享。通过交流，学生从他人的成功和失败中汲取经验教训，促进了共同成长。

5. 未来改进方向

虽然本次活动取得了圆满成功，但我也意识到了一些需要改进的地方。例如，在活动准备阶段，可以进一步细化任务分工，提前预见并解决可能的技术难题；在活动过程中，可以加强对学生时间管理和任务执行能力的指导，确保每个环节都能高效有序地进行；在展示与交流环节，可以增加互动环节，让学生在交流中碰撞出更多的思想火花。

（1）优化教学资源配置：提前准备更丰富、多样化的元件和工具，满足学生不同设计需求。同时，制作详细的教学视频，展示焊接、调试等关键步骤，供学生自主学习和参考。

（2）加强过程性指导与评价：在实践过程中，增加教师对学生操作的即时反馈和指导，及时纠正错误，引导思考。建立完善的过程性评价体系，对学生在各个阶段的表现进行全面评价，激励学生积极参与。

（3）拓展知识深度与广度：引入更深入的通信原理、数字信号处理等知识，引导学生进一步探索收音机技术的发展前沿，激发学生对电子技术领域更浓厚的兴趣。

总之，“制作简单收音机”跨学科实践活动是一次富有意义的教学尝试，虽然存在一些挑战，但学生在知识、技能和素养方面都取得了显著进步。未来，我将不断改进教学方法和活动设计，为学生提供更优质的学习体验，助力他们在科技创新道路上不断前行。

六、作品展示

附：

“制作简单收音机”实践活动记录表

组别		组长		组员	
实践活动信息记录	实践活动时间				
	实践活动地点				
所需器材					
收音机电路设计图					
焊接情况及优化					
疑问与补充					
实践总结					

案例点评

在新课标颁布实施和新教材使用的背景下，跨学科的实践活动愈发重要。教师所设计的“制作简单收音机”案例，以问题的解决过程为线索，将跨学科实践的课题分解为6个驱动性任务，增加了可操作性，为学生创造了丰富的学习平台。

1. 教学理念先进

此课程立足于电磁学与信息技术等多学科知识，将物理、电子工程与信息技术有机结合，打破单一的学科界限，培养学生综合素养与跨学科思维。课程以“收音机的发展历程”作为导入，引导学生通过查阅资料了解收音机的发展过程及其大致的工作原理，激发了学生的求知欲和完成课题任务的热情。进入具体制作阶段后，学生通过小组合作学习了解不同电子元件的功能，了解了各部分组成及其在收音机中的作用。在焊接和调试阶段，学生不仅要学习焊接的知识和技能，还要学会线路的检查和调试。在展示环节，学生需撰写展示报告并讲述制作过程以及遇到的问题与改进方案，这个过程给予学生展示自我的机会，引导学生开展反思与改进。学生通过作品的完成，将抽象的知识转化为一件件有实用价值的收音机作品，学生能够真实地感受到知识的具体应用，极大地激发了学生学习物理学的热情。任务的完成过程，培养了学生顽强的意志品质和解决实际问题的能力，实现了学科育人、实践育人的目标。

2. 注重学生核心素养培养

在整个实践活动中，突出跨学科运用知识能力的培养。例如，在选择元件时，学生需要结合电阻、电容等基本电学知识，理解电路的基本要求，才能合理地设计电路。在焊接与调试环节，学生则运用了信息技术知识，学会用多种工具进行工作与故障排查。实践活动还非常注重学生解决实际问题能力的培养。在制作过程中，学生不可避免地会遇到电路故障、信号不良、收听效果不理想等实际问题。面对这些挑战，学生不仅需要学习检修新仪器，还要适应不断变化的真实情景与需求，从而提升了问题解决能力。通过这种实践，学生学会了如何在实际操作中采取科学的方法进行故障排查，理论与实践相结合，加深了对知识的理解，提升了学生运用学科思维解决实际问题的能力。

3. 突出动手能力提升和团队精神的培养

动手实践是本课程的一大亮点。学生在选择元件、依据电路图进行焊接与调试时，需要具备一定的动手能力与精准度。这一过程让大部分学生意识到，精确与细致是完成电子电路制作的关键，培养了他们的耐心与细心。这种实践能够帮助学生锻炼手脑结合的能力，加深了对电路原理与电子元件工作的理解。整个实践活动中，将学生分组，各自承担不同的角色，进行合作。团队成员间彼此依靠、相互支持，使得他们学会了如何在团队中发挥各自的优势，以完成共同任务。从中，他们不仅体会到分工合作的重要性，也培养了相互学习与相互帮助的能力。团队内部的沟通与协调还提升了他们的社交能力，促进了合作意识。

4. 课程反思与改进建议

（1）理清本次实践活动重点需要解决的任务。根据本节课的项目任务，可以在了解收音机的工作原理、各部分功能通过哪些电子元件实现、依据电路图和线路板焊接电子元件、展示和交流等环节上多投入精力，在设计电路图和利用示波器进行调试改进等环节，教师给予更多的指导和帮助，为项目的顺利完成提供必要的支持。

（2）科学引导、循序渐进。本节课的知识储备要求相对较高，教师在实施中合理设置预习任务，引导学生提前了解活动的任务和要求，熟悉所涉及的相关知识、方法和设备，为课程的实施做好前期准备，任务完成会更顺利一些。

“制作简单收音机”跨学科实践案例，突出了学科知识整合，培养了学生解决问题的能力及合作精神。实践中，学生的学习热情高涨，对科技的探索欲与未来的学习兴趣也得到了有效激发。未来的物理课程应进一步探索和深化跨学科的实践活动，拓宽学生的学习视野，帮助他们更好地适应快速发展的科技时代，最终推动学生全面素质的提升。

跨学科实践案例20 设计与制作节能小屋模型

执教者： 刘敬伟（山东省东营市利津县陈庄镇中心学校）
点评者： 刘　滨（山东省东营市东营区第一中学　山东省教学能手）

一、实践活动课程规划

1. 整合学科

物理：知道能源利用对环境的影响和常见的可再生能源，了解太阳能、风能在生活中的应用，了解发电机的工作原理，认识可再生能源的开发和利用对可持续发展的意义和对社会发展的影响。

地理：认识家乡地理环境的特点，了解家乡环境对当地的生产发展和居民生活带来的影响，能够用绿色发展理念对家乡的发展规划提出合理建议，增强热爱家乡、建设家乡的意识。

生物学：知道人类与环境的相互关系，了解人类活动对生态环境可能产生的影响，认识到可以通过防止环境污染、合理利用自然资源等措施保障生态安全。

数学：知道简单立体图形的侧面展开图，并会根据视图描述简单的几何体，能根据展开图想象和制作模型，了解视图与展开图在现实生活中的应用。

美术：具有鉴赏美的能力，能够对周边环境和模型进行美化设计。

工程技术：节能小屋的设计与制作。

2. 实践价值

本课题以可再生能源的开发和利用等基础知识为载体，策划开展实践活动，整合物理、地理、生物学、数学、美术、工程技术等多学科课程资源。以节能环保为主题，围绕生活中可利用的可再生资源，通过小组合作设计、制作一个节能小屋，有助于学生形成热爱自然、保护环境的科学态度，培养学生推动可持续发展和实现中华民族伟大复兴的使命担当，提高学生的科学素养。

3. 实践任务

通过观看 2024 年全国节能宣传周主题宣传片《绿色转型，节能攻坚》，提出问题并进行分析讨论；讨论制作节能小屋的具体实施方案；依据设计方案，制作节能小屋各部分构件；组装各部分构件，完成模型制作并进行美化；展示各小组的节能小屋模型，并进行反思、总结、交流。

4. 实践目标

（1）通过查阅资料，了解太阳能、风能等可再生能源在生产生活中的应用，认识可再生能源的开发和利用对社会发展的影响。

（2）通过组装太阳能电池板和风力发电机，能够连接基本电路，了解发电机的工作原理。

（3）通过设计和制作节能小屋，提高交流合作能力，增强创新意识，提升实践动手的能力。

（4）通过了解生活中的各种节能方案和措施，认识到可持续发展的重要性，形成合理利用能源促进绿色可持续发展的意识。

5. 重点难点

（1）重点：了解太阳能、风能等可再生能源在生产生活中的应用，了解不同材料的不同物理属性，选择制作节能小屋、太阳能热水器的合适材料。

（2）难点：节能小屋的设计与制作，太阳能热水器和风力发电机的组装和连接，对实践活动进行总结和反思，找到改进的方向。

6. 学情分析

学生在学习了能源与环境等物理知识及相关数学、地理知识后，具备了一定的知识基础，以《绿色转型，节能攻坚》节能宣传片引入，既结合社会发展，又能联系学生已有知识，可以极大激发学生的实践热情和学习动力。学生通过查阅资料和调研，了解风力发电机的分类、太阳能热水器的热水容量与尺寸的关系、太阳能电池板的单位面积发电功率、不同保温材料的性能参数，通过小组交流讨论和教师引导确定实践设计方案，通过小组合作按照制订的设计方案完成节能小屋的制作与组装。

7. 实践准备

硬纸板，瓦楞纸，竹签，聚苯乙烯泡沫板，太阳能电池板，LED 灯，导线，PVC 管，扇叶，微型发电机，热熔胶枪（带胶棒）。

二、实践活动实施规划

1. 实践活动流程图

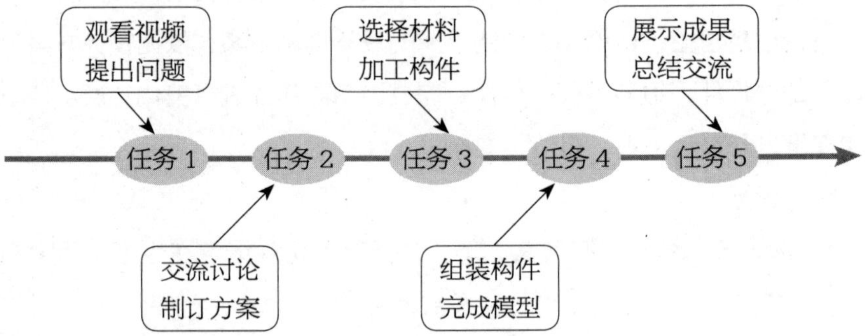

2. 实践活动规划表

实践步骤	实践任务	课时安排
问题： 创设真实情境，明确实践课题	任务 1：观看《绿色转型，节能攻坚》节能宣传片，对其中涉及的问题进行分析讨论，为制作节能小屋打下基础。	课时 1
证据： 确定任务方案，明确实践步骤	任务 2：讨论制作节能小屋的具体实施方案。	
解释： 建构相关知识，经历实践过程	任务 3：依据设计方案，制作节能小屋各部分构件。 任务 4：组装各部分构件，完成模型制作并进行美化。	课时 2
交流： 展示实践成果，总结交流评价	任务 5：展示各小组的节能小屋模型，并进行反思、总结、交流。	

三、实践活动教学设计

第一课时

实践任务			
任务 1：观看《绿色转型，节能攻坚》节能宣传片，对其中涉及的问题进行讨论，为制作节能小屋打下基础。 任务 2：讨论制作节能小屋的具体实施方案。			
实践目标			
1. 在观看《绿色转型，节能攻坚》节能宣传片的基础上，能结合所学物理、地理、数学、生物学等知识，提出相关问题，增强问题意识。 2. 能设计初步的实践方案，完成节能小屋的设计。通过小组间的交流讨论，完善实践方案。在此过程中，提升学生设计方案和交流合作的能力。 3. 在设计过程中，通过了解生活中的各种节能方案和措施，认识到可持续发展的重要性，形成合理利用能源促进绿色可持续发展的意识。			
实践过程			
实践任务	教师活动	学生活动	设计意图
任务 1：观看《绿色转型，节能攻坚》节能宣传视频，对其中涉及的问题进行分析讨论，为制作节能小屋打下基础。	1. 问题引入：环境与我们每个人都息息相关，生态文明建设是我国长期以来的国策，我国在节能减排方面取得了巨大的进步。请同学们思考：在日常生活中我们常用的能源有哪些？可以从哪些方面节约能源？可以利用哪些绿色可再生能源？带着这些问题，与学生一起观看 2024 年全国节能宣传周主题宣传片《绿色转型，节能攻坚》。	1. 观看全国节能宣传周主题宣传片《绿色转型，节能攻坚》，了解我国在节能减排方面取得的成就。 2. 结合视频内容，讨论回答提出的问题。 （1）在日常生活中我们常用的能源有哪些？ 在日常生活中我们常用的能源有电能（我们周边利用的电能以火力发电为主），汽油、柴油、天然气、太阳能、风能、地热能等。	1. 通过具体的问题情境引发学生的思考，培养其问题意识和关注社会的意识。 2. 通过问题的分析讨论，引导学生关注科学技术对人类生活和社会发展的影响，培养其节约资源和保护环境的意识，提高学生的科学素养。

（续表）

实践过程			
实践任务	教师活动	学生活动	设计意图
	2. 通过视频，引导学生分析讨论提出的问题。 3. 通过学生的分析，引导提出如果要设计和制作一个节能小屋，我们可以从哪些方面进行设计？	（2）我们可以从哪些方面节约能源？ 节约使用电能（夏天空调温度不要设置得太低，随手关闭不用的电器等），房屋可以加装保温层，使房间内部做到夏凉冬暖等。 （3）可以利用哪些绿色可再生能源？ 根据我们的地理位置和环境，我们可以利用太阳能、风能、地热能等可再生资源。 （4）展示节能手抄报。 3. 讨论分析可以从哪些方面设计制作节能小屋，画出设计图，形成初步计划与方案。	

（续表）

实践过程			
实践任务	教师活动	学生活动	设计意图
任务 2：讨论制作节能小屋的具体实施方案。	引导学生思考讨论并制订设计方案： 1. 节能小屋可以从哪些方面节约能源？ 2. 可以利用哪些可再生能源？ 3. 如何利用这些可再生能源？ 4. 节能小屋可分解为哪些构件的制作？	1. 在教师引导下进行资料查阅与讨论，初步确定节能小屋的设计方案和需要解决的问题。 （1）小屋建造方面：小屋的外形如何设计？窗户尺寸应该多大？采用哪些措施节约能源？选择何种保温材料？ （2）风力发电：风力发电机有哪些种类？风力发电机的基本组成？为什么多采用三个叶片？发电机模型如何进行组装？ （3）太阳能发电：调研家庭用电量情况，并以表格形式呈现；太阳能电池板单位面积发电功率是多少？太阳能电池板尺寸应该多大？ （4）太阳能热水器：太阳能热水器的基本结构。调研家庭用水情况，根据用水量设计太阳能的尺寸。 2. 通过查阅资料、小组交流，回答提出的问题，确定节能小屋的具体实施方案。	1. 引导学生查阅相关资料，培养学生信息检索和自主学习的能力。 2. 通过任务的分解、问题的细化，培养学生设计工程方案的能力。 3. 通过方案的设计培养学生的创新意识和提出创造性见解的品格和能力。 4. 通过小组交流确定设计方案，培养学生的合作意识和表达交流能力。

第二课时

实践任务			
任务 4：依据设计方案，制作节能小屋各部分构件。 任务 5：组装各部分构件，完成模型制作并进行美化。 任务 6：展示各小组的节能小屋模型，并进行反思、总结、交流。			
实践目标			
1. 能根据设计方案，小组合作完成节能小屋的制作。在制作过程中，能对相关问题进行思考和讨论。 2. 在动手制作节能小屋模型的过程中，培养动手操作及解决实际问题的能力，体会知识在社会生活中的应用。 3. 通过各种节能方案和措施，认识到可持续发展的重要性，形成合理利用能源促进绿色可持续发展的意识。			
实践过程			
实践任务	教师活动	学生活动	设计意图
任务 3：依据设计方案，制作节能小屋各部分构件。	1. 引导学生回顾节能小屋的设计方案，并将制作任务细化为各构件的制作，引发学生的思考，并适当给以点拨引导。 （1）小屋模型： ①选择什么材料进行制作？ ②小屋采用什么形状和结构？ ③玻璃窗应采用什么形状和结构？ ④出示一些常见材料的导热率，引导学生讨论采用哪一种保温材料？保温材料如何安装？	各小组根据之前节能小屋的设计方案，选择材料进行各构件的制作。 1. 节能小屋的制作： 选择合适的小屋制作材料，根据设计图进行裁剪制作；分析讨论确定选择的保温材料，进行设计安装。	通过具体实践活动，引导学生养成主动探究的意识，培养解决实际问题的能力，锻炼学生的动手操作能力。

（续表）

实践过程			
实践任务	教师活动	学生活动	设计意图
	（2）风力发电机： ①风力发电机能量如何转化？原理是什么？ ②风力发电机的主要构成？ ③风力发电机如何组装？ （3）太阳能电池板： ①调研并统计日常家庭用电量。 ②太阳电池板应设计多大尺寸？ （4）太阳能热水器： ①太阳能热水器的能量如何转化？ ②太阳能热水器采用什么样的结构？ ③根据家庭用水量选择什么样的尺寸合适？ ④选择什么材料进行制作？ 2.组织学生动手制作节能小屋各部分构件。	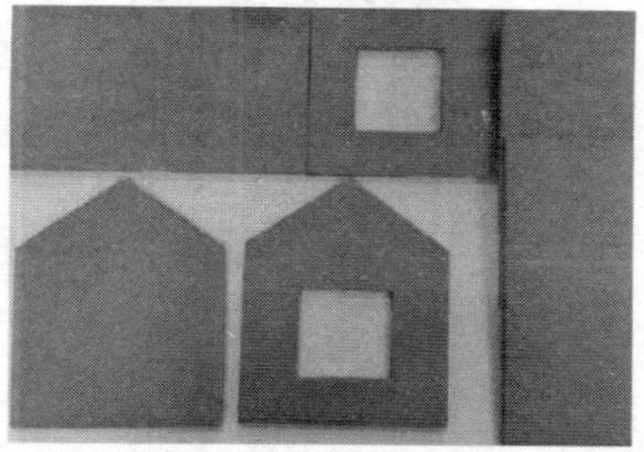 2. 风力发电机：选择所需的材料和元件进行组装，在制作过程中思考如何连接电路。 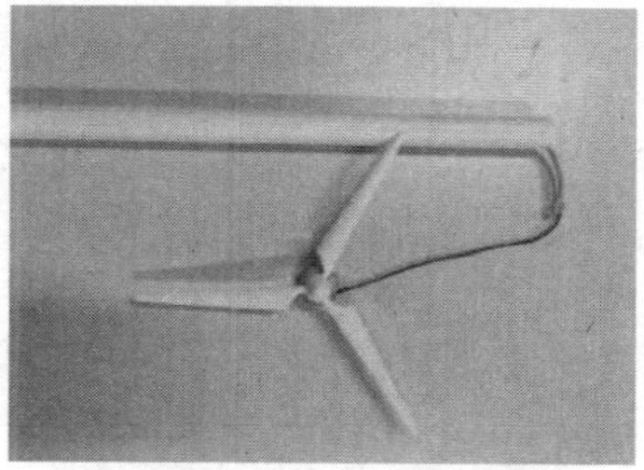 3. 太阳能电池板： 根据调研家庭的用电量确定发电需求，小组计算得出太阳能电池板的尺寸，选择尺寸合适的太阳能电池板进行组装。	

（续表）

实践过程			
实践任务	教师活动	学生活动	设计意图
		 4. 太阳能热水器：根据调研家庭的用水量，确定热水器的容量尺寸，选择合适的材料进行制作组装，在制作过程中思考热水器在小屋中的安装位置以及安装方式。 	

（续表）

实践过程			
实践任务	教师活动	学生活动	设计意图
任务 4：组装各部分构件，完成模型制作并进行美化。	1. 引导学生在完成各构件制作的基础上进行节能小屋的整体组装设计，引导学生思考讨论安装的顺序以及各构件的安装注意事项。 2. 组织学生完成节能小屋的整合组装。	将制作完成的各构件组装连接到一起，在组装过程中，分析讨论实际遇到的问题，比如安装位置，安装角度，连接方式等，小组合作完成组装。	培养学生的动手操作能力和整体设计能力，形成从整体到部分，再从部分到整体考虑问题的意识。
任务 5：展示各小组的节能小屋模型，并进行反思、总结、交流。	1. 引导各小组展示自己制作的节能小屋的模型，交流小屋模型的设计思路、数据、材料选择以及制作过程中遇到的问题和解决方法。 2. 引导学生思考交流通过节能小屋的制作，在生活中如何优化自己家庭的能源使用情况。	各小组进行展示、交流、总结、反思。	学生在展示制作模型的过程中感受实践的成就感，通过小组交流，锻炼学生的反思总结能力，同时形成节约资源，关注环境的意识。

四、评价实施建议

建议师生共同制订评价量表，用于学生自我诊断、组间评价，以及教师的评价反馈。

"设计与制作节能小屋模型"项目评价量表

评价维度	评价标准	自评	互评	师评
物理观念	了解生活中各种节能方案和措施，认识到可持续发展的重要性			
	确定节能小屋可以采取的节能环保措施			
	通过节能小屋的制作，加深对能量观念的理解			
科学思维	通过该实践活动，提高分析、归纳、整理的能力			
	能够运用跨学科知识获取信息，解决实际问题			
科学探究	能够提出制作节能小屋过程中需要解决的问题			
	能有效搜索所需资源，将搜集到的知识转化为实际操作的技能			
	能制订分工合理、任务明确、切实可行的实践计划			
	合理设计各部分构件的结构并选择材料完成加工			
	合理规划布局并完成节能小屋模型的组装			
	加工工具使用规范，整个实践过程符合安全操作的原则			
	对节能小屋模型进行美化设计			
	能清晰介绍所制作的节能小屋模型及实践疑问和收获			
	汇报展示形式丰富，语言流畅			
科学态度与责任	形成合理利用能源促进绿色可持续发展的意识			
	培养团队合作意识和交流表达能力			
评价方法：完全符合评价标准得☆☆☆，基本符合得☆☆，少量符合得☆				

五、实践活动教学反思

在完成“设计与制作节能小屋模型”这一跨学科实践活动后，我深刻感受到这次活动不仅是对学生知识和能力的一次挑战，也是对教师的教学方法和理念的一次检验。我将从下面几个方面反思我的教学实践过程。

1. 活动设计的合理性与创新性

本案例充分地体现了跨学科实践教学“跨学科性”和“实践性”的特点，充分融合了物理、地理、数学、生物学、工程技术等多个学科领域，体现了跨学科教学的学科理念。通过节能小屋的制作过程，不仅加强了学生对于能源的认识，也极大地激发了他们的想象力和创造力。将理论知识与社会生活联系在一起，有助于学生形成科学的社会态度和社会责任感，提升了学生的核心素养。

2. 实践过程中的挑战与应对

在教学实践过程中，主要遇到了几个方面的挑战。一是如何在有限的时间内完成实践活动。为此，教师采用了小组合作的形式，通过细分任务明确分工与团队协作，提高了学习效率，也培养了学生的团队精神和交流能力。二是面对技术制作困难时，部分学生力不从心。针对这一问题，教师适时进行指导，助力学生克服困难。

3. 学生的表现与成长

实践活动过程中，学生的表现超乎预想。在观看《绿色转型，节能攻坚》宣传片时，能够积极主动提出问题并分享自己的看法，展现了强烈的责任感和求知欲。在设计节能小屋的方案时，学生积极发言，提出了具有创造性的想法，这锻炼了他们的思维意识也培养了他们的创新意识。动手制作节能小屋的过程中，学生体会到了工程技术的魅力，感受到了科技在社会生活中的应用，形成了合理利用能源促进绿色可持续发展的意识。

4. 展示与交流的收获

最后的展示与交流环节，各小组展示了他们的小屋模型，分享节能小屋各部分的设计理念和设计方案。在分享过程中，既展示了他们的学习成果，也表达了对自然的敬畏与保护之情。同时，各小组设计制作的不同之处也引发了学生的关注。学生形成了尊重不同意见、开放包容的学习态度。

5. 未来改进方向

本次实践活动非常成功，但其中也存在一些需要改进的地方。例如，在活动准备阶段，学生通过讨论制订设计方案时，可以进一步将任务进行细化；在制作过程中，可以提前预见一些技术上的困难，加强指导；在交流展示环节，可以增加学生互问环节，使交流更加充分，激发学生的热情。

总结来看，“设计与制作节能小屋”跨学科实践活动是一次成功的教学实践。它不仅使学生巩固了知识，更在实践过程中取得了进步。跨学科实践活动值得我们每位老师去探索和创新，为学生提供多种方式的学习过程，真正提升学生的核心素养。

六、作品展示

附：

“设计与制作节能小屋模型”实践活动记录表

组别		组长		组员	
实践活动信息记录	实践活动时间				
	实践活动地点				
所需器材					
节能小屋设计图					
各构件的制作材料					
疑问与补充					
实践总结					

案例点评

依据新课标，教师以“物理学与社会发展”主题为例，结合学情和当地自然资源，开发了跨学科主题课程“设计与制作节能小屋模型”，为学生构建了多元化的学习场景，不仅加深了对物理知识的理解，也提升了学生跨学科运用知识解决实际问题的能力，提升了学生的创新能力与实践动手能力，取得了很好的效果。

1. 教学理念先进。本案例选取“物理学与社会发展”这一跨学科实践主题，在能源与可持续发展主题下，关注新能源开发利用和“碳达峰”“碳中和”等社会焦点问题，了解可再生能源的开发和利用对社会发展的影响。在实践活动的实施中，刘老师能引导学生整合物理、地理、数学、美术、工程技术等多学科课程资源，为学生提供了一个综合运用多学科知识解决实际问题的真实情境。围绕制作节能小屋的项目化任务展开学习，很好地落实了实践育人的目标。在学习中，使得学生跨学科运用知识的能力、发现问题和解决问题的能力、动手操作的实践能力都得到了提升，培养了学生勇于实践和敢于创新的精神。

2. 源于生活实际。整个跨学科实践活动从认识能源利用对环境的影响开始，了解可再生能源在生活中的应用，了解发电机的工作原理，了解各种材料的隔热性，完成节能小屋的设计和制作。实践任务中有对各种节能方案和措施的思考和讨论，有风能和太阳能如何为节能小屋提供能源的设计，有小屋材料的选择，有基本电路的连接，有各个组件的制作和组装，还有小组作品的展示和改进，解决了生活中环保节能的真实需求。项目任务的完成过程，既有物理知识的学习和应用，还有地理、数学、美术等多学科知识和思维方法的应用，在知识整合中去解决生活中的实际问题，实现了跨学科主题与其他主题教学的一体化设计。

3. 实践活动规划合理。立足物理学中有关能源利用、发电机工作原理、电路设计等知识的学习，将整体任务分解成问题分析讨论、实施方案的制订、节能小屋构件制作、组装并美化、展示交流等五个环节，循序渐进的组织学习和制作。在模型设计阶段，小组讨论，提出设计思路，形成草图，促进合作与沟通，培养团队合作意识。在模型制作中，选择合适的材料，了解不同材料的热导性、密度等，考虑材料的经济性，在预算内实现设计目标。教师适时介入，提供必要的指导，鼓励学生大胆尝试，自主探索。通过动手实践，学生体验知识的应用过程，激发了学习的内驱力和对科学的探究热情。在展示与互评环节，学生对节能小屋设计进行反思，教师引导学生进行自我修正，培养了学生的思维能力。教学中还关注了教学评一致性，引导学生对学习过程进行自我评价。

4. 建议与提升。（1）合理规划时间，将实践任务贯穿整个单元的学习任务中。教师可以在单元教学设计中，将实践任务进行分解，利用课余时间做好资料查询、材料购置等工作，推动实践任务在合理的课时完成。（2）增加储能装置的研究，让得到的能源能及时储存，更好地实现服务生活的目标。

“设计与制作节能小屋模型”的跨学科实践案例，充分体现了课程的综合性和实践性，深化了学生对物理知识的理解，激发了探索的热情，培养了团队协作能力和创新精神，为学生未来的学习奠定良好的基础。展望未来，我们应继续探索跨学科实践的有效策略，实现教育教学的不断创新与提升。

第六章

结论与展望

上一章的教学案例均来自一线教师的现实课堂。实践表明，实施初中物理跨学科实践教学为教师增添了不少“麻烦”，从课程开发设计、教学资源准备、课堂教学流程到学生评价与交流等，需要花费大量的精力和时间，但可以肯定的是，初中物理跨学科实践教学是必要的、可行的、可操作的；它对提高学生动手实践能力，培养学生创新思维，发展学生核心素养确实有着不可替代的作用。在当前的初级阶段，跨学科实践教学给教师带来了新的挑战，这同时意味着教师专业化发展机遇的到来。基于此，教育行政部门、学校、教师都应该应面向未来，积极应对，不断探索创新，努力推动初中物理跨学科实践不断向前发展，为培养具有创新精神和实践能力的高素质人才做出更大的贡献。

一、基本结论

1. 改善了初中物理与其他学科领域的融合效果及其教学内容

在 21 世纪的教育环境中，传统的学科孤立教学模式已逐渐显示出其局限性。随着全球化和技术革新的快速发展，学生面临的挑战越来越复杂，需要综合运用多学科知识来解决。因此，物理教学不应再局限于传统的学科边界，而应与数学、科学、技术、工程等领域进行有效融合，以促进学生综合素养的提升。

物理与数学融合：数学是物理的语言，两者之间的联系密不可分。在物理教学中融入数学知识，可以帮助学生更好地理解物理概念和原理。例如，通过数学建模来预测物理现象，不仅能够加深学生对物理定律的理解，还能提高他们的数学应用能力。这种跨学科的教学方法能够让学生在解决实际问题时，更加灵活地运用数学工具，从而提高他们的逻辑思维和问题解决能力。

物理与科学技术融合：科学理论需要通过技术手段来验证和应用。将物理与现代技术如信息技术、人工智能等结合起来，可以激发学生对科学探索的兴趣，同时培养他们的技术应用能力。例如，使用传感器和数据采集软件来收集实验数据，让学生在实践中体验科学探究的过程。这种实践不仅能够增强学生对物理现象的直观理解，还能够让他们熟悉现代科技工具的使用，为将来的职业生涯打下坚实的基础。

物理与环境科学融合：在探讨全球变暖、能源消耗等环境问题时，将物理学中的能量守恒、热力学等概念融入其中，让学生理解这些问题背后的物理原理，并探讨可能的解决方案。例如，通过研究太阳能的转换效率，学生可以了解光伏效应，并探索如何提高太阳能电池板的性能。此外，物理学在环境保护与可持续发展中的应用也非常重要，如可再生能源的研究，物理学家通过研究光伏效应、风力发电和水力发电等原理，提高了可再生能源的转化效率和利用程度，减少了对环境的污染。

物理与工程设计融合：通过设计桥梁、汽车等工程项目，学生可以将物理中的力学、材料科学等知识应用于实际问题的解决中。这种学习方式不仅加深了学生对物理知识的理解，还培养了他们的工程设计和创新能力。例如，在学习力学的基础上，学生可以设计一个能够承受一定载荷的桥梁模型，通过实验测试其强度和稳定性，从而将理论知识转化为实际应用。

实践发现，将物理知识与数学、化学、生物学、地理等其他学科的知识相结合，可以设计一系列跨学科的教学单元。这种学科融合不仅能够拓宽学生的知识视野，还能够增强他们对物理概念的理解和应用。例如，在探讨能源问题时，将物理学中的能量转换与化学中的化学反应、生物学中的生态系统能量流动等知识整合在一起，形成一个全面的能源教学单元。这样有助于学生理解能源问题的复杂性和多维性，培养他们的系统思维能力。

另外，教学中引入大量的生活化案例可以将抽象的物理概念与学生的日常经验联系起来。例如，通过分析过山车的运动来学习力学原理，通过研究家用电器的能耗来理解电学知识。这些生活化的案例能够提高学生的学习兴趣和动机，使他们意识到物理知识在现实生活中的应用价值。通过将物理知识与学生的生活经验相结合，学生能够更容易地理解和记忆物理概念。

实践证明，跨学科融合有助于培养学生的创新思维。在解决跨学科问题时，学生需要从不同的角度思考问题，这有助于他们打破思维定式，培养创新意识。例如，在设计一个小型机器人时，学生不仅需要理解物理原理，还需要运用数学知识进行计算，同时还要掌握一定的编程技能。这样的项目能够让学生在实际操作中体验到跨学科知识的重要性，从而激发他们的学习兴趣和创造力。

跨学科融合还能够提高学生的沟通和协作能力。在团队项目中，学生必然要与同学合作，这要求他们学会如何有效地沟通和协调。这种跨学科的合作经验对于学生未来的职业生涯至关重要，因为在工作中，他们往往需要与不同领域的专家合作，共同解决问题。通过将物理知识与现实世界问题相结合，学生能够更好地理解物理的实际应用，提高他们解决复杂问题的能力。这种教学模式有助于学生认识到物理知识在日常生活中的重要性，并鼓励他们将所学知识应用于实践，以解决实际问题。

为了使物理课程更加贴近学生的生活经验和兴趣，促进初中物理与其他学科领域的有效融合，教师可以大胆创新，尝试探索跨学科课程设计，更能大大丰富初中物理教学内容。

（1）实验和实践活动：物理课程中包含了大量的实验和实践活动，让学生通过动手操作来观察物理现象，探索物理规律，不仅能够增强学生的实践技能，还能够提高他们的科学探究能力。

（2）历史和文化背景：在物理课程中融入物理学史和物理学家的故事，以及物理知识在不同文化中的表现，能够增加课程的人文色彩，激发学生的学习兴趣。

（3）现代科技应用：介绍物理知识在现代科技中的应用，如半导体、光纤通信、量子计算等，让学生了解物理知识是如何推动科技进步和社会发展的。

（4）环境和可持续发展：探讨物理知识在环境保护和可持续发展中的作用，如可再生能源技术、节能减排措施等，培养学生的环保意识和社会责任感。

（5）科学、技术、工程和数学教育：将物理课程与科学、技术、工程和数学教育相结合，鼓励学生发展跨学科的思维和技能，为将来的职业生涯做准备。

（6）创新和创业教育：鼓励学生运用物理知识进行创新和创业项目，如设计新型能源解决方案、开发教育科技产品等，培养他们的创新精神和创业能力。

（7）国际视野：引入不同国家和地区的物理教育案例和资源，让学生了解不同国家和地区的物理教育特点，培养他们的国际视野和跨文化交流能力。

跨学科融合能够将物理知识与现实世界问题相结合，它在 21 世纪的教育中扮演着越来越重要的角色。物理课程内容的多元化，能够更好地满足学生的学习需求和兴趣，同时也为他们的未来学习和生活打下坚实的基础。我们期待这些丰富的课程内容能够在更广泛的教育实践中得到应用和推广，为教育改革和发展做出更大的贡献。

2. 凸显了“实践导向”的初中物理教学模式和教学方法

传统的物理教学往往侧重于理论知识的传授，而忽视了学生的实践操作能力。这种教学模式虽然能够让学生掌握一定的理论知识，但往往难以激发他们对物理学科的兴趣，也不利于他们将所学知识应用于实际生活中。跨学科实践的教学实施为初中物理教学提供了新的教学模式，教师通过设计和组织各种跨学科实践活动，鼓励学生主动参与到学习中来。这些活动可能包括实验探究、项目设计、现场考察、案例分析等。通过这些活动，学生能够在实践中学习物理知识，提高他们的核心素养。

首先，实验室实践是物理教学中不可或缺的一部分。物理实验室提供了一个让学生亲自动手操作的环境，通过设计和执行实验，学生可以将抽象的物理概念具体化，直观地观察和理解物理现象。例如，在“制作调光台灯”的跨学科实践案例中，任务之一就是通过构建电路来学习电学原理，学生不仅能够理解电流、电压和电阻之间的关系，还能够观察到电路中电流的变化对灯泡亮度的影响。例如，在“桥”这一跨学科实践案例中，学生通过制造简易的机械装置来理解力学概念，如滑轮系统、杠杆原理等，学生能够亲身体验力的作用和转换，从而加深对力学原理的理解。

其次，项目式学习也是最有效的实践导向教学模式之一。它要求学生在一段时间内研究和调查一个复杂的问题、主题、项目或挑战，从而获得深入的知识和技能。在物理教学中，项目式学习可以将物理问题与其他学科知识融合在一个具体的项目中。以项目为驱动，让学生运用跨学科知识解决实际问题。

例如，设计“制作环保太阳能小车”的项目。在这个项目中，学生需要运用物理中的光学（太阳能的利用涉及光的反射、折射等知识）、力学（小车的运动涉及力与运动的关系）知识，同时还需要结合工程学知识进行小车的结构设计，以及运用美术学科进行外观设计。在项目实施过程中，学生以小组为单位进行合作，通过调研、设计、制作、测试等环节，不仅提高了物理知识的应用能力，还培养了团队合作、问题解决、创新思维等多方面的能力。

又如，“风力发电机”项目同样是一个富有教育意义的项目。学生通过设计和建造一个小型风力发电机，深入理解流体力学和能量转换的原理，同时培养了他们的工程设计和团队合作能力。在这个项目中，学生需要研究风的特性、风力发电机的构造和工作原理，以及如何提高能量转换的效率。这不仅涉及物理学的多个分支，还需要学生运用数学和工程学的知识。

实践导向的教学模式有助于激发学生的学习兴趣，促进学生深度学习及核心素养的发展。学生在项目实践中不是在被动接受知识，而是通过主动探索和实践来构建知识体系。这必然有助于学生将理论知识与实际应用相结合，从而提高解决问题的能力。

实践导向的教学模式还有助于培养学生的创新思维。在实践活动中，学生需要面对各种问题和挑战，这要求他们运用所学知识进行创新性思考，寻找解决问题的新方法。例如，在设计一个节能的照明系统时，学生需要考虑如何利用光学原理来提高光的利用率，如何通过电路设计来降低能耗。这样的实践活动能够激发学生的创造力，培养他们解决复杂问题的能力。

实践导向的教学模式还能够提高学生的沟通和表达能力。在实验和项目中，学生需要与同学交流想法，向教师汇报进展，甚至需要向公众展示他们的成果。这些活动要求学生清晰、准确地表达自己的观点和发现，这对于他们未来的学术和职业生涯都是非常重要的技能。

最后，跨学科实践使得一些“实践导向”的教学方法派上用场。除了上述提到的项目式学习可以作为一种典型的实践性教学方法外，还可以引入以下几种：

（1）探究式学习：探究式学习鼓励学生通过提出问题、收集数据、分析结果来探索物理规律。它强调学生的主动探索和批判性思维，使他们能够像科学家一样思考问题。

（2）问题导向学习：通过提出具有针对性的跨学科问题（链），引导学生运用多学科知识进行分析和解决。比如，提出“如何设计一个既节能又环保的智能家居系统？”的问题，学生需要运用物理中的电学（节能电器的原理）、热学（房屋保温材料的选择）知识，以及信息技术学科中的传感器技术、编程知识等，来设计智能家居系统的方案。

（3）游戏化学习：通过游戏化的方法，如教育游戏、模拟实验等，将物理学习变得趣味性更强，提高学生的参与度和学习动机。

（4）信息技术辅助学习：利用现代教育技术，如虚拟现实、增强现实、3D打印等，为学生提供更加直观和互动性更强的学习体验。

（5）合作学习：合作学习是一种通过小组合作来完成学习任务的教学策略。学生在小组中共同讨论、解决问题，这有助于培养他们的沟通和协作能力。

（6）反思性学习：鼓励学生在学习过程中进行反思，思考自己的学习策略和理解程度，提高自我调节学习能力。

（7）翻转课堂：翻转课堂要求学生在课前通过视频或其他材料自学新知识，而课堂时间则用于讨论、解决问题和深化理解。这种方法能够让学生在课堂上更主动地参与学习，提高课堂效率。

（8）情境教学法：创设跨学科的情境，让学生在情境中学习物理知识并运用其他学科的方法解决问题。

（9）学科融合讲座与讨论法：邀请不同学科的专家举办讲座，介绍各学科与物理的交叉点和应用案例。讲座后组织学生进行讨论，让学生分享自己的见解和想法。例如，可以邀请工程学专家讲解物理在工程领域的应用，邀请生物学专家讲解物理在生物学研究中的应用，如细胞的电生理现象等。

以上种种方法也比较适合在跨学科实践的教学中得到广泛的应用和推广，它们能够更好地满足学生的学习需求和兴趣，同时也为学生的未来学习和生活打下坚实的基础。

3. 加快了教师“学生中心”教学理念的更新

传统的物理教学模式往往以教师为中心，侧重于知识的单向传递，而忽视了学生的主动参与和探究学习的重要性。而跨学科实践教学的实施成了推动教师改变这一现状的有利契机。

以学生为中心的教学理念强调学生的主动参与和自主学习。这种教学模式与传统的教师主导模式有着本质的区别，它倡导学生在教学过程中发挥主体作用，通过探索和实践来构建知识。

自主学习是“学生中心”教学理念的核心。在这种模式下，学生被鼓励自我驱动地探索物理概念，而不是被动地接受教师的讲解。这种自主学习的过程能够激发学生的学习兴趣，培养他们的独立思考和解决问题的能力。例如，教师可以为学生提供一系列与物理现象相关的实验材料和指导手册，让学生自行设计实验，探索物理规律。在这个过程中，学生不仅能够深入理解物理概念，还能够培养他们的实验技能和科学探究精神。

合作学习是另一种重要的“学生中心”教学策略。合作学习是一种通过小组合作来完成学习任务的教学方法。在物理教学中，学生可以通过小组讨论、实验和项目来共同解决问题，这不仅能够提高他们的沟通和协作能力，还能够帮助他们从不同的角度理解物理概念。例如，教师可以组织学生进行小组合作，设计一个小型的太阳能热水器。在这个过程中，学生需要共同讨论设计方案，分配任务，协作完成制作。通过这种合作学习，学生不仅能够学习到物理知识，还能够锻炼他们的团队合作和项目管理能力。

“学生中心”的教学理念强调学生的个性化学习。每个学生的学习风格和能力都是不同的，教师应该根据学生的特点和需求，提供个性化的教学支持。例如，教师可以为不同水平的学生提供不同难度的学习材料，或者为有特殊需求的学生提供额外的辅导和帮助。这种个性化的教学方法能够确保每个学生都能在适合自己的节奏和方式中学习，从而提高学习效果。

“学生中心”的教学理念鼓励学生进行反思性学习。教师可以引导学生在完成学习任务后进行反思，思考在学习过程中的收获和不足，以及如何改进。这种反思性学习能够帮助学生养成自我评价和自我调整的习惯，这对于他们的终身学习和职业发展都是非常有益的。

总之，“学生中心”的教学理念关注学生的自主、合作、探究式学习，学生能够在探索和实践中构建知识，培养独立思考和解决问题的能力。教育者应该积极探索和实施这种教学理念，为学生提供一个更加自主和个性化的学习环境。跨学科实践促使教师加快更新教学理念，有利于物理教学质量的提高、学生核心素养的培育。

4. 促进了教师角色的有效转变

在跨学科实践中，教师的角色也需要相应地发生变化。教师应从知识的传递者转变为学习的引导者和促进者等，支持学生在跨学科实践中的自主学习和合作学习。

引导者：教师需要设计和组织学习活动，引导学生探索和发现物理规律。这要求教师具备跨学科的知识背景，能够将不同领域的知识融合在一起，为学生提供丰富的学习体验。例如，教师可以设计一个涉及物理、数学和工程学的综合性项目，让学生在解决实际问题的过程中，自然地将这些学科的知识结合起来。教师还需要引导学生如何使用各种资源，如图书馆、互联网和实验室设备，以辅助他们的学习。

促进者：教师需要激发学生的好奇心和探究欲，鼓励他们提出问题、进行实验和创新。教师应该为学生提供必要的资源和支持，帮助他们克服学习过程中的困难和挑战。这可能包括提供额外的辅导时间、推荐参考书籍，或者与学生一起探讨解决问题的策略。教师还需要创造一个积极的学习环境，鼓励学生勇于尝试，即使面临失败也不放弃。

评估者：教师需要通过多样化的评价方式来了解学生的学习进度和成果。这包括传统的测试和考试，也包括对学生的项目作品、实验报告和课堂表现的评估。教师应该设计公平、全面的评价体系，确保能够准确反映学生的学习成果和能力发展。此外，教师还应该提供及时的反馈，帮助学生了解自己的优点和需要改进的地方。

跨学科融合、实践导向的教学模式、“学生中心”的教学理念以及教师角色的转变，这些主要结论共同构成了我们对初中物理教学改革的全面设想。教师在这个过程中扮演着至关重要的角色，他们的专业发展和教学实践对于实现这些目标至关重要。教师需要不断更新自己的知识体系，提升跨学科教学的能力。此外，教师之间的交流和合作也非常重要，可以通过分享教学经验，共同探讨教学策略，以提高教学质量。

总之，教师角色的转变是实现教学改革的关键。通过成为引导者、促进者和评估者，教师可以更好地支持学生的自主学习和合作学习，帮助学生发展成为具有创新精神和实践能力的个体。这不仅能够提高物理教学的质量，还能够为学生的未来发展奠定坚实的基础。

5. 推动了师生评价体系的进一步完善

传统的学生评价体系往往侧重于学生对知识的掌握程度，而忽视了他们的实践能力、团队合作和创新思维。为全面评价学生的学习成果，需要开发一套全面的评价体系。

多元化评价：除了传统的笔试和口试，还要引入项目报告、实验操作、同伴评价等多种评价方式，全面考查学生的学习过程和成果。这种评价方式能够更好地反映学生的实际能力，而不仅仅是考试成绩。

过程性评价：要重视学生的学习过程，通过定期的进度报告、小组讨论和实验记录等方式，及时了解学生的学习进展和存在的问题，给予及时的反馈和指导。过程性评价有助于教师及时发现学生的学习难点，从而调整教学策略，更好地满足学生的学习需求。

能力导向评价：评价体系不仅关注学生的知识掌握情况，更重视学生的实践能力、团队合作和创新思维。通过项目成果展示、创新方案设计等活动，评价学生的综合能力。这种评价方式有助于学生将所学知识应用于实际问题解决中，培养他们的创新精神和实践技能。

此外，评价体系还要包括借助大数据和人工智能技术，为学生建立个性化的学习档案，记录学习过程和成果，从而提供更加精准的评价和指导。通过数据分析，教师可以更好地理解学生的学习特点和需求，实现个性化教学。要鼓励学生参与评价过程，通过自评和互评等方式，提高自我反思能力和批判性思维。这种参与性评价不仅能够提高学生的自我认知，还能够促进他们之间的交流和合作。

总之，学生评价体系的进一步完善旨在全面评价学生的学习成果，促进学生的全面发展。通过多元化、过程性和能力导向的评价方式，教师能够更好地了解学生的学习情况，提供更加有效的教学支持，帮助学生实现他们的潜能。

相应的，对于教师评价体系，除了教学技能的提升，教师的专业发展还应包括对评价体系的理解。教师应了解如何使用多元化的评价方法来全面评估学生的学习成果，包括项目报告、实验操作、同伴评价等。这有助于教师更公平、更全面地评价学生的能力和进步。要将跨学科课程设计、项目式学习等纳入新的评价体系中，以便更好地促进教师的专业化发展，适应教育改革的需要。

二、未来展望

随着教育的不断发展和变革，跨学科实践在初中物理教学中的重要性日益凸显。初中物理跨学科实践教学的实施为学生的综合素质提升带来了新的机遇和可能。通过将物理与其他学科的融合，学生不仅更深入地理解了物理知识，还锻炼了跨学科思维和解决实际问题的能力。这种实践探索丰富了教学内容和方法，激发了学生的学习兴趣和创造力。随着教育理念的不断更新和教学技术的进步，跨学科实践将更加普及和深入。教师将不断探索新的跨学科主题和项目，为学生提供更多元化的学习体验。同时，信息技术的应用将进一步拓展跨学科实践的边界，例如通过虚拟实验、在线合作等方式，让学生在更广阔的领域中进行跨学科学习。跨学科实践也将对学生的评价体系产生积极影响。评价将更加注重学生的综合能力和素养，不再局限于传统的学科考试成绩。这将促使教育更加注重学生的个性发展和创新能力培养。

目前，初中物理跨学科实践教学的实施仍处于发展阶段，还面临着诸多问题和挑战。这就需要教师、学校和教育行政部门以及社会力量的共同努力，以确保跨学科实践能够在不同的教学环境中得到有效落实。同时，也期待着教育界能够认识到跨学科实践的重要性，采取有效的措施来推动其在教学中的持续发展。

1. 面临的问题和挑战

（1）各学科知识融合的合理性存疑

①主题选择缺乏深度

仅仅为了跨学科而选择一个宽泛的主题，表面上涉及了多个学科，但实际上各学科知识在主题中的融合较为浅显。引导学生进行的跨学科学习缺乏挑战性，学生难以经历和体验有价值的学习，深度学习更是无从谈起。在此情况下，跨学科设计显得无关紧要，学习质量也难以显著提升。比如以“太空探索”为主题，可能只是简单地将物理中的万有引力知识、地理中的天体系统知识拼凑在一起，没有深入挖掘主题背后各学科知识的内在逻辑联系和相互作用，由此经历的学习停留于浅表而始终未见深入。

②各学科知识融合生硬

在围绕主题展开教学时，不同学科的知识呈现出“各自为政”的状态，融合得十分生硬。例如在讲解“环保能源利用”主题时，物理学科介绍太阳能的转化原理，化学学科讲解电池的工作原理，却没有将两者有机结合起来，说明不同能源在物理和化学层面的综合利用方式，使得学生难以真正理解跨学科的意义。再如，在讲解物理中的力学问题时，可能会引入一些数学知识来进行计算，但只是机械地套用公式，没有深入探讨数学与物理之间的内在联系。

这样的教学方式导致相关学科的知识并没有产生实质的交互与联动，基本上还是在各自学科范围内展开，跟本来的学科教学别无二致，使得学生难以理解不同学科知识之间的关联性，无法形成系统的知识体系。在这些教学活动中，仅仅是聚焦了一个共同主题或概念而已。

③跨学科教学过程缺乏连贯性

各学科仅仅是“拼盘”式组合，教学过程中各学科知识的讲解往往缺乏连贯性。一个主题下，物理课讲一部分，生物学课讲一部分，历史课再讲一部分，学生难以形成完整的认知链条。而且在不同学科的转换过程中，容易出现知识断层，影响学生的学习体验和知识吸收。

④跨学科教学中涉及的各学科内容教学进度不一致。由于各科教材的编订或各科教学实际情况等，导致不同学科教学进度不一致，跨学科实践教学涉及的不同知识内容有缺失，无法实现真正的跨学科教学目标。

（2）教师必备的跨学科教学能力有待提高

跨学科教学对一线教师的专业能力提出挑战，这些专业能力涵盖跨学科知识理解、关联、开放设计、学习指导以及评价改进等方面。其中，跨学科知识理解能力是基础，所有跨学科教学实践都以此为起点。跨学科知识关联能力是必备要素，仅仅在相关学科知识出现时理解是不够的，还需在跨学科实践时主动将相关学科知识技能相联系，搭建起实践的桥梁。跨学科开放设计能力是教学的关键所在，仅有搭建学科边界桥梁的念头远远不够，教师需要进行开放的教学设计，把“好点子”转变为引导学生有意义学习的方案，才能实现跨学科教学实践的目标。有了开放的跨学科学习设计，才有可能开展真实的学习，而学生跨学科学习目标的实现需要教师的过程指导能力作为保障。教师的跨学科开放设计和学习指导能力会在实践中持续进步，跨学科评价的跟进能够优化这些能力。如何培养教师的跨学科教学专业能力，是当前学校在推进跨学科教学实践过程中不断摸索的问题。

（3）跨学科实践教学评价的客观性和公正性

①学科融合度难以准确衡量

其一，由于不同学科知识体系和思维方式存在差异，在跨学科实践中，如何确定各学科知识融合的恰当程度成为难题。比如物理与艺术学科的融合，很难明确到底多少物理原理的运用搭配、多少艺术表现手法才是最合理的融合状态。其二，难以判断学生在跨学科实践中对不同学科知识的整合是否深入、准确。

②评价指标体系构建困难

跨学科实践教学涉及多个学科领域，要构建一套全面、科学且具有可操作性的评价指标体系十分复杂。既要考虑物理学科的知识与技能目标，又要兼顾其他学科的特点和要求，很难找到一个完美的平衡。不同的跨学科实践项目内容各异，很难制订出通用的评价指标。每个项目可能需要根据其特定的学科组合和实践目标来单独设计评价指标，这大大增加了评价的工作量和难度。

③教师自身评价水平或态度欠缺

教师往往只精通自己所教授的学科，对于其他学科的知识和教学要求了解有限。在评价跨学科实践教学时，可能无法准确判断学生在其他学科方面的表现，从而影响评价的全面性和准确性。

④学生个体差异影响评价公正性

有些学生在不同学科的学习能力和兴趣爱好存在差异，在跨学科实践中表现也会参差不齐，这些学生的综合表现可能会受到影响，而评价如果不能充分考虑这种情况，可能会对学生的积极性造成打击。如何在评价中兼顾学生的个体差异，确保评价的公正性，是一个挑战。

（4）跨学科实践的相关课程资源匮乏

初中物理跨学科实践需要丰富的课程资源支持，包括教材、教学案例、实验器材等。然而，目前市场上可供选择的跨学科课程资源相对较少，学校和教师在开发和整合课程资源方面面临较大困难。例如，在开展“设计并制作太阳能热水器”项目时，教师需要寻找相关的教学案例和实验器材，但很难找到合适的资源，影响了教学效果。

（5）配套政策和相关制度没有及时跟进

自课程方案与新课标提出“跨学科”以来，各级教育部门、学校对此安排了一定的专题培训，落实到一线教师身上的责任也似乎很明确，但从实际的教学现实来看，尽管跨学科实践已经进入新教材，但真正将跨学科实践落实到课堂上的情况少之又少。究其原因是，当前的培训缺乏系统性，是碎片式的、割裂化的。教育行政部门还没有出台有效的相关政策和推进意见，对学校、教师的评价考核细则也没有随之变动，中考、高考的命题没有得到相应的改观。从这种意义上讲，跨学科实践教学的推进依然是一个比较漫长的过程。

2. 问题解决及展望

（1）加强学科融合研究

各教育研究部门和教师应加强对学科融合的研究，探索不同学科之间的融合点和融合方式。可以通过开展跨学科教研活动、案例分析等方式，总结和推广成功的跨学科教学经验；可以借鉴国外先进的跨学科教学模式和方法，结合我国实际情况进行创新和应用。例如，可以组织物理、化学、生物学等学科的教师共同开展教研活动，探讨如何在教学中实现学科融合；可以学习国外的项目式学习、探究式教学等跨学科教学方法，结合我国初中物理教学的实际情况进行改进和应用。学校和教师可以借助国外优秀的跨学科教材、教学资源和教学方法，结合我国实际情况进行本土化改造和应用等。

（2）提升教师跨学科教学能力

学校和教育部门应加强对初中物理教师的跨学科培训，提升教师的跨学科教学能力。培训内容可以包括其他学科的知识体系、教学方法、课程设计等方面；培训方式可以采用集中培训、网络培训、校本培训等多种形式相结合。同时，学校可以鼓励教师开展跨学科教学研究，探索适合本校学生的跨学科教学模式。例如，可以邀请其他学科的专家学者来校举办讲座和培训，让教师了解不同学科的知识和教学方法；可以组织教师参加跨学科教学研讨会和工作坊，与其他教师交流跨学科教学经验；可以鼓励教师开展跨学科教学课题研究，探索创新的教学模式和方法。

当然，促进教师教学能力提升的主体是学校，这项工作落实到学校教科室和物理教研组的话，需要做好以下几项工作：

①为教师提供跨学科培训和专业发展机会，包括参加跨学科研讨会、工作坊、在线课程等。培训内容可以涵盖跨学科教学理论、方法、案例分析、实践操作等方面。帮助教师掌握跨学科教学的技能和策略，提高教师的跨学科教学专业能力。

②引导教师进行教学反思，总结跨学科教学的经验和教训，不断改进教学方法和策略。鼓励教师开展跨学科教学研究，探索适合本校学生的跨学科教学模式。学校可以设立专项课题，支持教师开展跨学科教学研究，为教师提供必要的研究经费和条件。

③鼓励教师参与课题研究，与同行交流合作。教师可以参与学校或教育部门组织的跨学科教学课题研究，与其他教师共同探讨跨学科教学中的问题，分享教学经验和研究成果。教师可以将自己的教学实践和研究成果撰写成教学论文和案例，在学术期刊上发表或参加教学论文评选活动，与更多的教师进行交流分享，互相促进、共同提高。

④运用先进信息技术，丰富教学手段。教师要学会运用多媒体教学、网络教学、虚拟实验室等信息技术手段，为学生提供更加生动、直观的学习体验。

⑤构建跨学科主题课程。一方面优化课程设置，将初中物理跨学科实践纳入学校的正式课程体系。可以在物理课程中设置专门的跨学科实践模块，或者开设独立的跨学科实践课程，确保学生有足够的时间和机会参与跨学科实践活动。另一方面，组建跨学科课程开发团队，由物理教师、其他学科教师、教育专家等共同参与，以物理为核心，结合数学、化学、生物学、地理等学科，结合初中学生的认知特

点和学习需求，设计一系列具有趣味性、挑战性和实用性的跨学科主题课程。例如，开设“科学、技术、工程与数学（STEM）”课程，以“能源与环境”为主题，探讨物理中的能量转化、化学中的能源物质、生物学中的生态平衡以及地理中的资源分布等内容。

⑥打破学科界限，建立教师合作机制。鼓励不同学科的教师进行合作，组建跨学科教学团队，开展跨学科研究和教学实践。例如，可以组织跨学科备课组、教学团队等，让不同学科的教师共同设计教学方案、开展教学活动。通过教师之间的合作交流，促进学科知识的融合和教学方法的创新。

（3）建立完善的评价体系

教育部门和学校应建立完善的初中物理跨学科实践评价体系，对学生的学习效果进行全面、客观的评价。评价体系应包括学生的知识技能、关键能力、必备品格等多个方面，细化为核心素养的四个维度。

①建立多元化的跨学科评价体系，综合考虑学生的学习过程和学习成果。评价方式可以包括作品展示、项目报告、小组答辩、实践操作等，一般采用考试评价、作品评价、表现评价等相结合的方式。同时，评价体系应注重对学生创新能力和实践能力的评价，鼓励学生积极参与跨学科实践活动。利用信息技术手段，如在线评价平台、学习分析工具等，对学生的学习过程进行实时监测和评价，为教师提供及时的反馈信息，以便调整教学策略。

②注重对学生学习过程的评价，关注学生在跨学科学习中的参与度、努力程度和进步情况。可以通过课堂观察、学生自评和互评等方式进行过程性评价，提高学生的自我认知和反思能力。

③注重及时的评价反馈，及时向学生反馈评价结果，帮助学生了解自己的学习情况和不足之处，为学生的进一步学习提供指导。针对学生个体差异影响评价公正性的问题，可以采用分层评价和个性化评价的方式。根据学生的学习能力和水平，设置不同层次的评价标准，让每个学生都能在评价中获得成就感。同时，关注学生的特长和优势，给予个性化的评价和反馈，激发学生的学习兴趣和潜力。

④制订科学合理的评估指标体系，对初中物理跨学科实践的效果进行全面评估。评估指标可以包括学生的知识掌握、能力提升、创新思维、团队合作等多个方面，确保评估结果客观、准确地反映跨学科实践的成效。

（4）开发丰富的跨学科课程资源

学校和教师应积极开发和整合丰富的课程资源，为初中物理跨学科实践提供支持。可以通过与高校、企业、科技馆等合作，共同开发跨学科课程教材和教学资源；

可以利用网络资源，收集和整理国内外优秀的跨学科教学案例和实验资源；可以鼓励教师和学生自主开发课程资源，如制作教学课件、实验视频等。例如，可以与高校的物理学院、化学学院等合作，开发适合初中学生的跨学科课程教材；可以在网上搜索国内外的跨学科教学案例和实验资源，进行整理和改编，用于教学；可以鼓励学生自主收集和整理课程资源，制作物理实验视频，并与其他同学分享，提高学生的学习兴趣和参与度，培养学生的信息素养和自主学习能力。例如，在“传统文化中的科学”主题中，让学生收集古代发明中的物理原理、文学作品中的科学现象等资料，在课堂上进行分享和交流。

教育部门可以建立跨学科教育资源共享平台，整合地域教学资源，实现资源共享和互动交流；加大对跨学科实践的宣传和推广力度，提高社会各界对跨学科实践的认识和支持力度；可以组织开展科普活动、科技竞赛等，营造良好的社会氛围。教育部门可以牵头企业与学校开展产学研合作项目，支持学校与科技馆、博物馆等合作，组织学生参观科普展览和实验演示；鼓励教师与企业的技术人员合作，共同指导学生开展科技创新项目等，尽可能开发出更多、更好的跨学科教育资源。

（5）强化制度引领，跟进专项督导

①出台相关制度，形成运行机制。教育部门应高度重视跨学科实践，制订专门的实施意见；可以加大宣传力度，争得家长和社会支持；设立专项基金，支持学校建设跨学科实验室、购买教学设备和资源、开展教师培训等活动，为跨学科实践的顺利开展提供物质保障；尝试将跨学科教学纳入学校、教师和学生的日常考评之中；进一步加大中高考命题及招生改革，尽可能体现跨学科实践能力的考查等。

②加强教育督导与评估。建立健全教育督导机制，对跨学科实践进行定期督导和检查。督导内容可以包括课程实施情况、教学质量、学生参与度等方面，及时发现问题并提出改进建议。切实将跨学科实践的评估结果纳入学校和教师的绩效考核体系，促使学校和教师更加重视跨学科实践，不断提高教学质量。

初中物理跨学科实践是未来物理教学的重要发展方向，具有广阔的发展前景。教师要加强对初中物理跨学科实践的研究，探索创新的教学方法和手段，培养学生的综合素养和创新能力。同时，也要正视初中物理跨学科实践面临的挑战，采取有效的应对策略，推动初中物理跨学科实践的持续发展。相信在教育研究者、教师、学生、家长以及社会各界的共同努力下，初中物理跨学科实践一定能够取得更加丰硕的成果，为培养具有核心素养的高素质人才做出更大的贡献。

参考文献

[1] 中华人民共和国教育部 . 义务教育物理课程标准（2022 年版）[S] . 北京：北京师范大学出版社，2022.

[2] 钟启泉 . 基于核心素养的课程发展 : 挑战与课题 [J] . 全球教育展望 ,2016,45(1):3–25.

[3] 郭洪瑞，张紫红，崔允漷 . 试论核心素养导向的综合学习 [J] . 全球教育展望 ,2022,51(5):36–48.

[4] 廖伯琴，杜明荣 . 跨学科主题学习实践指导（初中物理）[M] . 北京：北京师范大学出版社，2023.

[5] 钟启泉 . 基于“跨学科素养”的教学设计——以 STEAM 与“综合学习”为例 [J] . 全球教育展望 ,2022,51(1):3–22.

[6] 熊璋，赵健，陆海丰，等 . 义务教育阶段信息科技课程的时代性与科学性——《义务教育信息科技课程标准 (2022 年版)》解读 [J] . 教师教育学报 ,2022,9(04):63–69.

[7] 宋歌，王祖浩 . 国际科学教育中的跨学科素养 : 背景、定位与研究进展 [J] . 全球教育展望 ,2019,48(10):28–43.

[8] 何季军 . 初中物理跨学科实践教学策略与思考 [J] . 物理教师，2023,44（2）:43–45.

[9] 刘思莹 . 五育融合视域下初中物理跨学科实践的实施路径与案例分析 [J] . 中学物理，2023,41(06）：6–8.

[10] 杨杰，何雨泽，郑永和 . 科学教师跨学科教学能力的现状与提升路径 [J] . 中小学科学教育，2024(04): 27–32.

[11] 陈静怡，陆道坤 . 小学语文跨学科学习的专业合作与角色轮转 [J] . 教学与管理，2024（02）：28–33.

[12] 胡庆芳 . 中小学跨学科教学的追问与思考 [J] . 基础教育课程 ,2023(14):4–9.

[13] 陈海涛 . 基于跨学科融合的初中物理教学实践 [J] . 物理通报，2024

(2):51–53.

［14］廖茂琳，范蔚．2010~2022 年我国项目式学习研究述评［J］．教育进展，2023,13（4）:2054–2061.

［15］杜明荣．物理“跨学科实践”的内涵特征与教学建议［J］．物理教学探讨，2023, 41(01): 1–4.

［16］李进，汤金波．关于跨学科实践的几点认识［J］．教育研究与评论（中学教育教学），2022(06): 40–44.

［17］荆鹏，侯恕．初中物理跨学科实践教学的内涵、价值与路径［J］．物理教师，2022, 43(10): 32–36.

［18］巫文昕．跨学科实践创新活动对初中生多维分析能力影响的实证研究［D］．上海：华东师范大学，2020.

［19］郑梅．跨学科学习研究综述［J］．江苏教育，2020(83):6–10.

［20］赵晓春．跨学科研究与科研创新能力建设［D］．安徽：中国科学技术大学，2007.

［21］刘仲林，张淑林．中外“跨学科学”研究进展评析［J］．科学学与科学技术管理，2003(09):5–8.

［22］王梦璐．中小学教师跨学科能力提升的现实困境与策略［J］．现代教育，2021(09):46–49.

［23］刘蝶．小学全科教师跨学科教学能力指标体系建构研究［D］．重庆：西南大学，2020.

［24］徐冬青．跨学科教育：高校教育改革的生长点［J］．上海教育，2021(14):28–31.

［25］肖振忠．初中物理教学中跨学科融合理念的应用研究［J］．教书育人，2022(25): 26–28.

［26］薛彧楠．初中生跨学科能力培养的实证研究［D］．上海：上海师范大学，2022.

［27］郑梅．跨学科学习研究综述［J］．江苏教育，2020, (83): 7–10.

［28］朱文军．初中物理跨学科实践活动的实施策略和实践范式［J］．江苏教育，2022 (75): 7–9+19.

［29］冯爽．中学物理课程跨学科实践主题的模型构建及实施路径［J］．物理教师，2022, 43(05): 59–62+65.

［30］陈海涛．初中物理跨学科实践方案设计策略［J］．物理教师，2022,

43(11): 45–48.

[31] 关善超，宋志刚 . 智慧学习视域下初中物理跨学科实践设计——以“滞空型纸飞机的设计 与制作”为例 [J] . 物理教师，2022，43(12): 36–39.

[32] 韩思思，杨杰 . 基于项目的初中物理与工程跨学科实践——以“制作潜水艇模型”项目为例 [J] . 物理教师，2023，44(01): 40–43.

[33] 白孝忠 . 物理跨学科实践表现性评价的设计——以“视力缺陷形成的原因及矫正”为例 [J] . 教育研究与评论 (中学教育教学), 2022 (11): 29–33.

[34] 罗莹，蔡天娇 . 从科学探究到跨学科实践：初中物理教学的新变革——基于新旧课标的比较分析 [J] . 物理教师，2023，44(02): 38–43.

[35] 吴刚平 . 跨学科主题学习的意义与设计思路 [J] . 课程 . 教材 . 教法 ,2022，42(09):53–55.

[36] 廖伯琴，提炼核心素养，凸显课程育人价值：义务教育物理课程标准 (2022 年版) 解读 [J] . 基础教育课程，2022(10):46–52.

[37] 王月琴，刘文彬 . 大学生创新能力评价体系构建研究综述 [J] . 福建医科大学学报 (社会科学版)，2021，22(05):58–64.

[38] 吴永军 . 跨学科学习何以可能 [J] . 教育发展研究，2022,42（24）:22–27.

[39] 王晨馨 . 教师课堂评价素养研究——以初中数学教为例 [D] . 上海：华东师范大学 ,2023.

[40] 李洪俊 . 高中物理实验课堂评价有效性指标体系构建与应用研究 [D] . 重庆：西南大学 ,2022.

[41] 林洛颖 . 小学数学教师课堂形成性评价的个案研究 [D] . 上海：华东师范大学 ,2020.

[42] 赵雪晶 . 我国中学教师教学评价素养研究 [D] . 上海：华东师范大学 ,2014.

[43] 赵士果 . 促进学习的课堂评价研究 [D] . 上海：华东师范大学 ,2013.

后 记

在当今这个全球科技革命与产业变革风起云涌的时代，教育领域正经历着前所未有的深刻变革，各国普遍将“培育全方位发展的高素质创新人才”视为增强国家核心竞争力的战略基石。新课标紧扣培养“有理想、有本领、有担当”时代新人的要求，为义务教育阶段的教育工作指明了方向，深刻体现了国家对创新人才培养的高度重视与迫切需求。

物理课程，作为培养创新人才不可或缺的一环，其跨学科实践的内容设计尤为关键，成为促进学生核心素养发展的有效途径。跨学科实践教学不仅是核心素养最直接的外在体现，也是科学教育最理想的实践形态。它鼓励跨越学科壁垒，引导学生从多元化的学科视角审视同一问题，旨在培养出能够“像科学家般理性思考，像工程师般高效解决问题”的未来人才。通过工程实践等实践活动，学生能够亲身体验科学对社会发展的巨大推动力，有效弥补传统分科教学的局限性，是现阶段课程体系下实现学科深度融合、促进学习方式和评价方式变革、推动物理课程改革的重要教学手段。

新课标明确将“跨学科实践”纳入核心课程内容，并规定其占比不少于总课时的10%。然而，当前对于跨学科实践教学的认知尚存在诸多误区，诸如概念混淆、理解片面等问题屡见不鲜。部分教师对“跨学科”概念的理解浅尝辄止，仅停留于表面借用，未能深入挖掘其深刻内涵，误以为跨学科教学仅是学科知识的简单叠加或机械嵌入，甚至将一些非跨学科的活动误判为跨学科实践，导致教学效果大打折扣。此外，一些教师对跨学科教学的价值过度解读，片面理解其本质，忽视了跨学科教学应打破学科界限，实现知识、能力间的横向整合与协同，以共通的教学目标引领学生的全面发展。

在教学实施层面，跨学科实践教学对教师提出了更高要求，不仅要求教师具备跨学科的知识储备和教学能力，还需面对教学资源匮乏、设备不足等现实挑战。当前，跨学科教学实践案例稀缺，许多教师缺乏相关经验，难以有效整合不同学科知识，也不熟悉跨学科教学的方法和策略，致使教学效果不尽如人意。同时，跨学科教学的实施还需学校层面的支持，包括充足的教学资源、先进的教学设备以及教师间的紧密合作机制。然而，现实中不少学校面临资源短缺、设备落后等问题，加之教师间合作意识薄弱，缺乏有效合作平台，难以形成跨学科教学团队，进一步制约了跨学科教学的有效推进。

新课程方案与新课标的出台，犹如一股清新的春风，引领着教育领域的革新潮流。在此背景下，各大出版社积极响应，依据课标的新要求，精心编纂新教材，以期为学生提供更加贴合时代需求的学习资源。东营市初中物理团队，在这场教育变革中，扮演了举足轻重的角色。历经三年多的不懈努力，他们深度参与了初中物理教材的编写、审读、试教及视频录制等各个环节，特别是在跨学科实践内容的编写上，更是倾注了大量心血。东营团队牵头负责编写的“安全用电”整章跨学科实践内容，经过无数次的汇报、推翻、修改与完善，最终以其独特的视角和深刻的内涵，成为整册教材的亮点所在。这一过程中，团队成员的智慧与汗水交织，共同铸就了教材的精彩篇章。在新教材视频资源的录制方面，多名一线教师以高昂的斗志和精湛的教学技艺，圆满完成了高品质的视频录制任务，充分展示了东营初中物理教师的专业素养和良好形象。

为了给一线教师提供更具操作性的跨学科实践教学参考，东营市初中物理团队在注重实践性、跨学科性和学科性的基础上，结合参编教材的经验，对深入论证、精心设计和科学实施的20个跨学科实践内容进行了整理。这些案例不仅凝聚了团队成员的智慧与汗水，更在实践中取得了丰硕的成果。课例评析专家对每个案例进行了细致入微的评析，既肯定了其中的优点，也指出了需要改进的地方。广饶县英才学校的奚凤霞老师在电视台录制的跨学科实践“模拟家庭电路的设计及安装”试教视频，更是以生动的亲身示范加深了学生对安全用电的认识，提升了学生的实践操作能力，赢得了广泛的赞誉。在山东枣庄举办的新教材推介会上，广饶县乐安中学的朱彬老师向大会展示了“跨学科实践——走进材料世界”的整体教学设计及实施过程，其创新的教学理念和方法，得到了在场专家和教师们的高度评价。这仅仅是东营市初中物理团队三年多来辛勤耕耘的冰山一角，还有许多感人至深的瞬间，难以一一言表。

此书所提供的20个案例，虽不敢说尽善尽美，但绝对是东营物理团队经过反复打磨的精品，旨在为初中物理教师提供操作性强的跨学科实践教学案例参考，帮助教师打破学科壁垒，推动育人方式的变革。同时，这些案例也将为学生带来全新的学习体验，改变他们的学习方式，让他们在知识的迁移和融合中，更全面地理解知识，培养综合素质，学会从不同角度审视问题，激发和培养创新思维，深挖潜能，提升思维品质。

本书写作的立意是搭建跨学科实践教学“理论”与“实践”的桥梁。作为教研员，深感一线教师对于“跨学科实践”教学所带来的挑战与阻力，为了把实践经验和教育的理论进行整合推进，产生一线教师能“听得懂、用得上、靠得住”的跨学科实践教学的研究成果，多次组织东营市县区教研员、一线教师等上百余人研讨交流，为大家奉献了25余万字的素材。可以说，此书是东营市初中物理团队集体智慧的结晶，感谢每一位为此书提供资源的老师。

此书成稿过程中，还得到山东省教育科学研究院初中物理教研员薛原老师、东营市教育科学研究院蒋世民副院长的大力支持和鼓励，薛原老师、蒋世民副院长亲自为此书写序，不胜感激。山东科学技术出版社光奎主任、杨文静主任、翟羽佳老师、宋丹老师亲自审核稿件，提出很好的完善建议，为此书出版发行付出很大努力，在此表示感谢。

跨学科实践教学的探索之旅，始终在路上，这是一条既漫长又充满挑战的道路。正如古语所云：“路漫漫其修远兮，吾将上下而求索。”我们深知，尽管我们已倾尽全力，囿于自身的认知边界与能力所限，本书中难免存在诸多瑕疵与不足。在此，我们诚挚地邀请广大专家、学者以及奋战在学科教学一线的教师们，能够不吝赐教，对我们的工作提出宝贵的意见与建议。您的每一条意见，都将是我们不断前行、持续完善的重要动力。我们坚信，通过集思广益、群策群力，我们能够共同推动跨学科实践教学迈向更高的台阶，为培养具有创新精神与实践能力的复合型人才贡献更多的智慧与力量。

东营市教育科学研究院

2025年4月20日